欽定四書文（上）

王同舟　整理

整理説明

欽定四書文係乾隆初由方苞奉敕編定的科舉用書，參與其事的還有方苞的後學萬承蒼、儲晉觀、趙青藜、周日藻諸人。編選的目的是提供「士林之標準」，作爲考官取士的「繩尺」和士子習業的「矩矱」。編成之後，由清廷頒行天下，在科舉史上産生過重大影響。對於方苞而言，本書不但體現了他在八股文方面的見解，也從一個側面反映了他對於古文以至文學的看法，是研究方苞学問的重要資料。爲便於讀者閲讀，現將本次整理的有關情况作簡要説明。

一、本次整理依據的是文淵閣四庫全書本。欽定四書文編就之後，先由武英殿刊印，可稱爲「武英殿本」。武英殿本頒行各直省學宫，允許各地書坊翻刻，以便廣爲流傳，這些衆多的版本，均屬武英殿本系列。後來清廷修四庫全書，欽定四書文成爲唯一被收入的制義選本，此一版本可稱「四庫全書本」。武英殿本全書僅分爲化治文至國朝文等五集，四庫全書本仍分五集，每集又各分若干卷，共四十一卷。四庫全書本眉目較爲清晰，便於讀者閲讀，故本書採用四庫全書的分卷，將第五集「國朝文」改題「清朝文」。至於内容文字，則以兩本對勘，擇善而從。

一、欽定四書文原書首載乾隆帝諭旨，次方苞奏摺，以下是全書凡例、正文。此次將「諭旨」、奏摺以及「凡例」後所附「經理諸臣銜名」、四庫全書總目的「提要」附于書後，作爲附録。

一、原書每篇制義首列文題，次作者，以下正文，正文之後爲評點。

一、關於文題的處理。制義没有人們慣常理解的文章標題，而只有「題」或「文題」，即制義所要闡釋的經書原文。傳統上，制義的文題有三種常見的表示方式：第一種，直接寫出經書原文，這種方式適用於單句題或其他字數較少的文題。第二種，寫出需要闡釋的經書原文的首句或首數字，説明題文的起始處，後邊加上若干「句」、若干「段」、若干「節」、若干「章」的提示，以表示題文從首句開始所包括的範圍，如化治文卷一李時勉所作「君子賢其賢而親其親」二句題的八股文，即在「君子賢其賢而親其親」後附「二句」字樣以示範圍。其句、段、節、章等的劃分，依據朱熹四書章句集注。第三種，截取題文首句或首數字，中間空兩格，再寫題文末句或末數字，以表示題文的起訖，這種方式主要用於不便以前一種方式表達範圍的文題，如化治文卷四錢福所作「武王纘大王　無貴賤一也」即指文題是中庸自「武王纘大王」至「無貴賤一也」的文字。第二、第三種方式主要是爲節省篇幅，便於指稱文題。至於指稱該文題的制義時，習慣上是先説出題的範圍，而後加上「文」或「題文」，如説「『君子賢其賢而親其親』二句（題）文」，「『武王纘大王』至『無貴賤一也』（題）文」。另，原書依舊時慣例，制義「文題」低二格書寫，正文則頂格書寫。本書則將文題處理成標題式樣，居中顯示；正文按一般文章形式，開頭處空二格。個别篇目在文題後有「其二」、「其三」之類字樣，表示該文作者有同題文多篇，此爲序號。

一、作者項依原書格式。一些篇目中，作者姓名後有「墨」、「程」字樣，「墨」即「墨卷」，表示該文係作者在鄉試、會試中的場屋之作；「程」即「程文」，表示該文是考官所作的示範性文章。

一、評點部分，原書標記爲「自記」的，是制義作者本人的有關説明；標「原評」的，係方苞從其他選本中輯録的評點。至於方苞本人的評點，原書未加標識，本次整理時，在方苞的評點前另加「評」字。

一、關於標點問題。制義的行文有特殊之處，整理在標點時也進行了一些變通。最主要的變通是針對制義的對偶而來，制義中的對偶通常較長，一「股」往往有多個短句構成，有數十字至數百字之多。爲了便於讀者把握每股的起止，我們有時儘量把一「股」當成一個長句子來處理，而不是分成若干個句子，以免其整體結構反而不清楚。這樣，一些地方的標點只起到「點斷」的作用，與一般使用標點的方法有所不同。例如清朝文卷四錢世熹「不在其位」一節題文中兩股的標點：

在其位，則位中之情形俱得而悉之矣，情形俱得而悉，斯利害俱得而籌，若未悉其情形而代籌其利害，其利害果不遺焉，否也，即籌之不遺矣，而一則軼於分外，一則歉於分中，不兩失乎，夫兩失，其可訓乎？

在其位，則位中之功罪俱得而任之矣，功罪俱得而任，斯是非俱得而詳，若未任其功罪而代詳其是非，其是非果不謬焉，否也，即詳之不謬矣，而一則舍己而圖人，一則諉人而廢己，不兩曠乎，夫兩曠，其可行乎？

在標點時，我們也有意强化兩股的照應，比如，一股中的某處非斷不可，而另一股的相應位置可斷可不斷，我們將其斷開。制義中需要採取變通處理之處頗多，兹不一一列舉，敬希讀者諒解。

王同舟

二〇一八年一月

目録

欽定化治四書文卷四　中庸……（六九）

欽定化治四書文卷五　孟子上……（八一）

欽定正嘉四書文卷四　中庸……（一七五）

欽定正嘉四書文卷五　孟子上

欽定正嘉四書文卷六　孟子下

欽定隆萬四書文卷一　大學……（二五六）

欽定隆萬四書文卷二　論語上

欽定隆萬四書文卷三　論語下

欽定隆萬四書文卷四　中庸

欽定隆萬四書文卷五　孟子上

欽定隆萬四書文卷六　孟子下

欽定啓禎四書文卷三　論語上

欽定啓禎四書文卷四　論語下

欽定啓禎四書文卷五　論語下之下

欽定啓禎四書文卷六　中庸

欽定啓禎四書文卷七　孟子上

欽定啓禎四書文卷八　孟子下

欽定啓禎四書文卷九　孟子下之下

欽定清朝四書文卷一

欽定清朝四書文卷四　論語上之下……（七八六）

欽定清朝四書文卷五　論語下

欽定清朝四書文卷六　論語下

欽定清朝四書文卷九 中庸下

欽定清朝四書文卷十　孟子上之上

欽定清朝四書文卷十一　孟子

欽定清朝四書文卷十二　孟子下之上……（一〇三五）

欽定清朝四書文卷十三　孟子

欽定清朝四書文卷十四　孟子

附録

凡例

一、明人制義，體凡屢變。自洪、永至化、治，百餘年中，皆恪遵傳注，體會語氣，謹守繩墨，尺寸不逾。至正、嘉作者，始能以古文爲時文，融液經史，使題之義藴，隱顯曲暢，爲明文之極盛。隆、萬間，兼講機法，務爲靈變。雖巧密有加，而氣體苶然矣。至啓、禎諸家，則窮思畢精，務爲奇特，包絡載籍，刻雕物情，凡胸中所欲言者，皆借題以發之。就其善者，可興可觀，光氣自不可泯。凡此數種，各有所長，亦各有其蔽。故化、治以前，擇其簡要親切、稍有精彩者；其直寫傳注、寥寥數語，及對比改換字面而意義無別者不與焉。正、嘉則專取氣息醇古、實有發揮者；其規模雖具、精義無存，及剽襲先儒語録、膚廓平衍者不與焉。隆、萬爲明文之衰，必氣質端重、間架渾成、巧不傷雅，乃無流弊；其專事凌駕、輕剽促隘、雖有機巧而按之無實理真氣者不與焉。至啓、禎名家之傑特者，其思力所造，塗徑所開，或爲前輩所不能到。其餘雜家，則偭棄規矩以爲新奇，剽剥經子以爲古奥，雕琢字句以爲工雅，書卷雖富，辭氣雖豐，而聖經賢傳本義，轉爲所蔽蝕。故別而去之，不使與卓然名家者相混也。凡此數種，體製調各不相類，若總爲一集，轉覺龐雜無章，謹分化、治以上爲一集，正、嘉爲一集，隆、萬爲一集，啓、禎爲一集，使學者得溯其相承相變之源流，而各取所長。至於我朝，人文蔚起，守洪、永以來之準繩而加以變化，探正、嘉作者之義藴而挹其精華，取隆、萬之靈巧，啓、禎之恢奇，而去其輕浮險譎，兼收衆美，各名一家，合之共爲一集。前代之文總四百八十六篇，國朝之文總二百九十七篇。昔宋臣曾鞏嘗稱詩書之文，作者非一，相去千餘年，而其所發明更相表裏，如一人之説，惟其理之一也。況制科之文，詁四子之書者乎？故凡所録取，皆以發明義理、清真古雅、言必有物爲宗，庶可以宣聖主之教思，正學者之趨嚮。

一、唐臣韓愈有言，「文無難易，惟其是耳」。李翺又云，「創意造言，各不相師，而其歸則一」，即愈所謂「是」也。文之清真者，惟其理之是而已，即翺之所謂「創意」也。文之古雅者，惟其辭之是而已，即翺之所謂「造言」也。而依於理以達其詞者，則存乎氣。氣也者，各稱其資材而視所學之淺深以爲充歉者也。欲理之明，必溯源六經而切究乎宋元諸儒之説；欲辭之當，必貼合題義而取材於三代、兩漢之書；欲氣之昌，必以義理灑濯其心，而沈潛反覆於周秦盛漢唐宋大家之古文。兼是三者，然後能清真古雅而言皆有物。故凡用意險仄纖巧而於大義無所開通，敷辭割裂鹵莽而於本文不相切比，及驅駕氣勢而無真氣者，雖舊號名篇，概置不録。

一、有明正、嘉以前先輩之文，有極平淡簡樸而清古可味者，惟間存一二。蓋必天資最高，變化於古文，久乃得之，非中材所能仿效也。啓、禎雜家餘習，至於國初猶未能盡滌，一時名稿中頗有膾炙人口，而按以文律、求以題義，則未能吻合、不可以爲法程者，必嚴辨而慎取之。至鄉會試闈墨，則有其文未爲極致而章妥句適、脉理清晰，亦間存一二，俾中材之士得量其力所能至而取道焉，庶不致茫無畔岸而誤入於歧途也。

一、先輩名家小題文，多備極巧心，但美不勝收，且非鄉會場程式，兹編不録。其單句有實理可發揮，及中截數句承上起下、轉關過脉者，或上全下偏、下全上偏者，仍自入選。

一、向來程墨、房書、行書各有專選，今總爲一集。惟程、墨於本篇人名下注記，餘不細加區别。間有生前未與甲乙科而文已行世不可泯没者，亦並登選，俾皓首窮經之士無遺憾於泉壤焉。

一、文章之道，與年俱進，故曹植自言其文必隨時改定。每見名家文稿，多晚年自訂，或生徒編輯，往往有與初本絶不相類者，故凡其人現存者，文皆不録。

一、文之義藴深微、法律變化者，必於總批、旁批揭出，乃可使學者知所取法。然題有定理，理無二致，其中指要若已經前人闡發，不可復易，則仍舊承用，以「原評」二字别之。

一、前人流傳名篇，間有字句率易、義理或未妥者，向來各家選本多有節删互異之處，今擇其猶當者從之。其未經諸選摘發而稍加改易者，亦間有之。至於全文俱佳、語句偶訛、難爲改易者，必細摘出，亦恐貽誤後學。

一、是集奉旨編定，將以頒行直省學宫，照進呈本格式鋟板，庶體製莊重，可垂永久。至頒行之後，書坊繙刻，任其仍用活字小板，以便廣爲流布。

欽定化治四書文卷一　大學

君子賢其賢而親其親　二句

李時勉　程

即後世思慕之心，知前王新民之德。此子曾子言文、武新民之止於至善也。使文、武新民之功不止於至善，又焉能使後世之人仰其德而思慕之不忘哉？蓋謂有周之興，文、武之爲君也，以聖繼聖，以盡爲君之道者備矣；建功立業，以貽後人之謀者至矣。是故不顯惟德，百辟其刑之，此文、武德業之盛也，今也文、武既已往矣，而其德業之盛，則不與之俱往，後賢仰之而思有以宗其德焉；燕及皇天，克昌厥後，此文、武覆育之恩也，今也文、武既已遠矣，而其覆育之恩則不與之俱遠，後王念之而思有以保其緒焉。故曰君子賢其賢而親其親者，此也。懷保小民，惠鮮鰥寡，此文、武之所以安民也，今也文、武不可見矣，而其安民之功猶在，後世之民含哺鼓腹，莫不賴之以遂其生焉；制其田里，教之樹畜，此文、武之所以利民也，今也文、武不可作矣，而其利民之惠猶在，後世之民畊田鑿井，莫不賴之以得其養焉。故曰小人樂其樂而利其利者，此也。曰賢，曰親，有以見前王之德愈久而不泯；曰樂，曰利，有以見前王之德愈遠而不息。不惟當世之人得其所，後世之人亦莫不得其所。文、武新民之止於至善也，爲何如哉？

評：前輩用經語，能與題義切比，故若自己出。録之以存制義初範。本題重在「前王」之繫屬「君子」、「小人」處，是作亦最合釋詩體。

身有所忿懥

八句

薛瑄

惟心之用有不察，故不能不失其正也。蓋喜怒憂懼，貴乎隨感而應也；苟豫有之而不察，心欲其正，得乎？大學釋修身在正其心之義，謂夫人之一心，有體焉，有用焉。精藴於中而未發者，則爲渾然之體；情見乎外而已發者，則爲燦然之施。是故忿懥者，怒心之發而爲情者也。人孰無怒乎？怒在物可也，在心不可也。苟忿懥之心一發而不察，則反爲情欲所牽，於是乎有不當怒而怒者矣，奚其正？恐懼者，畏心之發而爲情者也。人孰無畏乎？畏在理可也，在心不可也。苟恐懼之心一發而不察，則反爲利害所惑，於是乎有不當畏而畏者矣，奚其正？至於喜心所發則爲好樂之情，人不能無也。使得其道，而心果何所累哉？苟或一於好樂而不察，則邪妄之誘引將無所不至矣，又奚其正？慮心所發則爲憂患之情，人亦不能無也。使中其節，而心果何所繫哉？苟或一於憂患而不察，則顧忌之惶惑將無所不至矣，又奚其正？是其物之未來也，而迎之以意必，已失乎渾然大公之體；及物之既往也，而留之以固我，又乖乎燦然順應之常。此情之所以不制，心之所以不正。欲正心者，烏可以不察哉？

評：「心」兼體用，與「意」不同，有所雖在動處見，而病根則静時已伏。故次節注「敬以直之」及總注「密察此心存否」云云，皆合動、静言之。精細渾全，深心體認之作。

欽定化治四書文卷二　論語上

吾十有五而志於學　一章

蔡　清

聖人希天之學，與時偕進也。夫學與天爲一，學之至也。然而有漸也，故與時偕進。聖人且然，況學者乎？若曰人生之初，渾然天也，少長而趨於物欲，則喪其天。故吾於成童之時，用志不分，以其全力而向於學，務求純乎天德而後已。志學，固知所用力矣，猶未得力也，加以十五年之功，三十而壯，則天德爲主而人欲不能奪之矣；立，則固守之也，非固有之也，加以十年之力，四十而强，則心源澄澈而渣滓爲之渾化矣。不惑，固明諸心也，未及一原也，又十年而五十，而義理之所自來、性命之所自出，一以貫之而無遺矣；知天命，固與天通也，或未合一也，又十年而六十，則聲入心通者，若決江河，莫之能禦矣。吾未七十，猶未敢從心也，從之猶未免於逾矩，未與天一也。自六十而又進焉，然後天即我心，我心即天，念念皆天則矣。吁！始而與時偕行，終而與時偕極，聖人之學蓋如此。

原評：段段於交會中勘出精意，實見得聖人逐漸進學，並非姑爲設教語意。

評：文如講義，然此題須體貼聖學功候，非實理融浹於胸中，詎能言之簡當若此？

學而不思則罔 一節

顧清

聖人論學與思，廢一不可也。夫君子，合内外而成性者也。思也，學也，可偏廢哉？且君子所當用力者，心與事而已矣。心原於一，而足以管天下之理；事散於萬，而實不外於一心之微。是心與事爲一，則學與思不可偏廢者也。學者，習其事也，博文以益其知，考迹以利其用，其誰能廢學也？然學者，事也，事必有理以主之，理具於心，而心之官則思而已矣。不思則不能通微，故學必待思，而後可以融至理也。不然，則記誦徒勤，玩物而非窮理；成法雖效，蹈襲而非體驗。義理之精微，終歸於茫昧而已，安望其浹洽於中哉？思者，求諸心也，測度以探其精微，紬繹以索其旨趣，其誰能廢思也？然思者，理也，理必有事以載之，事資於學，而學之道則習而已矣。不習則不能悦心，故思必待學，而後可以收實效也。不然，則審慮雖詳，非有考據之真見；研窮徒切，未嘗實踐於躬行。事理之精當，終歸於惶惑而已，安望其怡然理順哉？是知學而能思，學益明矣；思而能學，思益實矣。交養互發之機熟，其進豈能已哉？

評：穩切深透，語皆明潔。

哀公問社於宰我　一章

羅　倫

聖人於論社者而規之，重民之意微矣。夫社以爲民，非威民也，斯聖人規宰我之微意乎？且王者右社之制，爲民樹建，與國存亡，其意固深遠哉！何哀公問社而宰我謬爲置對也？彼壇壝非美觀也，尸祝非具文也，引三代之遺規，寓子民之大略，無不可者。胡僅僅焉以松言夏，以柏言殷耶？以栗言周，以使民戰慄言周之栗耶？是崇德報功之典，爲一木之支，君蒿悽愴之場，爲虣斷之具，謬已甚矣。將謂封殖不忘以示重也，則先王之所遞昭事者，不在喬木也；即爲弱主失馭以勸戒也，則當日之所姑息者，亦不在齊民也。民懷危疑，益爲貳魯者樹黨矣。夫子聞之，不欲顯言其失。第慨然歎曰：天下事未成，可説也；成而説之，無益也。未遂，可諫也；遂而諫之，無益也。將來，可咎也；往而咎之，無益也。予也，真謂社以木重而周制爲威民乎？出於言者之口，一出而不可收矣；入於聽者之耳，一入而不可破矣。吾且奈之何哉？於此見國事不容輕議，君心最忌先入。爲國爲民，務片辭而關宗社之晝；審理審勢，寧闕如而俟竅實之精。聖人婉規之意蓋如此。

評：純以煉勝，亦開倡風氣之作。須識其丰骨清峻、胎息左國之神，非可於局調間刻摹形似者。

管仲之器小哉 一章

商輅

聖人陋霸臣之器而兩闢仲之者之説焉。夫管仲以其君霸天下，尊之久矣。器小之論，獨自聖人發之，宜或人之未喻也。且夫子亦嘗大管仲之功矣，今曰器小者，何哉？蓋功之大者，才有餘於霸；器之小者，量不足於王也。然夫子未嘗盡言，而或者眩於名實，因欲救而解之。謂儉則必固，器小其似也。仲之爲人，得無儉乎？不知儉者德之共也，帝王以節道示天下，惟此耳。三歸之麗，家臣之冗，奢莫甚焉，曾是而可爲儉哉？此夫子所以致斥也。或者又謂器小而復不儉，或幾於禮矣。仲之爲人，殆知禮乎？不知禮者國之維也，帝王以中道防天下，惟此耳。樹門之塞，反爵之坫，僭莫甚焉，曾是而爲知禮哉？此夫子所以重斥也。奢而犯禮，其無修身正心之學可知。斯言雖若爲儉與知禮者辨，而器之所以小，亦自可見矣。然則器大何如？君子而已。

評：高古跳脱，其夾叙夾斷，使題之層折無不清出，開後人無限義法。

儀封人請見 一節

薛瑄

封人未見聖而思之切，既見聖而歎之深。夫天不喪道，二三子可無患矣。封人信之以天，所以一見而有木鐸之歎也。惟時孔子轍環至衛，適於儀。有隱君子者溷迹於封疆之間，其姓與名不可得傳矣。封人，其官也。彼其望聖人而若企，前從者而陳詞，曰：君子之至於斯也，吾未嘗不得見也。此其意篤而至，語恭而周。賢哉封人！其若弗克見之思，有足多者。逮乎從者見之，而封人遂有慨乎其中也，乃出而歎曰：二三子，何患於喪乎？蓋否而必泰者，天也；往而必返者，勢也。況乎有其具，不患無其施；而韞於藏，當必大於用。則今天下聾瞶，舍夫子其誰起？故曰天下之無道也久矣，天將以夫子爲木鐸。噫，夫子生不遇於時，如儀封人者，亦可爲傾蓋之交也。

原評：不但説得當日意思如見，其文體高妙，亦當於唐宋人求之。

評：簡淡閒逸，而敘次議論一一管到。作者制義，特其緒餘，筆墨之灑落，自關胸次也。

子謂韶盡美矣 二句

顧　清

聖人贊有虞之樂，文備而情亦備焉。夫樂，乃功德之形容也，大舜之樂，有以極情文之備如此，豈復有過之者哉？夫子稱而贊之，所感深矣。且一代之興，必有一代之樂。羲黄以降，作者非一人矣，而舜之韶何其盛乎？蓋其本蘊蓄於升聞紹位之初，而其制大備於治定功成之日。笙鏞琴瑟，有以極音律之和，而聞之者心融；干戚羽旄，有以備物采之華，而觀之者忘倦。歌九德而間九功，雝雝乎鳳鳥之和鳴也，而聲孰尚之？舞九韶而協九奏，蹌蹌乎百獸之率舞也，而容孰尚之？謂之盡美，信乎其文之備而無以復加矣。然其中又有盡善者存焉。蓋其聲之美，不止於音律之和也，而咸寧之化，實洋溢乎其中；其容之美，不止乎物采之華也，而至德之光，實交暢於四表。揄揚咏歎，依稀乎文明濬哲之風，音有盡而意無窮也；俯仰周旋，想像乎揖遜雍容之狀，心悦之而口不能言也。謂之盡善，則美之中又有實焉，而非徒以其文矣。韶之爲樂，其盛也一至此哉！

原評： 文有合用傳注者，亦須鎔化，不可直寫。此作將功德即鎔化在美善中，何等渾全。

好仁者無以尚之 二段

錢福 墨

聖人論人之成德，有以好仁之篤言者，有以惡不仁之至言者。蓋好仁而物無以加，則好之也篤；惡不仁而物無所累，則惡之也至。人之成德有如此，此所以難得也與！夫子意若曰：天下之道二，仁與不仁而已。凡出於天理之公者，不必皆同，而均謂之仁；凡出於人欲之私者，不必皆同，而均謂之不仁。自夫人有秉彝好德之心，孰不知仁之足好？而或不能無不好者，以拒之於內，則所好爲不篤，猶不好也。吾所謂未見好仁者，豈謂若人哉？蓋必氣稟純粹而真知是仁之可好，其於仁也，雖天下之物而無以加其好焉，吾知其甚於水火，甘於芻豢。內重而見外之輕，得深而見誘之小。生，所好也，而仁在於死，則殺身以成仁；財，所好也，而仁在於施，則散財以行仁。推之天下之物，更有孰能尚之者哉？好仁而無以尚之，則其好之可謂篤，而成德之事在是矣。自夫人有羞惡、是非之心，孰不知不仁之可惡？而或不能無不惡者，以挽之於中，則其惡爲未至，猶不惡也。吾所謂未見惡不仁者，豈謂若人哉？蓋必資稟嚴毅而真知不仁之可惡，其爲仁也，不使有一毫不仁之事有以加乎其身焉，吾知其避之如蛇蠍，遠之如鴆毒。出乎彼而入乎此，不爲不仁而所爲皆仁。視聽言動之運於吾身也，而或非禮之害乎仁者，不忽焉以少累；聲色貨利之接於吾身也，而或不仁之妨乎仁者，不暫焉以少處。微極於纖悉之過，尚肯使之加乎身哉？惡不仁者而不使加，則其惡之可謂至，而成德之事在此矣。然則夫子未見之歎，夫豈偶然之故哉？

原評：太史公之文所以獨高千古者，以其氣雄也。此文當觀其一往奔放、氣力勝人處，如徒摘水火、芻豢、蛇蠍、鴆毒語爲先輩訾議，則以小失大矣。

子在齊聞韶 一節

吴　寬　程

聖人寓鄰國而聽古樂，學之久而專，稱其美也至。夫古樂莫美於韶也，觀聖人所以學之與所以稱之者，則聖樂之美、聖心之誠皆可見矣。昔樂有名韶者，乃帝舜之所作者也。後千餘年，列國惟齊能傳其樂。孔子在齊，適聞其音。想其慕舜之德，其心已極於平日；聞舜之樂，其身如在於當時。故不徒聽之以耳，而實契之於心。於凡鳴球琴瑟之類，其聲之依永者無不習；以至鼗鼓笙鏞之屬，其音之克諧者無不考。蓋學之不厭也，至於三月之久；而好之甚專也，本乎一心之誠。故當食之際，雖肉味有不知其爲美者。何也？其心在於樂，則發憤至於忘食之勤；其志好乎古，則終日且有不食之篤。彼芻豢何物，果足以悦我口耶？夫既學之而有所得，則稱之自不能已。蓋謂舜之樂，昔嘗識之於書，如后夔之所典者，以爲猶夫樂也，今習其度數，不意若此其美，則其聲之感召，真可致神人之協和也；舜之樂，吾嘗聞之於人，如季札之所言者，以爲猶夫樂也，今考其節奏，不意若此其盛，則其德之廣大，信有如天地之覆載也。其感歎之意，溢於言表如此。然則韶非舜不能作，亦非孔子不能知。彼端冕而聽古樂惟恐卧者，可以語此也哉？

評：注依史記，補「學之」二字最吃緊，從此著意，故語皆實際，不徒爲虚空讚美之辭。

陳司敗問昭公知禮乎　一章

顧鼎臣

聖人爲尊者諱，因人之議而以過自任焉。甚矣！聖人愛君之心無已也。始焉以禮諱其君，繼焉以過任諸己，孰非所以存厚也乎？司敗亦可以自悟矣。且大昏爲萬世之嗣，先王所以植紀也；同姓而昏姻不通，周道所以章别也。昭公以魯娶吴，已大潰夫文武之防，當時以知禮見稱，又不追其大本之失，此司敗所以疑而問也。乃孔子則以「知禮」荅之，是非不知其大倫之亂也。蓋不忍彰君之過，故爲之掩君之過；聞人道君之善，亦爲之稱君之善。臣子忠厚之道宜如是耳，非黨也。奚司敗不悟，乃因孔子之退，揖巫馬期而進焉。其曰「君子不黨」「君子亦黨」者，是徒知諱人爲有黨，而不知夫子諱君爲非黨乎？其曰「君而知禮，孰不知禮」者，是徒知諱同姓爲不知禮，而不知夫子之對爲知禮乎？若司敗者，不諒聖人之心亦甚矣。使孔子於巫馬期之告也，將自謂諱君之惡與？非所以尊君也。抑將以娶同姓爲知禮與？又非所以正禮也。故不曰君之不幸，而但曰己之幸；不曰人知君之過，而但曰人知己之過。至是則昭公之失既泯於無迹，而君臣之至情已全；娶同姓之非不嫌於或黨，而昏媾之大禮已正矣。非夫子，其孰能與於此哉？

評：以議論叙題，神氣安閒，意義曲盡，絶無經營之迹。此法亦後人所祖，但先輩只是因題布格，與淩駕者不同。

欲罷不能 一節

李東陽 程

大賢悅聖道之深而盡其力，見聖道之的而難爲功。蓋道可以力求，不可以力得也，大賢學之盡其力，而造之難爲功也，其以是夫？昔顏子自言其學之所至，意謂：聖人之道雖高妙而難入，而其教我以博約也，則有序而可循。是故沈潛於日用之間，但覺其旨趣之深長也，雖欲自已，不可得而已焉；體驗於行事之際，但覺其意味之真切也，雖欲自止，不可得而止焉。鈎深致遠而致其博者，無一理之不窮，則已罄吾知之所能矣；克己反躬而歸之約者，無一事之不盡，則已殫吾力之所至矣。於是向之所謂高者，始得以見其大原，如有象焉，卓然而立乎吾前也；向之所謂妙者，乃得以識其定體，若有形焉，卓然在乎吾目也。當斯時也，於斯境也，將勇往以從之，則幾非在我，愈親而愈莫能即，又何所施其功乎？將畢力以赴之，則化不可爲，愈近而愈莫能達，又何所用其力乎？顏子之自言如此，可謂深知聖人而善學之者歟？雖然，顏子之所謂末由者，豈其若是而遂已哉？擴其所已然，養其所未然，優游厭飫，至於日深月熟而化焉，則亦將有不期而自至者矣。其終不克至是而與聖人未達一間者，乃命焉，非學之過也。後之君子尚無以至之難而自沮也哉？

原評：卓爾只在日用事物上見道，此顔子進步異於「高」「堅」「前」「後」時也。實理實事，字字皆經體認，方能成此文，宜當年館中推爲第一。

君賜食 一節

王鏊

聖人隨君之所賜而處之，曲盡其禮也。甚矣，聖人事君盡禮也，即當處君之賜，何往而非禮之所在乎？且君之賜臣，所以昭泰交之義，而致鼎養之隆也。夫子爲臣於魯，君嘗賜之食矣。食則或出於餕餘者也，夫子於此，既不敢以薦諸神，亦不遽以頒諸人。必也！正席於拜嘉之際，品嘗於頒賜之先，退食之從容，猶侍食之嚴肅也。其敬君之賜何如？君嘗賜之腥矣，腥則方頒於君庖者也，夫子於此，慶幸之意方深，如在之誠隨至。必也！熟之錡釜之内，薦之宗廟之中，存没均沾，而人神胥悦也。其榮君之賜何如？君嘗賜之生矣，謂之生者，非若食之可嘗也，非若腥之可薦也，夫子必從而畜之。蓋物爲吾與，而不忍之念自生，況賜出於君，而愛惜之心尤切。或祭祀未舉，則畜之而不敢殺也；或宴享未行，則畜之而不敢用也。其仁君之賜何如？自其先嘗之也，而見逮下之恩焉；自其薦之也，而見事先之孝焉；自其畜之也，而見育物之仁焉。一敬君而衆善皆備者，非孔子，其孰能之？

原評：語語皆體貼情理而出，不獨意法周密。先正講書作文，全是將自己性情契勘，所以氣厚聲和而俗化日上也。

立，本以爲民，而國用之足，乃由於此。何必加賦以求富哉？

評： 層次洗發，由淺入深，題義既畢，篇法亦完，此先輩真實本領。後人雖開闔照應，備極巧變，莫能繼武也。

鄉人皆好之　一節

王　恕

以好惡觀人者，稽諸好惡之人可也。夫好非善人，惡非不善人，其好惡本無足憑，而可取必於一鄉哉？嘗謂鄉人有好惡，亦有善惡，故取人者不當以好惡之善惡爲善惡，而當以善惡之好惡爲好惡也。乃子貢以鄉人皆好爲問，是求觀於衆好也，而不知以衆好觀人，將爲群譽之所欺矣，未可也；子貢又以鄉人皆惡爲問，是求觀於衆惡也，而不知以衆惡信人，將爲群毁之所激矣，未可也。夫鄉人皆好，固未可以觀人矣，求其好之可以觀人者，其莫如鄉人之善者乎？鄉人皆惡，固未可以觀人矣，求其惡之可以觀人者，其莫如鄉人之不善者乎？蓋善者好之，則正大之情既以素孚於君子；而惡者惡之，則孤介之行又不苟同於小人。自好人、惡人者而言，好者好其人之所當好也，惡者惡其人之所當惡也，一好一惡分，而可否自見；自見好、見惡者而言，則以己之所當好而見好於善人也，以己之所不必惡而見惡於不善人也，一好一惡交，而人品始彰。

吾是以謂取人於鄉人之皆好，不如取人於善人之好也；吾是以謂取人於鄉人之皆惡，不如取人於不善人之惡也。觀人者其準諸此哉？

評：用筆甚辣，構局甚緊，排奡凌厲，仍歸自然。不圖化治以前遂已有此。

邦有道危言危行

王鏊

天下之治道方隆，君子之直道斯顯。蓋世隆則道從而隆也，君子處此，言行有不遂其直者哉？昔聖人之意，謂夫所貴乎君子者，有特立不變之操，有相時而動之宜。是故在上者惟明明之后，在下者多休休之臣。世道清明，見於刑賞予奪者，皆公平正大之體，正君子向用之時也；朝綱振肅，列於前後左右者，無險陂側媚之私，正陽德方亨之候也。邦之有道如此，居是邦也，言焉而不盡，行焉而不伸，不有負於時乎？蓋君子之於言也，固有或默之時，而邦有道，則無所俟於默者。故理有當言則必言，面折廷諍，侃然正論之不屈。事關利害，有舉世所不敢言，而獨言之；幾伏隱微，有舉世所不能言，而獨言之。入以告於君，出以語於人，一皆忠義之激發。言非沽直也，時可直而直也。君子之於行也，固無可貶之時，而邦有道，又無所待於貶者。故義所當行則必行，秉道嫉邪，挺然勁氣之不回。非其義也，一介不以與諸人，一介不以取諸人；如其義也，一家非之而不顧，一國非之而不顧。上以事乎君，下以持乎身，一皆行義之峻潔。行非求異也，道當直而直也。君子之處世如此，則世道之隆，豈非吾道之泰乎？雖然，君子之言行，非有意於危，自卑者視之，見其危也。然言有時而孫，何哉？蓋行無時而變，持身之道也；言有時而孫，保身之道也。士而至於保身，豈盛世之所宜有哉？

原評：講「有道」，即見可以「危言危行」，講「危言危行」，即回抱「有道」。又即藴蓄下文，斡旋「言孫」。巧、力兼備之文。

評：「危」字發得透徹。光昌嚴峻之氣，與題相稱。

管仲相桓公 四句

李夢陽

聖人稱大夫佐霸之功，被天下而及後世也。甚矣，春秋不可無管仲也。匡一時，而後之人且利賴焉，得非仁者之功乎？此夫子所以録其功也。想其曉子貢之意，蓋曰：死天下之事易，成天下之事難，子疑仲之相桓爲未仁也，抑孰知管仲以其君霸，而其所成者大乎？彼管仲之於齊也，被鮑叔之薦，而膺仲父之寵，夫固桓公之相也。齊居東海之國，未嘗主盟於中夏，桓公得其國而君之，亦未敢必其稱雄於列辟也。惟得管仲以爲之相，招攜以禮，懷遠以德，而人心景從，遂爲諸侯之宗長焉。一舉葵丘，而臣不敢奸君，當其時，知有共主而天下之大綱不至於陵夷者，仲匡之也；再盟召陵，而裔不敢謀夏，當其時，知有上國而天下之大防不至於顛越者，仲匡之也。然豈特終於仲之身而已哉？蓋自其身没以來，勳名垂於奕世，於今尊獎之，而冠履之嚴，猶昭然耳目之公焉，其雄風之所貽者，誠未易斬矣；聲施沿於列國，於今翊戴之，而兵車之强，猶赫然會盟之間焉，其餘威之所振者，誠未易熄矣。夫以仲之功，而人受其賜於不窮，迄今江漢之上，慨最盛之遺事，而頌管仲之功不衰。吾方幸齊桓得一相而天下定焉，後世賴焉，又安得以其相爲疑也哉？信乎管仲雖無仁人之德，而實有仁人之功。賜也，何可以過訾之也？

評：一氣排奡，朴老古淡之中，渾規矩變化於無迹。原評稱其筆之老峻，直邁王、唐，洵非溢美。

志士仁人 一節

王守仁

聖人於心之有主者而決其心德之能全焉。夫志士仁人，皆心有定主而不惑於私者也。以是人而當死生之際，吾惟見其求無愧於心焉耳，而於吾身何恤乎？此夫子爲天下之無志而不仁者慨也。故言此以示之，若曰：天下之事變無常，而死生之所係甚大。固有臨難苟免而求生以害仁者焉，亦有見危授命而殺身以成仁者焉。此正是非之所由決，而恒情之所易惑者也。吾其有取於志士仁人乎？夫所謂志士者，以身負綱常之重，而志慮之高潔，每思有以植天下之大閑；所謂仁人者，以身會天德之全，而心體之光明，必欲有以貞天下之大節。是二人者，固皆事變之所不能驚，而利害之所不能奪，其死與生，有不足累者也。是以其禍患之方殷，固有可以避難而求全者矣，然臨難自免，則能安其身而不能安其心，是偷生者之爲，而彼有所不屑也；變故之偶值，固有可以僥倖而圖存者矣，然存非順事，則吾生以全而吾仁以喪，是悖德者之事，而彼有所不爲也。彼之所爲者，惟以理欲無並立之機，而致命遂志，以安天下之貞者，雖至死而靡憾；心迹無兩全之勢，而捐軀赴難，以善天下之道者，雖滅身而無悔。當國家傾覆之餘，則致身以馴過涉之患者，其仁也，而彼即趨之而不避，甘之而不辭焉，蓋苟可以存吾志之公，將效死以爲之，而存亡由之，不計矣；值顛沛流離之餘，則舍身以貽没寧之休者，其仁也，而彼即當之而不懾，視之而如歸焉，蓋苟可以全吾心之仁，將委身以從之，而死生由之，勿恤矣。是其以吾心爲重，而以吾身爲輕，其慷慨激烈以爲成仁之計者，固志士之勇爲而亦仁人之優爲也，視諸逡巡畏縮而苟全於一時者，誠何如哉？以存心爲生，而以存身爲累，其從容就義以明分義之公者，固仁人之所安而亦志士之所決也，視諸回護隱伏而覬覦於不死者，又何如哉？是知觀志士之所爲，而天下之無志者可以愧矣；觀仁人之所爲，而天下之不仁者可以思矣。

原評：「志士」是把握得定，「仁人」是涵養得熟。一「無」字，一「有」字，有確然不改易意，有安然不勉强意。寫兩種人，各盡分量，而文更俊偉光明。

評：有豪傑氣象，亦少具儒者規模，高言不止於衆人之心。諒哉！氣盛辭堅，已開嘉靖間作者門徑。

昔者先王以爲東蒙主 四句

羅 倫

聖人於大夫之伐國而歷據理以斥其非也。蓋兵以義動，始無惡於伐也。顓臾封於魯，國於魯，臣於魯，則季氏安得而伐之哉？且吾聞之，無欲而利人之有者，不仁；無罪而伐人之國者，不智。季氏之伐顓臾也，豈未聞顓臾之爲國乎？彼其分封不出於先王，是僭竊之君也，而伐之可以明王制；錫土不居於邦域，是爭雄之國也，而伐之可以夷後患；名分不通於社稷，是跋扈之臣也，而伐之可以修臣紀。今自其建國之初論之，昔者先王以爲東蒙主，則一方之名山，將賴是以承其祭，而有周以來，其國固與我魯並矣，是豈可伐者乎？而猶未也，以地，則在邦域之中焉，密邇公室，必無悖逆之心，所謂不必伐者，此也；以分，則爲社稷之臣焉，聽命公朝，又爲王家之佐，所謂不當伐者，此也。爲季氏者，正宜遠追建國之意，近守交鄰之道可也，胡爲乎謀動干戈，容心於分外之得；妄興師旅，恣情於黷武之謀？將以明王制與？彼非僭竊之君也。將以夷後患與？彼非争雄之國也。將以修臣紀與？彼非跋扈之臣也。而無名之舉，何以服天下之心？但恐不可伐而伐之，上得罪於先王也；不必伐而伐之，下得罪於境内也；不當伐而伐之，中得罪於公家也。而不義之師，祇以稔一己之惡。爲季氏者，不知而伐之，是不智也，知而伐之，是不仁也，國未必得，而身已入於大惡矣，季氏何爲哉？爲求者，不知而使之，是不智也，知而使之，是不仁也，謀未必就，而身已入於大逆矣，求也何爲哉？

評：曲折發揮，雄氣奔放。昔人謂如吕梁之水，噴薄澎湃者。不獨兼正嘉作者氣勢之排宕，並包隆萬名家結構之巧密矣。故知先輩非不欲爲正嘉以後之文，乃風氣未開，爲之者尚少耳。

邦君之妻 一節

王　鏊

聖人於國君之配而必序其稱名之詳焉。夫匹配之際，立教之端也。聖人於其所稱之名而詳序之，其謹微之義，斷可識矣。且古之聖人，固嘗嚴内外之分，亦未嘗絶内外之交。是以有禮焉，以秩其分；有分焉，以定其名。試以邦君之妻言之，所以聽一國之内治，掌斯民之陰教，風化存焉者也。其稱名之法，當何如哉？自夫君之稱之也，則曰夫人。蓋邦君，乾道也；夫人，坤道也。乾健而不息，坤順而有常，既以德而配德，必以貴而從貴。以夫人稱，尊之也，言其與己同也。自夫人之自稱也，則曰小童。蓋夫者，天道也；妻者，地道也。天尊而莫逾，地卑而上行，雖以體而敵體，猶必謙而又謙。以小童稱，自卑也，言爲君之役也。此特稱於宫中者耳，至於邦人稱之，則不徒曰夫人，而必曰君夫人焉。蓋婦人無爵，從夫之爵，國無恒爵，惟君爲尊。稱夫人而係之以君，雖所以稱夫人也，亦所以尊君也。此特稱於本國者耳，至於稱諸異邦也，不徒曰小君，而必曰寡小君焉。蓋寡德之辭，諸侯不嫌於自貶；而藉君爲號，夫人不容以自矜。稱小君而必係之以寡，非惟附君之美也，實則從君之謙也。此固夫人之稱於異邦者矣。至於異邦人稱之也，亦曰君夫人焉。蓋君之於民也，異所統而尊則同；夫人之於君也，殊所位而親則一。敬其君以及人之君，則敬彼國之夫人，亦當如本國之夫人矣。是之謂充類也，故不嫌於同辭也。吁，一邦君之妻，而稱名之異如此，要皆緣情而定、因理而起者也。學者其可忽諸？

原評：句句詳核，股法變换參差，尤見手筆。

評：實能抉禮意之精微，古茂雅潔，典制文字，此爲極軌。

邇之事父 一節

錢福

内有以資其孝，外有以資其忠，此詩所以當學也。蓋學以明倫，而詩則無不備者也。事父事君，不學詩而何資乎？蓋夫子勉人學詩，意謂：夫人倫之道，莫備於詩；而人倫之大，莫備於君父，是故以國而視家，家其近者也。一家之中，惟父爲大焉，事之之道，豈易盡乎？蓋必詠蓼莪之篇而後知親有罔極之恩，不得乎親，真不可以爲人矣；誦小弁之什而後知親無可絶之理，不順乎親，真不可以爲子矣。感發於陟岵之幽思，奮激於凱風之悔責，與凡六義之所規諷者，何莫而非資其事父之孝者乎？詩之道，非止於父也而重乎父，以父而言，則在家之倫，如夫婦之琴瑟、兄弟之塤篪，皆備之矣。以家而視國，國其遠者也。一國之中，惟君爲尊焉，事之之道，豈易能乎？蓋必涵泳夫天保之章而忠愛之意以興，將順其美，務欲兼吾歷於夏商焉；優游乎卷阿之歌而規諫之情以得，匡救其惡，務欲納吾君於唐虞焉。讀四牡而靡盬於王事，誦烝民而匪懈於夙夜，與凡三經之所美刺者，何莫而非資其事君之忠者乎？詩之道，非止於君也而重乎君，以君而言，則在國之倫，如友生之相求、賓主之式燕，皆備之矣。是則内而事父，外而事君，學之爲道，無以加此，而詩皆備之。若之何而不學詩也耶？

評：深於詩訓，義舉其要。慤實雅茂，久而愈新。後之作者，不過就此推衍耳。

欽定化治四書文卷四　中庸

天命之謂性　一章

蔡　清　墨

中庸明道原於天而備於人，必詳言君子體道之事也。夫道原於天而備於人，是故君子之所當體者也。體道之功既至，則位育之化有不成乎？子思子憂道學之失傳而作中庸以詔天下也，蓋謂天下有性焉，有道焉，有教焉，夫人之所知也；而其所以爲性，爲道，爲教者，夫人之所未知也。何謂性？天之所命於人物者之謂也，外天以言性，非吾之所謂性矣。何謂道？人物各循其性之自然者之謂也，外性以言道，非吾之所謂道矣。何謂教？聖人因是道之在人物者而修之之謂也，外道以言教，非吾之所謂教矣。是則道之大原出於天而不可易，其實體備於己而不可離。使其可離於須臾，是豈所謂率性之道哉？是故君子時雖不睹不聞也，而亦戒懼之常存，不敢離之於静也；時雖至隱至微也，而亦慎獨之無間，不敢離之於動也。體道之功如此，夫豈外吾心而爲之哉？誠以心之喜怒哀樂，情也；其未發，則性也。無所偏倚，則謂之中；及其發皆中節也，無所乖戾則謂之和。是中也，固百爲萬事之所從出者也，而離之於静焉，將何以立天下之大本耶？是和也，固天下古今之所共由者也，而離之於動焉，將何以行天下之達道耶？又必由戒懼而約之，以極其中，使大本之益以固；由慎獨而精之，以極其和，使達道之行益以廣。將見吾之中即天地之中，雖不期於天地之位也，而一理感通，上下其有不奠位者乎？吾之和即萬物之和，雖不期於萬物之育也，而一氣融貫，萬物其有不咸若者乎？此學問之極功、聖神之能事，初非有待於外，而修道之教亦在其中矣。

原評： 絲理微密，意味深厚，真學者之文。

評： 於白文、朱注表裏澄澈，故順題成文，略加虚字點逗於斷續離合間，而神氣流溢、動盪合節。學者不能得其氣味而仿其形貌，則爲淺爲率而已矣。

是故君子戒慎乎其所不睹 二句

儲　巏　墨

君子之主静，以道之不可離也。夫道根於人心之至静者也，苟不知所以存之，斯離道之遠矣。君子之戒懼也，有以哉！子思示人之意，若曰：道原於命而率於性，本無須臾之可離者也，君子欲不離道以爲學，何以密存養之功耶？是故心之寂感，雖由乎物交；而心之神明，則發乎耳目。時乎不睹，宜若無事於戒慎矣，君子曰睹而後敬，則能敬於睹之所及，而不能敬於睹之所不及，而真睹忘矣。故視於無形，常若有所謂睹者，非睹之以目也，而實睹之以心。是其目雖未睹也，而吾心之真睹者無不明矣。不睹而敬，則凡睹之之時可知也已，君子之戒慎如有此者。時乎不聞，宜若無事於恐懼矣，君子曰聞而後畏，則能畏於聞之所加，而不能畏於聞之所不加，而真聞喪矣。故聽於無聲，常若有所謂聞者，非聞之以耳也，而實聞之以心。是其耳雖未聞也，而吾之真聞者無不聰矣。不聞而畏，則凡聞之之時可知也已，君子之恐懼有如此者。夫君子主靜之功如此，則物交無以引於外，而神明有以宰於中。性於是乎定，命亦於是乎凝矣。孰謂君子之道而有須臾之離哉？

原評：每扇有許多轉折，而氣脉渾厚，開合無痕。

評：「不睹聞」，對「未發之中」。説「戒慎」「恐懼」，所謂敬以直内，立天下之大本也，用周子「主靜」二字，自屬定解。其該睹聞處，措詞尤爲細密。

致中和 一節

羅 圯 墨

君子盡性情之德，而一體者應之矣。蓋天地萬物本吾一體也，性情之德既盡，而位育之效有不至乎？且天下之道，統於一心而無遺；而吾人之心，體乎天地萬物而無外。人惟中和未致，始與天地不相似，與萬物不相關耳。君子知中爲道之體也，自戒懼而約之，渾乎天命之性，無一時之不中，則中致，而大本之立益以固；知和爲道之用也，自謹獨而精之，粹乎率性之道，無一處之不和，則和致，而達道之行益以廣。由是吾之心即天地之心，以中感中，而天地之心亦正；吾之氣即天地之氣，以和召和，而天地之氣亦順。呼吸動静，相爲吻合而不殊；志意精神，與之默契而無間。乾道以之而清，坤道以之而寧，陰陽剛柔，各止其所，貞觀之所以不毁者，吾有以參乎其中也，天地有不位乎？民以之而時雍，物以之而咸若，休養生息，各遂其性，群類之所以不乖者，吾有以贊乎其間也，萬物有不育乎？是中和之功，盡於一心；而位育之化，成於一體。君子修道之極如此。噫！人但知天地之爲天地，萬物之爲萬物也，孰知吾心一天地也，吾身一萬物也。中和不致，則吾之天地萬物且不能位育，而況於天地，況於萬物乎？故君子不敢以一飲一食傷天地之和，而天地間苟有一悖戾不祥之物，皆吾身責也。學者欲得於此，盍於太極觀其本原乎？西銘觀其實體乎？定性觀其存養省察之要乎？

原評：當時解元文章如此。朱子謂「解經當如破的」，又云：「讀書細，看得通徹後，都不見注解，但見正經有幾個字在，方好。」圭峰文可以語是矣。

詩云鳶飛戾天 一節

王守仁

中庸即詩而言一理充於兩間，發費隱之意也。蓋盈天地間皆物也，皆物則皆道也。即詩而觀，其殆善言道者必以物歟？今夫天地間惟氣而已矣，理御乎氣，而氣載乎理，固一機之不相離也。奈之何人但見物於物，而不能見道於物；見道於道，而不能見無物不在於道也。嘗觀之詩而得其妙矣。其曰「鳶飛戾天，魚躍於淵」，言乎鳶魚而意不止於鳶魚也，即乎天淵而見不滯於天淵也。爲此詩者，其知道乎！蓋萬物顯化醇之迹，吾道溢充周之機。感遇聚散，無非教也；成象效法，莫非命也。際乎上下，皆化育之流行；合乎流行，皆斯理之昭著。自有形而極乎其形，物何多也，含之而愈光者，流動充滿，一太和保合而已矣；自有象而極乎其象，物何賾也，藏之而愈顯者，彌漫布濩，一性命各正而已矣。物不止於鳶魚也，舉而例之，而物物可知；上下不止於天淵也，擴而觀之，而在在可見。是蓋有無間不可遺之物，則有無間不容息之氣；有無間不容息之氣，則有無間不可乘之理。其天機之察於上下者，固如此乎？

原評： 不從「飛」「躍」兩字著機鋒，是前輩見理分明處。

評： 清醇簡脱，理境上乘。陽明制義，謹遵朱注如此。

武王纘大王　及士庶人

王　鏊

中庸稱二聖有繼先緒而隆一統之尊者，有承先德而備一代之典者。蓋德業創於前而莫爲之後，雖盛弗傳也。如二聖之所爲，豈不有光於前人也哉？中庸述夫子之意，謂夫欲知文王之無憂，當觀武、周之善述。夫文王既没而不能作，繼之者誰與？蓋太王、王季創於前，文王之業隆於後，而纘其緒者惟武王也。觀其身一著夫戎衣，師不勞於再舉，而坐收一統之全功；迹雖嫌於伐君，志非富乎天下，而無損萬世之令譽。且不獨功名之俱盛而已，以貴則尊極一人，以富則奄有四海，而福有超於尋常也；不獨禄位之兼得而已，上焉則宗廟饗之，下焉則子孫保之，而業有光於前後也。武王之繼先緒如此，是以創業而兼守成，雖征誅而同揖遜矣，其武功之隆何如哉？若夫武王已老而受命，承之者誰與？蓋文王欲爲而拘於位，武王得爲而限於年，而成其德者在周公也。觀其隆古公之號爲太王，加季歷之稱爲王季，則近推乎文、武之盛心；祀組紺而上以王禮，追后稷以下而皆然，則上追乎先祖之遺意。於是推斯禮以及人，使有國而爲諸侯、有家而爲大夫者，咸得隨等序而行其禮也；達斯禮以逮下，使有位而爲士、無位而爲庶人者，皆得循禮度以伸其情也。周公之成先德如此，是繼述善於一身，禮制通於天下矣，其文德之備爲何如哉？吁，武王纘焉而益隆，周公成焉而大備，此周家所以勃興而文王所以無憂也與？

評：精語卓立，氣格渾成。當玩其苦心撰結處。

武王纘大王 一節

楊慈 墨

惟聖人能繼先業以成武功，故能得聲譽之盛而備諸福之隆也。夫前人之所爲，後人之所當繼也。苟不能然，則名且不足，尚何諸福之有哉？古之人有行之者，其有周之武王乎？自今觀之，太王肇荒作之基，王季勤王家之事，則周之王業固始於此矣。文王誕膺天命之隆，以撫方夏之衆，則周之王業已創於此矣。然太王、王季雖爲王業之始，而其功則未成也，所以繼其業者，非武王乎？文王雖有造周之名，而大勳則未集也，所以承厥志者，非武王乎？武王於是因累世締造之功，而爲一旦弔伐之舉。牧野之師方會，而前徒已倒戈；華陽之馬既歸，而天下遂大定。則前人之業，於是而始成；而前人之心，於是而始慰矣。夫以武王伐紂，宜若失其名也，然人皆知其爲應天順人之舉，而無利天下之心，則武王之名於是而益顯。當是時也，四方攸同，皇王維辟，則天下之民莫非其臣，其尊又何如？東西南北，無思不服，則四海之地，莫非其有，其富又何如？由是而祀乎其先，則假哉皇考，綏予孝子，莫不以格而以享；由是而傳之於後，則穆穆皇皇，宜君宜王，莫不是繼而是承。則聲譽之盛、諸福之隆，武王一身萃之而有餘矣。雖然，自非其能繼先業以成武功，又何以臻此哉？夫武王能成燮伐之功於天下未定之時，周公能制典禮之懿於天下既定之後，武王以武，周公以文，其爲繼述，則一而已。噫！莫爲之先，後將何述？莫爲之後，前將何傳？夫以太王、王季、文王既有以作之，而武王、周公又有以述之，吾於是不惟有以贊武王能成之孝，而文王之所以無憂者，亦於是見矣。

評：此明文始基。一代作者正變源流之法，靡不包孕。其文炳蔚，確有開國氣象。士人窮探經史，非僅取其詞與法爲時文之用而已。然觀制義初體如是，亦可知根茂實遂之不可誣也。

父爲大夫　無貴賤一也

錢　福

觀聖制葬祭喪服之禮，各惟其分而已。蓋禮莫大於分也，因分以盡情，其善於推己及人者歟？中庸意謂周公之制禮，不惟孝以事先人，而且孝以治天下。是故自葬祭之禮言之，如父爲大夫、子爲士歟，則葬以三月，稱有家也；而祭之，則禮惟三鼎爾矣，樂惟二佾爾矣，雖禴祭也，而君子不以爲隘。如父爲士、子爲大夫歟，則葬以逾月，明有位也；而祭之，則禮用五鼎爾矣，樂用四佾爾矣，雖備物也，而君子不以爲濫。蓋葬從其爵，反始也，貽死者以安也；祭從其禄，致愛也，伸生者之情也。何莫而非協於義乎？自喪服之禮言之，期之喪，達乎大夫，何也？是諸父昆弟之喪也，其分殊者其情疏，而大夫則降、諸侯則絶焉；三年之喪，達乎天子，何也？是父母之喪也，其恩深者其報重，而貴不加損、賤不加益焉。蓋服有降殺，貴貴也，所以曲而殺也；服無貴賤，親親也，所以經而等也。何莫而非達其情哉？是則葬祭以爵禄而定者，追王上祀之遺意也；喪服無貴賤之别者，天理民彝之至情也。信乎禮通上下而爲作者之聖歟？

原評：文之能繁而不能簡者，非才有餘，正才不足也。細看此文，有他人連篇累牘説不盡處。「斯禮也」，只是説祭，葬是緣祭而及，喪服又是緣葬、祭而及。三者雖俱禮制，就此章言之，則祭爲主，喪、葬爲賓，即下章「達孝」亦是以祭祀之禮言之可見也。一起一結，大指躍然。

今夫天 一節

岳　正　墨

中庸舉天地生物之盛，所以明至誠無息之功用也。夫天地之道，一誠而已矣。生物之功，寧不各極其盛哉！中庸舉之，以明無息之功用至此。若曰：論聖人固全乎天道，觀天地則見乎聖人。何言乎？今夫天，以其一處而言，則昭昭之多天也，天其止於是乎？及其無窮，而日月星辰之懸象於上，萬物之覆幬於下，天之生物，一何其盛耶！今夫地，以其一處而言，則撮土之多地也，地其止於是乎？及其廣厚，而華嶽河海容之不見其不足，萬物載之惟見其有餘，地之生物，一何其盛耶！語天地間之磅礴而不可窮者，莫山若也。今夫山，不過卷石之多耳，而豈足以盡夫山哉！及其廣大，則草木生於斯，禽獸居於斯，寶藏興於斯，山之生物之盛，孰非天地生物之盛乎？語天地間之浩渺而不可極者，莫水若也。今夫水，不過一勺之多耳，而豈足以盡夫水哉？及其不測，則黿鼉蛟龍生於斯，魚鱉生於斯，貨財殖於斯，水之生物之盛，孰非天地生物之盛乎？是則天地功用之盛至於此。至誠無息之功用，所以配天地而無窮也，又何疑乎？

評： 文簡而理足，體方而意圓。四比中已開後人無限變化參差之妙，不得以其平易置之。

考諸三王而不繆 合下節

程　楷　墨

論君子極制作之善，見君子知天人之理。蓋無所不合，見君子制作之善矣，其洞燭天人之理，不於斯可見哉！且聖人居天子之位，盡三重之道。彼禹湯文武，固有已然之迹也，然君子之制作，爲於今而稽於古，則今日之爲即三王之爲，往古來今渾然一揆，與其已然者無所戾；天高地下，固有自然之道也，然君子之制作，立於此而參於彼，則在我之道即兩儀之道，天地與人浩乎一體，與其自然者無所拂。屈伸變化而爲造化之迹者，鬼神也，鬼神固難明者，以是制作而質之，則幽驗於明，不以隱秘而有疑；出類拔萃而生百世之下者，後聖也，後聖固難料者，以是制作而俟之，則遠驗於近，不以將來而有惑。然質諸鬼神而無疑，非探賾索隱以爲之者，吾知其於天之理，至精至微，已洞燭於此心之中矣。鬼神且然，至顯之天地，夫何悖乎？百世以俟聖人而不惑，非讖緯、術數以爲之者，吾知其於人之理，至纖至悉，已昭察於此心之内矣。後聖且然，已往之三王夫何繆乎？噫！以真知至理之心，爲制作三重則後聖之心可以理度也。蓋幽明雖不同，而理則同也，知天之理，則鬼神之幽可以理知也。蓋遠近雖不一，而理則一也，知人之理，

之道，君子如此，豈驕乎？

原評：上截「三王」「後聖」，往與來對；「天地」「鬼神」，隱與顯對。下截「知天」「知人」，乃舉來以該往，即隱以該顯，實總結四句。是作天造地設，不少贅虧。

評：順題平叙，不用過接摶綰，而理藴精氣，結聚流通，堅凝如鑄。

建諸天地而不悖 二句

孫紹先 墨

君子之制作，於至大至幽者而允協焉。夫莫大於天地，莫幽於鬼神，皆道之寓也。君子制

作而允協焉，其克盡人道者與！且君子者，以聖人在天子之位，以修道建中和之極，是誠居上不驕者，豈惟驗今而準古哉？雖天地、鬼神不能外也。今夫天地者，萬物之祖，君子特其中之一物耳。然道生天地，天地固道之統會也。以君子之道參之，奉三無私，上下與之同流；得一以貞，清寧視之無歉。大禮與天地同節，大樂與天地同和，時憲之餘，聰明於是乎昭鑒；裁成焉天地順之，輔相焉天地宜之，欽崇之下，易簡於是乎脗合。天，吾知其覆；地，吾知其載；三重，吾知其相爲終始也。違曰悖德，豈以克肖宗子而有是哉？鬼神者，衆妙之門，制作特其中之一義耳。然道秘鬼神，鬼神固道之精靈也。以君子之道質之，聖人成能，而鬼神無外；朕志先定，而龜筮協從。其思也若或起之，其行也若或翼之，天地之功用，有相須而無相戾；一卷一舒與時消息，一闔一闢與化往來，二氣之良能，不相反而實相成。鬼，吾知其屈；神，吾知其伸；三重，吾知其屈伸相感也。明不至則疑生，豈以清明志氣而有是哉？是中天地而主綱常，則君子有贊於天地；與鬼神而合吉凶，則君子有助於鬼神。而況前聖後聖，天地鬼神精英之萃也，有弗符契？庶民小子，天地鬼神視聽之自也，有弗信從者哉？

原評：摭實而仍虚涵，鬱拙而實渾古。化治先正説理文字，已有此等精深壯麗之境。「鬼神」若泛説陰陽氣機，即與「建天地」不異，此引大易「鬼謀」、尚書「龜筮」者得之。

欽定化治四書文卷五　孟子上

老者衣帛食肉　四句

靳　貴　程

惟仁政成於國中，則王業成於天下。夫舉一國之民而皆遂其養，則仁政成矣，王業其有不成乎？昔孟子論興王在於保民，故詳言制民常産之法而舉其成功。謂夫待帛而暖、待肉而飽，老者之所願，未易遂也。今也常産立而蠶桑畜養之有制，則杼軸其盈，而五十者咸得以衣帛；孕字日蕃，而七十者咸得以食肉。非惟一人爲然，而舉國之老者皆有以老之矣。無食則饑、無衣則寒，黎民之所患，未易免也。今也常産立而耕耘收穫之以時，則食雖不肉，而亦可以無饑；衣雖不帛，而亦可以無寒。非惟一民爲然，而舉國之幼者皆有以幼之矣。庠序之教由是而立，孝弟之風由是而行。仁政之成也如此，則保民之功大矣，而有不王者哉！吾見老者既老，則天下之老莫不有盍歸之願；幼者既幼，則天下之氓莫不有受廛之心。甲兵不必試也，土地可闢，秦楚可朝，九圍之廣將於我乎式矣，孰敢有不臣者乎？權謀不必用也，中國可莅，四夷可撫，一統之命將於我乎凝矣，孰敢有自外者乎？謂之曰「未之有也」，信乎王業之必成矣。爲人君者，

於失人矣，尚何忝於故國哉！且人君之立國也，近之有一代之親臣，遠之有百代之世臣。苟或不能任世臣以爲故國之實，而徒恃喬木以爲故國之榮，多見其不知父母斯民之道也已。然所謂任世臣者，豈可昔日進而今不知其亡矣乎？又豈可以不才之難識而遂自諉矣乎？亦惟慎之又慎，得國君進賢之心焉，斯可耳。蓋國君之進賢，以尊卑變置，若甚褻者，不敢以易心乘之也；疏戚易位，若甚慢者，不敢以忽心臨之也。慎之於左右之所賢矣，而所以慎之於大夫者猶是焉，推其心，必識其才果可以尊且戚也，而後用之耳，不然，其可以左右先容而遂徇之乎？慎之於大夫之所賢矣，而所以慎之於國人者猶是焉，推其心，必識其才果可以尊且戚也，而後用之耳，不然，其可以譽言日至而遂信之乎？觀於去邪勿疑者不可不謹，則任賢勿貳者不可不謹益見矣；觀於天討有罪者當察其實，則天命有德者當察其實益彰矣。人君果能用其所當用，又謹其所當謹，則舉錯公而好惡協，將不謂民之父母乎哉！夫至於爲民父母，則民之永戴，與國之靈長相爲無疆矣。國之所以爲故者，誠在茲也，喬木云乎哉！齊宣欲以故國稱於天下，信當預養世臣以爲之地矣。

評：裁剪之妙，已開隆萬人門户。其順題直叙，氣骨蒼渾，乃隆萬人所不能造。可見後人之巧，皆前人所已經。於先輩繩墨之外求巧，未有不入於凌亂者。

不幸而有疾　景丑氏宿焉

吴寬

大賢託疾以辭其君，而因委曲以望其臣焉。蓋辭疾而出弔，孟子覺王之意微矣，而門人皆未之達焉，寧無望於其臣哉！且夫以君命而見者，臣道也；不爲臣不見者，師道也。齊王欲以臣道處孟子，而孟子得不以師道自尊乎？是故無疾而爲有疾，非欺也，乃所以悟君耳；將朝而不能朝，非慢也，乃所以重道耳。使王而知此，則東郭可以無弔，而景丑可以無宿矣。夫何弔於東郭，而公孫丑有不可之疑；王使醫來，而孟仲子又有權辭之對，是疾之託也，丑且疑之，而王悟之乎？疾之問也，仲且諱之，而王知之乎？孟子之心，誠有不容以自已者，故之景丑氏而宿焉。蓋其在景丑也，猶夫在東郭也；其宿於景丑也，猶夫弔於東郭也。以其望於君者而望於臣，因其喻於臣者而喻於君，則丑之疑或由此而達，仲之諱將賴此以明，而東郭之行不爲空行，景丑之宿不爲徒宿矣。否則，欲歸不可也，造朝不可也，固非所以悟君，亦豈所以重道者哉！

評： 義意曲盡，骨脉甚緊，有如柳子厚所稱昌黎之文「若捕龍蛇、搏虎豹，急與之角，而力不敢暇」者。雖隆萬間之靈雋、啓禎間之劖刻，豈能過此？以膚淺直率爲先輩者，可爽然自失矣。　體制正大，不得以題有割截而棄之。

子噲不得與人燕　二句

王守仁

舉燕之君臣而各著其罪可伐也。夫國必自伐而人伐之也，燕也私相授受，其罪著矣，是動天下之兵也。今夫爲天守名器者，君也；爲君守侯度者，臣也。名義至重，僭差云乎哉！故君雖倦勤，不得移諸其臣，示有專也；臣雖齊聖，不敢奸諸其君，紀臣道也。燕也何如哉？燕非子噲之燕，天子之燕也，召公之燕也。象賢而世守之，以永燕祀，以揚休命，子噲責也，舉燕而授之人，此何理哉！恪恭而終臣之，以竭忠藎，以謹無將，子之分也，利燕而襲其位，罪亦甚矣！堯舜之傳賢，利民之大也，噲非堯舜也，安得而慕其名？舜禹之受禪，天人之從也，噲非舜禹也，安得而襲其迹？自其不當與而言，無王命也，隳先業也，子噲是矣；自其不當受而言，僭王章也，奸君分也，子之有焉。夫君子之於天下，苟非吾之所有，雖一毫而莫取也，況授受之大乎？於義或有所乖，雖一介不以與人也，況神器之重乎？夫以燕之君臣而各負難逭之罪如此，有王者起，當爲伐矣。

評：深得古文駁議之法，鋒鍔凌厲，極肖孟子語氣。是謂辭事相成。

大世禄　四節

崔　銑

大賢啓時君以王道而歆以師世之澤焉。夫井田、學校，王道也，滕以之法三代，而後世有不以之師滕乎哉？嘗謂人君之治國家也，上之有作求之思，而下之有垂範之責。是故爲治而不法三代，與夫爲治而不如三代之可法者，皆苟道也已。試陳之：助法，與世禄相表裏者也，滕之獨行世禄也，豈以助法非我周之明制乎？一誦其詩，而周之由商舊政者可考也，而滕當使之與世禄並行矣。學校，與井田相爲流通者也，滕之廢政不講也，又豈以庠序學校非三代之舊典乎？觀教於鄉國，而三代之賴以明人倫者則一也，滕當使之與三代並舉矣。然是井田學校也，可以制用，亦可以維風；可以承先，亦可以啓後。今以之爲治滕之政也，其將來不爲王者之師乎？將以阜安天下而法吾之養民者，養民是爲王者養民之師也；將以化導天下而法吾之教民者，教民是爲王者教民之師也。無一人不爲王者之民，亦無一日不涵於王者之澤；無一日不被王者之澤，亦無一人不推本於王者之師。所及其遠哉！吁，先王於我乎賴紹述，後王於我乎賴儀刑。勉之哉！其毋以世禄之行自足也。

評：以世禄起，以世禄結。中間井田、學校對舉，極剪裁之妙。

父子有親 五句

丘濬　程

有自然之人倫，有本然之天性。蓋天之生人，有是物，必有是則也，隨在人之倫而各盡其天性，何莫而非其所固有者哉？昔者孟子闢許行並耕而治之説，因舉聖人使契爲司徒教民以人倫之事，而詳其目如此。蓋以人之生也，莫不有父子、君臣、夫婦、長幼、朋友之倫，亦莫不有仁、義、禮、智、信之性。是故相生也而爲父子，有父子則有仁之性焉，有仁之性，是以爲父而慈，爲子而孝，油然親愛之無間也；相臨也而爲君臣，有君臣則有義之性焉，有義之性，是以爲君而仁，爲臣而忠，藹然道義之相合也。以言乎夫婦，則男正位乎外，女正位乎內，判然內外之有別也，而其所以別也，非人爲之也，乃其固有之性之智也；以言乎長幼，則兄友而弟恭，長惠而幼順，秩然先後之有序也，而其所以序也，非人强之也，乃其固有之性之禮也。以至於與朋友交，言而有信，久要而不忘，患難以相恤，恪然彼此之交孚者，何莫非其性中固有之信哉？有之而不能以自盡，所以不能無待於聖人命官之教焉。然其所以教之者，亦豈能有所增益於其間哉？亦惟因其固有者而道之耳。噫！聖人憂民失其所固有而命官以教之也如此，尚何暇於耕乎？

評：照注補出「性」字，疏題典要，確不可易。其體直方以大，真經解也。

三月無君則弔 四節

羅倫

大賢兩明君子之仕，惟欲盡孝以行禮也。蓋君子者，奉先思孝而事君盡禮者也。失位則廢祭，舍贄則非禮矣，安得而不急於仕哉？且夫君子之於人國也，班祿以奉祀，則盡忠即所以盡孝也；傳贄以爲臣，則行道即所以行禮也。此證諸古傳而有徵，觀諸孔子而益信矣。何周霄乃於無君則弔之言而疑其急焉，是徒知其以失位爲急，而未知其以失祭爲憂也，故孟子即諸侯之事以辨之。蓋諸侯之失國與士之失位，其心一也。使諸侯而可以無祭，士之無君固不足弔矣。由禮觀之，則親耕親蠶，皆所以爲祭祀之奉；而不潔不修，終無以遂其孝享之誠。此諸侯之國家所以不可失也。今士而失位，則圭田不錫於王朝，而祀典不修於家廟，不惟無以備其物，而亦不敢以安於心矣。然則弔其三月之無君者，所以弔其一時之廢祭也，而豈以失位爲急哉！夫知其無君之足弔，則所以求得乎君者不容已也；知其得君之爲急，則所以先載乎贄者不容已也。霄又以出疆載贄之言而明其故焉，是徒欲抱道而處，而未知其當載道而出矣，故孟子即農夫之事以明之。蓋士之立於朝與農之耕於野，其道同也。使農而可以舍耒耜，士之出疆亦可以不載贄矣。由今觀之，則出作入息，固不免於出疆之勞；而于耜舉趾，未始廢其耕耨之具。此農夫之耒耜所以不容舍也。若士而無贄，則始進之禮既失，而相遇之機已疏，非直無以見其君，而終無以行吾道矣。然則載贄於出疆之日者，將以利見於適國之初也，而肯以非禮自待也哉？要之，無君則弔者，固所以盡奉先之孝也，苟君不我禮，則寧廢祭而不敢廢道矣；出疆載質者，固可以行見君之禮也，苟道不可行，則寧失其禮而不敢失其身矣。周霄其知之乎？

評：長題局法，此爲開山。宜玩其游行自得而體格謹嚴處。

周公兼夷狄　百姓寧

丘　濬　程

惟聖人有以除天下之害，則民生得其安矣。夫人類所以不安其生者，異類害之也。苟非聖人起而任除害之責，則斯民何自而得其安哉？昔孟子因公都子「好辯」之問，歷舉群聖之事而告之及此。謂夫周公以元聖之德爲武王之相，斯時也，成周之王業方興，有殷之遺患未息。其所以爲天下害者非獨奄、飛廉而已，而又有所謂夷狄者焉，夷狄交横，不止害民之生，而彝倫亦或爲之瀆矣，不力去之不可也；其所以爲中國患者，非獨五十國而已，而又有所謂猛獸者焉，猛獸縱横，不止妨民之業，而軀命亦或爲之戕矣，不急除之不可也。周公生於是時，以世道爲己任，寧忍視民之害而不爲之驅除乎？是以於夷狄也則兼而併之，而使之不得以猾夏；於猛獸也則驅而逐之，而使之不至於偪人。夷狄既兼，則夷不得以亂華，而凡林林而生者莫不相生相養，熙然於衣冠文物之中而無瀆亂之禍；猛獸既驅，則鳥獸之害人者消，而凡總總而處者莫不以生以息，恬然於家室田疇之内而無驚擾之憂。謂之曰百姓寧，信乎無一人之不安其生也。周公以是而相武王，其及人之功何其大哉！

評：骨力雄峻，函蓋一時。此程與元墨，並制科文之極盛也。　元作重講「百姓寧」，此程重講「兼」「驅」，是其用意異處；俱先於反面透醒，是其作法同處。

周公兼夷狄　百姓寧

王鏊　墨

論古之聖人除天下之大害，成天下之大功。夫天生聖人，所以爲世道計也，周公撥亂世而反之正，其亦不得已而有爲者與？孟子答公都子之問而言及此，意謂天下大亂之後，必生聖人之才。商紂之世，民之困極矣，於是有周公出焉。武王既作之於上，周公則佐之於下。彼其夷狄亂華，不有以兼之，吾知其被髮而左衽矣，周公於是起而兼之，而若奄國、若飛廉皆在所兼，兼夷狄，兼其害百姓者也；鳥獸偪人，不有以驅之，吾知其弱肉而强食矣，周公於是起而驅之，而若虎豹、若犀象皆在所驅，驅猛獸，驅其害百姓者也。是以夷狄之患既除，則四海永清，無復亂我華夏者矣；猛獸之害既息，則天下大治，無復交於中國者矣。天冠地履，華夷之分截然，人皆曰百姓寧也，而不知誰之功；上恬下熙，鳥獸之類咸若，人皆曰百姓寧也，而不知誰之力。吁！周公以人事而回氣化，撥亂世而興太平，其功之大何如哉？雖然，此亦周公之不得已耳，豈特禹抑洪水、孔子作春秋、孟子闢楊墨爲不得已哉？蓋禹與周公，不得已而有爲，除天下之害者也；孔子卒，孟子不得已而有言，除後世之害者也。然皆足以致治，其功之在天下後世，孰得而輕重之哉？韓子曰孟子功不在禹下，愚亦曰孟子之功不在周公下。

原評：字字典切，可配經傳。佳處尤在用意深厚，是聖人使人、物各得其所氣象。粲然明盛，晏然安和，昇平雅頌之音，河嶽英靈之氣。

評：渾厚清和，法足辭備，墨義之工，三百年來無能抗者。

欽定化治四書文卷六　孟子下

禹惡旨酒　一章

唐　寅

大賢舉先聖之心法，明道統之相承也。夫聖人身任斯道之寄，則其心自有不能逸矣。由禹以至周公，何莫非是心耶？孟子舉之曰：道必有所託而後行於世，聖人同其道也。然而天無二道，聖無二心，其憂勤惕厲一也。堯舜尚矣，自堯舜而下，得統者有禹湯焉，有文、武、周公焉。禹則致嚴於危微之辨而閑之也切，旨酒則惡之，善言則好之，蓋遏流禍於將然而廣忠益以自輔也；湯則加謹於化理之原而圖之也至，中道則務執之，賢才則廣收之，蓋建皇極以經世而集衆思以熙績也。文之繼湯也，則以德業未易全，而其心常操夫不足。民安矣，猶若阽於危也；道盛矣，猶若阻於岸也。蓋必欲達於神化之域，斯已矣。武之繼文也，則以治忽爲可畏，而其心常厚於自防。故慮深隱微，而邇弗敢泄也；明燭無疆，而遠弗敢忘也。蓋必欲密其周詳之念，斯已矣。迨周公承其後，思欲兼三王以時措，舉四事以立法。故事有戾於時勢之殊，必精思以求其通，雖夜而不遑於寐；理有值夫變通之利，必果行以奏其效，待旦而不安於寢。夫思之至，則其神合；行之勇，則其化流。禹、湯、文、武之傳又在周公矣。即是而知數聖人所生之時雖不同，而心則一也。心一故道同，三代之治所以盛與？

評：堅煉遒凈，一語不溢，題之義藴畢涵。

周公思兼三王以施四事

王　鏊

大賢論前聖欲集乎群聖而纘其舊服者，一憂勤惕厲之心也。蓋三王之事，皆事之善者也，周公欲以一身而兼體之，其憂勤惕厲何如哉？孟子意謂：三王不可作矣，繼三王而作，時則有若周公，其爲心果何如也哉？景前聖之烈光，毅然欲以身統其盛，曠百世而相感，固不限於分位之難齊；瞻庭闈之遺矩，慨然欲以己會其全，幸再傳之未泯，時自責以心力所可繼。夏而王者禹也，商而王者湯也，公而如禹如湯，亦可已矣，而尚不忘乎有賢父兄之樂，遠稽未滿其志，參之以近守焉，會衆美而歸之身，固所願也；始王周者文也，繼王周者武也，公而如文如武，亦可已矣，而猶不廢乎古先哲王之求，見知未厭其心，益之以聞知焉，集四聖而爲大成，蓋有期也。是以撫往事而興則效之思，將以行於古者而行於今，典則具在，冀追踐而不遺；即往行而勵進修之念，將以敷於前者而敷於後，謨烈相承，期作求而無斁。於禹而欲施其好善惡酒之事，於湯而欲施其執中立賢之事，成功未見於躬行，而奮發已形於意氣，彼謂古今之不相及而晝焉以自處者，豈公之志哉！於文而欲施其愛民求道之事，於武而欲施其不泄不忘之事，大效未彰於踐履，而感激已動於精神，彼謂君相之不同道而陋焉以自居者，豈公之心哉！吁，公亦人耳，而所以厚待其身者，必備夫三王四事而後已，其憂勤惕厲至矣。此天理常存、人心不死而道統之傳有由也歟！

評：音調頗與後來科舉揣摩之體相近，而意脉自清，在稿中另爲一格。

晉之乘 二節

王　鏊

大賢之論聖經，始則同於諸史，終則定於聖人。蓋春秋未修則爲魯國之史，春秋既修則爲萬世之法也。聖人之作經，夫豈徒然哉？昔孟子之意，若曰：古之爲國也必有史，史之載事也必有名。彼晉嘗伯天下矣，其爲史也，興於田賦乘馬之事，故名之曰乘焉；楚嘗伯天下矣，其爲史也，興於記惡垂戒之義，故名之曰檮杌焉。以至魯爲中國之望，其史必表年以首事，故錯舉春秋以名也。於斯時也，春秋未經仲尼之筆，褒貶不明，亦一乘而已矣；蕪穢不治，亦一檮杌而已矣。是故以其事言之，齊桓創伯於葵丘之盟，晉文繼伯於城濮之戰，其事伯者之事也；以其文言之，諸侯有言左史記之，諸侯有行右史記之，其文史官之文也。何以異於列國之史哉？然孔子嘗曰「其義則丘竊取之」，則夫子以春秋之素王，秉南面之賞罰。一褒一貶，皆聖心所自裁；一筆一削，雖游、夏不能贊。中國而入於夷狄則夷狄之，凛於斧鉞之誅也；夷狄而進於中國則中國之，寵於華衮之錫也。此孔子之春秋，雖曰舊史之文，而實爲百王之大法也。嗟夫！春秋之作，自姬轍既東，王室衰微，禮樂不由天子，征伐出自諸侯，泯泯棼棼，聖人憂之，於是筆削一經，垂法萬世。然使魯之史官阿諛畏怯，君過不書，簡編失實，無所考信，則仲尼雖欲作春秋以法萬世，將何所據乎？此史之功高於伯，而孔子之功倍於史。

評：如題順叙而波折自生，於過接處、收束處著意數筆，便覺神致疏宕不群。

予未得爲孔子徒也 一節

董　玘

大賢於聖人之道雖不得於見知，猶幸得於聞知。蓋孟子所宗惟孔子也，苟淑諸人，是亦得之孔子矣，奚以不及門爲歉乎？孟子叙道統而自任，曰：道之行於世也無存亡，而統之屬於人也有絶續。由堯舜至於周孔，道統有自來矣。夫何孔子之生也適予未生，而願學之心每限於莫及；予之生也孔子既没，而誠明之聖未得於親承？金聲玉振，徒勤於想慕而親炙無由，求若顔、曾之左右於門牆，不可得也；江漢秋陽，徒慕其氣象而光輝罔挹，求若閔、冉之周旋於洙泗，未之能也。予之不幸，莫此爲甚矣。然予身之生，其去孔子尚未至於百年；孔子之澤，其及吾身尚未至於五世。文未喪天，而流風之未泯者，人固得傳之，我則從而取之以善其身焉；道未墜地，而餘韻之獨存者，人尚能誦之，我則從而資之以陶其德焉。大成之矩雖不可即矣，而金聲玉振之餘響，猶得竊之以自鳴，則淵源所自，謂非東魯之家法不可也；時中之聖雖不可作也，而江漢秋陽之餘光，猶得竊之以自賁，則支流所衍，謂非素王之餘緒不可也。此又非予之大幸哉？

原評：明是兩對文字，而長短參差，令人莫覺。

評：兩「予」字、兩「也」字，唱歎深情，流溢紙墨之外，後人但作太史公自序語，直是心粗手滑耳。前輩只求肖題，故才華雅贍而意度仍自謹嚴。

吾聞其以堯舜之道要湯 一節

王　鏊

大賢明聖人之所以要君而辨其誣也。夫要湯以堯舜之道，則固未嘗要也，而可以割烹誣之哉！蓋謂天下之人往往知伊尹割烹要湯，而不知尹之所謂要者，乃要之以道而非要之以割烹也。蓋尹以堯舜之道善其身，而湯欲以堯舜之道善天下，則堯舜之道在尹，堯舜之責在湯也。

責在於湯，則尹雖無求於湯，而湯不得不求於尹；道在於尹，則湯雖無求於尹，而不能不求乎道。是求之者湯，而所以求之者尹；致之者尹，而所以致之者道也。謂尹之不要湯，可也；謂尹之要湯以道，亦可也。若曰割烹要湯，則尹之出處之嚴，天下所知也，喪其守於割烹，而嚴於出處之際，有如此耶？尹之自任之重，天下所知也，辱其身於割烹，而自任天下之重，有如此耶？縱使伊尹割烹以要湯，吾恐成湯之聖，非辱己者所能要，尹不得而要之也；縱使割烹可以要湯，吾恐天下之大，非要君者所能正，尹不得而正之也。然則謂湯以割烹而聘尹，是誣湯也；謂尹以割烹而要湯，是誣尹也。湯不可誣，尹不可誣，是自誣也。嗚呼，君子焉可以自誣耶？

評：殊有踔厲風發之勢，實能寫出孟子語妙。

附於諸侯曰附庸

王　鏊

因人以致覲君之禮，附庸之所由名也。甚矣，明王不遺小國之臣也。觀附庸之所由名，而小國其不遺矣。孟子若謂：先王之班禄於天下也，必隆其尊者，固所以秩天下之分；而不遺於小者，尤所以公天下之利也。彼不能五十里者，既不能自達於天子矣，而果何以處之哉？誠以諸侯之必達於天子者，臣之禮也，使其不能以自達也，而苟無以附之，則力不能以自給，而王朝恤下之仁，或幾乎息矣；既不能以自達也，而苟無以附之，則禮不獲以自盡，而人臣述職之義，或幾乎廢矣。於是緣分以制其禮，而因禮以通其情。朝覲會同有定期也，莫不於諸侯而附之，凡所以繫其姓以昭有國之守者，恒於人而有賴也；敷奏明試有定期也，亦莫不於諸侯而附之，凡所以稱其字以昭往來之典者，必待人而後達也。若是者不謂之附庸乎？蓋諸侯之有國也，每視夫功之崇卑；而其稱名也，必視夫國之大小。今惟附於諸侯焉，則是錫類隘於先王，而茅土之所封者，不得以有乎百里、七十里、五十里之國；錫命拘於定分，而名位之所稱者，自不得以與乎公、侯、伯、子、男之列。以是而稱之於王朝也，必曰附庸，是雖社稷所主，不能不稱臣於諸侯也，而其爲天子之臣，則一而已矣；以是而稱之於侯國也，亦必曰附庸，是雖邦域所在，不能不統屬於諸侯也，而其爲國之君，則一而已矣。謂之曰附庸，非以是夫？是知因地制國，而必儉於附庸者，所以嚴其分也，義之盡也；因分制禮，而必附於諸侯者，所以通其情也，仁之至也。此周室班禄之制所以爲盡善也。

評：只用清寫，而舉義該洽，波瀾濶老。

大國地方百里 三節

王　鏊

大賢第言三等之國，禄之寖厚者其制異，禄之寖薄者其制同。蓋禄厚者可殺，而薄者不可殺也。三等之國，君卿以異，而大夫以下者則同，不以是哉？孟子告北宫錡者及此，謂夫周室班禄之制，蓋有施於侯國之中者矣。彼大國之地，方百里也。語其封疆則廣，語其井田則多，君卿之禄有可得而厚者。故公皆十倍乎卿禄，卿禄則四倍乎大夫，四倍之者爲厚，則十其四者更厚矣。自此以下則寖以薄。大夫特倍上士耳，上士特倍中士耳，中士特倍下士耳，下士與庶人在官者同禄，其禄特足以代其耕耳。所謂大國之制如此。次國之地，非方七十里乎？封疆、井田視大國則殺其十之五矣，君卿之禄當漸殺也，故伯固十倍乎卿禄，卿禄但三倍乎大夫，三殺於四，君亦不過十其三耳。若大夫倍上士，上士倍中士，中士倍下士，下士與庶人在官者同禄，而禄足以代其耕，猶夫大國而已，固無所殺也。其爲次國之制如此。小國之制，非方五十里乎？封疆、井田視次國又殺其十之五矣。君卿之禄當益殺也，故子男固十倍乎卿禄，卿禄但二倍乎大夫，二殺於三，君亦不過十其二耳。若大夫倍上士，上士倍中士，中士倍下士，下士與庶人在官者同禄，而禄足以代其耕，猶夫次國而已，亦無所殺也。其爲小國之制如此。是知自卿以上而各異者，蓋禄寖厚而不殺，則其地不足以供也；自大夫以下而皆同者，蓋禄寖薄而殺之，則其養不能以給也。周制之善何如耶？

評：無甚奇特，但局老筆高，又得説書之正體，遂使好奇特者鏤心銶肝而不能至。

舜發於畎畝之中 一節

朱希周 程

大賢述古人之亨於困，有統治於上者，有輔治於下者。蓋舜以聖人治天下，而傅説諸賢皆隨時輔治之臣也，其亨皆由於困，何莫非天意所在哉？孟子意曰：富貴福澤，固天所以厚乎人；而困窮拂鬱，天亦何嘗薄於人耶？是故舜聖人也，受堯禪而膺曆數之歸，之中國而踐天子之位。人知舜之登庸也，而不知四岳之舉，實始於歷山之耕；側陋之揚，實由於往田之日。舜蓋發於畎畝之中焉。傅説身居版築，其地陋矣，高宗則舉之以作相，舟楫資之以作也，鹽梅資之以和也，則揆度之處，非其夢弼之地乎？膠鬲身鬻魚鹽，其事汙矣，文王則舉之以爲政，或藉之以先後也，或藉之以疏附也，則貿易之所，非其奮迹之自乎？齊桓公以管夷吾爲相國，舉之果何所自耶？則拘於士師之官而縲絏，方且囚繫也；楚莊王以孫叔敖爲令尹，舉之抑何所從耶？則困於隱處之地而海濱，且將終身也。以至百里奚之賢而爲秦穆公所舉，得非混迹於商賈之區，屈志於懋遷之市而始出哉？是則亨不遽亨也，而必始於困；困不終困也，而卒至於亨。古之聖賢大率類此，謂非天意，可乎？

原評：六句題，變四樣文法。顛倒曲折，其妙無窮。叙致變化，下語自分等級，乃作者用意深處。

孔子登東山而小魯 一節（其二）

錢 福

大賢於聖道之大，必先擬之而後質言之也。夫道莫大於聖門也，遊之斯知之矣。大賢擬之而後質言之，有以哉。其意曰：孔子以天縱之資，承群聖之統，道莫有大焉者也。欲觀聖人之道，胡不即登山者以觀之乎？躡東山之巔，則魯地之七百一覽無餘；履太山之巖，則禹服之五千極目可得。何也？所處益高，而視下益小耳。夫登高既不足於下，視大必不足於小。欲觀聖人之道，胡不即觀海者以觀之乎？鼓楫於北溟，則河濟孟津之險，視若衣帶；揚航於東渤，則洞庭彭蠡之浩，渺若蹄涔。何也？所見既大，則小者不足觀耳。聖人之門，妙道精義鍾焉，猶地之有東山、太山也，猶水之有滄海也。游聖人之門，見聖人之道，然後知其可放可卷而天下莫能載；可行可藏而天下莫能容。百家之説，坐見其偏；諸子之論，頓覺其弊。其與登山觀海者何以異哉？

原評：首作分兩截作對，此以「山」「海」作對，而掣出末句重講，體製尤得，且使「孔子」與「聖門」字首尾相應也。

評：朱子謂此節上三句與下一句，文因此以立格。

桃應問曰 一章

王鏊

聖賢以身處臣子之難而要其所以全之之道焉。夫爲士執法，爲子盡孝，理也。不幸而處臯陶與舜之難，寧無所以全之者乎？是故桃應習變以求權，孟子因權以執極，而臣子之道無遺於天下矣。今夫莫尊於天子，尤莫尊於天子之父；莫重於法，尤莫重於殺人之法。子如舜而冒殺人之法，士如臯陶而臨天子之父之刑。君以及親，法可立也，而情不可忍；廢法蔽罪，情可盡也，而分不可逾。然則如之何而後可？此固桃應之意也。孟子於是教之曰：天下有不可變之法，而有不可徇之情。是故以士師而私其君，廢法易，執法之爲難；以天子而庇其父，禁法易，不禁之爲難。而不知法也者，非臯陶之所得私也，曰受於舜也；亦非舜之所得私也，曰出於天下人心之公也。君臣父子，惟法則久；生殺予奪，惟法則行。舜亦如其法何哉？然以士師之法律瞽瞍之法，則瞽瞍無所逃於天下；以人子之情律舜之情，則雖天下無以解舜之憂。當斯時也，居舜之地，諒舜之心，必將曰：在朝廷則情爲重，法爲尤重，而情窮於不可奪；在海濱則天下爲輕，親爲重，而法泯於無所加。故寧以其身冒竊負之名，無寧使我有爲天下而陷父之罪；寧使天下有爲親而棄之名，無寧忍其親於不赦之辟。不能避法而能避天下，不有天下而有其親。夫如是，而後在舜則委曲以濟變，在瞽瞍則宜死而得生；在皋陶則不容於法，而容於法之所不料。斯其善處變者乎？夫以是而達於天下後世，知一日不可無法，則不可撓皋陶之法；知一日不可無父，則不可不存舜不得已之心。

評：化累叙問答之板局，而以大氣包舉。實理充貫，有龍象蹴盤之概。此文一本作邵圭潔，或疑守溪文尚無此發揚蹈厲氣象，但邵稿中亦未見此種，恐仍屬王興會適至而得之也。

春秋無義戰　一章

錢　福

聖經不與諸侯之師，以其不知有王而已。夫所謂義戰者，必其用天子之命者也。敵國相征，則無王矣，人之稱斯師也何義哉？此春秋尊王之義，而孟子述之以詔當世也。蓋曰：夫春秋何爲者也？夫春秋假魯史以寓王法，撥亂世而反之正，如斯而已。是故來戰於郎，戰於艾陵，戰之終始也；鄭人伐衛，楚公子申伐鄭，伐之終始也。然或諱不書敗，或雖敗不諱，其辭不同，要皆隨事以示譏而已，以爲合於義而許之者誰與？或稱「人」以賤之，或稱「師」以譏之，所書不同，要皆因文以見貶而已，以爲合於義而許之者誰與？但就中而言，若召陵以義勝，而猶有借名之力；城濮以威勝，而不無假義之功。則固有彼善於此而已矣，而要之皆非義戰也。是何也？天下有大分，上下是已；天下有大權，征伐是已。其分也，不可得而犯也；其權也，不可得而僭也。故諸侯而有賊殺其親則正之，所以正之者，天子之命也，而大司馬不過掌其制而已矣；諸侯而有放弑其君則殘之，所以殘之者，天子之命也，而方伯連帥不過修其職而已矣。惟辟作威，而勢無嫌於兩大；大君有命，而柄不至於下移。是征也者，上伐下之謂也，未聞敵國而相征者也。敵國相征，是無王也，無王，是無義也。春秋之戰，皆敵國而相征者也，此春秋所以無義戰也。然則春秋之諸侯，不皆先王之罪人耶？孔子之春秋其容已於作耶？

評：止清題面，不旁雜閒意泛辭，而操縱斷續之勢畢備。「稱人」「稱師」，沿襲舊説，實非經義。九伐獨舉其二，以司馬、方伯分承，於文律亦疏。而規模骨格，守溪而外，惟作者嶢然而秀出，故唐荆川代興以後，天下始不稱「王錢」。

古之爲關也 一章

陳獻章

大賢於古今之爲關者而深有所慨焉。夫關以禦暴，非以爲暴也。古人有立法之意，而今則失之，亦可悲也已。孟子有慨於王政之不行而歎曰：先王無一事不爲民而設，亦無一事不爲民而善也。奈何古人往矣，而今之所爲有不皆古者，豈古今之有二乎哉？人自爲古今也。是故設關於道，古之制也。古人所設之關與今人之關一也，但古人之所以爲此者，其法爲公而不爲私，謹其啓閉焉耳，詢其符節焉耳，蓋以不如是不足以禦天下之暴。惟暴有所不容，斯禁有所必設，使天下之異言異服者至此而有譏焉，有察焉，斯已矣，是名有所禦而實有所便也。夫何今之不然也？今之所設之關與古人之關一也，但今之所以爲此者，其利在官而不在民，覊其去留者有焉，限其出納者有焉，蓋以不如是不足以盡天下之利。惟利有所必取，斯禁有所不弛，使天下之貨出貨入者至此而有征焉，有税焉，斯已矣，是始以禦人之暴而終於自爲暴也。吁！何古人之不類今人，何今人之不學古人哉？今人不學古人，吾不之憾；而至於今之民不得蒙古人之政，吾獨悲其遭之不幸也。有今日之責者，其思所以爲古乎？其思所以爲今乎？

評：寥寥數語，已括盡古今利病。風韻淡宕，有言外之味。

經正　斯無邪慝矣

錢　福　墨

惟常道有以化民於善，則異端無以惑人之心。甚矣，邪正不兩立也。苟能盡常道以化民興起於善，則民心皆正，而何異端之惑哉！昔孟子論狂狷以及鄉原，而終之以此。謂夫鄉原亂德，固聖人之所惡；而反經闢邪，實君子之所爲。是故不越乎彝倫日用之間，而寓萬世不易之道者，所謂經也；不爲索隱行怪之事，而無同流合污之行者，所謂正也。君子既有以正是經之綱紀而不偏不陂，則爲之民者，莫不觀感興起，而蕩蕩乎會極歸極之風，求一人之弗興於善者，無有焉；既有以正是經之準則而不側不欹，則爲之民者莫不感慕奮發，而熙熙乎遵義遵道之俗，求一人之弗起於善者，無有焉。夫民既興於其善，而是非坦然其明白，則彼以是爲非之邪慝，斯不得以簧鼓斯民之聰明；民既興於其善，而曲直判乎其昭彰，則彼閹然媚世之邪說，自不得以眩惑斯民之心志。向嘗溺於其說而非之無舉矣，今則人人皆能舉其非，雖有之而不爲害也，他如「爲我」之害義者，又非吾正經之義而自息乎？向嘗惑於其邪而刺之無刺矣，今則人人皆能刺其惡，雖有之而不爲累也，他若「兼愛」之害仁者，又非吾正經之仁而自止乎？此可見正勝則邪息，而出此則入彼。孰謂闢異端之道而有在於反經之外哉？

評：質直明鋭，題義豁然。「邪慝」正指「鄉原」，兼該楊墨。既得孟子心事，於書意亦遠近不失。但股分而義意不殊，又股頭義意不殊而股尾忽分兩柱，乃前輩局於風氣處，不可不分别觀之。

由堯舜至於湯 一章

顧　清

大賢叙群聖相承之統而憂其莫之繼也。夫莫爲於後，則前之盛者難乎繼矣。孟子生於群聖之後，道統不有歸耶？其意曰：寄斯道之統存乎人，啓斯道之運存乎時；故五百餘歲而聖人出，其常也，有見知而始有聞知，亦其常也。吾觀堯舜至於湯，固此五百餘歲也，始則見知者有禹、皋陶，而湯得聞而知之，是湯之得統於堯舜，有以啓之者矣；由湯至於文王，固此五百餘歲也，時則見知者有伊尹、萊朱，而文王得聞而知之，是文王之得統於湯，有以啓之者矣；由文王至於孔子，亦此五百餘歲也，時則見知者有太公望、散宜生，而孔子得聞而知之，是孔子得統於文王，有以啓之者矣。是蓋作於前者有以俟後聖於不惑，故述於後者得以考前聖於不謬。而見知之有無，固斯道之所由以絶續者也。今由孔子而來百有餘歲耳，世之近而其澤未斬也，地之近而其風可振也。正宜有見知者作焉以爲聞知者地也，然而求之於今，所以身任斯道之責者既未見其人，而莫爲之前矣；則要之於後，所以續斯道之緒者將不益難其人，而誰爲之後耶？夫以數聖人之統則寄於孔子，而孔子之統則獨無所寄乎？天之未喪斯文也，將必有能與其責者矣。

評：精神重注末節，一度一束，瀠紆跌宕，在化治先正中爲自出新意者。邇年講化治先輩法者，遇有總提側注處，輒謂非當年體製。不知文章相承相變，必有一二作者微見其端緒，後人大暢厥指，因以成風。集中於歷代文字不拘一格，惟取其是，所以破學者拘墟之見。

由堯舜至於湯 三節

李東陽 程

聖人之生有常期，或傳其道於同時，或傳其道於異世。蓋聖人之生即道之所在也，非見之者之在當時，聞之者之在後世，則斯道也孰從而傳之哉？孟子於此而歷叙之，意有在矣。蓋嘗論之：道之在天下，必待聖人而後傳，然其生也不數，故率以五百年而一見。堯舜者，道之所由以傳者也。自堯舜以至於湯，以其年計之，則五百有餘也。當是時，見而知其道者，禹得之於執中之命，皋陶得之爲典禮之謨。若湯之生也，則聞其道而知之焉。觀「於上帝降衷」之言，則斯道之統在於湯矣。自湯至於文王，以其年計之，亦五百有餘也。當是時，見而知其道者，伊尹得之而爲一德之輔，萊朱得之而爲建中之誥。若文王之生也，則聞其道而知之焉。觀「於緝熙敬止」之詩，則斯道之統在於文王矣。自文王至於孔子，亦五百餘年，猶湯之於堯舜、文王之於湯也。當是時，見而知其道者，得之爲丹書之戒則有若太公望焉，得之爲彝教之迪則有若散宜生焉。若孔子之生也，則聞其道而知之。賢者識其大，不賢者識其小，無所不學即文王之道也。斯道之統，不又在於孔子乎？吁！世雖有先後也，而道無先後之殊；傳雖有遠近也，而道無遠近之異。然則斯道之在天下，曷嘗一日而無哉！

評：提束高渾，中間平列三比，而語脉轉側之間無微不到。古文矩度，經籍光華，融化無迹，歸於自然矣。

欽定正嘉四書文卷一　大學

大學之道　一節（其三）

歸有光

聖經論大人之學在於盡其道而已矣。蓋道具於人己，而各有當止之善也，大人之學盡是而已，聖經所以首揭之以爲學者立法歟？自昔聖王建國君民，興學設校，所以爲扶世導民之具，非强天下之所不欲，而其宏規懿範之存，皆率天下之所當然。是故作於上者，無異教也；由於下者，無異學也。其道可得而言矣：己之德，所當明也，故學爲明明德焉。人受天地之中以生，所謂「昊天曰明，及爾出王。昊天曰旦，及爾游衍」，非吾心之體乎？「人心惟危，道心惟微」，此人之所以有爽德也。謂之明者，明此而已。懋吾時敏緝熙之功，致其丕顯克明之實，洗心濯德，超然於事物之表而光昭天地之命，蓋吾之德固天地之德也，德本明而吾從而明之耳。不然，則道不盡於己，非所以爲學矣。民之德，所當新也，故學爲新民焉。吾與天下之人而俱生，所謂「立愛惟親，立敬惟長。始於家邦，終於四海」，非吾分之事乎？「道有升降，政由俗革」，此世之所以有汙俗也。謂之新者，新此而已。盡吾保乂綏猷之責，致其裁成輔相之道，通變宜民，脱然於衰世之習而比隆三代之治，蓋今之民固三代之民也，民本當新而吾從而新之耳。不然，則道不盡於人，非所以爲學矣。明德、新民又皆有至善所當止也，故學爲止至善焉。惟皇建極，惟民歸極。「會其有極，歸其有極」，孰不有天理之極致乎？知至至之，知終終之，此道之所以無窮盡也。謂之止者，止此而已。有憲天之學而後可以言格天之功，有格天之功而後可以言配天之治。不與天地合，其德猶爲未明之德也；不與三代同其治，猶爲未新之民也；人己之間道猶有所未盡，而非所以爲學之至矣。是則明德以求盡乎爲己之道，新民以求盡乎爲人之道，止至善以求盡乎明德、新民之道。古人無道外之學也如是。

評：化治以前，先輩多以經語詁題，而精神之流通，氣象之高遠，未有若兹篇者。學者苦心探索，可知作者根柢之淺深。三百篇語，漢魏人用之即是漢魏人氣息；漢魏樂府古詩，六朝人用之即是六朝人音節。觀守溪、震川之用經語，各肖其文之自己出者，可悟文章有神。

知止而後有定　一節

王錫爵

聖經推止至善之由，不外於真知而得之也。夫學知所止，天下之真知也，而定、靜、安、慮因之，此至善之所由得與？則亦求端於知而已矣。今夫明德止於至善，然後爲天德之全；新民止於至善，然後爲王道之備。入大學而求得乎此也，其亦先明諸心矣乎？誠能功深於研極之久，而德業之會歸者有以洞晰而無遺；理得於深造之餘，而人已之詣極者有以周知而不眩。是天下之理，本至是而極；而吾之所知，亦與之而俱至矣。由是知之所在，志亦趨焉，以精而擇者，將以一而守也，而定固因於知矣；志之所至，心與俱焉，有主而虛者，將無欲而靜也，而靜又因於定矣。靜則安從生焉，私累忘而道心自裕，其萬感俱寂者，即其萬境不遷者也；安則慮從生焉，泰宇寧而天光自發，其百遇皆順者，即其百物皆通者也。學至於此，則始也造其理，妙契乎體用之原；終也履其事，通極於神化之域。反之身心性情之微，而明德之至善，於是而得止也；推之家國天下之廣，而新民之至善，於是乎得止也。則知止之功，其大人止至善之務乎？使不先於知止，則疑似亂其中，而私得以汩之；感應拂於外，而事得以眩之；安望止於至善也哉！

評：一語不溢，一字不浮，法律仍先民之舊而氣體略殊。每句義理相承處尤能簡括融貫。

古之欲明明德於天下者　二節（其二）

歸有光

學道之功相須而不可廢者也。夫體用合一，而大學之道備矣，欲致其道，而其功不容於或疏者，此古之君子所以能會其全也與？且夫道之在天下，原於一心之微，而散於庶物之賾；出之吾身之近，而達之天下之遠。然或求之不得其方，則其道漫而無統；操之不以其要，則其功泛而不切。是故大學之道，有條目焉，古之人有不能外焉者。何則？天下國家，君子所以行其道於人者也，而齊治均平之道不容以概施焉。天下而先之國也，國而先之家也，家而先之身也。勢有遠近，隨地而植其推行之本；事有彼此，因分而澄其感化之源：機固有相因而不容已者也。身心意知，君子所以修其德於己者也，而格致誠正之功不容以泛及焉。心而先之意也，意而先之知也，知而先之物也。智周萬物，而本然之體已充；念慮既清，而存主之天不失：理固有相通而不容間者也。是何也？蓋天下之理不以内外而或殊，必理無不格而後天下之是非不能眩，發無不實而後吾心之體得其平，此致由於格，誠由於致，正由於誠，功固有不得不然者，非務其外而遺其内也；天下之勢不以遠近而或異，必皇極之既建而後推行之本以立，刑于之既成而後感化之道以神，此自身而家，自家而國，自國而天下，機固有不容自禦者，非泥於近而戾於遠也。夫其格物、致知、誠意而心無不正焉，則天之所以命於我者，有以不失其付畀之重；修身、齊家、治國而天下平焉，則凡類之同於我者，皆不遺於德教之中。夫是而德無不明矣，民無不新矣，此大學之全功也。古人爲學之次第蓋如此。

評：即以「綱領」爲「條目」之界劃，四比如題反覆，清透簡亮，有一氣揮灑之樂。

君子賢其賢而親其親 二句

薛應旂

觀先王垂裕之大，可見其新民之極也。夫君子小人各得其所，先王之所以裕後者大矣。此固可以見其新民之極功，而亦豈非盛德至善之所致哉！傳者釋聖經「止至善」之義而有及於此，意豈不曰：有天下之盛德，必有天下之大業，我周文武之所以人不能忘者，亦惟其德業之在人耳。何者？創制立法以爲世則，先王之所謂賢與親者，凡以爲君子謀也，今先王往矣，而其賢與親則固在也。是故賢者識其大，不賢者識其小，而得於文謨武烈者，皆仰先哲以爲歸，誦彝訓而胥效矣，是賢其賢者，蓋不止於周召之屬也；天子則宜王，諸侯則宜君，而凡爲文昭武穆者，皆履洪圖而思紹，率舊章而不越矣，是親其親者，蓋不止於成康之世也。其德業之在於君子有如此者。體國經野以爲民極，先王之所謂樂與利者，凡以爲小人謀也，今先王往矣，而其樂與利則固存也。是故老者有所終，幼者有所養，而凡此文武之遺民皆安於皇極之中，囿於平康之域矣，是樂其樂者，不特見於求寧之日也；寒者爲之衣，饑者爲之食，而凡今天下之黎庶皆遂其作息之休，盡其鼓舞之利矣，是利其利者，不特見於彰信之時也。其德業之在於小人有如此者。由是觀之，則先王之澤蓋有以被於天下後世之人，而没世不忘固其所也。其新民之止於至善，何如哉？

評：不及宣德乙卯程之渾然元氣，而用經確切，詞語醇雅。先正風裁，於兹未墜。

此之謂絜矩之道　合下十六節

唐順之

傳者指言平天下之要道，詳其得失之異而決其機也。蓋治平之道莫要於推心，而道之所以有得失者，亦顧其存心何如耳，君子可不求治於心乎？且夫論治者貴識體，爲治者貴知要。甚矣，王道本於誠意也。夫使今之爲治者能達於上下四旁之人，而通之以公好公惡之道，是緣情以立愛，而不阻於分之殊；順事以恕施，而各協於理之一。絜矩之道在是矣。盍亦觀諸詩乎？彼「樂只君子」而以「民之父母」歸之，爲好惡之能絜矩而與民同也；「赫赫師尹」而以「民具爾瞻」戒之，爲好惡之不能絜矩而爲民僇也。此可見撫我則后，而詩言得衆得國者可鑒矣；虐我則讎，而詩言失衆失國者可鑒矣。然好惡之道，又豈出於理財用人之外哉？彼自夫先謹乎德也，而自然之利致焉；外本内末也，而争奪之患興焉。此其民心之聚散，係財貨之出入。而康誥所謂「惟命不於常」者，此也；楚書之寶善人者，此也；舅犯之寶仁親者，此也。而財貨之能絜矩與不能者，不既徵於此乎？再觀秦誓之詞，用休休之臣也，而興邦家之利焉；用娼嫉之臣也，而貽邦家之戚焉。此其人品不同，好惡攸係。而得好惡之正者，仁人也；知好惡而未盡其道者，其次也；不知好惡而拂人之性者，其下也。用人之能絜矩與不能者，不亦徵於此乎？是故治天下有大道，絜矩是已；得大道有要機，存心是已。君子能以忠信存心，則誠明有以通天下之志，誠應有以妙萬物之感，而大道可得也；反是而驕焉，而泰焉，道豈有不失者哉！吁，大道得而所以得國得天命者，胥此也；大道失而所以失國失天命者，胥此也。治平君子可不誠以存心而恕以推心哉！

評：法由義起，氣以神行，有指與物化而不以心稽之樂。歸、唐皆欲以古文名世者，其視古作者未便遽爲斷語，而於時文，則用此嶢然而出其類矣。「推心」「存心」貫通章旨，首尾天然綰合，緣熟於古文法度，循題腠理，隨手自成剪裁。後人好講串插之法者，此其藥石也。

生財有大道 一節

張居正 程

善理財者，得其道而自裕焉。蓋務本節用，生財之道也。果能此道矣，國孰與不足乎？且夫聚人曰財，國而無財，非其國矣；理財曰義，財而不義，非其財矣。是以君子之生財也有道焉，固不必損下以益上，而經制得宜，自有以裕於國也；其於道也又甚大焉，固不必損上以益下，而公私兩利，亦有以裕於民也。然則何如？蓋天地本有自然之利，而國家本有惟正之供，惟其力之不勤而用之無節，故恒見其不足耳。誠能驅天下之民而歸諸農，其生之也既無遺利矣，又且汰冗員、裁冗費，不使有浮食焉；盡三時之勤以服乎耕，其爲之也既無遺力矣，又且量所入、爲所出，不使有侈用焉。斯則勤以務本，而財之入也無窮；儉以制用，而財之出也有限。以無窮之財，供有限之用，是以下常給而上常餘，雖國有大事而内府外府之儲，自將取之而不匱矣；百姓足而君亦足，雖年或大祲，而三年九年之蓄自可恃之以無恐矣。謂之大道，信乎其爲謀國經久之計，而非一切權宜之術可比也。然則有國家者，豈必外本内末而後財可聚也哉？

評：質實簡嚴，有籠蓋一世之氣。

生財有大道　一節（其二）

歸有光

傳者論裕國之道，不外乎經制之得宜而已。蓋善裕國者不取諸民也，崇本節用而不失經制之宜，國何憂貧乎？且所貴乎平天下者，謂其能不事於財也；不事於財者，非能盡去乎財也。何者？財之所生在天，財之所出在地，作而成之者人之功，制而馭之者君之職。因天分地而已不勞，以君養人而智不鑿。斯固自有大道矣，是必立爲經常之制。率天下之人以生天下之財，自三農生九穀，以至於閒民轉移執事，莫非興事造業之徒，而欲爲浮民不可得也，至於朝廷之論官，則又以功詔禄，以能詔事，以久奠食，而濫設之弊去矣，濫設之弊去，而供億之繁省矣；生天下之財而勤天下之力，自七月流火，以至於十月納禾稼，莫非震動恪恭之時，而欲爲惰游不可得也，至於公帑之支調，則又以貢致用，以賦斂財，以式均財，而無藝之費去矣，無藝之費去，而耗竭之患亡矣。夫曰生之爲之，凡以生財而使之有者則欲其衆以疾；曰食之用之，凡以耗財而使之無者則欲其寡以舒。由是而財之大源有所濬而日見其有餘，財之末流有所幅而不至乎坐耗。吾見明昭上帝，迄用康年；六府孔修，萬世永賴。言乎其財，則天下之財，而非一家之財、一國之財也；言乎其計，則萬世之計，而非一時之計、不終日之計也。謂之曰大道者蓋如此，是何嘗損下益上、斂一世而爲豐殖之謀也哉？

原評：渾渾灝灝，約詩、禮之旨以爲言。低手效之，填湊三禮，則形骸具而精氣亡矣。

評：義則鎔經液史，文則躋宋攀唐。下視辛未諸墨，皆部婁矣。

未有上好仁 一節

吴欽

觀人君之所必得於民者，而知財之可以發身也。夫民之所以終君之事、守君之財者，皆好義之心爲之也，而君子好仁實先之，則盍慎其所以感之者哉？嘗謂君民之勢至懸也，而其心則一也，故其感其應至神也。吾嘗以此推之，而知夫以財發身之效焉。誠以天下之民未嘗不思得仁者而君之，而忠臣義士亦上之所欲得於其下者也。顧上不好仁以先之，則其民亦惟利是視，而始有以不義應之耳。未有上之所好者既在於仁，而深仁厚澤、日以舉其民而淪浹之矣；顧乃下之所好者不在於義，而徇私滅公、敢於綏其君而不顧者也。夫人情未始無欲逸之心，而惟義足以勝之也；亦未始無欲私之心，而惟義足以奪之。下而有好義之民乎？則凡君之事，皆激於義之所當趨，而力有所不愛，是故相率而爲之又相率而終之，雖人君之爲天下愛力者固不忍貽之以勞，而彼固忘其勞也，若曰好義而事不終者，未之有也；凡君之財，皆明於義之所當供，而利有所不恤，是故相率以輔之又相率以守之，雖人君之爲天下愛財者固不忍私乎其有，而彼固忘其有也，若曰好義而府庫之財非其財者，未之有也。蓋上而好仁，則其事也爲佚道之使，其財也爲惟正之供，而君之心既足以信於民；民而好義，則事終也固以爲人君之事，守財也亦以爲人君之財，而下之心自益以結於上。當其時，仁人以其身役天下之衆，又以其身享天下之奉，而天命歸、民心悦者，凡皆以財發之也。欲發身者，可不自絜矩始哉？

原評：瀠洄淡宕，以曲筆寫直勢，古在氣骨，不在字句。

評：理得氣充，故能稱其心之所欲言，而人亦易足也。

欽定正嘉四書文卷二　論語上

子禽問於子貢　一章

歸有光

聖人所以聞政者，不可以迹觀而可以意會也。夫聖人之聞政者，德而已。子貢能會之以意，而子禽以迹觀之者歟？且夫世降而德輕，德輕而勢重，於是乎士無感人之實，而上之人始得以制其予奪之柄。故天下見士之求君，而不見君之求士。此時也，而非所以論聖人也。子禽曰：聖人不能無求也，國政之是非因革，在人者也，夫子何以知之？天下豈有不求而自獲、不與而自至者乎？夫子猶夫人者，其求之乎？與之乎？子貢曰：聖人無所求也，夫子之温良恭儉讓，在我者也，夫子以此得之。天下固有不言而喻、不知其然而然者乎？夫子之求異乎人之求也，孰求之乎？孰與之乎？子禽以常人之見求夫子之心，其致之有由，而其得之有待也；子貢以觀感之深發自得之見，其温良可親，而其恭儉讓不可舍也。蓋在人者重，則吾方奔走之不暇；在我者重，則物皆囿於其中。故天機之動，雖王公之勢亦恍然而自失；而神化之妙，如元氣之鼓萬物而不知者。惟子貢爲得之也與？

評：格局老㓗。細按問答虛神仍分寸不失，骨脉澄清，精氣入而粗穢除。乃古文老境，非治科舉文者所能窺尋。姑存一二，使好古者研悦焉。

禮之用 一節

歸有光

賢者論禮順人情，而道之所以無敝也。夫先王之禮，所以嘉天下之會者也，使有所拂於情，其何以能達之而無敝也哉？且夫天高地下、萬物散殊而禮制行焉，或者見其品節防範之嚴，而因以重疑畏之心，而不知夫禮之和而通於情也。蓋天下之人莫不有情，惟其無以自達，於是有禮焉以導之。則其所以周旋裼襲而爲是隆殺之等者，非吾之所不樂也，中有所欲，而假物以自將，則緣飾之用斯著，凡以達吾之情而已矣；其所以升降俯仰而爲是繁縟之制者，非吾之所本無也，仁有所體，而因事以生敬，則文明之賁斯章，要亦情之所樂而已矣。然則禮之爲物，雖恭儉莊敬，似有以嚴天下之分；而欣喜歡愛，實不拂乎人心之天。先王精微制作之原端，有在於是，而世無容議焉者也。使禮而不和，則先王不制之矣；使先王不和而制禮，則天下將尤之矣。惟其制法興王，出於一時之擬議，而和以悦心，不至乎驅迫天下以合吾之矩矱，則雖欲瑕疵聖人之禮而輕訾之而有所不敢；建中立極，出於一代之損益，而和以洽愛，不至乎强率天下以入吾之範圍，則雖欲決裂聖人之禮而背去之而有所不忍。故自后王君公以至於輿皂之賤，莫不安之而不可厭，非有愛於吾之禮也，愛吾之和也，天下不能不和，而不能外先王之禮也明矣；自朝會喪紀以至於揖讓之微，莫不油然而不可已，非以其爲先王之禮也，以爲吾之情也，天下不能無情，而不能廢先王之禮也審矣。吁，此禮和之可貴而先王之道至於今不廢也。彼欲離和以言禮者，多見其失於禮而背於情矣。

原評：古厚之氣，直接先秦初漢。前人以「粗枝大葉」概之，最善名狀。

詩三百　一節

歸有光

聖人約詩之爲教，不外乎使心得其正而已。夫詩，所以感人而入於正也，「正」之言雖約，而詩之爲教無有出於此者矣。且夫博而寡要、勞而少功，此觀書者之恒病也。以其一定之言而驅率之汗漫無所歸極之地，而垂教者之深意於是而晦矣。是故采詩以垂訓，包括旁羅，期無遺也，而貫通倫類，必有所以爲詩之旨；涉獵旁博，宜不廢也，而綱維藴奥，必有所以爲説詩之本。吾嘗反覆於三百篇之中，而得其一言之要，魯頌所謂「思無邪」是也。蓋天命之真、人心之本，全具於中而不失，是性情之所以正也；而形生之類、氣稟之偏，必待涵濡長育而全，是詩之所以爲教也。彼其所以發於咨嗟詠歎之餘者，比物連類，其旨不可一而概之也，然而觀者得於哦吟上下之際，所以會其意而一之者，要以觸發其本真，而使之約於中耳；其所以自然於音響節族而不能已者，宣志達情，其意不可泥而拘之也，然而觀者得於詠歌慨歎之間，所以迎其意而通之者，要以和平其心意，而俾之離於僻耳。詩之有善，非徒詩之善也，是勸之而歸於無邪也；詩之有惡，非徒詩之惡也，是懲之而歸於無邪也。以吾之天而觸彼之天，則事前而機動，不獨盛世遺音可以宣化，而治亂賢否所感之不同，而其歸同矣；以彼之天而契我之天，則世隔而心通，不獨朝廟歌聲可以平心，而賢人君子憫時病俗之所爲，而其致一矣。是知人生而静，天之性也；感物而動，情之理也。惟思無邪而後性情得其正，故曰「詩以道性情」，夫子所以示天下學詩之準。噫，其盡之矣！

評：咀味聖人立言之意，渺衆慮而爲言，淳古淡泊，風格最高。化治先輩對比多辭異而意同，乃風氣初開，文律未細。雖歸震川猶或不免，如禮之用篇，精深古健，而亦蹈此病。故俱辨而録之。

吾十有五而志於學 一章

歸有光

聖人所以至於道者，亦惟漸以至之也。夫道無終窮，雖聖人亦有待於學也，學之則不容無漸矣。此其理之固然，而豈聖人過爲卑論以就天下也哉？自夫天下待聖人過高，以爲有絶德於天下，而不知夫聖人之所爲孜孜而不已者，固吾人之事也。何則？人之心，與理一也；人之爲學，求至於心與理一也。然學之不可以驟而化之、不可以助長也久矣。故自十五之時，始有志於聖賢之道，而從事於鑽研之功，嘗以爲志之勿立，則無以負荷乎天之所與者，將不免於小人之歸，是以始之以立志，而是非之介、取舍之極，蓋有所定而不能移也；迨於三十之年，始有得於矜持之力，而取驗於德性之定，嘗以爲守之勿固，則無以凝聚乎性之所鍾者，將不免於君子之棄，是以繼之以定守，而紛華之變、盛麗之陳，蓋有所持而不可撓也。自十五而三十，積以十五年之功，而意味固已不同矣，然猶不敢自怠。而至於四十也，則隨事見理而研旨趣於萬殊，參酌於無端無紀之中而有得於燦然之妙，物之所以各足其天者，吾固已見之明，而知萬殊之各正，視向之立者，不免猶膠於固也；又至於五十也，則以理視物而探淵源於一本，究極於大本大原之中而有得於渾然之妙，天之所以流通於物者，吾固已見之一，而知帝則之必察，視向之不惑者，不免猶在於物也。自三十而四十而五十，體驗於十年之間，而意味又各不同矣，然猶人也，非天也。君子之學求至於天，而可已乎？故六十以達耳順之機也，理妙於中而有以通乎外之所感，神而明之，存乎其人，感之者以天也，聽之者以天也，順於耳而耳不得而與焉；七十以妙從心之用也，理運於外而有以出於中之所豫，化而裁之，存乎變，從之者以天也，不踰之者以天也，從於心而心不得而知焉。夫以六十、七十之所自得者如此，夫豈以年彌高而德彌劭哉？亦以道久而後熟，故日有所不同耳。是知志者，志此理也；立者，立此理也；不惑而知之者，亦此理也；至於耳順、從心，而理與心一焉。君子之學，求至於是而已也。

評：以古文爲時文，自唐荆川始，而歸震川又恢之以閎肆。如此等文，實能以韓歐之氣達程朱之理，而吻合於當年之語意。縱横排盪，任其自然。後有作者，不可及也已。

吾與回言終日 一節

唐順之

大賢之不敏於論道者，乃其敏於體道者也。蓋心悟者不必問，而愚者不能問也，此顔子之如愚所以爲不愚也哉。夫子稱顔子之意如此。蓋以道必待言而後傳，亦必待問而後告。是故吾之於回也，至教所示，固嘗竭兩端而無遺；微言所及，亦每迄終日而不倦。精粗所陳，能無一言之有待於疑者乎，回也默然聽之，未嘗一有所疑焉，其無所疑，意者愚而不能疑也；始終悉備，能無一言之有待於問者乎，回也默然受之，未嘗一有所問焉，其無所問，意者愚而不能問也。回其如愚者乎？愚則宜其不足以發矣。及其既退而省其私也，但見其本之以無所不悦之心，而體之以服膺弗失之力。藏修游息於吾道也，殆庶幾焉，蓋吾終日之所言者，即其終日之所從事者乎？動静語默於吾道也，殆庶幾焉，蓋其不違於群居者，即其不違於燕居者乎？不迷於所往者，則必能先明於其心，愚者疑且不能，又何望其心解而力行之若此也；不習而無不利者，則必能不疑其所行，愚者問且不能，又何望其心會而身體之若此也。回其不愚也哉！是則夫子之與回終日言也，固所以寓無言之深意；而回之如愚也，固所以善用其聰明睿智者也。孔顔授受之機，其神矣乎！

評：如脱於聖人之口，若不經意而出之，而實理虚神，焕發刻露，以天合天，器之所以疑神也。

多聞闕疑　二段

歸有光

君子之學，能善其言行而自修之道備矣。夫言行，君子所以居身者也，善學者無尤悔之愆，則身修而無所事於外矣，此夫子所以救子張之失也。且夫學術不明而眩騖於外感者，得失之故撓之也，君子亦惟盡其在我而已矣。是故世之人縱口以爲言，則浮誕之習勝而言始病。君子之學，惟其不能無言也，廣聽以爲聰，而事物之故觸於吾之真者，莫不取以爲吾言之資。尤必加之以精義之學而闕其所不知焉，則凡其所闕之餘，莫非其所知而可以言者也。然君子非以可言之爲貴，而以可言而不易言之爲難。理明義精之餘，惕焉尚口之爲戒，固有心可得而知而口不可得而言者，而不敢以易而出之也。如是則吾之言莫非天下之理，而天下之理莫非天下之心。「仁義之人，其言藹如」，多聞而天下不以爲陋，闕疑而天下不以爲誣，慎言而天下不以爲誕，以爲當於心而已矣。君子之修其言者固如此。世之人肆意以爲行，則苟且之患生而行始病。君子之學，惟其不能無行也，兼照以爲明，而紛紜之變接於吾之目者，莫不取以爲吾行之資。尤必加之以研審之慮而闕其所未安焉，則凡其所闕之餘，莫非其所安而可以行者也。然君子非可行之爲貴，而以可行而不遽行之爲難。熟思審處之際，惟患躬行之未得，固有心知其是而身猶恐蹈其非者，而不敢苟焉以應之也。如是則吾之行莫非天下之理，而天下之理莫非吾之心。「内省不疚，無惡於志」，多見而自信其非隘，闕殆而自信其非罔，慎行而自信其非妄，以爲當於吾之心而已矣。君子之修其行者又如此。是知君子不能取必於人，而取必於己；不能取必於天，而取必於人。言行之修，無心於得禄，而得禄之道則然耳。子張何爲而役於外也哉？

評：顯白透亮而灝氣頓折，使人忘題緒之堆垛。

夏禮吾能言之　四句

歸有光

聖人歎二代之禮有可言，而其言不可考也。蓋夏、商二代皆有治天下之禮，而爲其後者不足以存之，寧不有以發聖人之感慨乎？且夫禮自聖人而制，不自聖人而止也。作者之意未必不欲傳示於無窮，而述者之情亦未嘗不欲仰稽乎千古。然世遠言湮，有不得而見其全者，則亦不能無慨於斯矣。今夫繼虞而有天下者夏也，以有夏之聖人治有夏之天下，其天經地義之所在，固不能有加於往古，而所以相其時宜、適其世變以使當世之民安之，必有斷然自爲一代之禮者，而謂之夏禮也。自夏至今，王者二易姓矣，而猶有杞爲之後焉，則凡欲以觀夏之禮者，宜皆於杞乎求之，而今觀於杞，何足以徵夏之禮哉！雖其所尚在忠，所建在寅，與夫則壤成賦之類，至今讀夏書者猶可以想見乎當時，然特其大略之所在，所謂存什一於千百者，而欲得其全而見之，則求之於杞而吾無望也已，然則夏之禮自是其將遂湮滅而無傳矣乎？繼夏而有天下者殷也，以成湯之聖人撫九有之殷衆，其大經大法之所存，固不能有改於前代，而所以變而通之、神而化之以使天下之治常新，亦必有斷然自爲一代之禮者，而謂之殷禮也。自殷以來，又有聖人者承其後矣，而宋則爲其世守之國焉，則凡欲以觀殷之禮者，宜皆於宋乎求之，而今觀於宋，何足以徵殷之禮哉！雖其所尚以質、所建以丑，與夫建中錫極之類，至今讀殷之書者猶可以追想其時事，然特其流風之所存，所謂得其偏而遺其全者，而欲其詳焉而深考之，則求之於宋而吾無望也已，然則殷之禮自是其將遂散軼而莫收矣乎？嗟夫，夏、商之聖人，其始之所以爲禮者，其用心於天下後世，亦何以異於文、武、周公也。而今之所存若此，亦可慨矣。不知好古之君子，其亦將以吾意爲然否耶？

評：古厚清渾之氣，盤旋屈曲於行楮間。歸震川他文皆然，而此篇尤得歐陽氏之宕逸。

周監於二代 一節

孫陛程

王制稽古而大備，聖人之所不能違也。夫稽古而損益之，王制之所爲備也，聖人之從之也有以哉。想其意若曰：聖人之治天下也，不可變者道也，而不相沿者制也。夏之尚忠，商之尚質，皆卓然爲一代之憲矣，至於我周，文武具明聖之德，周公當制作之權。是故監於有夏，監於有商，本經綸之迹以盡折衷之詳，而立當代之良法；損其太過，補其不及，因風氣之開以繼先王之志，而集典禮之大成。願而愨者，有文以濟之，品式章程，至詳至備，達天下於昭明之觀也；朴而略者，有文以飾之，道德風俗，大順大同，協天下於亨嘉之會也。郁郁乎，何其盛哉！丘也生值其時，會逢其盛，固不能舍周以他從矣。念典刑之不遠，是則是效，循循然納於軌物之中；

幸謨烈之猶存，是訓是行，亹亹然式於範圍之内。慮自外於大一統之治法，而出入起居，將由之以終身也，雖曰夏、商之禮能言，吾豈棄此以趨彼乎？求無悖於大聖人之作爲，而動容周旋，皆資之以寡過也，即使杞、宋之後足徵，吾豈襲舊以拂經乎？夫贊其文盛者，所以表制作之隆；決其從周者，所以明憲章之志。是可以見夫子之得統於文、武、周公，而文在兹矣。

原評： 夫子得位有作，從二代之禮，固不能多於從周。然憲章文武，則禮儀三百、威儀三千，莫非躬行之事，從周固不待於得位也。文特盡其表裏。

評： 清規雅度，可爲後學楷模。及觀歸作，則崇閎深遠，成一家之法度，邈乎其不可攀矣。

周監於二代　一節

歸有光

聖人歎時制之善，而因以致其不倍之意也。夫法非聖人之所能爲也，因時而已，孰謂有周一代制作之盛而聖人敢有僭越於其間哉！昔者聖人不先天以開人，每因時而立政。方其時之未至也，前世聖人不能以預擬其後而待其變於未然；及其時之既至也，後世聖人不敢以苟徇乎前而安其法於不變。是故禹之造夏以忠也，方其法之始行，天下以爲宜於忠也，及其弊而之野，則忠之道有所不可行，而徒爲有夏之故迹矣。湯之造殷以質也，方其法之始行，天下以爲宜於質也，及其弊而之鬼，則質之道有所不可行，而徒爲有商之故迹矣。迨夫文武造周而承二代之餘，雖其忠質之窮，交有所弊，而天下之變固已略備於前世也。於是深明往古之得失，政惟由舊，而斟酌以化裁之，監於夏而不純用乎夏。洞悉天下之利病，制以宜人，而變通以神明之，監於商而不純用乎商。則周之政非夏之忠、商之質，而文、武、周公之文也。吾見聖人心思智慮之所及，盡倫盡制，有以利用於生民，而上自朝廷宗廟，以逮於閨門閭里之間，品式具備，昭然禮樂之化，天地運而四時行矣。帝王經綸參贊之極功，大經大法，有以範圍於斯世，而大自祭祀會同，以至於揖讓俯仰之際，緣飾委佩，燦然文明之治，日星明而江河流矣。然則吾生於今日而仰一王之盛，固樂與斯世斯民共歸於維皇之極，而曷敢自用自專，以妄起不靖之謀哉？夫子之從周者如此，蓋亦傷周之末文勝之弊，而思文、武、周公之舊也與？

評：以古文間架筆段馭題，題之層次即文之波瀾，文之精蘊皆題之氣象。

子入大廟 一節

歸有光

聖人深得乎禮之意，因人言而有以發之也。夫敬者，禮之意，而或者不知，則禮亦幾乎息矣。此聖人之所懼也，不然，而豈急於自暴其知禮也哉！且夫諸侯得祭其始封之君，而魯之有太廟，則周公其人也。時方卜祭而嚴祼獻之儀，夫子筮仕而在駿奔之列。斯時也，宗彝罍爵於是乎陳，而聲名著焉，文物昭焉，周公之德不衰也；降登俯仰於斯焉在，而獻享致焉，孝慈服焉，周禮之在可觀也。以夫子之無不知也，固宜若素講而熟識之者；以夫子之每事問也，則又若創見而驟聞之者。於是不知禮之説，或者有以議其後矣。殊不知天下有不知而問者與知而不問者，此可概以答問之常；而亦有問生於知、不知而無所問者，此宜得之答問之外。誠以備多士而與濟濟之中，有司之所存，不可不恪也，恃其博洽之素，而曰「予既已知之矣」，雖其考索之精不爽於毫髮，而非禮之意也；登清廟而觀雍雍之美，國家之上儀，不可不敬也，遑其威儀之習，而曰「如斯而已矣」，雖其禮度之閑不失乎尺寸，而亦徒禮之文也。蓋惟聖人者，恭敬之心肅於中，無所不知而有所不敢；著慤之道存乎内，不待於問而不能已於問。故聞之而曰「是禮也」，夫禮者非自外至者也，心怵而奉之以禮，而可以交於神明矣。惜乎天下之議禮者如或者之意，而不達乎聖人之心，聚訟之紛紛，亘千古而不決也。

評：神氣渾脱，化盡題中畦界。而清淡數言，旨趣該透。其於題解，昭然如發蒙矣。

天將以夫子爲木鐸

歸有光

時人以天意而知聖人之不終窮，所以慰門人也。蓋天生聖人，爲萬民也，聖人而必得位於天下，亦其理有固然者。時人而能言此，可謂深知夫子者矣。想其得見夫子而退以語門人之意，謂夫世以天道之難測，而疑聖人之遇不可必，此特天之未定者也，孰知天之有終不能舍夫子乎？夫使世不遭大亂，而始終往復之數未極，則時不在夫子焉，吾固不能必夫子之得位也；使天不生聖人之德，而撥亂反正之具不全，則道不在夫子焉，吾又不能必夫子之得位也。兹者以夫子之德而又值今之時，天於下民之孔艱坐視其陷溺而莫爲之所，固未必若是其恝然也；畀聖人以厚德而終始於窮阨而無所用，又未必若是其無意也。推天之所以厚民，必將以君師世道之責委之夫子，以副其降鑒下民之心；推天所以厚夫子之意，必將使夫子任夫君師世道之責，以當聰明時乂之寄。吾見明王作而天下宗予，後知者吾知之焉，後覺者吾覺之焉，振一世之聾聵，而皇極錫極之道，不徒慨想乎東周之盛矣；聖人出而萬物咸睹，道之而斯行焉，動之而斯和焉，開一時之顓蒙，而禮樂教化之實，不徒私淑於洙泗之間矣。所不可齊者，治亂之迹，而所可知者，天理之循環，使天下之治果不容挽，則生民之亂將何所窮耶？由其亂之極，則天之用夫子者必有在也。所不可必者，遇合之數，而所可知者，大德之受命，使夫子之道果不行，則天之生聖人者果何所爲耶？由其德之盛，而夫子之簡於天者將有在也。然則二三子之患於喪者，非獨不知天，亦不知夫子矣。觀於此而封人之賢可知矣，非夫子不足以感封人，非封人不足以知夫子。惜乎天意不可必，而封人之言卒不驗也。雖然，人也，非天也，封人之所知者，天而已矣。

原評：每股接頭轉折處，純是古文行局。空漾渾雅，縏委周匝，無一不古，亦惟深於古文者知之。

評：兩意貫注到底，而蒼莽回薄，不見其運掉排盪之迹，是大家樸直氣象。逐層以天下與夫子夾説，疑於連上文矣。惟處處以天爲主，故納上句於本題之中而不連上也。

夫子之道 二句

王　樵

大賢於聖道，借其可名者以明其不可名之妙焉。蓋一以貫之，聖人之忠恕也，特不待於推耳，知其無二理，則知其無餘法矣。曾子深有悟而難於言也，故其告門人，若曰：二三子有疑於夫子之道乎？吾以爲聖人之道，盡之於聖人之心；聖人之心，具之於吾人之心。自其盡己謂之忠，而心之在吾人，惟聖人爲能無不盡也，有夫子之忠焉，而恕由是出；自其推己謂之恕，而心之在人人，惟聖人爲能無不通也，有夫子之恕焉，而忠由是行。舉天下同此實理，而人以僞妄參之，故不能因物而順應，心苟無妄，則隨吾身之所接，而加以吾所固有之心，夫安施而不得其當乎？舉天下同此實心，而人以物我間之，故不能體物而無我，此心若盡，則聽凡物之自來，而處以物所自有之理，夫安往而不得其所乎？老者安，少者懷，皆此忠之所及，皆此心之全體爲之也；天地變化，草木蕃，皆此恕之流行，皆一心之妙用所貫也。忠譬則流而不息也，恕譬則萬物散殊也。「一以貫之」，子誠未喻也，亦未聞於「忠恕」乎？即其可名者，而其難名者盡之於是矣，豈有餘法哉？

自記：集注：「夫子之一理渾然而泛應曲當，譬則天地之至誠無息，而萬物各得其所也。」「至誠無息」貼「忠」字，「萬物各得其所」貼「恕」字。此正如中庸章句云：「大本者，所性之全體。惟聖人之德極誠無妄，其於所性之全體，無一毫人欲之僞以雜之，而天下之道千變萬化皆由此出，所謂立之也。」無一毫人欲之僞是「忠」，萬化皆由此出是「恕」。所謂「忠恕」乃程子之所謂「動以天」者，故曰「借」，曰「借」則非正言學者之忠恕矣。使聖人分上無忠恕，亦借不得。

評：忠恕三層自是訓詁語，非制義體也。運訓詁之理於語氣中，指示朗然而渾無圭角，苦心獨造之文。

君子喻於義 一節

唐順之

聖人論君子小人之所喻，以示辨志之學也。蓋義利不容並立，而其幾則微矣。是君子小人之異其所喻，而學者所以必辨其志也歟？且天下之事無常形，而吾人之心有定向。凡其無所爲而爲之者，皆義也；凡其有所爲而爲之者，皆利也。君子何以獨喻於義也？蓋君子之志未嘗不公諸天下也，志未嘗不公諸天下，則其所見無非義者。節之不可以奪也，身之不可以辱也，一介之不可以取而與也，知其如是之爲義而已矣。雖或有所進焉而蹈自好者之所深避，有所受焉而冒自潔者之所不屑，此其迹若疑於利者。然在君子，則亦但知如是之爲義而已矣。何者？彼一無所利之也。是君子舍義則無所喻矣。小人何以獨喻於利也？蓋小人之志未有不私諸其身者也，志未有不私諸其身，則其所見無非利者。機械之欲其巧以捷也，窺伺之欲其專以密也，尋尺之欲其揣以審也，知其如是之爲利而已矣。雖或有所勉而遜焉以自好，有所矯而讓焉以自潔，此其迹若疑於義者。然在小人，則亦但知如是之爲利而已矣。何者？彼固有所利之也。是小人舍利則無所喻矣。夫徇義而至於喻，則利之所不能入也；徇利而至於喻，則義之所不能入也。是以學者貴辨之於早乎？

評：落落數語，而於義利之分界與君子小人心術之動、精神之運，已辨其所從生，而推之至於其所終極矣。就語、孟中取義，而經史事迹無不渾括。此由筆力高潔，運用生新，後人動闌入四書字面作文，殊乏精采，所謂上下牀之隔也。

德不孤必有鄰

諸夔

聖人於有德者而必其有親，所以進人於德也。夫人莫不有是好德之心，則其所以類應於德者，勢也。曾謂有德者而孤立乎哉？夫子以是爲立德者勸。意謂：夫人之情莫不信同而疑異，喜合而惡離。夫惟感之以自私之心，而後夫人之心疑；感之以拂天下之行，而後夫人之心沮。於是畏而莫之合，以至於窮焉而無所與者。是果德之罪哉？夫德也者，原於天而具於人，非有我之所得私；足於此而通於彼，爲人情之所甚便。吾德之不修，吾無以孚於人，吾懼焉而已矣；吾德之既修，固未有感之而不應者，而何病於孤耶？蓋德則公，公則有以通天下之志而無所疑；德則愛，愛則有以足其甚便之欲而無所拂。是雖無意於人之我同也，心同則相求，自將信其道而願爲之徒；雖未嘗强人以必從也，類同則相濟，自將樂其便而安爲之與。莫非吾人也，則莫非吾徒也；莫非吾德也，則莫非吾與也。苟以其私也而惡吾之修，是固異於德者也，而何病於君子之同哉？以其忌也而畏吾之修，是自離於德者也，而何病於君子之合哉？必也天下無君子而後吾之德始孤，必也天下皆小人而後相率以自外於吾德。今天下之不皆君子固也，亦未必皆小人，則吾德之有鄰而吾道之不至於終窮也，固可信其必然矣。

原評：兩義到底，揮灑如志，又時作參差，使人迷眩。

評：運古文氣脉於排比中，屈盤勁肆，辭與意適。此等文若得數十篇，便可肩隨唐、歸，惜乎其不多見耳。

三仕爲令尹　六句

唐順之

大夫之心裕而公，忠於謀者也。夫裕則齊得失，公則平物我，而子文可以爲忠矣，仁則吾不知也。子張之意若曰：今夫天下之人謀其身也過周，而謀其國也過略。夫惟其過周也，則少不如意者，未嘗不爲之戚焉；夫惟其過略也，則苟無預於己者，未嘗屑爲之謀焉。此無怪乎倖進之多而善治之寡也。子文曾有是乎？方其三仕爲令尹，繼而三已之也，吾知滿其欲得之志，不能不喜於利見之初；而拂其患失之心，不能不愠於播棄之後。況夫勉於其暫，不能勉於其久者，人之情也；矯於其順，而不能安於其逆者，理之常也。子文則謂窮達命而已矣，貴賤時而已矣。運之所隆，則其仕我者其道亨也，不色喜也；勢之所去，則其已我者其道窮也，不色愠也。

安其常而不摇於身外之感，順其適而不遷於事變之交。其在已也猶其在夫仕也，其在三也猶其在夫初也。吾於是而知其心之裕矣。及其將去而新令尹以代也，吾知忌心生於新故之變，則必幸其敗事以形吾之善；愠心起於去位之日，則必不謀其政而任其人之爲。況夫功成者退，則舊政雖善，未必其我德也；責有所歸，則新政雖不善，亦未必其我咎也。子文則知有國而已矣，知有君而已矣。懼其未識乎治體也，而孰所當因、孰所當革，盡其説而道之焉；懼其未識乎民宜也，而孰爲便民、孰爲不便於民，舉其國而聽之焉。大其心而不計其形迹之嫌，忘其私而求善夫身後之治。使其政之行於我者猶其得行於彼也，而政之行於彼者猶其得行於我也。吾於是而知其心之公矣。吁，子文其春秋之良哉？

評：就人臣立論，身、國對勘，反正相形。子文全身已現，却仍是子張發問口吻，於題位分寸不溢。

歸、唐皆以古文爲時文，唐則指事類情，曲折盡意，使人望而心開；歸則精理内藴，大氣包舉，使人入其中而茫然。蓋由一深透於史事，一兼達於經義也。

魯一變至於道

薛應旂

聖人言魯至道之易，欲其知所變也。夫道，先王之所以爲國者也。魯如一變，斯至之矣，而可以不變乎哉？夫子之意曰：齊魯之爲國也，其俗不同；而其變而之道也，其勢亦異。齊一變，固僅至於魯矣，以魯言之，其又何如哉？粤自我魯開國之初，當伯禽受封之日，文、武之謨烈尚在，周公之訓誥方新。惟時秉禮立教，而凡所以行之於上者，莫非道也，迨隱、桓以來漸以替矣，然於禮教則猶知所重也；惇信明義，而凡所以達之於下者，莫非道也，迨成、襄以降，寖以微矣，然於信義則猶知所崇也。苟爲之魯者，因先王之所遺而思其垂創之心，將見不必紛更之擾也，偏者補之，敝者救之，而一振舉之下，百度爲之自貞；因今日之所乘而興其紹述之念，將見不俟改革之繁也，廢者修之，墜者舉之，而一轉移之間，衆正爲之畢舉。言乎禮教，不特重之而已，秉之立之而昭布於上下者，洋洋乎一如其舊；言乎信義，不特崇之而已，惇之明之而顯設於民物者，駸駸乎盡復其初。祿之去公室者自是可復，而爵賞一出於上，今日之魯，殆周公之魯而非隱、桓以來之魯矣；政之逮大夫者自是可還，而政柄不移於下，今日之魯，殆伯禽之魯而非成、襄以降之魯矣。謂之曰至道，信乎其爲有道之國，而望於天下也不徒然矣。奈之何其不變也哉！

評：溯其肇端，及其流弊。舉「變」之作用，指「至」之條理，兼酌時勢，以明措注，可謂約而能該矣。

夫子爲衛君乎 一章

許孚遠

聖人之不爲衛君，於其尚論古人而可知也。蓋古今是非可以例見也，夫子深與夷、齊之讓國，而肯爲衛君乎？昔者衛靈之薨，衛人奉輒而拒蒯聵，而託嫡孫當立之説以辭於諸侯。人倫之薄惡，莫有甚於此者也。是時夫子適在衛，而冉有、子貢之徒從焉。想正名之論，夫子尚無因而發；而處衛之意，諸賢亦莫測其微。故冉有疑之而問於子貢曰「夫子爲衛君乎」，求非以私心窺聖人也，正欲以國之大故而取裁於聖人也；子貢應之曰「諾，吾將問之」，賜非智不足以知聖人也，不敢以無徵之言而遽釋乎同列也。然時事猶難於顯言，而比類或可以相發。古有夷、齊，固知其爲遜國人也，倘非中道，能無不概於聖心者乎，而不知其清風高節，師表百世，賢人之名，夫子不得而泯之矣；兄弟遜國，夫子稱之爲賢人似也，倘存矯激，其中豈能無怨悔乎，而不知其求仁得仁，甘心窮餓，無怨之志，夫子尤深諒之矣。由是言之，夷、齊之遜國也，以求仁也；其無怨也，以得乎仁也。假令夷也違父命而齊也悖天倫，雖竊國爲諸侯，不可一日安於臣民之上；夫惟伯遂其爲子而叔遂其爲弟，故棄國如敝蹝，可以浩然存於天地之間。然則仁不仁之間，乃古人之所以審處；而父子兄弟之際，正仁不仁之所存也。以今觀於衛輒之事，仁耶非耶？其於夷齊，賢不肖何如也？故子貢出而語冉有曰「夫子不爲也」，然後諸賢之疑釋而國之是非定矣。

評：題中曲折，纖悉不遺，極安閒，極静細。後來名作俱不能及。

聖人吾不得而見之矣 一章

鄒守益

聖人有見聖之思，而終不得於有恒也。夫由聖人而思及於有恒，夫子之心亦切矣。而有恒者猶不得而見焉，聖人亦且奈之何哉！夫子之意以爲：世變之趨而下也，可慨哉！至於世變之愈下，而吾人之所思亦因之矣。何則？由聖人而下，則有君子、善人，而有恒又其次也；由有恒而進，則爲善人、君子，而聖人又其至也。始吾於天下也，豈不願見聖人哉？顧聖人不可得而見，而得見君子，則猶聖人之徒也，斯亦可矣。又豈不願見善人哉？顧善人不可得而見，而得見有恒，則猶善人之徒也，斯亦可矣。蓋以厚望之心求天下，則雖善人君子，猶不足以滿吾希聖之念；而以難得之心求天下，則雖有恒，亦足以係吾人聖之思也。然而今之人亡矣，虚矣，約矣，其爲人何如也？且亡以爲有焉，虚以爲盈，約以爲泰焉，其於恒何如也？有恒者且不可得而見，而況於善人乎？況於君子乎？又況於聖人乎？已矣乎，吾終不得而見之矣夫！

評：此等文，如有道之士百體順正，發氣滿容，不可以形似也。其措意遣言，亦天然合度，少有所損則已虧，少有所益則已贅。

舜有臣五人而天下治

歸有光

古之聖人，得賢臣以弘化者也。夫聖王未嘗不待賢臣以成其功業也，有虞君臣之際，所以成其無爲之化，而後之言治者可以稽矣。且夫天之生斯民也，必有聰明睿智之人以時乂萬邦而統治於上，以爲之君；其有是君也，亦必有篤棐勵翼之人以承辟厥德而分治於下，以爲之臣。有民無君，則智力雄長，固無以胥匡以生；而有君無臣，則元首叢脞，其不能以一人典天下之職明矣。是故人知有虞致治之隆，超軼於三王之上；而不知當時人才之盛，而特有賴於五人之功。蓋賢俊彙生，天所以開一代文明之治；而惟帝時舉，則聖人所以爲天下得人者也。故夫洪水未平，方軫下民之咨，使四岳之舉，皆圯族之徒，則舜亦無所爲力者，而九載弗成之際，適有文明之禹以幹其蠱，所以排懷襄之患而底地平天成之功者，得禹以爲之者也；烝民未粒，方軫阻饑之憂，使九官之中，皆象恭之流，則舜亦無所可恃者，而五穀不登之餘，適有思文之稷以奏之食，所以盡有相之道，而啓陳常時夏之功者，得稷以爲之者也。民食而不知教，聖人又以爲天下之憂，時則有契以爲之司徒，所以迪兹彝教，而在寬之敷，天下皆知錫汝保極而樂於爲善；民教而不知刑，聖人又以爲天下之防，時則有皋陶以明刑，所以明於五刑而協中之化，天下皆能不犯於有司而憚於爲惡。至於萬物異類而一原，盡人之性而不能盡物之性，亦聖人之所病者。當夫於變時雍之日，又得伯益以掌虞衡山澤之政，則不徒爲民除害，而所以若予上下草木鳥獸者終有賴焉。是知舜之有五人也，天下皆見五人也，天下皆見五人之爲，而不知舜之爲；及天下之治也，天下皆以爲舜之功，而不知其爲五人之功。天道運而四時成，君臣合而治化隆。觀於此，不獨見有虞人才之盛，又可以見聖人恭己無爲之治矣。

評：實排五比，雄氣包孕，具海涵地負之概。在歸震川文中爲近時之作，然制藝到此已是極好順時文字矣。

顔淵喟然歎曰　一章

唐順之

大賢歎聖道之妙，教雖可因，而化則未及也。夫體道以化爲極也，顔子雖得於教，而終無以化焉，聖道之妙一至此哉！顔子蓋已得聖人之藴而有感於斯道之神，遂喟然歎曰：甚哉，夫子之不可及也！蓋夫子之道，吾以爲求之而可得也，然而峻極充周，有不窮之藴，純全完固，極渾厚之體，得非仰之彌高而鑽之彌堅耶？吾以爲見之而可象也，然而周流無滯，極變動之神，兩在不測，妙無方之化，得非瞻之在前而忽然在後耶？聖道之妙如此，不有夫子之教，則亦終焉爾矣。幸而夫子教思無窮而誨人有序，始之以博文，所以大其畜也，而知必欲其致焉；終之以約禮，所以一其歸也，而行必欲其力焉。是何其循循善誘耶！故未聞夫子之教也，欲求之而不可得也；既聞夫子之教也，欲不求亦不可得也。故好之而必力之，力之而必致之，而博文約禮之功無所不用其極，而吾才爲之竭盡矣；由是不可形者形其形，不可象者象其象，而高堅前後之妙有以灼見其精，而天機爲之卓立矣。斯時也，吾豈不欲與道爲一哉？然神不可致思，而至之也無所容其功；化不可助長，而存之也無所施其力。一間未達之機，亦將奈之何哉？是則方其未得也，夫子之教可以使之求也；及其既得也，雖夫子之教亦不得而與其能也。聖道之妙有如是哉！

評：隨題體貼，處處得「喟然」之神。行文極平淡自然中變幻無端，不可方物。其噓吸神理處，王守溪亦能之，而開闔頓宕，夷猶自得，則猶未闢此境也。

賓退 一節

金九皋

聖人之相君送賓也，而因以紓其敬焉。夫主之敬賓，禮也，而既退，則敬可紓矣。聖人必以不顧而告君，其終事之不苟也有如此哉！且夫諸侯之朝於諸侯也，賓之入，則主君迎之，成禮而後退焉；賓之出，則主君送之，再拜而後別焉。此固賓主相見之禮，而其迎其送，擯皆從之者也。吾夫子於賓之既退也而必復命於君曰「賓不顧矣」者，何哉？紓君敬也。蓋方賓之入門而君之迎之也，則相揖之間，正君敬方形之始，而匪紓匪傲，亦擯之所以相君行禮，而必欲其接之以讓者也；方擯之在廟而君之享之也，則百拜之禮，正君敬方殷之時，而齋莊整齊，又擯之所以教君成禮，而不欲其繼之以倦者也。若夫賓既退矣，敬亦可以紓矣。但其恭肅之心，猶不忘於設拜之餘，而賓與主之相向，則賓之顧之，猶得而見也；斯須之敬，猶將致於揖別之頃，而視與手而俱下，則賓之不顧，君不得而見也。是故於斯時也，必以不顧復命者，庶君之致敬於其始者，將少逞於其終，而恭不可過，於是乎知所殺焉，是非使其君之遂肆也，視夫入門之時，則有間耳；因賓至而起敬者，亦因賓退而少紓，而禮不可多，於是乎知所節焉，是非欲其君之遂怠也，視夫在廟之時，則有間耳。

評：形容淺近，語細刻大雅，是鄉黨記敘題法。

入公門 一章

唐順之

聖人之趨朝也，漸近於君而敬有加，漸遠於君而敬無已。蓋朝廷之禮以敬爲主也，況聖人事君盡禮者，其始終之一於敬也，固有不期然而然者哉！昔者夫子當其習容觀玉之委蛇，趨朝之初，於時固直躬而行也；一入公門，則鞠其躬而如不容焉。不知公門之高且大也，立不中門，以避尊也；行不履閾，以致恪也。自其入門而敬已至矣，然此猶致敬於其躬，而其色與足猶自如也，及其過君之位，則如見乎君矣。色而勃如，非夭如之常也；足而躩如，非折旋之常也；言似不足，非便便言之常也。自其過位而敬益至矣，然色與足雖已變其常，而氣猶自如也，及其自堂下之位而攝齊以升於堂上，則最近乎君矣。其鞠躬，猶夫入門之時；而屏其氣，則有似乎不息者焉；至於升堂，而敬無以加矣。升拜之禮既成，由是而出、降一等，則天顔暫違於咫尺，氣無事於屏矣，逞其顔色，殆有怡如其可掬者乎？由是而没階，則拾級無煩於聚足，衣可以不攝矣，拱手而趨，殆有翼如其可象者乎？由是而復其堂下之位，則又瞻仰堂上，君實臨之，踧踖如也而不敢自寧焉，色方逞而又變，手方翼而又斂，其殆鞠躬屏氣之餘乎？聖人之見君，始而敬，中而和，而終之以敬如此。然而和非有出於敬之外也，和蓋所以濟敬也歟？

評： 或於前面托一層，或於後面收一筆。夫子德盛禮恭、從容中節處，曲曲傳出，而行文亦極回環錯落之巧。

鄉人飲酒 一節

茅坤

聖人飲於鄉而必嚴夫老老之節焉。蓋鄉黨莫如齒也，聖人侍飲於杖者之側，而必時其出以爲節焉，斯其所以尊高年也乎？且夫鄉人之飲酒，所以合比閭族黨之衆，而爲歲時宴饗之會者也。時則鄉人之所貴也以年，而禮之所先也以讓。其有杖而飲者，一鄉之人所共父事之，而不敢以筋力之禮相施報者也；則亦一鄉之人所共齒尊之，而不敢以聚散之常相後先者也。杖者未出而我或先之，君子以爲亢矣；杖者既出而我或後之，君子以爲命矣。唯孔子則不然。不敢群少長相爲宴言而已也，必也周還於俎豆之間，時其起居而不離；亦不敢唯酒食相爲徵逐而已也，必也俯仰於几席之際，時其動静而不違。方杖者之獻酬爲歡而未出也，惟見其與之傴僂也，與之左右也，爲酒無算，蓋不敢乘之以跛倚之私而孑然而先矣；及長者之宴卒成禮而既出也，惟見其與之盤辟也，與之攜持也，舉足不忘，亦不敢任之以流湎之情而跚然而後矣。始之旅而進也，固曰長者位上，少者位下，所以習齒讓於始也；繼之旅而退也，亦曰長者在前，少者在後，所以謹齒讓於終也。要之，其侍食也，曰父黨在則禮然，而不敢不敬共矣；其辭而去也，亦曰父黨在則禮然，而不敢不肩隨矣。吁，聖人之尊高年也如此夫！

評：所補皆題中所應有，而配置形容備極融煉。鹿門講八家古文之法，其制義惟取清空流利、首尾一氣而少實義，難爲諸生家矩度，故轉嫌其少矜重者。

君賜食 一節

湯日新 程

聖人於君賜而承之各有禮焉，可以觀敬矣。甚矣，君賜之不可苟也，隨物之異而皆有禮以承之，聖人敬君之誠蓋如此。且春秋之時，大烹之典雖廢，而問饋之禮猶存。苟以禮來者，孔子嘗受之矣，然而君臣之際，豈徒以交際之常處之也哉？是故惟辟玉食，君之所以自饗者也，時而賜之，夫子得而食之矣，然亦非敢以苟食也，必正席焉，以致其對君之肅，必先嘗焉，以歆其休享之誠，蓋將飽德於屬厭之餘，而分錫於品嘗之後，固不敢視爲飲食之微而褻焉以用之者矣，其禮行於賜食有如此者；至若腥也者，所以充君之庖者也，君賜之腥，則先嘗之禮非所拘也，夫子必熟而薦之焉，物非餕餘，固可以伸追養之志，而羞之饋祀，庶足以昭君德之馨，蓋不敢用之於人而必用之於神，使君之所以逮下者得以上逮於祖考，夫固以榮之焉耳，其禮行於賜腥有如此者；生也者，所以備君之腥者也，君賜之生，則熟薦之禮非所泥也，夫子必從而畜之焉，物之當愛，故欲生之而不傷，而惠出於君，以故愛之而愈切，蓋不能終置於不用、亦不敢無故而輕用，使君之所以推恩者得以推及於禽獸，夫固以仁之焉耳，其禮行於賜生有如此者。是則食非不須也，而先嘗之，先敬而後惠也；腥非不嘗也，而熟薦之，因敬以爲孝也；生非不薦也，而必畜之，推敬以廣仁也。賜雖不同，而應之曲當如此。此固夫子處物之義而上交之誠。事君之敬，不亦可見矣乎？

原評：此文有補題處，有互見處，有代記者設聖人心事處。總由學識才兼到，故能逐段周詳如此。

評：從守溪文化出，意味雅密，已盡題之能事。

欽定正嘉四書文卷三　論語下

先進於禮樂　一章

張居正　程

聖人於禮樂，述時人之所尚，表在己之所從。蓋文敝則宜救之以質也，聖人論禮樂而獨從先進也，有以哉。想其意蓋謂：禮樂貴在得中，而君子務乎實勝。今也或失之靡矣，吾方憂其敝而莫之救也，而世之論者乃曰「先進於禮樂，野人也」，蓋見其簡而遂以爲陋也，見其直而遂以爲俚也，是以今而論昔也，則其謂之野人也固宜；「後進於禮樂，君子也」，蓋習其繁而以爲有度也，習其縟而以爲有章也，是以今而論今也，則其謂之君子也亦宜。夫習俗易以移人，而古道乖其所好，世固如此。若我用之，則願從先進焉。何也？禮樂所以養德也，而養德者宜處其實，不宜處其華；所以維風也，而維風者宜居其厚，不宜居其薄。以求諸實，先進有焉，有其實則用以治心而心平，用以治身而身正，周公之遺範猶存，固吾所夢想者也，雖戾於俗，奚恤乎？以求諸厚，先進有焉，有其厚則用之朝廷而化行，用之邦國而俗美，文武之遺風未泯，固吾所憲章者也。雖以爲野，何傷乎？吁，夫子之言，其欲挽春秋以復乎成周之盛，意獨至矣。

評：意思乃人所共有，而規模閎遠，矜重中具流逸之致。

先進於禮樂 一章

歸有光

聖人述時人尚文之弊，而示以用中之極也。夫天下之勢趨於文而不可挽也，夫子先進之從，得非示之以用中之極乎？何則？道散於天下，而禮樂其顯者也。道之不明而俗之淪胥也久矣，故時人之論禮樂，其謂之先進者，則文、武、成、康之始也，猶以其文之未備而不安於其故，謂其後之可以加而未至於盡飾，似類乎閭閻敦朴之習而譏之，以爲野人也；其謂之後進者，則黍離以降之後也，乃以其文之既至而恍乎其新，嘉其飾之已盡而可以合於時宜，所以爲有搢紳士大夫之風而稱之，以爲君子也。時人之論如此。人情狃於其習，則日化而不自知；偏於其所見，則自以其言之當而不覺其過。誠以周承三代之後，天下之勢已日趨於文，雖文、武、周公皆以聖人持之，未始離於中也，然視前世已文矣。今猶以爲野，則其變窮而無所復入也。救文以忠，吾固不能以反古之道；爲下不倍，實不敢違夫從周之心。亦惟規摹前世，行之於家，達之於天下，一遵夫洛誥、周官之典，亦不啻郁郁之文矣；憲章當代，施於金石，越於聲音，慨想夫鳧鷖、既醉之風，亦不啻雍雍之美矣。禮從先進之議也，以導其志，而周旋、裼襲、降升、俯仰，有周公之法度存焉，而繁禮飾貌不能以徇今世之觀也；樂從先進之作也，以和其聲，而曲直、繁省、廉肉、節奏，有大樂之鏗鏘在焉，而代變新聲不足以阿世俗之好也。是何也？周之初，非不文也，質未嘗不存；周之末，文也，而質已盡也。天下靡靡焉日趨於僞，此夫子所以從先進之志，豈非示禮樂之教於天下耶？

原評：離奇夭矯，却是渾涵不露，真史、漢文字，非制義文字也。

評：原評擬之史、漢，未免太過；方之唐宋八家中，其歐、曾之流亞歟？

季路問事鬼神 一節

唐順之

觀聖人兩答賢者之問，可以知反本之學矣。蓋窮理者貴乎反其本也，求事神於治人，求知死於知生，則庶乎其可得矣。夫子告子路之意如此。且夫鬼神者精誠之極，故季路以事鬼神爲問也。鬼神之情狀，夫子嘗於贊易言之矣，非不欲以告子路也，而乃曰：顯於鬼神者則有人矣，人固群於人之中而未必能事人也，未能事人則何以事鬼神乎？夫子言此，蓋以至誠之不可掩者鬼神之靈，一人心之靈者爲之也，非人心則何以有鬼神也？故知事人則知事鬼神矣。死者人道之終，故季路以死爲問也。衆生必死，夫子嘗爲宰我言之矣，非不欲以告子路也，而乃曰：先於死者則有生矣，人固囿於生之中而未必能知生也，未能知生則何以知死乎？夫子言此，蓋以機緘之不容已者氣之散而歸於無，一氣之聚而向於有者爲之也，非聚則何以有散也？故知生則知死矣。以是知幽、明一理也，死、生一理也。然幽明之理，又所以爲死生之理也。此吾道之所以爲一本也歟？

評：精卓堅老，著語無多，而題之切要處已盡。

所謂大臣者 一節

歸有光

大臣所以事君者，惟其道而無所徇也。夫人臣負天下之望，非偶然也。道在吾而無所徇於天下，此其所以爲大臣也與？且夫人臣同有委質之義，而大臣獨負乎不世之名，固其所挾持者甚大而其所守者甚堅也。是故天下有所謂道者，是爲天理之當然、人倫之極致，天下之所以治亂、生民之所以休戚係乎此也。大臣者窮而在下，固以之爲修身之具；達而在上，即以之爲治平之資。是以佐辟明時而當論思獻納之際，所以自靖而獻於吾君者，必大猷之是程，而不敢曲學阿世以規世主一切之好；股肱王室而有謨明弼諧之風，所以造膝而告於爾后者，必皇極之敷言，而不肯枉道徇人以隨流俗因循之論。君所謂可而吾否之，君所謂是而吾非之，君所謂俞而吾吁之，有見於道而已，凡其夙夜匪懈而懷勵翼之心者，惟欲致吾君於堯舜也；一家非之而無所顧，一國非之而無所顧，天下非之而無所顧，不忘乎道而已，凡以旦夕承式而極忠愛之忱者，惟欲復斯民於唐虞也。然使吾言用，則天下受其福，而吾亦安享其榮；吾言不用，則天下受其害，而吾亦無所於徇。忠言嘉謨而有所不合，則高爵厚禄不可以一日而縻吾之身；道德仁義而有所不入，則虚辭縟禮不可以一朝而變吾之志。蓋吾之身非吾之有也，斯道之身也。道期於可，可則道在焉，而不能以不留，吾爲道而留也；道期於不可，不可則道亡焉，而不容以不止，吾爲道而止也。夫其要之以必去，而所謂以道事君之義益彰矣；以道事君，而天下之望愈重矣。若夫始之以誇大之詞，而卒徇之以卑近之説，勢之所順，或以達其忠，而勢之所逆，遂依阿淟涊以爲容，是具臣之類也。

原評： 嚴詞偉義，屹然如山。坊刻爲穆孔暉墨，然亦小有同異。

評： 實理中藴，浩氣直達，儼如宣公對君之奏、朱子論學之書。

請問其目 一節

唐順之 墨

大賢問爲仁之目，得聖教而以爲己任焉。甚矣，顏子之力於爲仁也，領克復之目而任之不辭，非有得於心法之傳者而能之乎？昔顏淵問仁於夫子而承克己復禮之訓也，想其求仁之志素定於心齋之後，而理欲之分默會於善誘之餘，故不復有所疑問而直請其目也。夫子喜其見理之真，乃悉數其目以告之曰：物交之迹雖由外以感其中，善惡之機則由中以達於外。而仁豈必求諸遠哉？近取諸身而已矣。彼目司視，耳司聽，而心實主之也，若非禮而欲視，則絶之以勿視，非禮而欲聽，則絶之以勿聽，如此則心不誘於聲色之私，而作哲作謀之體立矣；口有言，身有動，而主之者心也，苟非禮而欲言，則絶之而勿以形諸口，非禮而欲動，則絶之而勿以形諸身，如此則心不涉於尤悔之累，而作乂作肅之用行矣。克己復禮之目，端在於此。顔子遂從而任之，曰：仁道必至明者而後察其幾，回之質雖非至明者也，尚當既竭吾才，而於所謂視聽言動者擇之精而不昧於所從；仁道必至健者而後致其決，回之質雖非至健者也，尚當拳拳服膺，而於所謂視聽言動者守之固而必要其所立。以「爲仁由己」自勵，不敢諉之於人也；以「天下歸仁」自期，亦不敢半途而廢也。斯則回之所當自盡者乎？吁，夫子之善教，顔子之善學，兩得之矣。

原評：荆川三墨，惟此可謂規圓矩方、繩直準平矣。

子張問明　一節

王　樵

聖人語賢者以明而重致其意焉。蓋譖、愬之巧不行，非明且遠者不能也，聖人丁寧於子張，其因其失而使知所警也夫？且夫理者，君子之所以揆事，而或托於理以藏其術；情者，君子之所以求實，而或雜於情以亂吾聽。欲有道以照之，此人之所以貴於明也。故子張以明問，而夫子告之曰：明者非他，能察而已矣。今夫事本非實，而譖者遽然極言其事、愬者泛然不切於身，則未足以惑人也。有浸潤之譖焉，緩頰而談，借事而論，欲以陰入於我而初若無預於彼，此在人有不覺其譖之行者，以先於所入而安於所未嘗疑也；有膚受之愬焉，徵於切近，指於可信，激吾以膚受而乘吾所不及詳，此在人有不覺其愬之行者，以先於所見而動於所不能堪也。誠於是而能不行焉，可謂明也已矣。何也？是二者嘗行於偏且暗者。惟其不明，故一有所聞而忿心應之也。今也明足以知浸潤之情，曰無故而然，其中必有故也，弗行也；明足以知膚受之意，曰縱其實然，豈不可以徐審之也，弗行也。明者不惑，其不謂之明乎哉？抑不特可謂之明而已也，誠於是而能不行焉，可謂遠也已矣。何也？是二者常行於隘且迫者。惟其不遠，故一有所聞而淺心應之也。今也旁燭於浸潤之表，曰是其言在於此而意在於彼乎，不聽之矣；遠覽於膚受之先，曰是其動我於耳目之近而蔽我於堂阼之上乎，不聽之矣。遠者明之至，其又不謂之遠乎哉？吁，好高之士，有擿奸發伏以爲明，而或反見欺於耳目之近；有窮高極深以爲遠，而不能測人於方寸之間。視此可以省矣。

評：恐詞繁不殺處寫不出好勢，乃作此避難就易之局。總發上截，而以下截分頂之，故原評謂之變體也。刻劃深透，幾可襲迹於唐荆川。而終不能强者，古文之氣脉耳。

故君子名之必可言也 一節

許孚遠

君子之所視乎名者重，故言有所不苟焉。夫名非虚也，將言而行之者也。君子言出乎名，其敢以或苟哉！夫子欲正名於衛，因子路之疑而曉之。若曰：人之有倫，名以命之，久矣。其在國家則君臣父子之義存焉，禮樂刑政之綱維繫焉，一有不正，其弊有不可勝言者。故君子之於天下，有其名之不徒名而已也，名之則必可言之，其揆諸義也協，其宣諸辭也順，稱之於朝，稱之於國，稱之於天下，蓋萬口同然而無得以矯其非者，斯名焉，不可言者不以名也；有其言之不徒言而已也，言之則必可行之，其措諸躬也安，其施於事也達，在家宜之，在國宜之，在天下宜之，將百世無弊而莫或有窒於行者，斯言焉，不可行者不以言也。名之必其可言，故名之正與不正，乃言之順逆所由始；言之必其可行，故言之順與不順，乃行之善敗所由基。甚矣，夫名之重而言之難也！君子之於言，蓋非曰朝廷之上惟言莫違，可苟焉而出乎身也，别嫌明微，必稽於天理人倫之至，而凜凜乎思以植天下之大防；亦非曰位號之間惟命是從，可苟焉而施於國也，慎終慮始，必要於人情事變之歸，而兢兢乎思以存兩間之大義。由是則君君臣臣，父父子子，而朝廷之上無慚德也；由是禮行樂興，刑清政舉，而邦國之間無苟動也。其機甚微，其效甚著，君子之言要於無所苟而已矣。由是觀之，則夫子在衛所以欲先正名之意，豈不昭然若發蒙也哉？而由也且迂之，甚矣，由之失言且不智也！

評：題爲通章結穴，文能切中事情，不用斡補而題緒清析，章脉貫通，堅重遒密，嘉靖盛時風格。

不得中行而與之 一節

王慎中 程

聖人抑致意於傳道之士，而其志可知矣。夫中行不得而思狂狷，聖人之意抑而彌深矣。此其爲道也，不有大憂乎？夫子傷道之不行，故發此歎也。蓋曰：世莫宗予，吾已不敢望見諸身；天未喪文，吾安可使弗傳諸後？誠得中行之士而與之，弗畔於道，而教育得人，克協於極，而繼述攸賴，固吾所大願也。然今不可得已，惟予有懷，何能自慰耶？道不可以終墜，而傳之必資於有人；心不能以自已，而求之抑思夫其次。必也士如狂狷者，亦可相與以有爲矣。吾何以取於狂狷也？蓋進學之資，無所慕，則志弗逮而教難施，狂者趣量高遠，意之所許，將等古人而直上之，所少者特其實行之不掩耳，即若人而裁抑之，行以副志，而篤實日新，其於道也幾矣，吾如何而勿思哉！無所恥，則守無恒而行弗篤，狷者操履孤介，節之所勵，其視不善若將浼焉，所病者特其智識之未融耳，即若人而激勵之，學以廣才，而精進不已，其造道也易矣，吾安能以無意耶！嗚呼，足以見聖人不得已之心矣！

評：狂、狷、「志」「節」及「激厲」「裁抑」之以進於道處，俱確實深細，不爲影響近似之言。王遵巖時文意義風格，實無過人者。以曾治古文，故氣體尚不俗耳。

克伐怨欲不行焉　一章

唐順之

賢者以制私爲仁，聖人所以抑之也。蓋無私之謂仁，而制私不足以言之也。原憲之所問與夫子所以教原憲者，於此見之矣。今夫仁者寬裕温柔，本自無所克、伐，而不仁者矜己誇人，則有是而必行焉者也；仁者不忮不求，本自無所怨、欲，而不仁者恣情徇物，則有是而必行焉者也。憲也以狷介之資，勵堅忍之力，故能於此而不行焉。至於不遠之復，彼固有所未能；而無妄之真，彼固有所未識也。乃遂以是爲仁而問於夫子。夫子從而告之曰：人心惟無所克、伐也，一有克、伐焉，其勢不至於以私滅公不止也，於天人交戰之中而力有以防其潰，可不謂難乎，然特不行而已，是猶有克、伐在也；人心惟無所怨、欲也，一有怨、欲焉，其勢不至於以情鑿性不止也，於愛惡相攻之際而力有以遏其漸，可不謂難乎，然特不行而已，是猶有怨、欲在也。非必人欲横流而後爲此心之累，但藏蓄而不化，則已非静虚之本體矣，況檢點稍或疏焉，固有潛滋暗長而不自知者乎，以其僅未至於横流也而遽以爲仁，吾弗知也已；非必形迹暴著而後爲吾仁之病，但留滯而不釋，則已非順應之本然矣，況操持稍或弛焉，固有投間抵隙而不自知者乎，以其僅未至於暴著也而遽以爲仁，吾弗知也已。是則原憲之問，雖若過於自任，而亦見其求仁之切；夫子之答，雖若抑之，而實進之於安仁之域者也。

評：於「仁」與「四者不行」分際，體認親切，故出之甚易，而他人苦思極慮不能造也。

孟公綽 一節

王世懋

聖人評魯臣之不欲者，而以爲有能有不能焉。夫趙、魏之老，不欲者能之；而滕、薛大夫，非才莫能也。聖人以是評優劣，而魯臣之論定矣。夫子之言若曰：天下無全才，而才之有所優者類有所短。若吾魯之有孟公綽，蓋大夫之表也，然特不欲人耳。吾試評之，其優於趙、魏老，而不可爲滕、薛大夫者乎？何則？趙、魏，大國之卿也；而老，家臣之長也。非重德無以居重地，固有取於坐鎮雅俗之人；而無官守則亦無曠官，又何必於長材異能之士？卿族之尊，聚其室而聽命焉，得人如公綽者老之，廉静可風也，蓋家有老成而以不賄聞於諸侯者，由此其選矣；上卿之室，群衆宰而受成焉，有士如公綽者老之，鎮静可師也，蓋卿有家相而以不擾能安巨室者，斯人當之矣。若夫舍家老而大夫之，則才不稱德，已懼夫國事之難堪；況大夫而滕、薛焉，則力不任煩，益見其官守之弗逮。蕞爾之國，攝乎大國之間，其務何賾也，而欲觀理亂於一人之身，此寧可以廉静者當之乎，而老成之技，至此將無所施矣；一旅之衆，交於四鄰之君，其職何艱也，而欲寄安危於一人之任，此徒可以鎮静者得之乎，而家相之良，至此將無所展矣。然則爲公綽者，其亦不幸而不爲趙、魏之老以盡見其長也，其亦幸而不爲滕、薛之大夫以盡暴其短也。蓋公綽之定論如此。吁，後之官人者聞夫子之訓，慎無用違其才而使士兩失與？

原評：抑揚進退，一字不苟，偉麗處行以謹嚴。可傳之作。

一匡天下

唐順之

佐霸者有輔世之功，聖人所以取之也。甚矣，聖人取善之公也！以管仲正天下之功，而夫子稱之，其亦不没人善之意歟？自今觀之，春秋之時何時也？繻葛一戰，而天下之人不知有君臣之分；蔡師一敗，而天下之人不知有夷夏之防。天下之不正也甚矣，其孰能匡之？管仲之相桓公也，志同道合，而一以取威定霸爲己任；言聽計從，而一以招攜懷遠爲己責。慮王室之衰也，於是乎有葵丘之會焉，誓之以五命之嚴，申之以載書之信，而以下陵上者始知所懼矣；慮夷狄之横也，於是乎有召陵之師焉，連八國之援以摧其鋒，許屈完之盟以懷其德，而以裔謀夏者始知所警矣。雖曰借其名以遂其私也，而名之所以不亡者，亦其借之之功；雖曰假其義以文其奸也，而義之所以不泯者，亦其假之之力。君尊臣卑，視夫周鄭交質之際，不有間乎？内夏外夷，視夫憑陵江漢之日，不有殊乎？管仲正天下之功如此。身係天下之重，故北面請囚而不以爲恥；心存天下之圖，故忘君事讎而不以爲嫌。子貢何議其未仁耶？

評：洞悉三傳，二百四十年時勢瞭然於心，故能言之簡當如此。前輩謂不可把「一匡」説得太好，非也。下文説一匡之功，如許鄭重，可見聖人之心廣大公平。言各有當，不可以一端閡也。

君子上達

許孚遠

窮君子之所造，以循理勝也。夫理，形而上者也。君子惟理之循，其上達安可量耶？聖人意曰：人品定於趨向所從來矣。世之人孰不有超群拔類之想，而未嘗審登高行遠之途，是以達而上者之不多見於天下也。其惟君子乎？君子從道而不從欲，故能脱凡近以游於高明；從天而不從人，故能超等夷以躋乎光大。聲色貨利無牽於外，而志氣日見其清明，身居萬物之中，心超萬物之上，造詣之淵邃，衆莫得而窺之矣；知見意識無梏其靈，而義理日覺其昭著，迹與人群爲伍，道與造物者游，地位之峻絶，人莫得而幾之矣。操修在於庸行庸言，而究竟極於無聲無臭，是故自强不息，曾無止足之期；學問基於銖積寸累，而德業徵於富有日新，是故其進無窮，直躋神聖之域。由君子觀之，若無若虚，固終身無上人之意，而品邁流俗，行表人倫，則上達必歸諸君子；由斯道觀之，彌高彌深，雖上智無息肩之所，而舉之必勝，行之必至，則上達非君子不能。千里之行，始於跬步，九層之臺，基於壘土，吾於君子乎見之。非君子則小人，不上達則下達，理欲敬肆之間而已矣。

評：遇此等題，不肯靠實發揮，每求深而反淺。此文品質不甚高峻，而於「上達」本末原流，實能疏發曉亮。

以直報怨　二句

錢有威

聖人酌怨、德之報，惟其稱而已矣。蓋報施之道，不容以任情也，怨以直報，而德必以德報之，又焉有不得其稱者哉？夫子示或人之意，若曰：天下有不齊之遇，而君子有平施之心。子欲以德而報怨，不惟失報怨之平，而德亦將難其報矣。自我言之，人之有怨於我者，我雖無復之之意，而事之相加亦報也。使蓄怨而故爲之薄，固不可以爲直；雖遠嫌而故爲之厚，亦豈所以爲直乎？故夫報怨者亦惟大公以廓其度，而事之未至，初無作好作惡之心；順應以普其施，而事之既至，莫非公是公非之道。苟其可愛，從而愛之，非其可愛，則固未嘗不憎也；苟其可取，從而取之，非其可取，則固未嘗不舍也。直道而行，若彼素無怨於我而我素不知其爲怨者矣。要之，怨有不容於不報者，吾秉義而行之，亦不害其爲直也。夫怨而報之以直，已不失爲厚矣，又奚必以德哉！惟夫人之有德於我者，彼雖無望報之心，而我之自處不容於不報也。使以怨而報焉，則固刑戮之民矣；雖以直而報之，亦豈輕重之等乎？故夫報德者仁以存心，而有德者不忍忘；禮以處人，而先施者不忍悖。如其可愛，固得以遂吾心矣，即不然，苟可以曲全其恩者，何不用焉？如其可取，固得以用吾厚矣，不然，苟可以曲行其惠者，何不爲焉？是雖一人之私情，而實天下之公理矣。要之，德有不容於不報者，吾雖過厚以遇之，猶恐莫稱其德也。夫德而報之以德，則在我者始得其平矣，豈可加之於怨哉？是知直以報怨，義之公也，而亦未始非仁；德以報德，仁之厚也，而亦未始非義。仁至義盡，此報施之道所以爲得，而或人之言多見其偏矣。

評：於題之中邊前後，無處不徹，更極轉側斡補之妙。

顔淵問爲邦　樂則韶舞

歸有光

聖人告大賢之問，亦以禮樂治天下而已。夫虞、夏、商、周，天下之盛王也，其爲禮樂可知矣，聖人之所以治天下，宜其有取於此與？昔顔子問爲邦而夫子告之，以爲：天下之治皆本於一人之心，苟非建中和之極，則法制之所驅率者亦末也。惟四代之禮樂可稽已，是故治曆明時，聖人所以奉若天也。自三王迭興而三統備焉，殷之建丑，月窮而星回，制非不善也；周之建子，剥盡而復返，義非不精也。孰與夫人紀之建，所以終天地之功？吾得夏時焉，以坐明堂，以班正朔，無非後天而奉天，蓋巍巍乎神禹文命之敷矣。至於文質異尚，三王之道若循環。然商質尚矣，而吾不純用夫質也，用其質之中者，而輅其在所乘乎，蓋以渾堅之體而無雕幾之失，視金輅之重、玉輅之靡爲太過焉，於以具王者之法駕，以備巡狩而事臨幸，蓋渾渾乎成湯之建極也；周之政文矣，而吾不純用夫文也，用其文之中者，而冕其在所服乎，蓋以玉藻之度而稱龍卷之儀，視夏后氏之收、殷人之冔爲不及焉，於以具王者之法服，以事天地而享鬼神，煌煌乎文、武、成、康極文之世也。至於樂者，中聲之所止、陶冶人心於太和者也，則虞舜爲不可及已，九韶之舞，吾其象之。大樂與天地同和，而聲容一仿於虞廷之盛，真若有以揖讓於群后之間，而親見夫百獸之舞。是又軼三代而進之矣。是知奉天而備商周之法物，端冕而聽有虞氏之遺音，内寔根於精神心術之微，而外有以兼夫禮樂法度之備。夫子所以綜百王而垂萬世之法者寔在於此，非顔子，其孰得而聞之？

評：和平之音淡薄，歡愉之詞難工，昌黎猶爲文士言之也。試誦周召歌雅，當自悔其失言矣。此等文亦當以是求之。

貴重華美，如陳夏商間法物，其於禮樂亦彬彬矣。

事君敬其事而後其食

瞿景淳　墨

聖人論人臣之義，惟務自盡而不求其利也。夫爲禄而仕，非所以事君也。事求自盡，而禄有不計焉。夫子之言，所以立人臣之防也。蓋曰：君之使臣也，固以厚下爲深仁；而臣之事君也，則惟以奉公爲大節。人惟不明乎分義，而臣節始微矣。以予觀之，臣之事君，自一命而上，孰不有事之當爲者乎？是事也，所以熙帝之載也，存乎臣者也。亦孰不有食之當得者乎？是食也，所以恤臣之私也，存乎君者也。是必明乎内外之分，而可貞之守每定於立朝之初；嚴乎義利之辨，而匪躬之節恒勵於策名之日。小而爲服采之臣也，其事雖小，亦必有難盡者，則必思任使之未稱，而精白以承之，翼翼焉惟懼事之或忝而已矣；大而爲服休之臣也，其事愈大，尤必有難盡者，則必思付託之未效，而嚴恪以圖之，兢兢焉惟恐事之或曠而已矣。上之求不負吾君也，而非求以自利也，雖曰君之詔禄因吾事以上下，然吾懼食之浮於人，而不懼人之浮於食，則亦靖共爾位可矣，而他又何知焉？下之求不負所學也，而非求以肥家也，雖曰君之制食視吾事之繁簡，然吾方以素飡爲恥，而不以得禄爲幸，則亦無曠庶官足矣，而他又何計焉？使事之不敬而惟食之急焉，則其事君也亦懷利以事之而已矣，臣道幾何而不亡也。吁，夫子言此，所以勵天下之臣節者亦嚴矣哉！

評：未離化治矩矱，而易方爲圓，漸爲談機法者導夫先路矣。然於揣摩科舉文字中較短絜長，則其功候已到。

邦君之妻　一節

周思兼

聖人定名分於諸侯之夫人，所以大爲之防也。夫名之不正，未有不瀆其倫者。此夫人之稱，夫子之所甚嚴也。今夫禮也者，所以立天下之大防；名也者，所以定天下之大分。名分之炳於天下者，夫人能知之，而當世之所未講者，邦君之妻之稱也。夫邦君之妻一也，而或稱於君，或稱於夫人，或稱於邦人，或稱於異邦，或邦人、異邦之相稱，其名不可以例論也。是故君之所稱，稱曰夫人，曷爲而稱夫人？謂其可以理陰教也，謂其可以章婦順也，尊夫人所以尊國家也。夫人之自稱，稱曰小童，曷爲而稱小童？明其無知也，明其不敢與君齊也，卑其名所以尊其君也。邦人之稱，稱曰君夫人，曷爲而繫君於夫人也？君也，夫人也，其尊同也，尊之不可以二也。稱諸異邦之稱，稱曰寡小君，曷爲而稱寡小君也？爲夫人謙言之也，爲君謙言之也，爲國家謙言之也，謙之者亦所以尊夫人也。異邦人之稱，稱曰君夫人，曷爲而亦稱君夫人也？尊其夫人，所以尊吾君之夫人也，尊異邦之君，所以尊吾君也。是故邦君不得而貶其名，夫人不得而崇其號，邦人不得而隆其稱，異邦不得而抑其爵。天下之大名分、大綱常，而非人之所能加損於其間也。是故邦君而不稱之與君齊也則替，夫人而不自抑也則僭，邦人而不尊之也則慢，稱諸異邦而不謙也則誇，異邦人而不尊之也則辱。天下之名分自此而紊，天下之大禮自此而褻，而相瀆之禍將相尋於天下矣。

評：名構老格，相因以熟，自不得不思變易。前作摠挈，後作摠收，行之以排叠，運之以英偉。頓覺耳目改觀，亦漸開隆萬風氣矣。

性相近也 一節

歸有光

聖人之論性，必原其初而稽其所以異也。夫性之在人，未始甚異也。異生於習，而末流之弊然耳，豈可以之誣性耶？聖人欲天下之慎其習也。且夫天下之人品不可以概論也，以其相去之遠而皆諉於性之故，其誣性也亦甚矣。殊不知性者，人之所受於天者也，自其性而言之，有氣稟不齊之等，而未接乎事物無窮之變。惟皇上帝，所以鼓舞於大化之權而與之以保合之道者，兼覆而不私，則亦曲成而不偏，而陶冶之下，固不甚區别於其間。雖理之所在不能不乘乎氣以行，而天地之正性常墮於氣之中者，固其勢之不一也；然氣之所在未逐於物之累，而真精之妙合尚混於氣之中者，亦其勢之未漓也。故清而厚者可以謂之質之美，而未可必其爲智而爲賢；薄而濁者可以謂之質之惡，而未可必其爲愚而爲不肖。蓋人爲之功未見，則天地之功未成；而濟惡之迹未著，亦不可懸定以不才之名。而賢不肖混混焉者，君子可以觀其初矣。至於習者，人之所以移其天者也，自其習而言之，以其氣稟不齊之等，而接乎事物無窮之變。衆庶馮生，所以交騖於酬酢之紛而沿之以習尚之異者，殊途而百出，則亦貞勝而不已，而末流之所至，固不能挽而回之。有率其性之所近者，休養滋息而遂至於不可勝用；有反其性之所有者，矯克變易而莫測其所歸。故厚而清者可至於聖，亦或罔念而至於狂；薄而濁者可至於愚，亦或克念而至於聖。蓋人爲之功既見，則天地之功亦終；而違離之行既彰，斯自致於悖德之地。而賢不肖遼絶焉者，君子可以觀其終矣。是知人品之異在習而不在性，則知謹修之功在人而不在天。諉諸天而不知自盡，此天下之所以迷於習而不自返、遷流正性而失厥中也久矣。

評：沈潛儒先訓義，積之深醇而出之顯易。然非浩氣充溢，則亦不能若是之揮斥如志也。

謹權量 三句

茅坤

聖王歷舉夫經始之政，而大一統之治者可見矣。蓋權量也，法度也，廢官也，天子所以待天下之治者也。於斯三者而能舉之，王政其四達矣乎。若曰：大哉，武王之革命乎！夫既當天造草昧之初，則必善與時消息之政，豈特散財誓師之可見者而已哉？彼權量者，王者所以一財貨於衆，以前民用者也。商紂以來，上爲之厚斂，下爲之牟利，俗之在天下也日以僞，而不得其平者衆矣。武王時則從而謹之：權誠懸，而財貨之決於衡石者不得以私輕重也；量誠懸，而粟米之登於釜庾者不得以私多寡也。斯則耳目以一，出入以均，而向之誣上行私以相折閱者無有矣，權量其謹矣乎！法度者，王者所以懸象魏於上，以聽民治者也。商紂以來，君驕而敗度，臣胥而背公，法之在天下也日以削，而不得其理者衆矣。武王則從而審之：觀風於上而損益於古今焉，變禮易樂者不得逞也；問俗於下而調劑其命令焉，壞常變紀者無所售也。斯則正之朝廷，宣之邦國，而向之侵凌倍畔以相逾佚者無有矣，法度其審矣乎！以至庶官者，體國經野、設官分職以立民極者也。商紂以來，剥喪元良，賊虐在位，官之在天下也日以廢，而不得其職者有矣。武王則從而修之：爲之設其參而傅其伍，古之因事以衆建天下之官者，至此皆循職而責其成也；爲之陳其殷而置其輔，古之設官以均任民生之治者，至此皆按牒而行其叙也。斯則有其舉之莫敢廢焉，而向之失職離次以隳王度者無有矣，廢官其修矣乎！以謹權量則泉貨流，以審法度則典章飭，以修廢官則殘缺舉。予故觀於是而知周之所由興也。

評：鹿門之文，一氣旋轉，輕清流逸，但少沈實堅峭處，後學難於摹擬。此種非其本色，而自謂大方之文，與俗眼迥别，其實乃順時而衆所易曉也。

欽定正嘉四書文卷四　中庸

修道之謂教　致中和

陸樹聲

論道成於教，君子體而純之也。夫聖人修道，亦以不可離者教天下也，然非能純其功，何以不離道哉？且道裁於聖心而其原根於人心，以心論道，則不離寂感，不離性情，此在由教入道者純其心而已矣。自教之未立，而道始不明於天下；自聖人有教，而道始昭然於人心。顧道何以修也？謂其原無偏倚，原無乖戾，而修之以建中和之極也；教何以設也？恐人離道於靜，離道於動，而教之以成中和之德也。然則道安可離哉？我觀形聲未起之先，以及於意念乍萌之始，一瞬息間，夫非道機之運乎，則道固非可以須臾離者；君子密之覩聞之未交，而又謹隱微之獨覺，一瞬息間，夫非體道之時乎，則其修道也又何敢以須臾離者？借曰道而可離，此必無與於吾之性情而後可，乃吾心之喜怒哀樂非道乎？此道就存、發而論，是受中也，是太和也，何嘗須臾不存於性情？分體、用而論，是大本也，是達道也，何嘗須臾不通於寂感？故君子戒懼慎獨以修之也，誠不離之也，而未純也，必也致中乎，必也致和乎？戒懼慎獨，修而益純，而靜與動之無間；偏倚乖戾，化而不有，而命與性之俱全。夫然後不離道於覩聞之先，而聖人教之以主静者始無負矣；夫然後不離道於隱微之境，而聖人教人以慎動者始無負矣。然則所謂修道者，亦修其不可離者耶？

原評：前後將首句與末句相串，即攝入中三節在内。中間以「道不可離」作線，既能擒定題位，又能聯合題緒。

評：題雖割截，而道理語氣本自平正。文之鈎勒貫穿，已近隆萬間蹊徑，存此以示文章隨世而變，必有其漸也。

道也者 二節

瞿景淳

中庸言道不可離，而因示人以體道之全功也。夫道，貫動静而一之者也，静知所存而動不知察焉，亦難免乎離道矣，豈所以爲體道之全功哉？子思蓋曰：道原於天而具於人，則盡人以合天者，人之責也。而人多忽焉者，豈其無見於道乎？今夫道之在人，斂之一心，則爲存主之實；達之萬變，則極充周之神。無物而不有也，無時而不然也，蓋有不可須臾離者焉，使其可離，則亦外物之不能爲有無，而非所以謂之道矣。君子蓋知道之不可離，而所以存其天者，則存乎此心之一也。雖不覩矣，而亦戒慎焉，此心之常明常覺者，蓋將内視以爲明，而忘其無所覩也；雖不聞矣，而亦恐懼焉，此心之常清常静者，蓋將返聽以爲聰，而忘其無所聞也。退藏密而一物之不容，緝熙至而一息之匪懈。蓋自天人之幾未判，而吾所以存之者已無不至矣，使必待於耳目之交而後謹之，則失之或疏，而安保其無須臾之離哉？然猶未也。道貫動静，而人心之始動，則道之離合所由分者也。人嘗以其隱而忽之矣，而自知之明無隱不燭，則見孰甚焉？人嘗以其微而忽之矣，而自知之明無微不察，則顯孰加焉？善吾知也，不善吾知也，蓋不可以隱微而忽焉者，使其可忽，則吾心之神明有可欺，而非所以語夫幾矣。君子蓋知幾之不可掩，而所以察其幾者，則存乎此心之精也。既嘗戒慎矣，而於此又加慎焉，防乎其防而謹於己之所獨覩者，蓋甚於人之所共覩也；既嘗恐懼矣，而於此又加懼焉，惕乎其惕而謹於己之所獨聞者，蓋甚於人之所共聞也。危微之辨識之必早，而悔吝之介反之必力。蓋自天人之幾始判，而吾所以察之者已無不力矣，使必待其事爲之著而後圖之，則失之或晚，而寧免於離道之遠哉？吁！知所存矣，而繼之以省察，則益精；知所察矣，而先之以存養，則益密。此君子心學之要，所以會道之全者與？

原評：八股至此，綿密已極，過此不可復加，故遂流而日下也。長至五六百字而不可增減，可以知其體認之精、敦琢之純矣。

評：「戒慎」「恐懼」是兼覩、聞時説，「隱」「微」是揭出幾之初動説。體道之全，在一以守之，省幾之要，在精以察之。以經注經，後有作者，莫之或易。

喜怒哀樂之未發　二節

歸有光

中庸論人心體用之妙，而推之以極功化之隆也。夫人之所爲心者，性情而已，而天下之道在是焉。則功化之隆，孰謂不由此以致之哉？君子是以知心之爲大而道之不可離也。且夫世之論道者，多求之廣博泛濫之地，而不知夫反己致約之功，取之吾心而足也。何則？喜怒哀樂，此匹夫匹婦之所同，而夫人之所必有者也，道初不外是矣。故自其未發也，外之所以感於吾者不至，而中之所以應於外者未萌，時則幾藏於密，而鑒空衡平之體立於無感無形之先，初未嘗有倚於事物之偏者，而謂之中焉；自其已發也，外之所以感於吾者既至，而中之所以應乎外者遂形，時則機動於有，而物來順應之際得夫揆事宰物之宜，初未嘗或戾其性命之正，而謂之和焉。惟中也，則處於不偏之地而至虛，以待天下之實，沖漠無朕之中而萬象畢具，取之不竭，用之不窮，淵乎天下之大本也；惟和也，則循其大道之公而至正，以通天下之志，事物無窮之變而一理以貞，放之四海，推之萬世，坦乎天下之達道也。觀於其大本，可以見性之無所不該而萬事萬化之所出矣；觀於其達道，可以見情之無所不通而萬事萬化之所行矣。人惟自失其本然之正，斯有以閼其功用之全。夫苟自戒懼而約之，致吾之所謂中者，非有加也，養其性使不至於鑿而已；自謹獨而精之，致吾之所謂和者，非有外也，約其情使不至於濶而已。中既無所不盡，由之可以昭格於宇宙，而淵默之所潛乎天地，亦此中也，自有以順其紀而成其範圍之功，而覆載生成，不失其常，是大本之所包涵者固如此也；和既無所不盡，由之可以丕冒乎群生，而忻懽之所變通萬物，亦此和也，自有以若其生而普其曲成之化，而跂行喙息，各得其所，是達道之所充塞者固如此也。是知莫大於位天地、育萬物，而不外乎喜怒哀樂已發、未發之間。功如此其約也，效如此其大也。君子之求道，果在於遠也乎？而可以須臾離乎？

評：看得宋五子書融洽貫串，故縱筆書之，有水銀瀉地、無竅不入之妙。惟「致」字功夫尚未寫出全身耳。

舜其大知也與 一節

歸有光

中庸論聖人之所以爲大智者，以其能公天下之善而已。夫善在天下而不憚於取之，則合天下以成其智矣，兹其所以爲智之大，而斯道之行亦與有賴焉者也。且夫道之不行也，小智者隘之也；道之行也，大智者廓之也。古有聰明四達而不牿於聞見之心，明哲無疆而同運於天下之大者，得之有虞氏焉。蓋常人以己之智爲智，則拘而有所不及；聖人以天下之智爲智，斯大而無所不通。故濬哲之資，不敢自謂曰予聖，諮詢之忱，汲汲於當宁，而屈體以下問，皆出於延訪之虛懷；都俞之餘，不敢自謂其已足，體察之勤，惓惓於邇言，而博采之所及，不遺於芻蕘之至賤。至於言之惡而悖於吾心者，吾不能枉天下之非，而亦無樂於暴揚其所短；言之善而當於吾心者，吾不能枉天下之是，而尤喜於宣播其所長。是又於問察之外，有以見其廣大光明之度。聖人固無意而爲之，然所以使天下敢言而不憚、樂告而無隱者，亦於斯焉在矣。至是而天下之人無隱情，而天下之中無遺用。觀其會通，而兩端之執，精以擇之；行其典禮，而用中之極，一以守之。凡所以辨其孰爲過、孰爲不及而孰爲中，犁然於聖人之心而沛然於天下之故者，皆自夫人有以啓之也。於此可見舜之所以爲舜者，非有絶德卓行以立於天下之所異，實能合併爲公以得於天下之所同。光天之下，至於海隅蒼生，莫非有虞氏之智也，兹其所以爲大也歟？苟爲自廣狹人，而欲以一己之見格天下者，其愚孰甚焉？

評：不創奇格，循題寫去，而法度之變化因之。文境清粹澹逸，稿中上乘。

素隱行怪 一章

唐順之

論中庸之難能，而惟聖人爲能盡之也。甚矣，至道之難也。或失則高，或失則止，而中庸之道鮮矣，此其所以非聖人不能也與？夫子之意蓋曰：天下之道，貞夫一而已矣，而學道者何其多歧矣乎？是故中庸之道，易知而簡能者也，其或窮隱僻以爲知，務詭異以爲行，此則好爲苟難者之事，未必不有述於後世矣，吾寧無所成名也，而豈爲是哉？中庸之道，恒久而不已者也，其或知所擇矣而限於期月之守，得一善也而苦於服膺之難，此則力不足者之事，未必不遂棄其前功矣，吾惟學之不厭也，而豈能已哉？夫素隱行怪者，遂自以爲能人之所不能，而中庸之不可能者，則未之能依也；遵道而廢於半途者，雖無必求人知之心，而人不見知，則未必不悔焉而自阻也。是二者或始於擇術之不審，或病於信道之不篤，而於道均失之矣，君子豈其然乎？知不求之隱也，行不求之怪也，則固不期述於後也，而亦或不見知於當世矣；知吾知也，行吾行也，則固自信乎其心也，而一無所悔於其外者矣。若此者，蓋其天聰明之盡也，故似是之非自不能惑；盡性命之極也，故至誠之運自不容息。而勇又非所論矣。非聖人而能之乎？夫聖則吾豈敢也，然不敢不以是爲則而自勉也。

評：立定末節作案，做上二節處處對針；末節做末節，處處抱緊上文。措意遣辭，如天降地出，一字不可增減。

夫婦之愚 八句

諸　燮

體物而不盡於物，君子之道之費也。蓋道之費者，隱之爲也。夫婦有在，而聖人有所不在焉，其斯以爲費而隱乎？且造化以顯仁而涵藏用之機，君子由體道而合盡性之妙。故觀於費也，而道之隱也可知矣。彼見天下之道存乎知。夫婦有知，聖人亦有知也，自局於明者觀之，孰不曰聖人之知非夫婦所與知也，然而良知之本體，則無分於聖愚焉。何思何慮之地，具明覺之真機而不假於外求；不識不知之中，涵明通之妙用而非由於外鑠。蓋夫婦之愚有可與知者矣，乃若充夫婦之所知以至於無所不知，宜若聖人之易事也。然而遠近異迹，而耳目所逮或限於聞見之未周；古今異時，而載籍所稽或苦於文獻之未備。則聖人亦有所不知焉。是則夫婦之所知者，各具之明也；聖人之所不知者，全體之智也。惟其各具也，夫婦之所以同於聖人；惟其全體也，道之所以不盡於聖人也。知至聖人而猶不足以盡道，則天下無全知，而斯道之妙，蓋有超乎知識之外者矣。道之費也，而可以知盡哉？體天下之道存乎行。夫婦有行，聖人亦有行也，自限於力者觀之，孰不曰聖人之能非夫婦所與能也，然而良能之本體，初無間於物我焉。利用以出入者，雖精微之未究而不失夫順應之常；日用以終身者，雖習察之未能而無適非天理之懿。蓋夫婦之不肖有可與能者矣，乃若充夫婦之所能以至於無所不能，宜若聖人之能事也。然或分有所制，則雖有受命之德而終無以成格天之功；勢有所阻，則雖有兼濟之心而終無以弘博施之澤。則聖人亦有所不能也。是則夫婦之所能者，本原之同也；聖人之所不能者，大用之備也。惟其同也，可以責道於夫婦；惟其備也，不可以責備於聖人也。行至聖人而猶不足以盡道，則天下無全能，而斯道之神，蓋有出於形器之表者矣。道之費也，而可以行盡哉？

原評：極其宏博，而一語不可删，所謂滿發而溢流，與浮掇灝氣者自别。

評：體方而義備，不復效先輩之含蓄，已開胡思泉蹊徑。

雖聖人亦有所不知焉

歸有光

以聖人而有遺知，可以見道之費也。夫以聖人無所不知，而猶有遺知焉，則道又出於聖人之外矣，道不既費矣乎？何則？語道而至於夫婦之所能知，宜天下人人皆知之也，而又有聖人之所不知者，何哉？蓋無不知者，聖人之心也，故聖人以心冒天下之道，於是乎道不能勝；聖人有不知者，聖人之勢也，故道常包於聖人之外，於是乎聖人不能勝道。聰明緣耳目而有也，苟不著於耳目，則聰明將無所寄，雖窮神者或病於兼照之有遺；睿智由心思而得也，苟不涉於心思，則睿智將無所通，雖達化者尚阻於周知之不逮。東海有聖人出焉，此心同，此理同也；西海有聖人出焉，此心同，此理同也。其所知者此耳，至於宇宙之寥廓，豈能一一盡履其地而窮其變態之賾？千百世之上有聖人出焉，此心此理無不同也；千百世之下有聖人出焉，此心此理無不同也。其所知者此耳，至於古今之遼邈，豈能一一盡當其時而得其損益之故？我觀夏道，杞不足徵也；我觀商道，宋不足徵也。非不能徵也，勢也，聖人亦無如之何也。六合之外，存而不論也；六合之內，論而不議也。非不能議也，勢也，聖人亦無如之何也。蓋自聖人觀之，其所不知者，其不必知者也，其不必知者，無傷於聖人之知也，而天下不得以聖人病道；自道觀之，聖人之知者，道固在也，聖人之不知者，道又在也，而天下始得以道病聖人。故曰聖人而有遺知者，可以見道之大也。

評：從聖人無所不知處講到不知，既不貶損聖人，而道之費處益顯，並題中「有所」字虛神亦透。

無憂者 一章

張　元

中庸歷舉三聖之事，見其盡中庸之道也。甚矣，惟聖人爲能盡道也。由文王所處之盛，而教化大行於武、周，孰非道之所在哉？中庸之意，謂夫：盛哉，有周之興也！世歷二代，人更三聖，而治道備矣。試以文王言之，自古帝王，以身而任天下之重，則必以心而勞天下之事，未有無憂者也；乃若由氣化而符人事，享成功而全盛德，無憂者其惟文王乎？蓋其以王季爲父，則其勤王家而作之於前，是文王之所當爲者，王季固先爲之也；以武王爲子，則丕承武烈而述之於後，是文王之所未爲者，武王固必爲之也。仰成而無俟於紛更，垂裕而不必於躬攬。斯則文王之無憂者，時則爲之也，而其盡道可知矣。由文王而武王，以太王、王季也者，周道之所由興也，因其緒而纘之。功成於殷命之革，名全於殘賊之取。履帝位而有天下，崇高莫大乎富貴；饗先王而啓後人，敬愛兼及乎尊親。此則大統之既集而諸福之畢備，皆武王之事也，而非武王之所自爲也。要惟其緒之所自耳，而其所以能纘之者，非盡道而然乎？由武王而周公，以禮法也者，文王之所有志而未逮者也，因其德而成之。近之則太王、王季有隆名之加，遠之則先公有大享之典。又制夫葬祭也，而慈父孝子之心始安；又制夫喪服也，而親親貴貴之義並行。此則志意之推廣而上下之各得，皆周公之事也，而非周公之所自爲也。要惟其德之所自耳，而其所以能成之者，非盡道而然乎？是則非文王則無以應運而興，以當無憂之會；非武王則累世之勳未就，文王猶有憂也；非周公則文明之治不宣，亦以重文王之憂也。三聖人者相繼而作，周欲弗興，得乎？

步也。

評：握定「盡中庸之道」，按部選義，周密無遺，而時以精言綰括，非貪常嗜瑣者所能學步也。

武王纘太王 二節

唐順之

中庸詳二聖之事，有得征伐之時者，有得制作之時者。蓋道以得時爲中也，武王之征伐，周公之制作，一以時而已矣，夫豈無忌憚者哉？中庸引孔子之言，明費隱之義，至此謂夫武王、周公之作也，以事觀之則爲非常之變，以道觀之則爲庸行之常。何則？征伐，天子之大柄也。然武王之時，殷且亡，周且昌，使區區守此，則三后之業自我而隳，萬方之罪自我而任，仁人固如是乎？不得已而從事於征伐焉。載旆秉鉞而天討以行，弔民罰罪而獨夫以誅，應天順人而顯名以遂。是上帝寵之，使尊惟一人而右序莫加，富有四海而萬物畢獻，有商之命已革也；皇天眷之，使享有七廟而宗祧綿長，祚垂百世而本支盤固，祚周之命已成也。是則武王之征伐以時如此，豈非中庸之道乎？制作，天子之大權也。然周公之時，武王崩，成王幼，使區區守此，則二后之德自我而斬，一代之治自我而陋，仁人固如是乎？不得已而有事於制作焉。追王之禮及於古公，上祀之禮及於后稷，義起之禮及於天下。以爲從死而不從生，夏、商葬祭之禮未善也，必其喪從死者，祭從生者，使父葬於子不論子爵而論父，子祭其父不論父爵而論子，則禮無或僭而情無不通矣；降親而不降貴，夏、商喪服之禮未善也，必其親不敵貴、貴不敵親，使期年之喪自庶人而達於大夫，三年之喪自庶人而達乎天子，則貴有降殺而賤不加隆矣。是則周公之制作以時如此，獨非中庸之道乎？吁！因時之可爲而大有所爲，此武、周所以同一道與？

原評：才思豪蕩，氣魄磊落，在稿中又另是一樣文字。

評：相題既真，故縱筆所投，無不合節。其提掇眼目，皆本古文法脉，而運以堅勁之骨、雄鋭之氣，讀之可開拓心胸，增長智識。

周公成文武之德　及士庶人

茅　坤

聖人以世德親其親而及人之親焉。蓋制禮以治天下者，先王之志也，聖人尊親而措諸四海焉，非所以成世德矣乎？中庸述周公之制作，以明道之費隱。若曰：德莫大乎孝，孝莫大乎尊親。是故文王從殷而不革者，分也；武王受命而不爲者，時也。使其尚在，有不以尊尊親親爲周道者乎？是故周公仰二后之在天，而適成夫配京之業；因革命以定禮，而作述夫世德之隆。尊古公曰太王，尊季歷曰王季，而廟中之禮奉之以王爵焉，蓋推文武之意，自仁率親矣；祀后稷於太廟，祀群公於夾室，而宗公之祀歆之以王禮焉，蓋推太王、王季之意，自義率祖矣。然此特行之王國耳。祖以及祖而尊同，宗以及宗而敬同，其能以獨親其親乎？於是類而推之，達乎諸侯焉，使其有是心也，則有是禮也，降自天子，而天下無不行禮之國矣；達乎大夫焉，使其有是心也，則有是禮也，降自諸侯，而天下無不行禮之家矣；及士庶人焉，使其有是心也，則有是禮也，降自大夫，而天下無不行禮之人矣。惟其位之崇卑，而使之皆得因親以致愛；隨其分之大小，而不至以法而廢恩。此之謂聖人因心廣教也。是知追崇其先祖者，子道之盡也；下達乎庶人者，君道之立也。其始也，體文武以孝事先人之意；其繼也，廣文武以孝治天下之心。善繼善述，於兹見矣。

原評：博大整飭中，風神自見。

評：鹿門深得古文疏逸處，涉筆便爾灑然，如此典重題，落落寫意，已領其體要。

周公成文武之德　及士庶人

歸有光

聖人制禮於天下，緣諸人情也。夫禮者，人情而已，禮不行則情不遂，聖人所以曲爲之制也歟？今夫匡世善俗、制禮作樂，道之行也，成文武之德者，周公其時矣。周公運量天下之心，無所不至；而根本節目之大，尤先於孝。是故上爲君思之，下爲民思之。我爲天子矣，而使其親不得享天下一日之養；我爲天子而得以自遂矣，而使天下常有存歿無窮之憾：思之於心，必有大不安者。心之不安，禮之所由起也。於是以祖宗之心爲己之心，王號之崇、王祀之隆，近者備物而遠者亦不失九鼎之榮，勢有所窮而心固無所隔也；又以己之心爲天下之心，祭祀之制、喪服之式，尊者致隆而卑者亦得罄其一日之情，分有所限而心固無所不盡也。蓋天子躬行於上，而六服承式於下。廟貌之新，隱然仁人孝子之意；而律令之著，油然慎終追遠之心。可謂極天理人情之至，而會本末源流於一矣。此周公制禮之本也，此聖人得志於時者之所爲也。

評：古氣磅礴，光焰萬丈。只是於聖人制作精意，實能探其原本，故任筆抒寫，以我馭題。此歸震川之絶調也。

春秋修其祖廟 一節

傅夏器

聖人之於祭也，因時而爲之制，可以見繼述之大也。夫祭以交神，禮之大節也，聖人順天之時而事無不盡，不亦見其繼述之善耶？中庸若曰：聖人之孝，通於神明之德，而見於神明之交。欲知聖人之孝，於祭祀觀其深矣。夫祭之數而煩者，不敬也；疏而怠者，不仁也。聖人稽之天時，質之吾心，而禮制行焉。方其春也，怵惕之心感於雨露之濡，而有禘祭以迎其來焉；及其秋也，悽愴之心感於霜露之降，而有嘗祭以送其往焉。祭以時而行，事以情而盡。祖廟所以本仁崇祀之地也，欲以妥靈爽，而可不修乎？是故太廟有常尊，世室有常主，奠麗於左昭右穆之位，以奉神靈之統者，皆小宗伯職之也。廟貌之不易，藉以爲新；祖考之精神，萃之有地。蓋思其所居，而陟降之心慰矣。宗器所以尊德世守之寶也，欲以示子孫，而可不陳乎？是故河圖在東序，大訓在西序，參錯於天球弘璧之間，以爲有國之光者，皆天府職之也。先德之致，昭其不朽；世澤之新，保以永存。蓋思其所寶，而善守之義彰矣。至若衣裳者，先王嘗垂之以治天下矣，神之所憑依，將不在是乎？是故於其祭也，立尸以象神，則出遺衣以授之。假有形之物，寓精英之有在，本一氣之通，儼音容之如見。觀於守祧之所司者，可知矣。時食者，先王嘗用之以享萬方矣，神之所歆享，將不在兹乎？是故於其祭也，隨時以爲享，則辨其物而薦之。將以明德之馨，見民力之普存，取諸天地之産，昭四時之不害。觀夫庖人之所司者，可知已。因天道不已之變，而制爲禘、嘗之禮；本諸吾心不容已之誠，而修夫追祭之儀。武王、周公制禮之善如此，其斯以爲善繼善述乎？

評：情文該洽，蔚然茂美。前此多拙樸，太過即涉浮靡，斯爲雅宗矣。

「敬」字及「禘、嘗、昭、穆」等，犯字不犯意，前人不避也。

宗廟之禮 二句

傅夏器

觀聖人制禮以明倫，親親之義見矣。夫昭穆之序不明，倫之所由淆也。聖人宗廟之禮明乎是耳，親親之義不可以見乎哉？中庸舉武、周之制作以明費隱，若曰：天秩有禮，所以廣孝也，所以合族也，此義弗明而彝倫攸斁，是故先王宗廟之禮於是乎起焉。夫宗廟之禮，合群廟之主而祀之，於三年則合群廟之子孫而從之於宗廟也。翼翼廟貌，左右列矣，而駿奔於其間者，由之以奠位，彼此不得以相淆；赫赫神靈，南北分矣，而祼將於其間者，循之以爲規，次序不容以或紊。是以謂宗廟之禮。然而其義何如耶？蓋以族繁則易亂，世遠則易疏。要其始也，分乖於統之不定，昭混於穆，穆混於昭，而天親既亂於人爲；故其終也，情拂於分之不明，昭加於穆，穆加於昭，而天性遂喪於物感。兹所謂宗廟之禮者，明準於幽，而後世嗣相傳有所考而不亂，列乎左者吾知其爲昭也，列乎右者吾知其爲穆也；人準於神，而後族屬相維有所别而不淆，昭與昭齒不亂之於穆也，穆與穆齒不亂之於昭也。廟正於上，族屬於下，而倫理由之以明；宗昭於上，情洽於下，而恩義由之以篤。先王制宗廟之禮，其逮子孫也如是哉？吁，原宗廟之起，本於治神，而尊尊之道章；究宗廟之禮，可以治人，而親親之義顯。盡制以盡倫，其斯以爲聖人之制作乎？

原評：他人多從祭禮昭穆制度上立論，此獨專就親親明倫之義重發，蓋本之禮記大傳。

評：典制題不難於有根據，難於開闡舊聞而自出精意。此文得之。

郊社之禮 一節

歸有光

聖人制一代之祀典，而通其義者達於天下無難也。夫天下之治不易言也，而自饗帝饗親者以達之，其精也，非聖人莫之能爲矣。中庸論武王、周公之道而贊之如此，若曰：大哉，聖人之制乎！顯之而爲儀文之備，至著之象也，天下之所可得而見也；涵之而爲性命之原，至微之理也，天下之所不可得而知也。是故兩郊之建，有所謂郊而有所謂社，聖人之爲斯禮者，固以爲天覆地載，吾成位乎其中，而思所以事之，冬日至於地上之圜丘以兆陽位，夏日至於澤中之方澤以兆陰位，我將我享，所以隆昭事之誠也；七世之廟，或事於禘而或事於嘗，聖人之爲斯禮者，固以爲祖功宗德，吾承藉於其後，而思所以事之，五年一禘而殷禮之肇稱，四時一嘗而春秋之匪懈，致愛致慤，凡以盡對越之忱也。夫郊社而曰事上帝，則以吾之所以爲人者合於其所以爲天，而其禮必有以出於燔柴瘞埋之外；宗廟而曰祀乎其先，則以吾之所以爲明者合於其所以爲幽，而其義必有以超於裸獻饋食之表。故明其禮者，則吾之心即聖人享帝之心，自此以得乎運量宇宙之機，窮神知化，通乎禮樂，上帝居歆者此心也，黎民於變者亦此心也，皇極敷錫而相協億兆之居，不勞顧指而可致矣；明其義者，則吾之心即聖人享親之心，自此以得乎經綸天下之具，盡性至命，本於孝悌，祖考來格者此心也，群后德讓者亦此心也，帝道可舉而邁登三五之治，不動聲色而自裕矣。要之，以聖人之心思而弘爲一代之制，故達一制之原而會本末源流於一者如此。噫，非天下之至精，其孰能與於此？

評：如何明得郊社之禮、禘嘗之義，便治國如示諸掌？每苦鶻突。文於聖人制作處，寫得深微，早透治國消息。轉落下三句，自然清醒，以能於「所以」二字撥動機關也。刊削膚詞，融洽精義。題文如林，此爲岱華矣。

明乎郊社之禮 三句

諸燮

知所以事神，則知所以治人矣。蓋先王所制祭祀之禮，吾一本也，仁人孝子明乎此，則所以愛人者自不容已，而治天下不難矣。且人物之分，本無二致，私心勝而人與己判乎其不相屬矣。有能真見夫郊社之禮不徒爲感格之虛文而已：天地者，萬物之父母；而大君者，父母之宗子也。天地有功於人物，而宗子者不思所以崇其德、報其功焉，則自絶乎所生而爲悖德之人矣。故祭天圜丘，因陽之生而報其始；祭地方澤，因陰之生而報其成。此固仁人不自已之心，而非私智之所出也。禘嘗之義不徒爲致生之虚名而已：祖考者，吾身之父母；而吾身者，宗祀之所主也。祖考流澤於後嗣，而吾不思所以報其本、反其始焉，則自棄其身而爲不肖之子矣。故五年合食於太廟，以明有尊；四時即事於群廟，以明有親。此又孝子不自已之心，而非私意之所爲也。夫明乎郊社之禮，則能事天如事親；明乎禘嘗之義，則能事親如事天。吾知知化則善述其事，窮神則善繼其志，而天下之民胞而物與者，無一而非吾之所當仁、吾之所當愛，而吾之所以仁而愛之者，自不容已也。雖曰天下之物，分不能以皆齊也，然所殊者分也，而所以一之者理也。推親親之厚以大無我之公，以不忍人之心行不忍人之政，則天下可運於掌，而況於國乎？於此益可見先王制禮，有關於天下之大，而武王、周公之爲此者，要亦不過乎物而已。斯道之費之大有如是。

原評：夫天地祖宗，是自吾身推而上的；天下民物，是自吾身推而廣的。上頭高一層，則下面闊一層。如只推到父母處，則旁闊只是兄弟，父母生兄弟者也；推到祖宗處，則旁闊便有許多族姓，祖宗生族姓者也；如推到天地處，則旁闊便包得民物皆在其中，天地生民物者也。人不孝於父母祖宗者，安能愛兄弟族姓；不孝於天地者，又安能仁民愛物乎？若真能事天地、祖宗、父母，則必能以天地、祖宗、父母之心爲心，此治國所以如示諸掌。雖王、錢做此意思不出，此却明目張膽言之。

評：從「理一」處打通，則「分殊」處自貫。鎔先儒語如自己出，而無陳腐之氣，由其筆意高脱也。

人道敏政 一節

陳棟 墨

聖人喻人存政舉之易，必擬物之易生者以見之也。蓋爲政不難，惟得人之爲貴也，聖人既喻其易，而又即易生之物以見之，所以歆動魯君者至矣。想其意謂：文武之政，固後世之所當法者也，然而或舉或息，由其人之存亡者，何與？亦曰人乃立政之具云耳。是故明良合德，人之謂也，而其道則敏政焉，有天下之治人，斯有天下之治法，而以立以行，自沛然其莫禦也；猶夫剛柔成質，地之謂也，而其道則敏樹焉，有是廣厚之體，斯有是廣生之用，而以滋以長，自勃然其莫遏也。蓋上焉有文武之君，是有以培爲政之本也，而鳧鷖、既醉之治所以本諸身、徵諸民者，固推之而即準矣；下焉有文武之臣，是有以植爲政之幹也，而咸和永清之烈所以頒於朝、施於國者，固動之而即化矣。其於地道之敏樹何異哉？然概以樹擬之，亦未足以見其速也。夫政也者，其猶樹之蒲盧矣乎？莫非政也，而文武之政則盡善而盡美，苟有舉之，殆不疾而自速也；猶夫均之樹也，而蒲盧之樹又易栽而易培，苟有種之，殆方涵而即達也。蓋昭代之制，本自足以宜民，而苟其人既存，又不病於推行之無地，則所以布濩流衍於天下者，亦舉措之間而已矣；周官之法，本斯世所易從，而苟人道既得，又不阻於運用之無自，則所以充周洋溢於四方者，特轉移之際而已矣。其視蒲盧之易生誠何異哉？吁，物不自生，得地而生也，使非地道之敏樹，則雖易生之物，未有能生者矣；政不易舉，得人而舉也，使非人道之敏政，則雖易舉之政，未有能舉者矣。君欲憲章文武，而可不自厲哉？

評：體平勢側，兩對中各藏對偶。因板生活，寓圓於方，機軸之工，妙若天成。

故君子不可以不修身 一節

王　樵

聖人於君身之修而歷推其當務焉。蓋仁能事親，而智足以知天、知人，皆身之所以修也。聖人歷推而言之，君子可以知務矣。且爲政有本，修身有要，由所謂道與仁、親與賢而觀之，則君子之所事可知矣。故君子者，政之自出，孰不曰得善政而行之，足以致治矣；又孰不曰得賢臣而任之，足以善政矣。而不知有其君則有其臣，是得之於身者得之於人也；有其人則有其政，是得之於身者得之於政也。未有君子而不以修身爲本者也，然身修於道，而親親之仁又所以修道者也。愛隆於一本，以爲事吾親也，而即所以仁吾身；孝盡於因心，以爲親親之仁也，而即所以盡人道。未有思修身而可以不事親者也，然道修於仁，而尊賢之義又所以輔仁者也。知大賢而吾師之，則觀法有資，而修身之道進；知小賢而吾友之，則講習有賴，而親親之理明。未有思事親而可以不知人者也，然親親之殺、尊賢之等，又皆天理之自然，而知不及於此，非知之至也。故思知人者，又必學窮乎人事之則，皆有以知其所自來而不容已；心通乎性命之原，皆有以見其所以然而不可易。語知而至於知天，斯其至矣乎？語修身之事而至於知天，斯其盡矣乎？是則非知人先於事親也，以爲事親而不知人不可也；非知天先於知人也，以爲知人而不知天不可也。聖人之意，其欲人以智爲入道之門、仁爲體道之要也歟？

評：此是承上引下語脈，文家易生轇轕，得此篇而題解始透。會通上下數節，清出題緒，而以實理融貫其間，可謂善發注意。

見乎蓍龜 二句

唐順之

論至誠之幾，而兩有所驗焉。甚矣，誠之不可掩也！稽之蓍龜，觀之四體，而幾之微者著矣。今夫至誠所以能前知者，豈出於意想測度之私哉？亦以實理之在天地間者，自有不容掩焉耳。且以蓍龜言之，方其數之未定，吉凶固無形也。及問焉以言，而用動用静，自貞勝而不窮。有蓍龜襲吉者矣，有蓍龜共違者矣，亦有筮從而龜逆、筮逆而龜從者矣。藏於寂然不動之中，而呈於受命如響之後。其吉者非有心於福之，其凶者非有心於禍之，在蓍龜固不自知也。是蓋天載無聲無臭，而蓍龜神物，爲能紹天之明，故道非器不顯，而象數之間，若有鼓其機而不能自已耳。以四體言之，方其迹之未涉，得失固無兆也。及性術所行，而履祥履錯，各從類而不爽。有俯仰皆宜者矣，有俯仰皆悖者矣，亦有始敬而繼之以怠、始怠而繼之以敬者矣。隱於卒然有感之餘，而萌於介然有覺之頃。其得者本不期於矜持，其失者本不期於暴棄，在四體固不自知也。是蓋帝則至微至幽，而人之精神與造化相爲流通，故天非人不因，而周旋之際，若有牖其衷而不能自已耳。夫見乎蓍龜，則百姓可與能也，而非鬼神合其吉凶者，固不能極深而研幾也；動乎四體，則百姓日用而不自知也，而非清明在躬者，固不能定取舍之極也。至誠前知之道，斷可識矣。

評：見處、動處莫非幾也，幾由誠發，故至誠便可前知，原屬一串事。此實能道其所以然，使「見乎」「動乎」字與下文兩「必先」字早有貫注之勢。

啓禎諸家文，更覺驁邁，而入理精深處，究不能出其範圍。

善必先知之 三句

唐順之

惟至誠之知幾，所以合德於神也。夫幾也者，神之所爲也，而至誠知之，亦神矣哉！且天地之間，明則有至誠，幽則有鬼神，若將判然二物矣，而孰知有合一者存乎？何則？禎祥、妖孽與夫蓍龜、四體之倫，所以徵夫福之將至者，不必皆同而均謂之善也；所以徵夫禍之將至者，不必皆同而均謂之不善也。苟見其幾而知之不早，固不可以言至誠矣；苟有所知而有所不知，亦不可以言至誠之如神也。今也有一善焉，幾動於彼而誠動於此，固無幽深遠近，而凡爲福之徵者，隨其所見而無不知之矣；有一不善焉，幾動於彼而誠動於此，亦無幽深遠近，而凡爲禍之徵者，隨其所見而無不知之矣。至誠若此，而不可謂之神乎？蓋善之先見與不善之先見，皆鬼神氣機之微露也，而吾獨能先知之。故鬼神涵天地之實理，而洩其機於朕兆之間；吾亦全天地之實理，而炳其幾於著見之始。神以知來，人皆知鬼神之不測如此也，而不知至誠先知之哲所以占事而知來者，實與鬼神而合其吉凶；神以體物，人皆知鬼神之不測如此也，而不知至誠周物之知所以探賾而索隱者，實能質諸鬼神而無疑。方禍福之未至，與至誠、與鬼神同一寂然不動之體也；乃禍福之將至，與至誠、與鬼神同一感而遂通之妙也。在鬼神也誠而形，在至誠也誠而明。謂至誠之不如神也哉？

評：貫穿經傳，於所以必先知之理洞然於心，故能清空如話。

誠者非自成己而已也 一節

王　樵

中庸論誠能及物，而因發其藴也。蓋性本一原，故成己、成物一理也。誠則自然及物也，又何疑哉？今夫君子知不誠之無物，而誠之之自貴也，夫固欲有以自成耳。然既誠矣，則豈自成己而已耶？吾知隨吾身之所接，而加以吾所固有之心，誠之無息於此者，物之各得於彼者也，而物亦有以成其所以自成矣；聽凡物之自來，而處以物所自有之理，所以使之順治者，不待爲之作則也，而彼即有以道其所當自道矣。是何也？蓋成己非他也，天理流行之際，吾心本有大公之體而不容有一私之累者，謂之仁，而己於是乎成焉，是其體之存也，而未有無用之體；成物非他也，萬事萬物之宜，吾心自有素定之則而不容有一毫之差者，謂之智，而物於是乎成焉，是其用之發也，而未有無體之用。在己、在物，雖有内外之殊；曰仁、曰智，則皆吾性之德。性無内外，則安有處己一道而處物又一道耶？有外非性而無物非内，則安有成己一時而成物又一時耶？故君子患未誠耳。誠則仁智具而内外合，體之立而用以行。時而措之，未有得於己而失於物者也；得必俱得，則成不獨成也。豈不信夫？

原評：「成己仁也」五句總是發明「誠者非自成己而已」二句之故。此文當看其上接「誠之爲貴」，下接「成己仁也」五句處，然後此節文勢如首尾具而成身矣。

評：老潔無支蔓。

待其人而後行 二節

王世貞 程

中庸以行道屬諸人，而必申言其不虛行也。蓋德者，凝道之本也，苟無其德，何以行之哉？中庸明人道也，意曰：大哉聖人之道！無外無内，斯其至矣。然豈無所待而行哉？涵於大虛，其體不能有爲也，而以人爲體，恒待人以成其能；原於天命，其用不能自顯也，而以人爲用，恒待人而運其化。合之而天地萬物孰統體，是必有致中和者出焉，而後位育之效行於兩間也；析之而禮儀威儀孰推行，是必有觀會通者出焉，而後經緯之章敷於群動也。是行道之必待於人如此，而道其可以虛行哉？故曰苟不至德，至道不凝焉。蓋道與德一也，得此之謂德，道之所待以行者也。苟非其人，則中之所存，未能完性命之真；而知之所格，不能達神明之蘊。雖洋洋者固流動而未嘗息也，而無德以統體之，則其極於天而浹於物者，亦象焉而已矣，而與吾心固自爲二也，其何能凝斯道之全體而贊其化育哉？雖優優者固充足而未嘗間也，而無德以推行之，則其經而等、曲而殺者，亦迹焉而已矣，而與吾身固自有間也，其何以會斯道之妙用而行其典禮哉？信乎道不能自行，而亦不可以虛行也。修德凝道之功，其可緩乎？

原評： 其周折皆王、唐舊法也，而沈釀之厚，遂極鏗鏘要眇，備文章之能事。

評： 層接遞卸，虛實相參。不凌駕而局自緊，不矜囂而氣自昌。作者於古文未免務爲炳炳烺烺，而制義則清真健拔，絶無矜張之氣。

仲尼祖述堯舜 一章

潘仲驂

中庸詳聖德而擬諸天地，因明天地之道焉。夫小大合德，天地之道大矣。而聖人之德能與之準，自生民以來，孰有如夫子也耶？嘗謂仲尼未生，道在帝王；帝王未生，道在天地。是故堯、舜、文、武，道之會也，仲尼祖述而憲章，則一貫之授，有以執其中，而先進之從，有以識其大，斯道不在帝王，而在仲尼矣；天時水土，道之原也，仲尼上律而下襲，則時中之運，配天以行健，而安貞之吉，應地以無疆，斯道不在天地，而在仲尼矣。參三才以立極，而會萬善以成身。以言乎統體，則廣大而不禦也；以言乎流行，則變通而不窮也。擬諸其形容，則吾知其覆也如天，其載也如地，而高明博厚之業，與上下而同流者，見其統會之大焉；其序也配四時，其明也配日月，而悠久無疆之運，準造化而合德者，見其流行之神焉。則仲尼與天地爲徒矣。而天地之道果何如耶？天地之覆載，皆物也；錯行代明，皆道也。物並育矣，育之並者或疑於害，而性命各正，何害之有？道並行矣，行之並者或疑於悖，而循環無端，何悖之有？所以然者，有小德以顯天下之仁，而流而不息，爲物之辨，爲道之倫焉，其斯以爲不害、不悖也；有大德以藏天下之用，而合同而化，爲物之命，爲道之本焉，其斯以爲並育、並行也。易簡妙動静之機，而一神兩化以盡其利；乾坤備性情之德，而日新富有以成其能。此天地之所以爲大也，觀乎天地，而在聖人者可知矣。

評：實詮細疏，一字不架漏，而氣脉復極融暢。

小德川流 二句

歸有光

道之在造化者有萬殊一本之妙焉。夫盈天地之間莫非道也，而萬殊一本於此見之矣，斯造化之妙，而非聖人莫之與配也。中庸以仲尼之德言天道及此，謂夫：不觀天地，無以見聖人之德；而不觀天地之德，無以見天地之大。是故萬物之生、日月之運、四時之紀，均之爲德之所在也。夫苟因其相軋之迹而至於害且悖焉，則疏略而無條理，而天地之化窮矣，今而不害不悖有如此者，斯不謂之小德而如川之流者乎？道固無所謂小也，而自其萬者而觀之，斯則有見於分，而謂之「小德」焉。蓋大化運行之中，無一物而不取足於天地之性；則其分布散殊之際，亦無一物而不各涵其天地之全。雖其理未嘗不一，而其變蓋有不可勝紀者矣。支分派別，大與之爲大，小與之爲小，莫不犁然各得，以昭其不齊之用而衍其不息之機。道在一物，一物一道也；道在萬物，萬物各一道也；道在日月四時，日月四時又一道也。三者同出而異用，此造化之所以爲萬殊而不可和也。夫苟任其區類之別而不能並育並行，則小者散漫而無統紀，而天地之化又窮矣，今而並育並行有如此者，斯不爲之大德而敦厚其化者乎？道固無所謂大也，而自其一者而觀之，斯則有見於合，而謂之「大德」焉。蓋交錯於宇宙之間而散之在物者，則有萬殊；根柢于於穆之命而本之在物者，則無二致。雖其變至於不可勝紀，而其理有未嘗分者矣。渾淪磅礴，統之有宗，會之有原，固有大而無外，以運其合同之機而敦其淳龐之化。一物之道，即萬物之道也；萬物之道，即日月之道也；日月之道，即四時之道也。萬象異形而同體，此造化之所以爲一本而不可漓也。是知小德者，一之所以分而爲萬也，而仲尼之泛應曲當者以之；大德者，萬之所以統於一也，而仲尼之一理渾然者以之。此仲尼之所以同天地歟？

評：玩注中「全體之分」「萬殊之本」八字，則大德、小德原不是直分兩截。敦化，「敦」字即易傳「藏諸用」「藏」字意；「川流」二字即「顯諸仁」「顯」字意。無心成化，天地之功用即在其中。文能細貼注意，發揮曲暢。

是以聲名洋溢乎中國 一節

歸有光

中庸贊至德之遠被，而與天爲一焉。蓋德至於聖，則化之溥也同天矣，天亦烏能獨爲其大哉？且夫中和位育之道，可以合天地萬物者，聖人稟其全焉，若是而可以一世之事業論之耶？是故溥博、淵泉，吾之德也，敬信而悦民之心也。以是心而觀於天下，則天下無異心，聖人作而萬物睹，光被於禮樂之區，而四海九州島近天子之光而誦盛德者何限也，而聖人之德在中國矣；以是心而觀於蠻夷，則蠻夷無異心，中國治而四夷服，混一於華夷之界，而九夷八蠻知中國之有聖人而致賓貢者何限也，而聖人之德在夷狄矣。然此猶可以道里疆界求之也，至於舟車之可以至，人力之可以通，八荒之外明主所以不賓者，則固累譯不能通，而非獨風氣之殊而已；推之又其遠者，至於天地之所覆載，日月霜露之所照墜，六合之内聖人所以不議者，則固人迹所不至，而非特嗜好之異而已。然在含生之類，莫不有血氣心知之性；則德化之充塞，而自極鼓舞感通之速。亶聰明作元后，其尊之之心同也；元后作民父母，其親之之心同也。蓋德以存神，神無體，固莫知其方；業以致化，化無迹，故莫究其所窮。若是而不謂之配天乎哉？天之廣大，謂其無遺化也，物未有出於天之外者也；聖人之廣大，謂其無遺澤也，物未有出於聖人之外者也。彼德不若聖人而强世以就我者，十室之邑，教且不行，而可以語是也哉？

評：題句一氣貫注，用法驅駕，則神理易隔。似此依次順叙，渾然天成，無有畔岸，化工元氣之筆也。

惟天下至誠　夫焉有所倚

項　喬　墨

中庸歷言至誠之功用皆自然，所以發明天道也。夫至誠之道，天道也，其功用之所就，孰有不出於自然者乎？中庸三十二章，發明天道而言此，若謂：德之不誠者，雖一事不可以倖成；誠之未極者，雖有功亦由於强致。夫惟極誠無妄，蓋於天下而莫能加，是之謂天下至誠也。故於五品之人倫，辨其等而小大有定，比其類而彼此相親。曰親曰義曰序曰别曰信，道敦於天叙天秩之餘，極建於天下後世之遠也。謂不能經綸天下之大經乎？大經所從出，是謂天下之大本也，無一毫之人僞以雜之。仁義之全體以具，可以立天下之愛與宜也；禮智之全體以具，可以立天下之敬與别也。謂至誠而不能立本，可乎？大本所從出，是謂天地之化育也，無一毫之人僞以隔之。元亨鼓萬物之出機，吾以吾心之仁禮知之也；利貞鼓萬物之入機，吾以吾心之義智知之也。謂至誠而不能知化，可乎？夫至誠之一身甚微，而功用之所就甚大。疑其有倚於物而後能矣，殊不知惟其至誠也，則此心流行於人倫之間，而道無不盡，即所謂經綸也，豈待倚著於物而後能經綸之乎？惟其至誠也，則此性從此心而具，而取之逢原，即所謂立本也，豈待倚著於物而後能立之乎？此心之誠，與天爲一，即所謂知化，而非但聞見之知也，豈待倚著於物而後能知化乎？是則以一心而妙天下之誠，以一誠而妙天下之用。至誠之道，一天而已矣。所謂誠者天之道，不其然哉？

原評： 毫無障翳，制義之極則。

評： 經綸、立本、知化育，各到盡頭處，爲能與「無倚」緊相貫注。文句句從「至誠」心體上説，無一浮散語，明粹之至，不覺其樸直也。

肫肫其仁

許孚遠

至誠之經綸也，可以觀天下之至仁焉。蓋修道以仁也，而非至誠盡經綸之實，何以稱「肫肫其仁」乎？蓋嘗論之：一誠之理，自其顯設於人道之常，而萬世不易者爲大經；自其貫徹於倫類之間，而渾然同體者爲仁。仁者人也，大經之所以行於天下者也。彼其誠有未至，不可語仁；仁有未至，不可語於經綸。惟天下之至誠，爲能經綸天下之大經，吾於斯而知其肫肫乎？一仁矣，未有經綸之先，一真無妄，仁之所以立其體；迨於經綸之際，惻怛流行，仁之所以裕其施。謂夫人之渾然而處於天地之間，不有以别之則亂，亂吾不忍也，故經乃所以爲仁，不相凌奪，不相侵害，生民之類於是乎可以長久，蓋舉天下而在聖人涵育之中；謂夫人之紛然而各一其血氣之性，不有以合之則離，離吾不忍也，故綸乃所以爲仁，上下相安，大小相得，有生之徒於是乎可與同群，蓋舉斯世而在聖人覆幬之内。有一人之倫，即有一人之仁，聖人不能分所有以與諸人，而爲之聯屬、爲之維持，以通天下爲一身者，聖心之仁流衍而不息也，向非至誠，則仁之戕賊者衆矣；有一世之倫，即有一世之仁，聖人非能强所無以行於世，而需之匡濟、需之曲成，以合萬物爲一體者，至誠之仁淪洽而無間也，苟非聖人，則仁之能存者寡矣。故曰「肫肫其仁」，謂至誠之經綸即仁，而仁之至也乃所以爲經綸之盛也。

評：「其仁」實從「經綸」指出，清切純懿，中邊俱徹。　題境深微，雖奥思曲筆，追取意義，終想像語耳。理熟則詞自快，可於此文驗之。

欽定正嘉四書文卷五　孟子上

寡人之於國也　一章

尤瑛

時君望民以小惠，大賢詳啓以王道之得民焉。夫小惠未徧，民弗與也，必也行王道焉，而天下之民歸之矣。如之何可以罪歲也？且立國致勝之道有三，一曰興民利，二曰定民制，三曰賑民饑，三資者備而王隨之矣。彼惠王者，惠而不知爲政也，故以小惠爲盡心，又以民寡爲歲罪，胡王之明於戰而闇於治哉！何也？兵家之較勝負，非以五十步之走笑百步也；王者之争衆寡，非以移民間之粟笑鄰國也。誠知敗軍不可以言勇，則當自奮而爲常勝之兵；誠知小惠不足以得民，則當自反而圖致王之道。吾請爲王策焉。夫王之民，死生皆憾之民也，非歲之罪，王無以興其利故也；王之民，老壯俱疲之民也，非歲之罪，王無以定其制故也。必也一舉而行王道之始焉，因民之利而利之，則可以足食，可以裕用，而生者與死者俱無憾矣，是王業所由基也，而猶未已也；必也再舉而行王道之終焉，制民之産而教之，則可以厚生，可以正德，而老者與壯者俱得所矣，是王業所由成也，而今猶未能也。其先思備荒之政，而狗彘之食，無復昔之不檢乎？其先思救荒之策，而倉廩之實，無復昔之不發乎？蓋不曰民之就死，歲兵之也；而必曰歲之殺人，吾刺之也。不區區移民之舉，而民自我賑者，其心盡焉，由是行王道，而天下樂聞其風矣；不區區移粟之謀，而粟自吾發者，其心盡焉，由是行王道，而天下思被其澤矣。其誰不舍鄰國以趨於魏哉？否則，擬之以殺人之罪，既與操刃者同科；喻之以畏敵之誅，又與奔亡者同律。民其曷歸焉？而王且重爲天下笑矣。

評：有提掇聯綴，而段落清明，氣度和雅，長題文之正式。

殺人以梃與刃 三節

張 元

大賢言時君虐政之害，必兩詰之而指其實也。夫政之行而至率獸食人，虐已甚矣，孟子猶必兩致其詰而指言之，夫固因其明以通之也哉？且夫人之情，不得其形而概語之，則無以深中其心，故常略而不聽；不由其漸而驟語之，則不免深犯其忌，故常拒而不入。孟子知之，其於惠王雖有願安承教之心，而猶不廢乎因明通蔽之術。始而曰「殺人以梃與刃，有以異乎」，此其事無當於王，雖少知事理者未有不能別白而明言之也，而王果曰「無以異也」；既而曰「以刃與政，有以異乎」，此其事漸及於王，使憚於自責者未嘗不深忌而諱言之者也，而王又曰「無以異也」。

夫不難於梃與刃之對，而難於刃與政之對，然後語之有故而入之有由矣。孟子乃申告之曰：王知政之能殺人，亦知王之政所以殺人者乎？蓋其民已窮而斂愈急，而常棄之於必危之地；財已盡而賦不休，而每用之於無益之中。觀王之禽獸，則肉肥而盈庖，馬肥而盈廄，此何以養之？厚斂以養之也。觀王之民，則生者多饑色，死者爲餓殍，此何以致之？厚斂以致之也。獸得以食人之食，而人不得以自食其食；獸不能以自食人，而王固驅之使食人。同生而異類，人物之辨也，至是而始反其常；貴人而賤畜，王者之政也，至是而不由其道。王之民不死於梃，不死於刃，而死於政者何限也。王亦嘗反而思之乎？

評：此與「王之臣」及「白之謂白」等章，並見孟子語言之妙。若不逐層皴出，則神致不肖。文能使題情自相觸擊，通體如一筆書。

權然後知輕重　心爲甚

歸有光

大賢即物之當度，以明人心之尤當度也。蓋心者萬化之原也，本原之地既昧，而何以處天下而使之各得其所哉？有志於治者，亦審於此而已矣。昔齊王明於愛物而昧於保民，以其在我之權度有差也，故孟子教之。以爲天下之物，其始輕重混焉而已，聖人制爲權焉，由是物之不齊者犁然各以情見，一聽之於無心之權而不失於黍纍，蓋權誠懸而不可欺以輕重矣；天下之物，其始長短混焉而已，聖人制爲度焉，由是物之不一者粲然各以分殊，一付之於無心之度而不失於毫釐，蓋度誠設而不可欺以長短矣。故使五權之鈞一日而廢於天下，而手之所揣而知之者有幾也；五度之審一日而廢於天下，而目之所測而知之者有幾也？況於人之爲心，所以應天下之變者，推移俯仰，不容以一定，而天理之本然而不容已者，亦莫不有自然之權；心之爲物，所以通天下之故者，進退屈伸，莫知其紀極，而天理之當然而不可易者，亦莫不有自然之度。存於一心者至微，而運量於宇宙者至廣，九族之親由之以睦也，四海之大由之以理也，可以任其迷繆而不之察乎？根本於一念者甚約，而充極於天下者甚大，庶物之生由之而遂也，庶草之生由之而蕃也，可以恣其悖戾而莫之省乎？蓋物之輕重有定質，而心之爲輕重者無定質，執其無定質以爲有定質，而天下之權在我矣；物之長短有定形，而心之爲長短者無定形，執其無定形以爲有定形，而天下之度在我矣。然則世主誠患於察識之無機，而又何疑於推恩之不易也哉？

評：精理明辨，如萬斛源泉隨地騰湧。

爲我作君臣相説之樂　好君也

歸有光

大賢述齊人之樂而繹其詩，所以致意於其君也。夫樂以「相悦」爲名，其意美矣，而「畜君」之詩，尤足以諒臣子之心者，此大賢述古之微意歟？且夫君臣之際至難也，君常患於不得其臣，而臣常患於不遇其君。景公之於晏子，何其相遇之深也！蓋其從諫之美，既已推行於致治；而聲歌之盛，尤足於聽聞。其命太師也則謂之「相悦之樂」，亦自負其明良之合而遭逢際會之不偶，悦豫之深而宣志達情之不可已也，信非無因而强作者矣。故今雖世遠人亡，音存操變，而所傳徵招、角招者尚未泯也。徵以爲事，角以爲民，當時之志不在逸豫矣，而其音響則大韶之遺，蓋敬仲之傳而太師職之者也；爲君則澤不壅，爲事則務不叢，世主之好尚可知矣，而其節奏則九成之舊，蓋瞽師所掌而肄業習之者也。誦廟朝之遺音，觀内史之記載，而景公君臣之際豈不可尚也哉？且其詩曰「畜君何尤」，此尤足以知晏子之心而極揄揚之妙者也。蓋人主乘其崇高之勢，凡可以恣其欲者可以無不至，而不知夫娱耳目、悦心志之爲禍階也；人臣戀其豢養之恩，凡可以順其欲者可以無不至，而不知夫導淫欲、固恩寵之爲亂萌也。若夫好君之至者，則不得不慮其患；慮君之至者，則不得不止其欲矣。然則逆耳之言，固忠讜者之爲心；而陳義之詞，非世主之藥石乎？晏子畜君而君諒其爲心，今之述晏子之事以畜王者，王不知其何如也？

原評：無起無落無煞，不得不行，不得不止，金石叩而風水遭，其斯文歟？

評：鏗鏘杳渺，其聲清越以長。

昔者太王居邠　合下二節

唐順之

大賢兩陳圖變之策，而因責君之自審也。夫經、權不同，均之圖變之良策也，人顧處之何如耳，滕君盍知所自勵哉？孟子因其畏大而爲之籌曰：君之受制於大國也，揆之於勢，不得乎萬全之謀；反之於己，不越乎兩端之策。試爲君陳之。昔太王之事狄人也，先之以皮幣，繼之以寶馬，而卒莫弭侵陵之患，於是以土地爲輕，以人民爲重，而即有事於岐山之遷，然王雖去而人不忘其澤，地雖易而民不改其聚，此皆用權以圖存，在古人已有成迹者矣；或謂人君之於土地也，受之天子，傳之先君，而吾不敢以自主，有民人焉，有社稷焉，而吾未可以輕去，故寧以社稷之故病吾身，毋寧以吾身之故棄宗社，此蓋守經以俟死，在古人已有定論者矣。斯二者，固皆足以圖變。然就時勢而設其可爲之策，臣之所能也；權彼此以決一定之機，非臣之所能也。君其反觀於己而度德以處之，可以權則權，可以經則經也，而不必於他求；内省諸心而量力以行之，太王固可法，人言亦可從也，而不必於外望。以勢論之，若去之爲便矣，其或反是而以義爲不可焉，亦惟君之自審耳，可不爲之長慮也哉？以理論之，若守之爲是矣，其或反是而以權爲必可行焉，亦惟君之自諒耳，可不爲之深謀也哉？要之，能如太王焉，則國亡而身在，固不失爲創造之君；不能如太王焉，則國亡而與亡，亦無負於有邦之責。君其勉乎哉！

評：屬對之巧、制局之奇，細看確不可易。須知題之賓主、輕重、前案後斷之間，自有天然部位，妙手乃得之耳。

舉舜而敷治焉 合下二節

陳思育 程

大賢敘聖人之任諸人者，表聖人之責諸己者。蓋己不可以偏爲也，聖人先任人而己之責塞矣，何以耕爲哉？孟子所以闢許行也，意謂：聖人之憂天下無窮，聖人之爲天下有要。使與民並耕而爲賢，宜莫如堯舜矣。然吾觀堯之爲君也不自爲也，側陋揚，而登庸之命屬於舜焉，百揆納，而俾乂之司屬於舜焉，蓋方任一相以爲之總理也，而他無暇也；舜之爲相也亦不自爲也，以烈山使益而禹乃治水，雖門之三過弗顧焉，以樹藝使稷而契乃明倫，雖民之自得未已焉，蓋方任庶官以爲之分理也，而他無暇也。此可見堯之心非不憂民之憂也，而不皆以責之己也，己之憂，惟不得舜耳，舜得，而民之可憂者舜代之矣，己可無憂矣；舜之心非不憂堯之憂也，而不皆以責之已也，已之憂，惟不得禹、皋陶耳，禹、皋陶得，而堯之所憂者禹、皋陶代之矣，已可無憂矣。蓋君相之體統、治道之先務有如此者。若乃受百畝之常業，而憂百畝之不治，此獨爲農夫者則然耳，彼庶官且不宜爾也，而況於君相乎哉？然則許行之説之妄也果矣。

原評：鎔下二節，對上一句，非憑意穿鑿，只緣從「堯以不得舜」二句看出本題原分兩扇，故不煩另起爐灶而局若天成。

父子有親　五句

歸有光

聖人所以立教於天下者，因天之叙而已。夫天叙有典，聖人因而教之，則亦天而已矣，而人何與哉？自古之稱至治者曰唐虞，而唐虞君臣相與咨嗟於一堂之上，不忍斯世之胥禽獸也，於是有董教之官焉，於是有迪教之方焉。蓋聖人固不忍坐視斯民之顓蒙以愚天下，亦不出一己之私智以强天下，惟於其天之所在而加之意焉耳。是故其實不出於人倫日用之間，而其大不越父子君臣夫婦長幼朋友之際。以言父子，其相屬以恩也，慈、孝合而爲親，是固其不可解於心者也，聖人亦使之相親而已矣；以言乎君臣，其相臨以分也，忠、敬合而爲義，是故不可逃於天地之間者，聖人亦使之相安以義而已矣。夫婦者天作之合，其偶也不可亂也，聖人明之以室家之道而别焉，燕私之好不形也；長幼者天秩之分，其序也不可紊也，聖人明之以齒讓之節而序焉，徐行之間亦其道也。至於朋友之交，其聚之也本以其心，則其與之也固無樂乎僞矣，故信以成義，而交必以信，是又聖人之教也。若是者，莫非因天之道以施正德之事，順帝之則而非强世之爲。天下未有聖人之教，則固有不親者矣，有不義者矣，有無序無别而無信者矣，然而其天也，人心不死也；天下既有聖人之教，亦盡其爲父子者耳，盡其爲君臣者耳，盡其爲夫婦長幼朋友者耳，是故其天也，帝力何有也？吁！此唐虞之所以教者固如此也，抑亦以見聖人之勤勞於天下也，而暇耕乎？

評：實疏處似稍遜丘作，而結束精神，迥出丘作意象之外，故足與之埒。

不見諸侯何義 一章

陸樹聲

士不見君之義，必聖人而後至也。夫守義自有中道也，失之過，失之不及，奚而不法孔子哉？且士君子處世，君以國士待我，而我不以國士見之，甚也；君以衆人遇我，而我輒以衆人見之，恥也。故必有所就則見，有所先則見。如未爲臣而見焉，是不使上求下而使下求上，不使君先士而使士先君，非古也。古有段干、泄柳，文侯先而以逾垣避，繆公先而以閉門拒。夫以兩主之賢，降千乘之勢，下訪布衣，而一見且吝矣。吾恐天下無以責夫文侯、繆公之徒，而彼亦將有以辭其責也。非已甚而何？聖人則不爲已甚者也。陽貨以禮先，子以禮往拜，不逾垣、不閉門，豈爲辱人之賤行哉？求我者迫也，施我者先也。然貨可見，而謂天下盡可見之諸侯，則非矣；孔子可見貨，而謂天下盡可見諸侯之士，則謬矣。如非待其迫且先而見之，曰我不爲干木，我願學孔子也，我不爲泄柳，我善法孔子也，媚顔軒冕之側而强居王公之庭，乃曾子鄙爲「脅肩諂笑」者耳，子路鄙爲「未同而言」者耳，烏得稱有養之士乎哉？而吾定二子之所養矣。是知世無文侯，垣亦可逾也；世無繆公，門亦可閉也；世無先施之陽貨，權貴之家決不可入也。豈可因一孔子而遂少段干、泄柳之儔哉？

原評：堅瘦有力，其縱横擺脱處，欲合即合，欲渡即渡，意之所至，精神無不貫注。

評：用古文「機相灌輸」之法，錯綜盡致，筆意峭勁。

使禹治之 一節

江汝璧　程

觀聖君命臣治水而績用成，見世治之一證也。夫世之治雖由於氣化，而亦人事有以成之也，觀諸聖人之治水可見矣。此孟子因門人「好辨」之疑，而歷叙生民之故以曉之也。意謂：當帝堯在位之時，有洚水儆予之患。時則鯀罔績矣，乃舉舜而敷治；舜納麓矣，復命禹以嗣興。以上，則君憂臣勞而弗恤，以下，則父舍子用而不疑，凡以爲天下而已。由是禹也掘壅塞而注之海，蓋海爲百川之匯也；驅蛇龍而放之菹，蓋菹乃水草之鍾也。疏導之功既奏，地中之水自行，南條如江漢既順其性而於海乎朝宗，北條如河淮亦循其道而於海乎會同。昔多險阻，今則壅塞去，而滔天者平矣；昔多鳥獸，今則蛇龍遠而害人者消矣。夫然後降丘宅土，而人無巢窟之虞，猶己溺之者固由己而拯也；地平天成，而人有粒食之利，猶己饑之者亦由己而食也。向非堯舜警懼於上，大禹勤勞於下，則亦何以轉亂而爲治哉？

原評：頭緒多端而能順文鋪叙，如大匠運斤，略不見斧鑿痕，且高古雄偉，無一閒語剩字。

評：高聳雄峙，尺幅中具嵩華之觀。視元卷，便覺書生語氣矣。

天下大悦　咸以正無缺

王世貞　程

大賢贊元聖大順之治，而必徵諸書焉。蓋文武之謨烈盛矣，而實周公成之也，此天下之所以悦其治與？昔孟子釋公都子「好辨」之疑及此。若曰：世之治也，有啓運之君，則必有翼運之臣。吾嘗觀於有周，而知周公一代之治功矣。蓋文武嗣興，雖足以對天下之心，而害有未除，民之望治猶未已也，周公相武王而悉殄其害焉。夫是以民安於撥亂，而萬邦仰奠麗之休；物阜於勝殘，而群生蒙煦育之利。有夏固已修和矣，兹則太和洋溢而民悦，益爲之無疆；四方固已攸同矣，兹則至治浹洽而民心益爲之胥慶。此固周公輔相之功有以光昭於前而垂裕於後者也。書不云乎？「丕顯哉，文王謨！丕承哉，武王烈！佑啓我後人，咸以正無缺」。蓋丕顯以開厥後，文謨固無斁也，而實周公勤施於上下，俾遹駿之聲愈顯於無窮，而謨之盡善者爲可傳焉；丕承以貽孫謀，武烈固無競也，而實周公翼贊於先後，俾纘緒之業愈承於不替，而烈之盡美者爲可久焉。以覲文王之耿光，子道盡而父道益著；以揚武王之大烈，臣道盡而君道益隆。此所以致天下之悦，而唐虞之盛復見於成周也。然則頌文武之德者，詎可忘周公之功，而一代之治允有以纘禹之績與？

原評：無一字不典切。氣格之高、音節之妙，在制藝已造其巔矣。

評：書旨説周公，引書却只説文武。文法自須斡補，難其天衣無縫、滅盡針線之痕。後之作者，能似其精妙，而不能學其渾成。

欽定正嘉四書文卷六　孟子下

詩云不愆不忘　一節

王錫爵　程

即詩人之論治，而得保治之道焉。夫法者治之具也，法立而能守，則於保治之道得矣，何過哉？且夫治天下以仁，行仁以法，法之裕於治也，蓋自古記之矣。假樂之詩曰「不愆不忘，率由舊章」，夫所謂「舊章」者，先王之法也。仁心由此行，仁澤由此溥，是萬世無弊之道也。聰明亂之，則有過而愆焉；積習隳之，則有過而忘焉。夫惟善保治之主爲能守法，亦惟善守法之主爲能無過。六官之典，即方册而其人存也，吾之議法於朝廷者，循是而經綸之，則朝廷正矣；九牧之政，繼治世而其道同也，吾之布法於邦國者，循是而張弛之，則邦國安矣。故詩之言「不愆」也，則守法之一效也，何也？法立於先王，而天理順焉，人情宜焉，其在後世，但一潤色間而畫一之規模自有四達不悖者，何愆之有？詩之言「不忘」也，則守法之又一效也，何也？法立於先王，而大綱舉焉，萬目張焉，其在後世，但一飭新間而精詳之條理自有咸正無缺者，何忘之有？信乎心、法合而成治，作、述合而保治。自堯舜以來，所以置天下於寡過之域者，皆是物也。而詩人豈欺我哉？後之有仁心仁聞者，可以得師矣。

評：義綜其大，典舉其要，俱從經術得來。較張江陵辛未程文，惟古厚之氣有所未逮，要亦風氣使然，不可强也。

孰不爲事 一節

歸有光

大賢原事、守之要，而深探其本焉。夫親親乃百行之原，而身則萬化之所由基也，然則親、身非事、守之要乎？而其道之大蓋可見矣。且天下之道，求之於散殊，則浩博而難盡；會之於本原，則要約而可循。所謂親、身爲事、守之大者，果何謂哉？蓋自天下以分相維，而有所謂以卑承尊之道焉。凡崇事於君親兄長之間，而因嚴以致敬者，夫孰非事之類也，而非其本也。求其本，則惟事親焉盡之。蓋愛隆於一本，而良心之發自昭懇惻之誠，由其懇惻之不容已者而以時出之，則禮擴於因心，而隨在著欽承之節；情切於天親，而真性之形自極愛慕之至，由其愛慕之不可解者而以義起之，則道昭於所值而無往非敬應之忱。以之事君，而忠道形也，而孝之理形於君矣；以之事長，而順性成也，而孝之理移於長矣。雖分因人異，不可以强同，而運此心以達之，則自成聯屬之勢。事親非事之本乎？自天下以道相守，而有所謂制節謹度之義焉。凡斂約於身心家國之餘，而循分以自守者，夫孰非守之類也，而亦非其本也。求其本，則惟守身焉盡之。蓋天下之感遇不齊，而皆由吾身以立其本，吾惟慎厥身修，範圍其則而不過，則本原自正，而儀刑之道存焉，而所以式和民則以務爲定保之圖者，取則於吾身而不遠；吾人之倫類不一，而皆由我以神其化，吾能克慎明德，陳之藝極而無愧，則標準既立，而軌物之道在焉，而所以錫汝保極以懋建安寧之術者，順成於觀感而無難。自是而閑有家，則敦睦九族，而守家之道因於此矣；自是而均邦國，則平章百姓，而守邦之道因於此矣。雖勢因分異，不可以强一，而由吾身以出之，自有默成之感。守身非守之本乎？夫知事親爲事之本，則事之大者無有過於此者矣；知守身爲守之本，則守之大者無有過於此者矣。君子於事、守可不知所先務哉？

評：歸震川文有二類，皆高不可攀。一則醇古疏宕，運史記、歐曾之義法而與題節相會；一則樸實發揮，明白純粹，如道家常事，人人通曉。如此篇及「堯舜之道」二句文，他家雖窮思畢精，不能造也。

仁之實 一章

瞿景淳

大賢言道之實而統同於孝弟，欲人知所重也。甚矣，孝弟盡天下之道也，知道之實皆統於此，則所以務其實者惡容已哉？孟子慮人之遠以爲道也，故言此以詔之。曰：良心每妙於各足，而至道不假於旁求。人之求道而不自孝弟始，殆未免於徇其華而遺其實也。何則？立人之道有仁焉，仁固無乎不愛矣，然而非實也，究其實之所存，則惟在於事親焉，立愛自親，而天下之異文合愛者，皆統於斯矣；立人之道有義焉，義固無乎不敬矣，然而非實也，究其實之所存，則惟在於從兄矣，立敬自兄，而天下之殊事合敬者，皆統於斯矣。根柢於一心，而充拓於萬化，此事親、從兄所以爲仁義之實也。然豈惟是哉？人之所以知此道者，有智焉。智也者，知也，而智之實不必徧物以爲知也，亦惟知此二者弗去而已矣。由良知以發覺而不失其本，物誘有所不能遷也，終身有所不能易也，斯則天下之真知，而凡所以通天下之故者胥此啓之矣。所以履此道者，有禮焉。禮也者，履也，而禮之實不必盡飾以爲節也，亦惟節文斯二者而已矣。因良能以致用而不失夫天然之中，聯之以情而不瀆也，秩之以分而不離也，斯則天下之至禮，而凡所以嘉天下之會者胥此推之矣。所以樂此道者，有樂焉。樂也者，樂也，而樂之實不必極音以爲樂也，亦惟樂此二者而已。人誠樂於斯也，則天機自動於有感，而生意之油然者，殆不可得而已也；四體自喻於不言，而舞蹈之在我者，吾不得而自知也。斯則天下之至樂，而凡合生氣之和、道五常之行者，孰非此爲之造端也哉？此孝弟之所以爲至德要道也。人誠求之孝弟，則天下之道一以貫之而無遺矣。不然，其如本之先撥何哉？

評：章妥句適，無他奇特，而題義完足。瞿浮山文不使力，不使機，充裕優閒，亦時文家正派。

有故而去 五句

唐順之

先王於去國之臣而待之曲盡其禮焉。甚矣，先王之能體群臣也，雖於去國之臣，而亦無所不盡其禮焉，則人臣固宜有以厚報之矣。此孟子援古以見今之不然也。想其告宣王之意，若謂：王知舊君之有服，固也，而亦知舊君之所以遇其臣者乎？何則？人臣義有不合而不容不去者，所以明進退之節而不敢苟也；人君聽其去而不必其留者，所以成人臣之志而不敢强也。則臣之去也，固非悻悻然薄其君；而君於其臣之去也，亦豈能恝然自處其薄乎？於是慮其或不免於致寇也，則使人導之出疆而豫防其患焉，庶乎即次之無所虞而懷資之無所戀也，蓋禮義以爲干櫓，固君子之所以自衛也，而曲爲保護以使之利有攸往者，亦君心之不能自已者耳；又慮其無以爲之先容也，則先之於其所往而稱道其賢焉，庶幾見用於他國亦猶見用於吾國也，蓋出疆必載贄，固君子之所以自進也，而曲爲汲引以使之喪不速貧者，亦君心之不能自已者耳。至於臣之在國也，有田里以養其廉焉，必待其去之三年不反也，然後從而收之。苟三年之内而幸其或反也，則將以其未收之田里而與之，可也；苟三年之外而尚幸其或反也，則雖以其既收之田里而復還之，亦可也。蓋其反與不反，雖人臣之所自爲去就，而非人君之所能必也，但人君之心則固嘗冀其必反耳。夫導之出疆，則恐其行之弗利也，況有執之而使不得行者乎？先於所往，則惟恐其國之不用也，況有極之而沮其見用者乎？三年而後收其田里，則於心猶以爲速也，況有方其去而遽絶其來者乎？此則雖謂之舊君，而其視臣如手足者固自在也，安得而不爲之服也哉？

評：深明古者君臣之義，由熟於三經、三禮、三傳，而又能以古文之氣格出之。故同時作者，皆爲所屈。蓋或識不及遠，或才不逮意，雖苦心營度，終不能出時文蹊徑也。

武王不泄邇 一節

瞿景淳 墨

聖人之心，合遠近而一於敬也。夫聖王以天下爲度，而遠也近也，皆其敬之所及也。武王兼之而一無所忽焉，此其有得於心法之精歟？孟子叙群聖之統而及於武王，蓋曰：帝王之統一天下也，天下之事皆其事，天下之人皆其人。而處之有未當者，則以心學之不講而爲勢所移也。武王其善治心者乎？蓋天下之不一者，遠近之勢也；至一者，吾心之理也。自夫人之有見於遠、無見於近也，則以其勢之親，而狎昵之私或生其間矣，唯我武王，則雖人之所易泄者莫如邇也，而亦不之泄焉。敬以勝怠，而不安於燕僻之私；義以勝欲，而不移於積習之溺。綴衣虎賁皆知恤也，而燕朝無惰容；刀劍户牖皆箴銘也，而幽獨無惰行。蓋雖耳目之習見，而此心之慎以密者，則惟恐細行之不矜以累夫大德者矣。又安知其爲邇而泄之耶？自夫人之有見於邇、無見於遠也，則以其勢之隔，而遺忘之弊或乘其後矣，唯我武王，則雖人之所易忘者莫如遠也，而亦不之忘焉。道濟天下，而常切夫範圍之思；知周萬物，而每軫夫曲成之慮。建侯樹屏，所必飭也，而計之爲甚詳；燕翼貽謀，所必預也，而慮之爲甚遠。蓋雖事機之未形，而此心之重以周者，則惟恐先事之不圖以貽夫後悔者矣。又安知其爲遠而忘之耶？夫無忽於遠，易能也，近而不忽則非德之盛不能矣；無忘於近，可能也，遠而不忘則非仁之至不能矣。此固武王之聖，而亦孰非此心之憂勤者爲之哉？

評：於注所云「德盛」「仁至」皆傅以經義，各有歸宿。瞿浮山文高者不過貼切通暢，殊不遠時文家數。當時以並王、唐，未可爲定論也。

天下之言性也 一節

諸燮

大賢因言性者止於已然，而進之以自然也。蓋性不可知，而情則其已然者也。言性者求之於已然之「故」已矣，而又孰知「故」之本於「利」耶？孟子懼用智者之自私而性之不明於天下也，故其言曰：人具乎性，雖天下之同得，而性原於天，實無形而難知。因其難知，而求之於窈冥昏默之間，則非所以論性矣。蓋性雖無形，而情則易見。天下之言性也，因其已然之迹，而推其秉彝之初；即其發見之端，而探其本然之妙。則因外可以達内，而藴之自中者有莫掩之誠；由顯可以通微，而性之難知者無終晦之理。言性而求之於故，固可謂得其旨矣；然止於故而不求之於自然之勢，又論性之常也。孰知已然之本於自然乎？蓋性原於天下之一，而情效天下之動者也。順其性之所止，則善端在我，隨感而見，非有所爲而爲之者，其勢則然也；拂其性之本然，則愛惡相攻，因感而異，或相倍蓰而無算者，亦其勢使然也。於此而無以辨之，而徒曰「吾之所言者是故也，是可以盡夫性矣」，則凡天下之人無有不善，而小人放辟邪侈，所以悖之而凶者不可不謂之故也，而謂人之性本如是也，可乎？以是言性，則人之性愈晦，而人之紛争辨論者，徒勞而無益矣。是知因故而驗性可也，而認性於故不可也；謂故本於利可也，以故而爲利不可也。因其本然之勢而利導之，則易簡而天下之理得矣，何性之不明也哉？

評：孟子指「情」以證「性」，此「故」之説也。但「情」也有不好一邊，須指其一直發出、未經矯揉造作者，如「乍見孺子入井」「嘑爾蹴爾、不受不屑」之類，才見得情之正、性之真，此「利」之説也。看得四通八達，而筆力又足以發之。歸、唐而外，作者亦能自樹立，非瞿、薛二家所能肩隨也。

匹夫而有天下者 二節

唐順之

大賢兩推聖人不有天下之故，以見天與子也。蓋聖人之有天下，不獨以其德，亦以天子之薦與繼世之不賢耳。不然，其如德何哉？此孟子歷舉群聖之事，以證禹之非德衰也。想其告萬章之意，若謂：吾子謂禹爲德衰者，蓋徒知益之爲舜、禹，而不知啓之非朱、均也。且自古聖人之不有天下者亦多矣，豈獨益哉！何則？匹夫而有天下者，非曰德爲聖人而天遂與之也。功不得違勢而獨立，名不得背時而獨彰。必也德如舜矣，而又有薦舜如堯者，而後可以帝於虞；德如禹矣，而又有薦禹如舜者，而後可以王於夏。舜不遇堯，一耕稼之夫而已矣；禹不遇舜，一崇伯之子而已矣。是故仲尼雖有舜禹之德，而所遇非堯舜也。孰委之以國焉，孰授之以政焉？蓋其德則是，其位則非，天亦何從而與之天下哉！若夫有德矣，有薦矣，而亦不有天下者，何也？蓋匹夫以有天下者與繼世以有天下者，其勢常相低昂者也。繼世而有天下者，非曰德不如聖人而天遂廢之也。先王之澤未泯，天心之眷未衰，必也大惡如桀而後有南巢之放，大惡如紂而後有牧野之誅。禹之天下，苟不遇桀，未亡也；湯之天下，苟不遇紂，未亡也。故益、伊尹、周公雖有舜禹之德，有天子之薦，而所遇非桀紂也。啓之賢足以繼夏，而商則太甲焉；太甲之賢足以繼商，而周則成王焉。蓋雖與子也，猶與賢也，天亦奚必奪此而與彼哉！夫伊尹、周公、孔子皆聖人也而不有天下，其何疑於益？商、周皆繼世者也，其何疑於禹？比類觀之，天意見矣，而獨謂禹爲德衰哉？

原評： 此題仍是一串意，不應兩對。行文開中有闔，其妙可以意求。

評： 理精法老，語皆天出，幾可與韓氏對禹問相方。

天子一位 六節

瞿景淳

周室班爵禄之制，皆以次而降焉者也。夫爵禄之班，先王公天下之心；而等級之明，所以嚴天下之防也。此制定而周家有道之長其基於此矣。孟子告北宫錡，蓋曰：先王之治天下也，有爵以馭其貴，有禄以馭其富，此固公天下之大端也，所以秩其分而平其施，有不可逾焉者矣。試以其略言之。天下之所共宗者一天子也，天子之一位，其尊尚矣，自是則有公有侯有伯有子男，而各一其位焉，以一人而撫萬邦，以萬邦而戴一人，五等之施於天下者，所以大一統而示天下之有王也；國中之所共宗者一君也，君之一位，其尊至矣，自是則有卿有大夫有上中下士，而各一其位焉，貴以臨賤，賤以承貴，六等之施於國中者，所以辨上下而示國中之有君也。此其班爵之制也，而禄之班則又視其爵矣。在天子，則有方千里之國焉；在公侯伯子男，則有百里、七十里、五十里、五十里之國焉；又有不能五十里之附庸焉。是君非獨豐也，王章也，所以固天下之本也；臣非獨薄也，侯度也，所以立天下之準也。此其通於天下者也。禄之班於王畿也，卿之受地視夫侯矣，大夫所受亦不失夫伯之地焉，元士所受亦不失夫子男之地焉。是重内臣者，所以尊王室也；比外封者，所以制禄入也。而千里之畿又將以之共官，天子不欲專之以自私矣。禄之班於侯服也，大國君卿之禄蓋已厚矣，次國殺其一而大夫以下不爲之殺焉，小國又殺其一而大夫以下不爲之殺焉。是儉於君卿者，義之裁也；優於大夫士者，仁之施也。而百里、七十里、五十里之國，又將以之待下，諸侯亦不敢專之以自奉矣。夫其爵之班也，而貴賤之相承，有以嚴天下之分焉；禄之班也，而大小之各足，有以公天下之利焉。吾是以知周室班爵禄之制，法天而不私也。

評：以義制法，文成而法立。整練中有蒼渾之氣，稿中所罕見者。

天子一位 六節

王世懋

大賢舉周室之班爵禄，合内外而盡其制也。夫爵禄通於内外，此聖人之所以盡制也。大賢舉以爲時人告，殆亦王制之遺意歟？蓋謂爵以馭貴，禄以馭富，固帝王公天下之大端；而爵有崇卑，禄有隆殺，又先王所以綜理天下而治之者也。周室之班爵禄，不有大略之可言乎？以班爵言之：君詔爵者也，而臣則得君之爵以爲爵者也。天子之位，其爵尚矣，天子而下，公、侯、伯各一位焉，子、男同一位焉，夫固所以大一統而聯屬乎天下也。至其國中之爵，豈獨無其等乎？一國之共宗者，君一位焉，自是而卿而大夫上士中士下士，其名不同而其位亦不同也，一國之經綸又何異於天下之大勢耶？要之，先王非侈名號而相與爲榮也，蓋王章侯度，自有不容混者。故錯壤以居，而天下無孤立之患；分職以治，而國中無偏任之嫌。則内外之相維，大小之相制，而爵於是乎有常矣。以班禄言之：君詔禄者也，而臣則得君之禄以爲禄者也。天下之地，方千里矣，天子而下則有百里七十里五十里之國焉，又有不能五十之附庸焉，夫固所以立民極而共理乎天下者也。至於國中之禄，豈獨無其次乎？天子之卿大夫士比外封焉，自是而大國而次國而小國，卿禄漸殺而大夫以下不爲之殺也，一國之常禄又何異於天下之定賦耶？要之，先王非私天下而相與爲賜也，蓋以爵詔禄，自有不容紊者。故建邦啓土，而天下不以爲厚；敬事後食，而國中不以爲薄。則隆殺之得宜，小大之各足，而禄於是乎有定矣。夫其爵之班也，而天下不敢日志於尊榮；禄之班也，而天下不敢日競於富侈。周室之制，此其大略。吾子其亦聞乎？

評：以五節對一節，妥貼排奡。或合或分，或鈎連，或總斷，動中窾要。法律之細，氣息之古，與歸震川一節文略同。

天子一位 一節

歸有光

大賢詳周室班爵之制，内外各有其等也。夫爵者，先王所以列貴賤也，内外異等而天下之勢成矣。且夫有天下者不以自私，而選賢與能，以與天下共焉，兹明王所以奉若天道者也，而制盡於成周矣。自其通於天下者言之，蓋無所不統謂之天子，天子無爵也，而爵之所尊也，六合之内無以加矣。於是乎天子端冕於内，六服承辟於外，錫之命而重藩翰之寄，胙之土而同帶礪之盟。公也侯也伯也，各一位也，名異而等不同也；子也男也，同一位也，名異而等不異也。合之凡五等矣。要之，先王非私天下而相與爲賜也，顧寰宇之廣、億兆之衆，苟非聞見之所及，則智慮有所不周，而天下之情必有壅而不通者矣。故爲之衆建諸侯，而使之錯壤以居，以大弼成之義，而内外相統，遠近相維，則運臂使指之勢以成，而五服之長，外薄四海矣。然則有天子必有諸侯，有諸侯必有公侯伯子男者，勢也，此先王所以聯屬天下而盡其大者也。自其施於國中者言之，蓋自天子至於子男皆謂之君，君詔爵者也，而爵之所先也，域中之大無以加矣。於是乎各君其國，則各統其臣，論官材而俾之咸熙庶績，亮天工而俾之弼予一人。卿也大夫也，各一位也，官異而秩亦異也；上士也中士也下士也，各一位也，士同而品不同也。合之凡六等矣。要之，先王非侈名號而相與爲榮也，顧委寄之重、幾務之叢，苟非耳目之所寄，則聰明有所不及，而天下之事必有偏而不舉者矣。故爲之廣置官屬，而使之分職以治，以盡協恭之責，而上下相承，體統相係，則絲聯繩牽之勢以成，而九牧之倡，阜成兆民矣。然則有君必有臣，有臣必有卿大夫士者，亦勢也，此先王所以經理一國而盡其細者也。是知合六等以治五等之國，合五等以一天下之勢，周室班爵之制有如此者。

評：其議論則引星辰而上也，其氣勢則決江河而下也，其本根則稽經而諏史也。故自有歸震川之文，制義一術可以百世不湮。

詩曰天生烝民　一節

陳棟墨

大賢引詩及聖人說詩之詞，所以明性善也。夫物則同稟而懿德自好，性之發乎情者則然也。觀此而性善之義不有足徵乎？孟子答公都子之意，蓋謂：以情之善而徵性之善，此非予之私言也，詩嘗言之，而孔子亦嘗道之者也。詩曰「天生烝民，有物有則。民之秉彝，好是懿德」，夫先言降衷之德，而發其固有之良；繼言好德之同，以驗其所稟之善。非達性命之原者，不足以語於斯也。孔子讀而贊之曰「爲此詩者，其知道乎」，夫「物」之與「則」雖判於顯微，而微乃顯之所以立也；「秉」之與「好」雖分於寂感，而感乃寂之所以形也。是以天生蒸民，有形而下者以爲之器，必有形而上者以爲之理。凡形器之所運者皆物也，而皆有「則」焉，以爲此身之主，自有生以來，固分定而不易者也；凡綱常之所著者皆物也，而皆有「則」焉，以爲日用之常，自受衷以來，固有恒而可執者也。非民之秉彝而何？夫是「秉彝」也，即所謂「懿德」也。惟其「善」原天下之一，是故「好」同天下之情。可愛可求之美，不惟知德之深者而後能好也，雖陷溺其心，亦必有觸之而即動者焉，蓋吾之所好即吾之所秉，自乎契之若此耳；至精至粹之真，不惟全體是德者而後知好也，雖牿亡之甚，亦必有油然而莫遏者焉，蓋「則」之所具即情之所鍾，自忻慕之若此耳。向非有是「則」也，則何所秉以爲彝；而非秉是彝也，又何所爲而同好哉？此詩人之所以爲知道也，是知「有物有則」即吾所謂性善者也，「秉彝好德」即吾所謂情善者也。則夫情之可以徵性，不既益明乎？而爲不善者，果非「才」之罪矣。子尚何惑於三說者哉？

原評：清真流暢，堆疊處能運以圓逸，而非後此機趣之文可同日語者，學之粹也。

詩曰天生烝民 一節

歸有光 墨

大賢引詩與聖人之言，所以明人性之無不善也。夫性出於天而同具於人者也，觀詩與孔子之説，而性善之言不益信矣乎？孟子告公都子之意至此。謂夫性善不明於天下，蓋自諸子之論興而不能折衷於聖人也。昔孔子嘗讀烝民之詩而贊之矣，詩言「天生烝民，有物有則。民之秉彝，好是懿德」，是詩人所以爲知道而通於性命之理者也。蓋造化流行發育萬物者，莫非氣以爲之運；而真精妙合所以根柢乎品彙者，莫非理以爲之主。惟其運乎氣也，而物之「能」成焉；惟其主乎理也，而物之「則」具焉。肖形宇宙，謂之非物之象則不可，而有不囿於象者即此而在，其本然之妙，若有規矩而不可越，是聲色象貌皆道之所麗焉者也；稟氣陰陽，謂之非物之形則不可，而有不滯於形者隨寓而存，其當然之法，若將範圍而不過，是動作威儀皆道之所寄焉者也。有一物必有一物之則，天下之生久矣，天不變而道亦不變，蓋有不與世而升降者矣；有萬物必有萬物之則，生人之類繁矣，同此生則同此理，蓋有不因時而隆汙者矣。是以懿德之好，協於同然；而好爵之縻，通於斯世。仁統天下之善，義公天下之利，天下均以爲仁義而孜孜焉樂之不厭，以爲其出於性耳，不然，一人好之而千萬人能保其皆好之乎？禮嘉天下之會，知别天下之宜，天下皆以爲禮知而忻忻焉愛之無窮，以爲其性之所同耳，不然，則好於一人而能保其達於天下乎？可見天下之情一也，而同出於性；天下之性一也，而同出於天。性善之説，折衷於孔子，而諸子紛紛之論不待辨而明矣。

原評：舉孔子以折服諸子，不是單引詩詞，故歸重孔子。「贊」與詩同詞，故但直出詩詞，而重發下文。此先輩相題最精處。文之渾雄雅健，在稿中亦爲上乘。

牛山之木嘗美矣 二節

唐順之

大賢舉山木例人心，而著其失養之害焉。夫有材者山之性，有才者人之情，顧所養何如耳。然則人之良心與山木而俱斃也，哀哉！孟子之意若曰：天下之事，貴乎防患於未然，尤貴乎補弊於已然。始之也無所防，終之也無所補，而可以無弊者，無有也，吾嘗揆之物理、驗之人情而得之矣。今夫山，草木之所聚也，而其所以觀美於人者恃有此也，乃若牛山則有不然者矣。斧斤者往焉，既不能保其美於始；牛羊者往焉，又不能養其美於終。此其郊於大國，而求牧與芻之所便故也。是故昔之美者此山也，今之濯濯者亦此山也，無怪乎人之以未嘗有材者視之也。殊不知山之性能生之而不能全之，雨露之所潤者無幾，而人力之爲害者已至，雖曰地道有敏樹之機，而所存不能補其所亡，不至於濯濯不已也。吾如有萌焉何哉？今夫心，仁義之所管也，人之所以異於禽獸者恃有此也，凡今之人則有不然者矣。其始也物交之攻取，而所謂良心者則寡之又寡以至於無；其繼也肆情於旦晝，則所謂夜氣者將梏之又梏以至於不能勝。此則放其心而不知求，有其端而不知充故也。是故初之具此仁義者固若人也，今之不遠於禽獸者亦若人也，無怪乎人以未嘗有才者目之也。殊不知人之情可以放之而亦可以求之，人心之惟危者愈危，而道心之惟微者愈微，雖曰吾心有不死之妙，而夜之不足以勝晝，不至於禽獸不已也。吾亦且奈之何哉？欲免禽獸之歸者可以省矣。立志如爲山，循序如登高，而由小以高大可也。不然，則茅塞其心、荒蕪其學，其不爲槁木也者幾希矣。

評：依題立格，裁對處融煉自然，有行雲流水之趣。乃知板活不在製局，第於筆下分生死耳。

物交物 二句

唐　龍

惟欲與形交，斯形爲外誘矣。夫易溺者欲，易感者形，物我相交而弗爲其所誘者幾希！孟子明小體之不可從也及此。蓋謂：有小體焉，不可從也；有小人焉，不可爲也。彼耳不能思，惟以聽爲職而知覺弗具，是亦囿於形而已矣，耳非一物乎？凡物之有聲者從夫耳焉。目不能思，惟以視爲職而神明弗通，是亦囿於形而已矣，目非一物乎？凡物之有形者從夫目焉。聲無迹以虚入者也，而耳之虚有以受天下之聲，故五聲並取，劇然而交之，有不强自合者矣；色有象以明見者也，而目之明有以受天下之色，故五色並著，雜然而交之，有不期自集者矣。夫物交物如此，引而去之，抑何難哉？蓋期於聲者，天下之耳皆相似也，故聲一交而耳即隨，内若有將，外若有迎矣；期於色者，天下之目皆相似也，故色一交而目即隨，前若有挽，後若有推矣。逐物之迹，窮於俱化之境，吾見志氣移於物，昏然而罔念也；從欲之形，流於忘返之域，吾見聰明昏於欲，冥然而莫知也。是則交之於前，實開引之之端；引之於後，實固交之之迹。君子於此，當慎所擇矣。

評：前刷「交」字，後寫「引」字，皆由輕而重，由淺而深。入理周密，立言次第。

堯舜之道 二句

歸有光

聖人之道，不越乎庸行之常也。夫庸行之常，性之所能也，循性以行，而聖之所以爲聖者在是矣，而豈可求之高遠乎？孟子所以起曹交之儒也。意謂：天下之望聖人也太高，而居聖人於絶德，而不知其道之易也。是故堯大聖人也，後世無及焉；舜大聖人也，後世無及焉。語其神聖文武之盛、欽明濬哲之懿，而其道之廣博包涵，悠遠纖悉而無所不盡也；語其光被充格之極、至誠感應之妙，而其道之丕冒洋溢，漸積流行而無所不際也。宜其望而畏之矣。殊不知天下一性而已，而帝降之衷出於付授之公，而衆人無所不與；性一孝弟而已，而知能之良與於夫婦之愚，而聖人於我無加。灑掃應對，積實於庭除，而充之可以達天德，宫庭隱約之際，而道之簡易明白不可離也；雍睦愷悌，敷和於閨闥，而出之可以極神化，行止疾徐之間，而道之切近精實不可遠也。行吾孝而孝焉，孝之盡而爲聖人焉，率吾性之仁而已耳，仁吾之所同具也，孝吾之所同得也，仁具而真愛形，孝立而天性遂，凡天下之有親者胥能之矣，堯舜蓋盡天下爲子之職者也；行吾弟而弟焉，弟之盡而爲聖人焉，率吾性之義而已耳，義吾之所同具也，弟吾之所同得也，義藏而至敬顯，弟立而天機達，凡天下之有兄者胥能之矣，堯舜蓋盡天下爲弟之職者也。先王有至德要道，而流行於百姓之日用；聖人非絶世離群，而徐行乃舉足之可能。求道於堯而堯不可爲，求堯於孝弟而堯不遠矣；求道於舜而舜不可幾，求舜於孝弟而舜邇矣。然則曹交之徒，猥以形氣自限者，真暴棄之流也耶？

評：「堯舜之道」與「孝弟」交關處，探源傾液而出之。樸實醇厚，光輝日新。

宋牼將之楚 一章

歸有光

大賢聞時人有以利説君者，因遏其欲而擴之以理也。夫拔本塞源，聖賢教世之心也。觀其於時人問答之間，可概見矣。昔宋牼將爲適楚之行，孟子遇於石丘之地。邂逅之際，見此大賢，可謂遭逢之幸矣。孟子未知其所往，故問其所之，而欲得其説也，牼則曰「吾聞秦楚交惡，兵民重遭其困，吾將入楚則説楚，入秦則説秦。庶幾失此在於得彼，二王期於一遇也，兵民於此獲休息乎」，牼之志如此；孟子欲攻其所蔽，故不求其詳，顧知其指也，牼則曰「吾謂秦楚搆禍，彼此兼失其利，秦固爲失，楚亦未爲得，使知不利之爲非，將謂利之是從也，吾言舍是無餘策矣」，牼之號如此。孟子於是揭諸古聖賢之道、人心天理之不可泯滅者告之。曰：天下紛紛於争，而先生從而欲息其争，志則大也；人心滔滔於利，而先生從而和之以利，號則不可。且義利之辨嚴矣，先生以利説乎二王，上悦而下從之，由是國之有臣、家之有子弟，争以利心事其君親，天理亡而人欲肆，不奪不厭，其亡也忽焉，天下自此多事矣；先生以仁義説乎二王，則上倡而下從之，由是臣之於君、子弟之於父兄，莫不以仁義激於中，人欲泯而天理明，不後不遺，其興也勃焉，天下自此太平矣。先生何必以大志而用乎小，舍仁義而求之於利哉？是則誤其説則其害甚大，擴以理則其效甚速。解紛息争，莫有要於此者。先生行矣，其以吾言告諸秦楚，吾將拭目而望太平之有日也。

評：此自來選家所推爲至極之作，其清醇淡宕之致自不可及。但必以此爲稿中最上文字，則尚未見作者深處也。

無曲防　三句

茅　坤

恤鄰而尊王，五霸同盟之辭也。夫鄰封者兄弟之國，而王朝者爵賞所出也。曰恤之，曰尊之，其斯五霸之善乎？昔孟子述其同盟之辭，而終之以此。若曰：自周室既衰，諸侯放恣，不復知有修睦之典與共主之義也久矣，凡我同盟，其可不亟反之乎？今夫天災流行，旱乾水溢，國之常也，而況在鄰服？則利不相先，害不相後，所謂脣齒之國，其情尤當體者。故爲之濬其畎澮，時其瀦瀉，斯則猶有古者與國之意存焉。無徒以四境爲悦，旱則爲之閉其泉，若以自溉也，而不與人同其利也；水則爲之障其川，若以自固也，而不與人同其害也。如此者謂之曰「曲防」，曲防者，吾同盟勿與也。歲時薦饑，有無懋遷，國之制也，而況在鄰服？則以我之贏，濟彼之縮，所謂賑弔之邦，其義尤當急者。故爲之持其委積，達其道路，斯則猶有古者恤災之意存焉。無徒以一國爲利，或以告饑，則爲之厲禁於川梁，而不爲通也；或以請輸，則爲之設譏於關市，而不與易也。如此者謂之曰「遏糴」，遏糴者，吾同盟勿與也。以至建邦錫姓、興廢繼絶，天子所以一四海，而非諸侯之所得耑也。自命卿以上猶必請之，而況分茅胙土之大乎？故卿大夫之功所當賞，公族之世所當續，必請之天子，斯則猶有古者一統之義存焉。無曰東遷以後政不在王室也非一日矣，土地吾有也，吾所剖符而食之也，天子不得而知也；人民吾有也，吾可分籍而授之也，天子不得而知也。如此者謂之「封而不告」，封而不告，吾同盟勿與也。吁！夫如是，一則恤鄰，而諸侯之在當時猶不至於相夷矣；一則尊君，而王室之在當時猶不至於盡廢矣。豈非「彼善於此」乎？若夫今之諸侯，如之何其可幾也？

評：典碩中具疏宕之致，故爾超然越俗。

所以動心忍性 二句

錢有威

大賢原天困聖賢之意，無非成其大受之器而已。甚矣，困之進人也。動心忍性，而不能者曾益焉，大受有不可勝哉！孟子之意以爲：富貴福澤，所以厚夫人也。天欲降大任於是人，固將以厚之也，而必先之以困者，果何以哉？殆有深意存焉耳。彼聖賢之生，仁義禮智根於心者也，若無待於動之而後有者，然道心惟微，苟晏安之習勝，則警覺之意荒，雖聖賢亦不能必其無也。天之困之，正欲其窮則反本，而良心發於歷試之餘；勞則思善，而天理存於憂勤之後。惕然萌動，殆有若或啓之者焉。聖賢之心，氣稟食色不謂性者也，若無待於忍之而後節者，但人心惟危，苟順適之事多，則縱恣之意起，雖聖賢亦不能必其無也。天之困之，正欲其求焉不得，而撙節以成寡欲之功；欲焉不遂，而澹泊以爲養心之助。截然限制，殆有若或遏之者焉。夫義理之心，良能之所由出也，不有以動之，則天機日淺，將並其所能者而失之矣，況有所益乎，今則義理昭著而疑懼可消，自覺猷爲之易達；氣質之性，良能之所由蔽也，不有以忍之，則嗜欲日深，將並其已能者而汩之矣，況於未能乎，今則氣質清明而艱難備悉，不覺智勇之日生。向固有所能有所不能也，至是而無所不能，凡其上之而爲聖，次之而爲賢，皆其砥礪之深而養之裕如者也，此非天之摧抑而何以有是哉？向固有能勝有不能勝也，至此而無不能勝，凡大之而爲君，次之而爲相，皆其閱歷之久而處之裕如者也，非天之激發而何以有是哉？即此而觀，可見困窮拂鬱，天固未嘗薄於人也，人亦何爲不力而自處其薄耶？

評：義理精醇，詞語刻露。講「增益不能」即從「動」「忍」勘出，尤見相題真切。惟後半精力少懈。

有安社稷臣者 一節

歸有光

大臣之心，一於爲國而已矣。夫大臣，以其身爲國家安危者也，則其致忠於國者可以見其心矣，其視夫溺於富貴者何如哉？且夫富貴爲豢養之地，榮禄啓倖進之媒，人臣之任職者或不能以忠貞自見矣。而世乃有所謂安社稷臣者，何如哉？蓋惟皇建辟而立之天子，非以爲君也，以爲社稷之守也；惟辟奉天而置之丞弼，非以爲臣也，以爲社稷之輔也。人臣之寄在於社稷而已，顧縻戀於好爵，則移其心於徇利；嬰情於名位，則移其心於慕君。而社稷之存亡奚計哉？惟夫有大臣者，敦篤棐之忠，凡所以夙夜匪懈者，不惟其己之心而以君之心爲心；充靖恭之節，凡所以旦夕承弼者，不惟其君之心而以天下之心爲心。謨謀於密勿者，必其爲宗社生靈長久之計，入以告於爾后，苟無與於社稷者不言也；經營於廊廟者，必其爲國家根本無窮之慮，出以施於天下，苟無與於社稷者不爲也。其憂深而其慮長，前有以監於先王，而後有以垂諸萬世，而相與維持之者，不敢有苟且之意，蓋有所謂國存與存、國亡與亡者矣；其志遠而其守固，上不奪於權力，下不顧於私家，而所以自樹立者，不敢有委隨之心，蓋有所謂招之不來、麾之不去者矣。故天下無事，則爲之培養元氣、調理太和而不違啓處，以置國家於磐石之固；天下有變，則爲之消弭禍亂、攘除災害而不動聲色，以措天下於泰山之安。不以其身也，以社稷也，其心之切切也猶夫懷禄者之情也，得之而以爲喜，失之而以爲憂矣；不以其君也，以社稷也，其心之眷眷也猶夫慕君者之衷也，不安則以爲憂，安之則以爲悦矣。吁！此大臣之心也。

評：從「悦」字生意，易見巧雋。此文止將「社稷臣」志事規模切實發揮，不呫呫於「悦」字，而精神自然刻露。與所謂大臣篇同一寫照而氣象又别。觀杜詩可知其志節慷慨，觀震川文可知其心術端慤。故曰即末以操其本，可八九得也。

子莫執中 一節

唐順之

時人欲矯異端之偏，而不知其自陷於偏也。蓋不偏之謂中，而用中者，權也。子莫欲矯楊墨之偏而不知權焉，則亦一偏而已矣。此孟子斥其弊以立吾道之準也。且夫吾道理一而分殊，而爲我之與兼愛，固皆去道甚遠者也；吾道以一而貫萬，而執其爲我與執其兼愛者，固皆執一而不通者也。於是有子莫者，知夫楊墨之弊而參之於楊墨之間，以求執乎其中焉。蓋曰其孑孑然以絶物如楊子者，吾不忍爲也，但不至於兼愛而已矣；其煦煦然以徇物如墨子者，吾不暇爲也，但不至於爲我而已矣。自其不爲爲我也，疑於逃楊而歸仁；自其不爲兼愛也，疑於逃墨而歸義。子莫之於道似爲近也，然不知隨時從道之謂權，以權應物之謂中，而楊墨之間，非所以求中也。徒知夫絶物之不可，而不知稱物以平施，則爲我固不爲也，而吾道之獨善其身者，彼亦以爲近於爲我而莫之敢爲矣；徒知夫徇物之不可，而不能因物以付物，則兼愛固不爲也，而吾道之兼善天下者，彼亦以爲近於兼愛而莫之肯爲矣。雖曰將以逃楊也，然楊子有見於我、無見於人，而子莫有見於固、無見於通，要之，均爲一曲之學而已，知周萬變者果如是乎？雖曰將以逃墨也，然墨子有見於人、無見於我，而子莫有見於迹、無見於化，要之，均爲一隅之蔽而已，泛應不窮者果如是乎？夫爲我一也，兼愛一也，故楊墨之爲執一，易知也；中非一也，中而無權則中亦一也，故子莫之爲執一，難知也。非孟子辟而闢之，則人鮮不以子莫爲能通乎道者矣。

評：止將題所應有義意一一搜抉而出之，未嘗務爲高奇，而人自不能比並。古文老境也。

君子之於物也 一節

歸有光

君子所以施仁於天下者，惟其序而已矣。夫仁所以濟天下，而不以其序則有所不達也。序行，而仁之體爲無病矣。且夫君子之於天下，凡所與者，孰不思一視而同仁。顧其分之所在，勢有所不能合；而天之所秩，人有所不能淆。於是乎分殊之説起，而善推之道行焉。是故其於物也，言有「愛」而已，加於愛而謂之「仁」者，君子勿之行也。非固狹之以示不廣也，使於物而仁之，則於其所當「仁」者又將何以待之耶？貴賤不明，而人與物之道混，吾之仁將有所窮也，故君子不敢紊也。其於民也，言有「仁」而已，加於仁而謂之「親」者，君子勿之予也。非固小之以示私也，使於民而親之，則於其所當「親」者又將何以處之耶？厚薄無等，而民與親之道混，吾之仁又將有所窮也，故君子不敢易也。要之，隨物付物，屈伸俯仰，觀乎彼之所當得者以順其天；以事處事，而錯綜斟酌，即乎吾之所當施者以循其勢。「親」不以施於民，而有親焉；「仁」不以施於物，而有民焉；物無所與「親」與「仁」，而有「愛」焉。推理以存義，始於家邦而終於四海，以其「親」事親，而以其「親」之餘爲天下之民，恩之不可解者，天之合也，化之不可已者，人之合也，辨「親」與「仁」，而疏戚之道著矣；别生而分類，始於匹夫匹婦而洎於一草一木，以其「仁」爲民，而以其「仁」之餘爲天下之物，可以盡如吾之意者，類之同也，不能盡如吾之意者，類之殊也，辨「仁」與「愛」，而貴賤之義昭矣。吁！此君子之道所以仁義相濟、本末兼舉，無尚同兼愛之失、倒行逆施之弊，而卒不廢於天下也。

評：上截於分劃處見輕重權衡，下截於聯遞處見施行次第。各還分際，確實圓融。文之疏達者不能遒厚，矜重者不能優閒，惟作者兼而有之。

盡信書 一章

唐順之

大賢言書不可以盡信，而質以周書之誣也。蓋書不可以盡信，而周書之可疑者乃其證也。君子觀於書也，容可以無見哉？孟子因世之泥書而害理者，故其好古之下，有感而爲之言。曰：書所以録當世之迹而垂後世之規，固不可以不信者。但傳疑本史氏之體，容非綜核之真；愛憎出一時之情，或有揄揚之過。蓋學者誦其言而斷之以理，無病於書也。苟不度其是非而盡信之，則不道之心，滋於見聞之誤；而私意之惑，起於影響之憑。以古人垂世之迹，而反爲誤世之文，則又不若無書之爲愈矣。他固未暇辨也。武成之書，所以紀武王之事者，宜若皆實録矣。吾觀其始終顛末之詳，而稽其會文切理之要。其可取者僅二三策而已焉。他固未足信也。是何也？蓋仁者好生之德足以得民，神武之威至於不殺。無敵於天下者，乃其理之常也。今武王至仁也，紂至不仁也，以至仁伐至不仁，而猶曰血之流杵。則聖人之取天下，必假於殺戮之功；而仁人之於天下，不見乎無敵之驗矣。吾固以知書之不足盡信也。學者能因言而會之以心，考迹而斷之以理，則天下之書皆吾益矣。不然，寧不反爲書之所誤也哉？

評：題本前斷後案，文亦前整後疏。筆力圓勁，神似歐蘇論辨。

口之於味也 一章

瞿景淳

大賢於性、命而伸抑之，所以嚴理、欲之防也。甚矣，欲不可縱而理則當自盡也。欲以命勝，理以性勝，而君子自修之道畢矣。孟子蓋懼人之不知也，故曰：性之在人也所當盡，而有不必徇者，性之欲也；命之在人也所當安，而有不必拘者，命之理也。此理欲消長之機，而辨之必早辨者也。是故自人之形生神發，而欲於是乎出焉。口善味而目則欲色也，耳善聲而鼻則欲臭也，四肢之於安佚，亦有惟意所便者矣。此則與形俱賦而絶之不能使之無，不可謂非性也。然有命焉，貧賤者此命也，固不可違也；富貴者此命也，亦不可越也。大欲所存，而命實行乎其間，若有爲之節制者矣。君子於此，思養心之要，而自甘於澹泊；勵克己之勇，而無即乎慆淫。是亦惟聽之於命耳，而敢諉之於性哉！何也？人心易危也，而又諉之性焉，則將無所不至矣。是故君子貴順命也。自人之有物有則，而理於是乎出焉。仁存於父子而義則所以正君臣也，禮存乎賓主而智則所以辨賢否也，聖人之於天道，亦有獨契其全者矣。此其分量不齊而强之不能使之一，不可謂非命也。然有性焉，清且厚者此性也，固未始有加也；濁且薄者此性也，亦未始有損也。生稟萬殊，而性實存乎其中，固有爲之各足者矣。君子於此，務致曲之學，而因以會其全；致反身之誠，而因以踐其實。亦惟必之於性耳，而敢諉之於命哉！何也？道心易微也，而復誘之命焉，則將無所不已矣。是故君子貴盡性也。吁！人之所必求者而故抑之，人之所不求者而故伸之。孟子此言，其諸正人心之大綱與？

評：和平朗暢，不溢不虧。文章有到恰好地位者，此類是也。

逃墨必歸於楊 一章

胡定

異端之漸歸於正也，當待之以恕，而已甚者失之也。蓋恕則人樂爲善，而求人而至於叛者，患生於已甚也。君子之遇異端之歸也，固不可以不重與？楊墨之禍天下也，始於斯人之不慎，而成於吾儒之不恕。孟子憂之也，蓋曰：凡人之有所不幸也，皆可待之以自新，而其忍自絶其身者，常始於有以激之也。楊墨之不吾信，此豈盡斯人之罪哉，而或者吾儒亦與有責焉故也。夫二者非中道，固皆不可以久；而人情雖甚溺，亦必有時而悟。故各有所蔽，則必期於無弊，是故厭外者思實，而惡簡者求中，其勢然也；但以有所溺，未可責其遽復，是故墨不繼而後楊，楊不足而後儒，其漸然也。此其失之於始，而猶救之於終，蓋有以識乎斯道之美，而於吾人固已無惡矣；是當即其新，不究其舊，惟懼其不得爲善之利，而於斯人亦又何求哉？今之君子則不然。蓋嘗惡其異己也而辨之矣，辨之誠是也。然皆不能忘其既往之愆，而厚以爲罪，何其示人不廣也；有可以入於吾儒之機，而又棄不取，亦不成人之美矣。是追放豚者之智也。彼其入於笠也，以無至於放焉而不反，亦已幸矣；至又從而招之，而待之以無所容，不已過乎？則其曠逸之素，必不樂就於繩檢；而情不自勝，猶將務適其外志矣。繩之太急，雖放豚有所不堪；而拒而不釋，將使楊墨孰從而入哉？夫既已禁其去矣，而顧又絶其歸；其責之亦已詳，而待之亦已不恕矣。亦何怪乎二氏之忿戾而不可解、攻之而愈堅也！吁，爲異説者固有罪矣，而致激成之禍者，亦不得謂之無過。吾誠楊墨之惡，而忍爲是哉？

原評：以比偶爲單行，以古體爲今製，惟嘉靖時有之，實制義之極盛也。此文渾浩中又極細入生動，故爲絶唱。

評：程子謂當時新法，亦是吾輩激成之。文本此立論，窮極「追放豚」之流弊，與注意不相背而相足也。至章法之入古，則原批盡之。

可以言而不言 二句

唐順之

大賢於人之默非其時者而推其情，欲其充義之盡也。蓋心無所爲，則當言而必無不言者矣，若彼及時而故默焉者，豈非匿己以探人乎哉？孟子言人必悉此而去之，然後爲能充無穿窬之心也，意豈不謂：隱微雖人所易忽，而修辭固所以立誠，是不可以不察也。然豈特不可以言而言者爲以言餂人者哉？乃若擬議既足於己，於時不可以不言，而理義或疑於心，於事不容以不言。當此而言，謂之「含章時發」，發皆順理也；謂之「時然後言」，言皆由衷也。顧乃深潛以匿其志，而中心之藏，若弗能發其端，時之可言，弗暇計焉；隱默以緘其機，而心術之蘊，惟恐或洩其秘，事之當言，弗暇恤焉。若此者，非擬之而後言，以求免夫口過也；非縝密而不出，以求至於無咎也。養辨於默，固將以售奸於人焉耳。蓋人之兩相與而意之未相入也，必資於言以示之情而達其機。顧其機之所發不先於我則先於彼，未有能相持而兩無所示者也。今也我之不言，固若示之以無意矣。其或彼有疑焉，而滯於吾之未有所決也；彼有見焉，而激於吾之未有所叩也。滯於吾之未有所決，則彼將不能自釋，而急於自發其所疑，而吾固可以逆知其情之所在矣；激於吾之未有所叩，則彼將不能自忍，而急於自售其所見，而吾固可以預知其情之所在矣。是吾之所以秘其情於不可窺者，乃其所以深洩乎人之情也；吾之所以伏其機於不可測者，乃其所以深發乎人之機也。向使可以言而遂言之，彼將因吾言而不爲之言，其情固有所隱而不盡露者矣；即因吾言而亦爲之言，而吾又方混於兩言淆亂之中，則又何以深察乎彼之隱也哉？士可以言而不言，其用心蓋如此，謂其爲穿窬之類也亦宜矣。

原評：此荆川居吏部時筆，縱横奇宕，大類韓非子。

評：抉摘銛者隱曲，纖毫無遁。指事類情，盡其變態而止。管、荀推究事理之文亦如是，但氣象較寬平耳。

惡佞恐其亂義也 二句

胡　定

聖人兩惡乎言之亂正者，所以嚴天下之辨也。甚矣，信、義自有真也，自佞與利口出，而信義失其真矣，聖人得不惡之以嚴其辨與？孟子原夫子惡鄉愿之意而述其言也，以爲：天下有真是，則不疑於非；天下有真非，則不疑於是。惟似是而非者出焉，始足以眩乎天下矣，吾寧不重惡於斯乎？今夫君子所以制天下之事者，以其有本然之義而已，義固不可一日亂焉者也。使爲佞者而不足以亂義，則無惡於佞矣，然而君子必惡夫佞者，何哉？蓋其恃才以有言，而所言者似有得於物理之宜；舞智以立論，而所論者似有合乎人心之正。義之所以爲是者本自若也，彼則曲爲之説，使其出於非焉，而天下遂不知夫真是之所在也；義之所以爲非者本自若也，彼則旁爲之證，將以成其是焉，而天下遂不知真非之所在也。方其佞之未著，則天下猶知有義；而自斯人之售其佞焉，人將以非義爲義而義始亂矣。吾懼夫義之終息於天下也，寧不於佞而惡之哉？君子所以通天下之志者，以其有本然之信而已，信亦不可一日亂焉者也。使爲利口而不足以亂信，則無惡於利口矣，而君子必惡夫利口者，何哉？蓋其言之僞而辯也，有若由衷以達於外；辭之巧而文也，有若修辭以達其誠。其與人者本無是實心也，而甘悦之辭，若可以久要而不忘者，天下將信其心而莫之疑也；其應物者本無是實事也，而諄切之語，若可敦行而不怠者，天下將信其事而不之察也。方其利口之未施，則天下猶知有信；而自斯人之逞其利口焉，人將以非信爲信而信始亂矣。吾懼夫信之終亡於天下也，寧不於利口而惡之哉？是則惡佞之亂義也，然後天下知佞之非義，而本然之義明矣；惡利口之亂信也，然後天下知利口之非信，而本然之信明矣。聖人爲斯道之防也，其無所不至也。

原評：義是義，信是信，佞是佞，利口是利口，一字不可移易。題難在分别四項，如此畫然可據，非先輩不能。

欽定隆萬四書文卷一　大學

身修而後家齊 合下節

黄洪憲

惟天下無身外之治，則知天下無身外之學矣。夫一身修而齊治均平胥有賴焉，信乎修身之學，無貴賤一也，而君子當先務矣。且夫大學之道，皆非外身而爲之也。有爲身而設者，有自身而推者，而本末先後辨焉，先其本而天下之道備矣。何則？格致誠正，皆所以修身，而吾身此理也，推之於民亦此理也。誠能慎厥身修，而表正之基，已端於在我；則儀刑自近，而親睦之化，用協於一家。由是家齊而後國可治焉，治以此身而已矣；國治而後天下可平焉，亦平以此身而已矣。蓋天下國家，皆非身外物也，物理相因，而莫非一身之聯屬；故齊治均平，皆非身外事也，事爲有漸，而要皆慎修之緒餘。此古之明德於天下者必有所先也。即是觀之，而修身之學非天下之大本乎？是故上自天子之尊，下而至於庶人之賤也，其位雖異，而成己成物之責，實合上下而攸同；故其分雖殊，而端本善則之功，當盡尊卑而一致。天子有天下者也，然必家齊、國治而後天下平焉，則刑于之道當又有始，而所以篤近舉遠者，一本諸身而已矣。觀天子，而下焉者可知也。庶人有家者也，然惟家齊而可以治國、平天下焉，則身先之化不止於家，而所謂邇之可遠者，皆本諸身而已矣。觀庶人，而上焉者又可知也。道隨分盡，而一身實萬化之原；事以勢殊，而慎修爲作則之本。此大學之道所以先修身也。既知修身爲先務，而格致誠正之功，其可以或後哉？

評：上下照應之法，至此乃精，嘉靖以前未有也。然皆於實理發揮，自然聯貫，是謂大雅。後人徒求之詞句間，則陋矣。

康誥曰克明德 一章

胡友信

傳者歷稽古大人之學，無非自明其德者也。夫明德之學，其來遠矣，雖古聖帝明王，孰有外於此者哉？且曾子之學，吾夫子之學也；吾夫子之學，二帝三王之學也。故曾子既言「明明德」，而首引書以釋之。曰：學莫先於治己，言莫大於足徵。若吾所謂「明明德」者，非吾一人之私言也，進而求諸古矣，康誥曰「克明德」，康誥述文王之事，而文王乃以大人之學師天下者也，觀乎康誥，可以考道於周矣；然不獨於周言之，而於商亦言之，太甲曰「顧諟天之明命」，太甲述成湯之事，而成湯乃以大人之學王天下者也，觀乎太甲，可以考道於商矣；然不獨於商言之，而於陶唐亦言之，帝典曰「克明峻德」，帝典述唐堯之事，而唐堯乃以大人之學帝天下者也，觀乎帝典，可以考道於堯矣。康誥非比詞於太甲，太甲非稽類於虞書，而所言之旨若殊；堯實傳之於湯，湯實傳之於文王，而自明之功則一。夫「克明德」者，固明己之德也，而「顧諟明命」豈徒求端於天者乎？我所得之中，具有天所賦之理，而常目在之者，固所以明之也；「顧諟明命」固所以明己之德也，而「克明峻德」又豈增益於外者乎？其所得之理，具有無窮之量，而「明峻德」者，亦所以「明明德」也。至虚以具衆理，三聖人同以爲心；至靈以應萬事，三聖人共守一道。我固曰：「非我一人之私言也。」

評：芟繁去蕪，獨存質幹。

是以君子有絜矩之道也　忠信以得之

顧允成

傳者詳絜矩之道，而推本於心焉。夫道不外乎心也，以忠信之心行絜矩之道，天下之平也，固其所矣。且天下何爲而平也，其平之以道乎？道何爲而得也，其得之以心乎？心與道合，道與天下合，治平之業可一舉而定矣。君子觀天下於家國之間，而知其無二心，是以有絜矩之道焉。本然之矩在己，絜而公之於人；同然之矩在物，反而絜之於己。此何謂也？所惡於上下而勿施，所惡於前後左右而勿施之謂也，得之將爲民父母，而得衆得國者由是；失之將爲天下僇，而失衆失國者由是。湯之所以興，紂之所以亡，皆是物也。甚矣，詩之善言絜矩也。故明此以理財，則慎德之君子、絜矩之君子也，人土之所由歸，財用之所由具也，不然，而聚之也悖入，散之也悖出，不惟戾於周誥之格言，抑且慚於晉楚之方志矣；明此以用人，則能好惡之仁人、絜矩之仁人也，容賢之人所由進，妨賢之人所由遠也，不然，而以不斷掩明，以不明災身，不惟昧於仁人之大義，抑且慚於霸國之誓詞矣。吾於是知道者，治法也，君子固必以大道爲出治之端；心者，治本也，君子尤必以一誠爲行道之要。絜矩之道，公乎己而不私之道也，故惟主於忠者得之，爲其盡己之心者，斯能公乎己也；絜矩之道，公乎物而不私之道也，故惟主於信者得之，爲其循物之心者，必能公乎物也。理財者有是心，則爲君子之慎德；用人者有是心，則爲仁人之好惡。於平天下何有哉？

評：題緒雖繁，無一節可脱略。文能馭繁以簡，毫髮不遺，而出以自然，由其理得而氣清也。

詩云節彼南山 二節

方應祥

大傳引言儆君，欲其慎以守國焉。夫國係於民，慎則衆得，而國可保矣，君蓋可忽乎哉？且君天下者，謂天以天下奉君，不知以天下責君；謂民必依君爲命，不知能制君之命。於是謂君不必慎，而以天下恣睢，此輕棄其民而祇以國戲者也。南山詩人有感王心之式訛，而寄刺於師尹之弗屆，彼且以民之具瞻而不可忘慎也，況君實有國而可自恣乎？所治大矣，憬然毖慎之不寧，庶幾分願可協耳，拂百姓之欲以快其心，誰復堪之？所托危矣，怵然頗僻之是儆，猶慮倚伏難憑也，集四海之怨以伺其君，誰能禁之？民之不附，其小者也，匹夫作難，而大統遂至於訖絶，則不啻僇及乎己，而且僇暨其先；祚之不長，其往者也，一朝失據，而千古永勒爲監戒，則當時既僇其身，而後世並僇其名。有國而可不慎哉？文王之詩道之矣。恫已事於殷之喪，而溯其先烈之顯融，蓋曰此夫前王能慎也，得衆而得國，胡季世之不能守也；懲亡殷於紂之暴，而示諸來者之儀監，若曰無如後王不慎也，失衆而失國，是覆轍之不可尋也。周公致戒嗣王之心，夫亦「有國者不可不慎」之意；紂之失衆失國而爲後人監，所謂「辟則爲天下僇」者哉？

原評：前節逗後節，後節抱前節，局法甚緊，古氣鬱盤。

評：以上節之慎、不慎，爲下節得、失之因。一正一反，意脉相承。「師尹」一層納入「有國者」中，一氣運化，更不費手。

見賢而不能舉 一節

黄洪憲

即好、惡之未盡其道者，而各有其弊焉。夫好賢不可不篤，而惡惡不可不嚴也，好之、惡之而未能盡其道，其弊寧有極乎？且夫治天下有道，親賢遠奸而已矣。然用賢貴專，而不專則罔以成功；去惡貴嚴，而不嚴則無以除患。君人者，夫亦是慎乎！何則？國有賢人，社稷之福也，亦人情之所同以爲好者也。仁人見之未有不舉，亦未有舉而不先者。有人於此，德既昭矣，名既著矣，吾亦且見之矣。顧不能以其公好之心而盡其能好之道，於是有見而弗舉，淪於在野而不獲仕者矣；有舉而不先，伏於下僚而不獲顯者矣。夫君子有康濟之略，而非大受則不能展其才。知而不舉，猶不知也；舉而不先，猶不舉也。況夫執狐疑之心者，啓讒言之漸；持不斷之意者，開群枉之門。彼賢人者亦無以行其志矣，是之謂簡略以待天下之士，而非「任賢勿二」之心也。其爲慢也，孰甚焉？至若國有憸人，社稷之蠹也，亦人情之同以爲惡者也。仁人見之未有不退，亦未有退而不遠者。有人於此，奸既彰矣，罪既露矣，吾亦聞且見之矣。顧不能以其公惡之心而盡其能惡之道，於是有見而弗退，溺於比昵而與之共事者矣；有退而弗遠，牽於姑息而處之中國者矣。夫小人有便佞之才，而非放流則不能絶其迹。知惡不退，將復進之；退惡不遠，將復近之。況乎法網之寬，非所以閑邪；凶類之寬，非所以保善。彼小人者益得以肆其惡矣，是之謂優柔以養天下之奸，而非「去邪勿疑」之道也。其爲過也，孰甚焉？夫善善而不能用，則子孫黎民不蒙其澤；惡惡而不能去，則子孫黎民將受其殃。此無他，以其心之未仁也。然則能得好惡之正者，微仁人，吾誰與歸？

評： 寬博渾厚，愷切周詳，有文貞、宣公諸名人奏疏氣味。

生財有大道　一節

鄧以讚　墨

傳者論理財之有要，得其要而常裕焉。夫財生於勤，而匱於侈也。先之以勤，而復繼之以儉，財不有餘裕哉？此所以謂之大道也。大傳之意曰：君子有平天下之責，則財之理也固有所不諱；而有公天下之心，則財之生也亦有所不私。是故不必於殖貨也，而所以廣其利者，自有公平之大計；不必於任術也，而所以裕其蓄者，自有節制之宏規。財以生而聚，患於不衆也，則以九賦任萬民，驅游惰而農之，而不使之有餘力；財以食而耗，病於不寡也，則以六計弊群吏，簡俊乂而官之，而不使其有冗員。爲之不疾，猶弗生也，必不違其時，導以趨事之敏，而凡司徒之所任者，固皆得以力本而自盡者也；用之不舒，尤甚於食也，必計入而出，定其職貢之式，而凡司會之所總者，固皆其所因時而制費者也。夫有以生之也，而又不冗於食，則生之所出者恒足於所食而不窮；有以爲之也，而又不濫於用，則爲之所殖者恒足於所用而不匱。是始焉經制於上，因天下之財與天下理之，而不謂之悖入；既也藏富於民，舉天下之財皆吾之財，而不至於悖出。此之謂「内本外末」，而生財之道大矣。長國家者以是而存心，雖言多寡有無，奚諱哉？惟徒知國之當足，而以其私心與民争尺寸之利，夫是以所得之不足以償所失也。

原評：前輩傅、喻二作，皆似以「恒足」爲「足國」。以上文有「財」有「用」，下文「府庫財」觀之，或然也。程文劃分「足國」「足民」，義理尤備。此則渾然兩足以包之。

評：肖題立格，依注作疏，氣體高閎，肌理縝密。前代會元諸墨，當以此爲正軌。

生財有大道 一節

黄洪憲 墨

王者足國之道，自其所以裕民者得之也。夫務本而節用，皆所以爲民也，以此生財而財不可勝用矣，其道不亦大乎？且夫財之爲用，上關國計而下係民生，是故不可聚也，而亦不可不理也。惟夫慎德之君子，有土有財，固不待生而自裕；而足民足國，亦必有道而後生。天地之美利，爲天地開之而已矣；國家之大計，爲國家制之而已矣。其道蓋至大也，而果安在哉？蓋天下之財所以生，而爲之者常在下；所以食，而用之者常在上。下不勤而上無節，財不可使足也。

是必驅游民以歸農，而使地無遺利，生之者既衆矣，且詔禄有常，而食其所生者又若是其寡焉；恤農時以簡役，而使人無遺力，爲之者既疾矣，且賦式可通，而用其所爲者又若是其舒焉。夫以衆生者而不以衆食也，則所生者足以待其食，而常賦之輸，自取足而不竭；以疾爲者而不以疾用也，則所爲者足以供其用，而征税之入，自常足而有餘。道經於下，而財之源達焉，天地之利無窮，而吾之生之者亦無窮矣，雖不必外本以求之，而利本以開，不有取之而裕如者乎？道經於上，而財之用需焉，國家之賦有限，而吾之省之者則無限矣，雖不必内末以求之，而末流以節，不有常取而可繼者乎？斯則順民情欲惡之端，而上下咸賴；體王道公平之制，而樂利無私。此天下之計也，萬世之計也，而其道莫有大焉矣。絜矩君子，可不知所務哉？

評：講首末二句，周密老成，通篇筆力亦勁。

孟獻子曰　一節

陶望齡　墨

利國者不言利，徵之訓有家者焉。蓋國家之利在義，而利非利也。獻子直爲有家訓哉，通於國矣！且夫平天下者不諱言利，而顧嘗主散不主聚者，非以義遺利也，亦察乎義之利耳。昔孟獻子戒專利而揭官箴，故謂：畜馬乘之不察雞豚也，伐冰之不畜牛羊也。此猶其小者也，乃聚斂之臣操術之巧以成貪，其言利者甚悉；朘民之膏以附上，在好利者必庸。而百乘之家無利於畜此臣也，甚且不得與盜臣等。何也？蓋人臣奉公守職，即錙銖不得下侵；而欲保世承家，則封殖豈爲完策？又況於人君，家四海以爲富者哉？故皇皇求利，世主以爲善計，而國之利不在焉；皇皇求義，明主所爲勤民，而國之利實附焉。利端一開，則積之者無用，而供之者無已，此以斂之怨耳，何利乎，固不若散財以聚民，而自得夫守富之術也；利源既竭，則供者難繼其求，而積者必至於散，此以階之禍耳，何利乎，固不若聚民以守財，而坐收夫藏富之效也。彼所稱「不察」「不畜」者，其此謂哉？有國家者，繹獻子之說，察義利之幾，無令天下言利之徒有以窺其隙而中之，使謂天子有聚斂臣，則平天下易易矣。

原評：獻子言與引獻子言，俱重戒聚斂臣耳。文會意合發，打成一片，沈渾嚴緊，力引千鈞。若叙過引言，另起「此謂」，局便散矣。要知爭關奪隘，俱在前半，後只收束完密。

小人之使爲國家　四句

胡友信

傳者於小人專利之禍，而必究其極焉。夫專利之小人，無所不至也，苟一用之，而其禍可勝言哉！今夫天下莫病於小人，尤莫病於聚斂之小人，有國家者慎勿誤用之耳。如使惑於所誘也，委之以國焉，而出納之權爲其所統；甘於所投也，授之以政焉，而予奪之柄爲其所專；則必剥民之膏以充君之欲，而不顧其危之所伏；屈物之力以供上之求，而不慮其禍之將生。上焉天厭之，而薄其陰陽之和，山川草木皆足以爲吾災也；下焉民厭之，而恣其愁苦之氣，匹夫匹婦皆足以爲吾病也。當斯時也，雖有絜矩之君子出焉，奮然爲國，請罪於天，一洗其既穢之政，而薦之以馨香；有慎德之君子出焉，毅然爲君，釋憾於民，盡轉其既悴之生，而沃之以膏澤：天命則已去矣，而順之者之方殷，固不若逆之者之既重也，善人雖有回天之力，亦安能施於小人當國之後哉？人心則已離矣，而仁之者之方切，固不若虐之者之既深也，善人雖有多助之報，亦安能自效於盜臣專國之餘哉？要之，事敗於小人，則永無復成之理；禍起於掊克，則世無回福之機。長國家者，可不慎所使哉！

原評：精神一氣貫注，直如鑄鐵所成。筆力之高，遠出尋常。

評：固是一氣鑄成，仍具渾灝流轉之勢，故局斂而氣自開拓。

欽定隆萬四書文卷二　論語上

其爲人也孝弟 一章

馮夢禎

惟孝弟遠於不仁，而爲仁之本可識矣。夫遠於不仁，則仁矣，彼爲仁而務孝弟者，其識本哉！有子發此，蓋欲挽天下於仁也。若曰：道莫大於仁，心莫切於孝弟。蓋嘗求其説矣，夫人而至於好犯上好作亂，豈非不仁之甚而天下所不容者哉？然作亂始於犯上，犯上始於不孝弟，其所由來漸矣。有人於此，其爲人誠孝弟也，則和順積於身心，而禮義洽於家國，尊君親上所必誠也，趨事赴功所必力也。彼犯上作亂之事，豈徒不好之而已哉？吾是以知天下之有本也，是道之所從生也；吾是以知君子之務本也，務其道之所從生也。然則爲仁之本可識矣，意者其孝弟與？一念之不孝弟，其端甚微，然積之以至犯上，又積之以至作亂，蔓延滋長，而不仁之禍烈焉，此逆而生之者，其本先失也；一念之孝弟，其事甚細，然積之以及民物，又積之以及天地，暢茂條達而仁之功極焉，此順而生之者，其本先立也。孰謂爲仁之本而非孝弟也哉？爲學者知此，則不必勤思乎相容並包之事，而惟竭力於愛親敬長之間；爲政者知此，則不必深疾乎壞法亂紀之民，而惟崇獎夫入孝出弟之士。有子之言，其覺天下以本而挽之仁者切矣！

評：犯上作亂是「不仁」之極，對下節「爲仁」看，原是一反一正之局。文從此得解，故脉絡周環，通篇止如一句。隆萬間作者專主氣脉貫通，每用倒提總挈之法，於語氣究難吻合。如此篇理得氣順，清澈無翳，仍不失一直説下語氣，故爲難得。

子張問十世　一章

孫鑛

聖人之知來，驗之往迹而已。蓋往者來之鑒也，因往推來，百世可知矣，十世云乎哉！且天下理而已矣，綜天地之始終，貫百王之沿革，皆不能外焉。聖人獨立千百載之上，而千百載之下舉坐照焉者，用斯道也。子張以十世可知問乎，而不知三代之迹蓋燦然矣，不以往迹稽之，其道無由也。夫子告之曰：子以十世果難知乎？吾則以王天下者必有禮以立一代之紀綱，亦必有制度以成一代之體統。而殷之繼夏也，嘗取其禮而因之矣，取其制度而損益之矣；周之繼殷也，又取其禮而因之矣，取其制度而損益之矣。夫聖人豈不能創制立法，建無前之大猷，而綱常懿典不隨世而轉移，則其爲萬世不易之準可知也；亦豈不欲沿舊襲故，享守成之令譽，而度數儀文必隨時而變易，則其爲一代更新之制可知也。其或繼周而起者，明聖不必盡三王，行事不必類三王。而要之修禮教以崇國紀，今猶昔也；因時勢以定規模，今猶昔也。其因乎損乎益乎，百世之遠，歷歷可覩，奚十世之有哉？蓋禹、湯、文、武之聖，既以聚百代之精華；而夏后、殷、周之迹，亦以概萬年之變態。故以此推之，百不一失耳。不然而憑藉術數，吾亦安能知之？

評：筆力古勁，章法渾成。作者文當以此篇爲最。

非其鬼而祭之諂也

趙南星

聖人戒諂，而及於妄祭者焉。夫諂而用於祭，僥倖之極思也，此夫子舉之以示戒與？且夫古之君子不回遹於勢利，是以上交不諂。天下之有諂也，則世道人心之邪也，而孰知其無所不諂哉！昔者聖王之制祀典也，比之以其類，凡所祭者，皆出於心之不容已；秩之以其分，凡所祭者，皆出於禮之不可廢。若乃非其類也，非其分也，則是非其鬼也，而祭之，何也？明於天地之性者，不可惑以神怪，斯人非獨可惑也，夫亦求福之心勝，而用是以行其佞諛之計耳；通於萬物之情者，不可罔以虛無，斯人非獨可罔也，夫亦規利之志殷，而藉是以售其媚悦之術耳。凡好諂者見其常然，則不以爲感，而恒於其不意，即以此揣鬼之情，古典之所不載，一旦而臚於俎豆，豈以將明信哉？凡摯諂者修其常式，則不以爲敬，而恒於其非道，即以此窺鬼之微，淫祀之所宜禁，一旦而畛之祝詞，豈以盡仁孝哉？世之可以富人、可以貴人者亦既尊而奉之矣，而富貴之未至，意者其乏冥助耶，是故爲之祭以祈之，而逢迎之態何所不備；世之可以困人、可以苦人者，亦既柔而下之矣，而困苦之未祛，意者其有陰禍耶，是故爲之祭以禳之，而顛蹶之請豈所忍聞。自下而干上，是之謂僭，僭之所不敢避，乃足以明虔，冀所祭者之亮之而據之也；有廢而私舉，是之謂亂，亂之所不敢辭，乃足以效誠，冀所祭者之哀之而庇之也。藉靈寵於有位，既以諂鬼者而諂人；求憑依於無形，又以諂人者而諂鬼。吾不意世道之競諂，一至於此也！

評：周道衰微，人事之僭逆多矣。而見於春秋内外傳，祭非其鬼者，自魯人祀鍾巫、立煬宫而外無有也。孔子忽爲是言，蓋目擊三桓諂事齊晉强臣以弱其君，而季氏旅泰山、立煬宫，復用邪媚，求助於鬼神以禳逐君之罪。此文驟觀之，似於題外别生枝節，然實是聖人意中語，不可不知。

賜也爾愛其羊　一節

張以誠

聖人議存羊，其觀禮深矣。夫羊與禮非有二也，愛禮而羊弗得議去矣，賜豈見及此哉？昔先王制禮，名實相維，始則因實以立名，既則因名以稽實。故有禮失而求諸守藏、徵諸故典者，則名未亡也。乃今告朔者而徒羊乎哉？以迹觀之則羊，以實求之則禮也。想昔先王忠孝之思莫有隆焉，猶藉歲供之靡文以表實意；况後人恪共之念日益替矣，可捐故府之遺迹以泯舊章？故此一羊也，爾見以爲羊，則可以己意議去留，而虚靡不若節省之策便；我見以爲禮，則當爲萬世計絶續，而惜費不若存名之慮長。以先王之精意有出於牲牷告虔之外，則是羊者小物也，不知惟小物猶克共，而後見禮係尊王，有無巨無細而不敢廢墜者，其兢兢一念猶在也；以今日之陵夷不過爲奉行故事之常，則是羊者虚文也，不知惟虚文猶克謹，而後見禮係勤民，有無盛無衰而不敢苟且者，其凜凜一念猶存也。王迹雖熄，而太史所頒未嘗不以一羊誌正朔之未改，則顧瞻舊典，因而知有先公先王，其所遏抑者多矣，况循名責實，興復固有待乎？時政雖棄，而太祝所掌未嘗不以一羊紀月令之屢新，則式瞻廟貌，因而知有作事厚生，其所維繫者大矣，况援今證古，振起易爲力乎？如謂羊可去，則先王既已創禮，焉用置羊，其故可思也；魯人敢於廢禮，何未敢於去羊，其故又可思也。魯國雖小，猶號秉禮，奈何以一羊故泯先王遺意哉？

評：説因羊以存禮，尚多一層推原；即羊即禮，更覺親切有味。用意深微，脱盡此題膚語。

臣事君以忠 一句

胡友信

人臣之職，惟不負此心而已。夫臣子立心，惟爲君也，盡此而無負焉，此其臣道之極乎？昔夫子告定公之意，以爲：禮下者，人君之盛節；盡心者，臣子之至情。以禮使臣，盡君道也，而臣之所仰答乎君者，豈可苟焉而已哉？蓋事君之義，無所逃於天地者，本有不容不盡之分；而天質之性，夙具於吾心者，又有不容自欺之真。故宣力效勞，可爲竭股肱之任矣，未可言事君也，而必精誠之發，真知在我者，不敢一毫有爲乎人；直言極諫，可爲盡耳目之司矣，未可言事君也，而必肝膽之微，出自由衷者，不敢一毫有爲乎己。無愛乎其力也，亦無愛乎其情，委質之初，已預爲之決焉，而執此以終身，凡可以達諸君者，無不可以達諸天者矣；無私於其身也，亦無私於其道，登對之前，已自爲之盟焉，而守是以不變，凡可以質諸朝廷，無不可以質諸鬼神矣。其功之可成者固足以建明於當時，而功有所不成者尤足以陰被於天下，苟利社稷，則成敗以之，而鞠躬盡瘁之餘，舉非所論也；其名之立者固足以暴白於當時，而名有所不立者尤足以見諒於後世，苟益國家，則死生以之，而蹇蹇匪躬之外，舉非所知也。至此則激切非所以爲犯，將順非所以爲諛；獨立非所以爲矯，協恭非所以爲黨。幸而君之有禮於我焉，固無寵之可驚；不幸而君之無禮於我也，亦無罪之可避。吁，以此言臣也，斯至矣！

原評：只體味「盡己」，以洗發「忠」字，便親切入理，無血性粗浮語矣。乍讀見其怒生湧出，來不可禦。尋其所以措詞命意，則有序而不紊，非攢簇附益以成之也。

評：惟其理真，是以一氣直達，堅凝如鑄。

管仲之器小哉 一章

馮夢禎

聖人小大夫之器，疑者終不得其意也。夫器小之評，夫子於仲，觀其深矣。儉與知禮，豈其然哉？且夫濟天下以才，居才以器。才與器兩大者，王佐是也，下此則才有餘、器不足矣。夫子有遐思焉，故管氏之功嘗亟稱之，此何爲而曰管仲之器小哉？豈不以器大者不得已而才見，常深沈不露，仲蓋微有沾沾自喜之意焉，雖揮霍有餘，其底裹可窺也；器大者不得已而功成，常謙挹不居，仲蓋微有呴呴自多之意焉，雖勳猷爛然，其邊幅易盡也。故以當時之大夫較仲，仲不啻賢；以王佐律仲，仲藐乎小矣。此蓋夫子抑仲之微意乎？而或人不足以知此，始而疑其儉，謂狹隘者必樂撙節也，夫仲即儉，無解於器小，況三歸、備官幾於濫乎？既而疑其知禮，謂廣侈者必樂緣飾也，夫仲即知禮，無解於器小，況塞門、反坫幾於偪乎？蓋仲惟知君淫亦淫，君奢亦奢，爲善於功名之會，而不知國奢示儉，國儉示禮，乃游於道德之途。故不儉、不知禮，仲之小疵也，録霸功者之所必略也；器小者，仲之定品也，思王佐者之所必斥也。吁，夫子之意亦微矣！

評：雖不及商作之簡質，而於管仲則具見其表裏，故下語銖兩悉稱。觀此可悟名作在前、别開門徑之法。

我未見好仁者　一章

湯顯祖　墨

聖人慨成德者之難，因言棄德者之衆焉。夫好仁、惡不仁，非絶德也，特自棄者不用其力耳，聖人所以重有慨與？想其意曰：君子之學也以爲仁也，君子之成仁以其能自力也。有仁焉而無力以成之，吾能無慨然於今乎？於今觀之，仁可好也，而好仁者我未見也；不仁可惡也，而惡不仁者我未見也。夫好仁之名，夫人樂得之，而吾以爲未見者，以「好」非感發之好，乃無以尚之之好也；惡不仁之名，夫人亦樂得之，而吾以爲未見者，以「惡」非憤激之惡，乃不使加身之惡也。惟其如是，是以難也。雖然，未嘗難也。有人焉奮然而起，深明乎仁不仁之分；惕然而思，實用乎好惡之力。吾知有弗好，好則仁必從之，蓋無以尚之之域，亦起於一念之好也，我未見好仁者，亦何嘗見好焉而力不足者乎？有弗惡，惡則不仁必去之，蓋不使加身之域，亦起於一念之惡也，我未見惡不仁者，亦何嘗見惡焉而力不足者乎？蓋天之生人不齊，人之受質非一，則力不足於用者或有其人；而有志於仁者恒少，無志於仁者恒多，則吾之於斯人也實未之見。夫力之足不足也，以用而見也，未有以用之，胡爲而遽罪乎力？仁之成不成也，以力而決也，未有以力之，胡爲而絶望於仁？然則吾之所見者，非天有所限，彼自限之而已矣；非仁遠於人，人自遠之而已矣。安得實用其力者一起焉而副吾之望哉！

評：無事鈎章棘句，而題之層折神氣畢出。其文情閒逸、顧盼作態，固作者所擅場。

參乎吾道一以貫之 一章

胡友信

聖人傳道得人，而因有以旁通之焉。蓋聖道未易於傳也，惟曾子能悟之而又能通之，亦可以見聖人傳道得人之妙矣。昔者曾子真積力久，學將有得也，故夫子呼其名而告之曰：參乎，爾知吾之道乎？吾之道，非事事而求其端也，萬事一理，吾惟主一理以平施之，而隨事制宜，機之所以神也；亦非物物而爲之所也，萬物一理，吾惟貞一理以順應之，而因物異形，用之所以妙也。涵其一於心，非有所存而不忘；通其一於外，如有所理而不亂。是時曾子方在心迹相持之境也，一聞其言，迹化而心融矣；方在形神相守之際也，一聆於耳，神凝而形釋矣。故直應之曰

「唯」，不復有假於詞也。是道也，惟孔子能傳之，惟曾子能悟之。雖曾子能悟之，亦不能强解之也，乃因門人「何謂」之問而曉之。以爲道不必於他求，學惟在於善反。夫子之道非他，忠恕而已矣。以盡己之心求之，可以得一貫之體；以推己之心出之，可以識一貫之機。在夫子雖曰心普萬物而無心，在吾人則以一人之心爲千萬人之心，道無精粗，會通之而已矣；在夫子雖曰情順萬事而無情，在吾人則以一人之情爲千萬人之情，理無上下，沈潛之而已矣。吁！非曾子之善喻，門人惡足以知之？益以見曾子之善學、聖人之善教也。

原評：朱子此章語類云：「天地生萬物，一物内各有一天地之心；聖人應萬事，一事内各有一聖人之心。」是最精之語，此文後比得之。

評：清機灑脱，使閲者心目一開。

事君數 一節

吴化

賢者兩戒瀆於言者，以其非進言之道也。夫數言以取疏、辱，而卒不可復者，此非能言者也，則爲臣、爲友者過也。子游非欲其不言，欲其善爲言。故曰：忠臣直友，何代無之？而忠不足結主，直不足信友，此獨君與友之失哉？要亦己有未至焉耳。何則？凡事君者，孰能無言也？理諭之，勢禁之，不則積誠感之，而徐焉以待其悟，無不可者。奈何必出於數乎？數則諫説雖順，迹似於沽名，一聽之君疑，再聽之君拂。君臣之交固，必謂嘗己；不固，必謂謗己。甚也激於不能相容而積怒，以積怒之心聽嘗己、謗己之説，不爲明斥，必有顯戮，辱矣！辱益甚，謇諤之節益高，而因君之過，吾收之以爲節，且令天下概謂忠不必録，固待其君薄也，自待抑不厚矣。故數者，吾無取乎爲臣。凡交友者，孰能無言也？忠告之，善道之，不則修己喻之，而默焉以俟其化，無不可者。奈何出於數乎？數則開導雖切，迹似於衒直，一投之不合，再投之大不合。朋友之交深，必以爲迂；不深，必以爲僞。甚也抗於不能相順而積怨，當積怨之餘，聞迂者、僞者之言，不爲陰棄，必爲明絶，疏矣！疏益甚，直諒之名益著，而因友之過，吾激之以爲名，且令天下概謂直不必乎，固待其友非也，自處抑至薄矣。故數者，吾無取乎爲友。噫，忠臣直友之難也！無忠臣，吾以忠臣望之，有之，吾願思所以全其忠者；無直友，吾以直友望之，有之，吾願思所以全其直者。庶幾臣道友誼兩無負哉！

原評：股法縱横奇變，其間雜用短句，伸縮進退無不如意。此等筆法從古文得來。

評：實疏「辱」「疏」，文曲而體直，所謂以正爲奇。

子使漆雕開仕 一節

董其昌

聖人以仕命賢者，而嘉其見之大焉。夫君子之志者大，故其試之不輕也。賢者見及此矣，聖人之説有以哉！且夫經世之學，愈養則愈深，寧有量哉？是故不必不仕，亦不必仕，顧人所志何如耳。夫子未嘗使人仕也，而獨以命漆雕開，其亦有信之者在乎？乃開則復於夫子曰：出處之道，内斷於斯而已。議論可以虛稱而至，不可誣者分量；勳猷可以浮慕而至，不可昧者隱衷。以開而仕也，果一出而不負所舉者乎，斯重抱之士所預信於平居，而開弗能也；果一出而不負所學者乎，斯厚積之士所獨信於方寸，而開未能也。疑事無功，疑行無名，而驟焉取天下國家以試所疑，則謂之何？開也何敢言仕也！斯言也，與夫子使之之意不亦異乎，而夫子何以説哉？蓋仕以成信，而信隨人殊。期月而可、三年而成者，聖人之信也，使必如聖人之信而仕，則天下之仕者亦寡矣，而開將進取焉；或以果藝、或以禮樂者，諸子之信也，使如諸子之信而仕，則開之於仕也亦可矣，而曾不得以滿願焉。乃知濟世以仕爲大，而尤有大於仕者；仕以信爲急，而又有不害於未信者：夫子所爲説開意也。以夫子之所以使，合於夫子之所以説，而聖賢明體達用之學幾矣。

評：切近的實，發此題未發之蒙。　夫子使仕，開曰：「吾斯之未能信。」注：「斯，指此理而言。」明明是仕之理，本無可疑。程子「已見大意」，謝氏「不安小成」，則又於開未信處推原其藴如此。後人因當日未嘗明指出「大意」謂何，「小成」謂何，妄謂妙在不直説破，其於「斯」字之旨，竟似禪語機鋒矣。文能實實指出，却即在人人共讀四書中，何等直捷顯易。評者乃謂理即性也，「斯」字不可專指仕言。不知聖賢之學體用一原，豈仕之理外，又别有性之理耶？詖辭害義，迷惑後生，不可不辨。

晏平仲善與人交 一節

歸子慕

聖人與齊大夫之善交，惟其有恒敬也。夫與人交而敬，善始善終之道也。齊大夫雖久持之，謂之善交，非耶？夫子稱之，以風天下之與人交者。意曰：大倫有五，而友居其一，人始重交矣；友以義合，而敬爲之維，交始重敬矣。然而道有時隆，亦有時汙，則世運古今之變也，久矣夫交道之難言也！靡不有初，鮮克有終，則又人事終始之變也，甚矣夫交態之無常也！以吾所見，如晏平仲者，其善與人交者乎？當其交之乍合也，彼此兩不相習，則彼此皆生畏憚之心，如是而敬也，平仲亦猶夫人耳矣，至於久而益熟，新者成故，易與之心且交起，而平仲之敬也獨不衰；當其交之始密也，彼此方恨其晚，則彼此皆存致一之志，如是而敬也，平仲亦猶夫人耳矣，至於久而漸弛，專者成泛，既倦之情不復作，而平仲之敬也爲益篤。形迹未始不忘也，而形迹之忘不至於疏略，朋友攸攝，攝以威儀，亦何分於久近，而世盡失之，惟平仲爲能不失此意矣；情意未嘗不洽也，而情意之洽不至於比昵，伸於知己，詘於不知己，稍失檢於微細，而士將非之，惟平仲爲能永貞此戒矣。論交於叔世，若平仲者豈可多得乎哉？而擇交於今日，若平仲者吾寧無取乎哉！吁，以此見與人交之道，而當時之所以論交亦可知矣！

評：文之愈遠而彌存者，其所發明皆人情物理之極，而爲他人所不能道。此文佳處，須以是觀之。

季文子三思而後行　一節

黄洪憲　程

聖人因往行而論思，要於可而已。夫思以理裁也，要於當，則再思可矣，何以三爲？且夫古今得失之故，皆起於人心之思。顧其得也以沈幾，亦以果斷；其失也以輕發，亦以遲疑。魯之先大夫曰季文子者，相宣、成之主，聯齊、晉之交，不曰備豫而過求，則曰周旋而無失。魯人傳其事，以爲三思後行也。夫子聞而有感曰：夫夫也，爲忠於謀國者，如之何必三思而行也？蓋心本虛靈，思之即通，而將迎意必之私入焉而擾；理本易簡，思之即得，而利害攻取之念入焉而淆。故善行者不廢思，善思者不過再。國家有大計，惟斷乃成，吾策之，復於所策者再紬繹之，則擬議精而權衡不爽，事可剸而決矣；社稷有令圖，惟敏斯集，吾晝之，復於所晝者再籌度之，則精神一而意見不迷，謀可立而斷矣。吾欲揣合人情，彌縫世故，雖深思不能窮其變，而惟隨事觀理，行吾之所當行者，則再計而可以定謀；吾欲逆料成敗，豫規趨避，雖百慮不能究其歸，而惟因時制宜，行吾之所得行者，則再思而可以決策。彼文子之三思，吾不知其何如，而大約至於再焉可矣。不然，有所疑焉而不果，將牽制以失事機；有所遲焉而不斷，將優游以釀後患。欲以慎行，實以窒於行耳。噫，文子如可作也，且然吾言乎哉？

評：實處發義，虛處傳神。章法極精，筆陣亦古。

中人以上 一節

周宗建

語以人爲程，而可、不可審矣。夫教同是上，而人不皆中人以上也，不審其可不可而語之，不亦惑乎？若曰：至道由粗以見精，君子語上不遺下，然其陶淑學者有苦心焉，非一概以相量也。故夫教有上焉，非樂得而語人者哉？然教以上爲衡，而人以中爲斷。彼資不必上智而敏悟有餘，學不必純全而所積已厚，此中人以上也。事理之默識，雖即始見終，而未達於化神之域；真積之功能，亦匪朝伊夕，而未會於一本之歸。由是而語之，聞而能發，終日之久不爲煩；蓄而能通，一呼之餘不容贅。凡此皆語上也，則其可者也。不然，而中人以下乎？授之自天，難言夫敏悟；討之自我，又非有積累。一旦厭灑掃進退之淺，而迫示以達化窮神，或聞之而茫無畔岸；棄詩書名象之繁，而强聒以危微易簡，或因之而妄思奥渺。夫其後日所造，未必不可進於高明；而其當前所及，則有不容誣之本量。是雖甚欲與之語，而其人已非；雖其人終欲與之語，而其候尚非也，不可以語上也。要之，道無下而非上者也，學由下而幾上者也。至酌其高下，隨人而語之，俾中人以上可以入吾之教中，而中人以下亦不至出吾之教外，此則君子陶淑學者之苦心，非夫？

評：「中人以上」兼資稟、學力説，看顔、曾二子，便見顔子天分高，無言不説，語之不惰，固是語上。曾子質魯，真積日久，後來卒傳「一貫」。又端木子亦以穎悟稱，然其言「文章可聞，性道不可聞」，則前此僅得聞文章，到得多學而識後，乃語性道也。篇中根據極確，後半更無意不到。

知者樂水　一節

董其昌

聖人發仁、知之藴，觀其深矣。蓋仁、知之樂不同，由其體有動静也，而效其徵於樂、壽矣乎？夫子意曰：人之於道也，苟其中有真得，則其藴無盡藏，吾於知者仁者見之矣。彼其觀化於天地之間，而情以境生，不能無所樂也；然觸象於吾心之内，而境與情遇，則各從其類也。知者其樂水乎，仁者其樂山乎？何也？一元之氣，水得以流，山得以止，動静之象也；而一元之理，知得以應，仁得以寂，動静之道也。以静觀知，静亦知之淵源，而其體則主於變通，神而明之，有圓機矣，宜其樂於水乎？以動觀仁，動亦仁之有覺，而其體則主於凝定，默而存之，有真宰矣，宜其樂於山乎？吾以此知知者之樂矣，吾以此知仁者之壽矣。蓋知之動也，非紛擾之動而無得於心者也，心與理順，理與事順，百慮皆通，莫得而困之，即迹有不齊而休休者自在也；仁之静也，非寂滅之静而無與於身者也，心與氣合，氣與形合，元神常聚，莫得而摇之，即數有不齊而生生者自在也。乃知道而有得於心，則微而爲觀物適情，而全體呈露；極而爲身心性命，而實用流行。學者動而能知，静而能仁，道無餘藴矣。

評：左縈右拂，官止神行，内堅栗而外圓潤。凡虚實、分合、斷續之法，無不備矣。處處歸重「動」「静」，仍於題位毫無陵亂。

公西華曰正唯弟子不能學也

歸子慕

賢者觀聖之深，而即得之於自道者焉。蓋聖學不必遠求也，即其所自道者，弟子學焉而未能乎，適足以明其爲聖仁耳。且昔夫子進不敢以聖仁自居，退而以爲不厭、誨不倦自許，以爲無可稱述者，如是焉而已矣。乃公西華作而言曰：安行者不知勉行者之多阻也，成功者不知用力者之甚艱也。終身莫竟之事，正不在於多言；舉世難圖之功，正不在於奇行。「爲」不與「厭」期，而厭自至，當其厭也，一前一却，傍徨顧望，殆將有無可奈何者耶，而何夫子之卒不厭也，所謂師不能傳之弟子者，其惟是也；「誨」不與「倦」期，而倦日至，當其倦也，一此一彼，離志解體，殆將有不能自主者耶，而何夫子之卒不倦也，所謂弟子不能得之師者，其惟是也。若論「聖」也，所不敢知，而即此「爲」與「誨」之間，則弟子之所身試者蓋已有年矣，而迨於今鋭志者退、先傳者倦，獨夫子一人常如是焉，然後知聖愚之不相及，果不離日用也。意者夫子其真聖不可知，渾化而不覺矣乎？若論「仁」也，所不敢知，而即此不「厭」且「倦」之間，則弟子之所通患者已見於前事矣，而就其中雖至於步亦步、趨亦趨，而末由之歎猶不免焉。然後知天之不可階而升，其卑如地者也。意者夫子其中心安仁，融一而不見矣乎？吁，若聖與仁，非夫子，其誰與歸？

評：公西華非備嘗甘苦不能爲此言。作者體認真切，故語淡而意深，如脱於古賢之口。

民可使由之 一節

錢 岱

論君子之教有不能盡行於民焉。夫君子教民之心無窮也，而「知」之與「由」，有不可以概使者，如民何哉！且教貴因民，不貴强民，順其材之可至而施焉，如是而已矣。何言之？天下之可以由而亦可以知者，道也；君子之使人由而亦使人知者，心也。顧知行合一，在賢智斯無可無不可；而材智有限，在凡民則有能有不能。天下之正路而使天下均蹈之迹耳，非所以迹也，究而極焉，則理之無方無體者，雖中人且弗悟也，將責之顓蒙之俗而勢愈拂矣；天下之周行而使天下共履之道耳，非所以道也，進而求焉，則民之不著不察者，雖日用且莫覺也，概諭以精微之論而惑滋甚矣。蓋理之當然具於性，而民皆可率性也，故取足於由，天下將無不可化之民；性之本然原於天，而民鮮能達天也，故取必於知，天下始有不可循之教。是雖其所知者即寓於所由之内，而其可由者自限於不可知之神。故曰民可使由之，不可使知之，非君子意也，勢也。

評： 淡而旨，淺而深，寥寥數言，題之上下四旁皆足。就白文清轉，字字快足，心目俱慊，亦短章僅見之作。

邦有道貧且賤焉恥也

方應祥

鑒有道之恥，而士重經世已。蓋士安於無恥，而後安於無用也，有道而可貧且賤與？夫子意謂：賢人君子，天生之爲治世藉也；高爵厚禄，國家設之爲賢者報也。有道則見，正以不辱其君成己之有恥耳，有士而長窮窘者哉？吾恥夫邦有道而貧且賤者矣。士有修志節而輕王公，匪矯語有道之日也；處有道而不變塞，匪匏守貧賤之地也。有道之君，庸君子而絀小人，不能進而參君子之軌，非命之不通可知也，恬養可安以優游太平之世，誠裕矣，然吾身豈自有餘也；有道之士，推賢者以却不肖，我靦俛而居不肖之位，非人之無援又可知也，幽貞成性於詠歌王者之風，亦得矣，然天下豈異人任也？如第曰厚糈而效之，薄素餐而不可爲也，不知簞食瓢飲，亦屬宇宙之責焉，求志而不蕲行義，直其無疚無惡之真未慊耳；如第曰重任而用之，輕鰥官而不可就也，不知環堵仄居，自有幽明之鑒焉，辭寵而並以避勞，反之不欲不爲之體均玷耳。要之，有道之時不易際也，先天而道開其始，後天而道翊其終，皆恃此行己之恥以植國維；有道之貧賤不可處也，無具恥道之不立，有具亦恥道之不公，總對此有道之運而多内愧。士貴經世之學如此，非好學以善道者孰辨之？

評：「可恥」處俱從有道政治與儒者身分勘出，故吐屬高遠，迴出衆人意想之外。

禹吾無間然矣 一節

王　衡

聖人尚論王道而發其君天下之心焉。夫惟不有天下者，可以托天下也，非禹烏足以當此？嘗謂有天下者，四海之奉與四海之責常相隨，而爲君之樂與爲君之事不兩盡。此惟危惟微，堯舜所以開治統也。帝降而王，無間然者，其惟禹乎？禹以爲吾服食寢處之身，乃天地臣民之身；吾今日崇高富貴之天下，本吾憂勤胼胝之天下。念錫疇之重，則奉養不得不輕矣；思奠鼎之難，則樂成不得獨易矣。是故苟非接上帝之馨香，何味不可適口，而柔嘉苾芬之獻，則專以羞之鬼神，明粢不與褻俎並登，饗以禮稱也；苟無係於四海之視瞻，何衣不可適體，而山龍華蟲之飾，則移而致之黻冕，尋服不與澣濯並陳，采以物辨也；苟無關於百姓之利病，何地不可宅身，而經營荒度之力，則並而用之溝洫，田功不與宫功並舉，役以事程也。當其時，深宫大廷之内常若不足，而廟堂畎畝之間常若有餘。不足者以明吾有天下不與之初心，而有餘者以完吾視天下由己饑之責任。此雖僅僅服食宫室間，而天地祖宗鑒之，子孫臣庶則之，千萬世之指視萃之。迄於今，而克勤克儉誦明德者如一日也。禹乎，吾真無間然矣。後之君人者，乃以朝祭爲有司之事，農桑爲小民之事，而人君之事獨有食租衣税、養尊處優而已。此與禹德正相反，奈何欲效唐虞之治哉？

評：豐約中度，不以雕琢傷氣，不以秀潤掩骨。作者一字訣曰「緊」，此尤其造極之作。朱子於此章尚有至大至精之義，惜未能發明。而於人所共知，則已得其體要。

四十五十而無聞焉　二句

歸子慕

即失時者之無可爲，而後生可惕矣。夫可爲而不爲，至於時之既去也亦晚矣，此後生所以有時而不足畏也與？夫子曰：甚哉，時之當惜也！未來者逆計之則有餘，而已往者潛消焉則不覺。是故少而壯，壯而老，古今人往往奄忽於此而卒爲人所料也。吾向之所畏於後生者，亦以爲是後生也，積日而累功，積歲而程行，蓋至四十、五十也而聞道已久矣，故足畏也。如其緩情便已，偷取於今日，而明日復然；恣意養安，有待於來年，而來年更甚。如是也而四十，甚易耳，而四十猶夫故也，於道茫乎未之聞也，追思四十年内，何事不可爲而失之於交臂，今而四十也，爲無望矣；如是也而五十，倏然耳，而五十猶夫故也，於道概乎未有聞也，上下五十年間，何其日之長而曾不以一瞬，今而五十也，蓋無幾矣。昔之少壯，猶不如人，顧此暮年，詎堪策勵，長爲鄉人以没世已耳；四十、五十而業已上達，不爲蚤，四十、五十而甫議下學，則已老，長懷後生以賫恨焉耳。後生之時不可知，四十、五十之時已可知也，其一生所爲具在也；後生以後則難知，

四十、五十以後則易知也，其一事無成具見也。斯亦不足畏也已。夫始於可畏而終於不足畏，非人情之至變，而後生之不變也。嗟乎！誰非後生者，日復一日，後生如昨而四十、五十已在前矣。可懼哉！可哀哉！

評： 情真語切，足令人怠心昏氣悚然而振。

朋友之饋 一節

方應祥

聖人處友之饋，不以物掩義也。蓋朋友義爲重也，故祭肉而外，車馬亦可不拜與？且友道之敝，以人競於利也，知有利則視義輕矣。利所在則用其情，利所不在則不用其情矣，非聖人與人交之道也。夫子之與人也，亦嘗有以禮受饋之時；夫子之處饋也，未嘗不以義嚴禮之別。情有懷而未喻，則有以我之施屢人之報者，此朋友交際之義也，以義饋之亦以義受之已耳，車馬雖豐而物非孝享，固不以將享之敬承之矣；勢有急而當周，則或取人之盈助我之乏者，此朋友相恤之義也，饋之以義亦受之以義已耳，車馬雖腆而物匪胙餘，固不以受胙之儀拜之矣。蓋以義處人，則其與我友也，順逆存亡舉可藉之以無恐，所庇於我不輕也，一禮際之常，遽感激以爲恩，是薄於待人，聖人所不敢也；以義自處，則其與人友也，耳目肝膽業已與共而無靳，所效於人非小也，一受饋之故，遂跽曲以爲敬，是薄於自待，聖人所不爲也。故義在於施，則左驂可脱，無人德我之望；而義在於受，則車馬可饋，亦無我德人之心。何也？謂之朋友，我之視彼兄弟之好也；臨之以朋友之祖考，我固其子姓之類也。在子姓之列，則宜敬祖考之賜，故有祭肉必拜以示恭；處兄弟之間，不必計爾我之迹，故雖車馬不拜以明義。此可知交道已。

原評：題雖重「不拜車馬」，然不曰「朋友之饋，雖車馬不拜」，而必插「非祭肉」三字在内，正須借此生波。文前後夾寫，深得題句之妙。

欽定隆萬四書文卷三　論語下

先進於禮樂　一章

鄧以讚　墨

聖人述時人之論禮樂，而因自審於所從焉。蓋禮樂惟古爲得中也，夫子惟用中而已矣，而肯徇乎時好耶？想其傷今思古之意，曰：天下有可以徇世者，雖與俗從之而不以爲同；有可以自信者，則違衆從之而不以爲異。吾兹有感於禮樂矣。彼禮樂者，先王制之，後世從之，初何有於進之先後也？自末流漸遠，於是有先進之禮樂焉，彼以誠慤之真而飭人文之賁，蓋誠獨得其中者矣，而時之人昧於制作之本，乃反目之以爲「野人」，野人云者，謂其不足以侈天下之觀聽也；自先制既隳，於是有後進之禮樂焉，彼以文物之華而掩忠信之實，蓋誠至於失中者矣，而時之人眩於侈靡之習，乃反目之以爲「君子」，君子云者，謂其有以新天下之耳目也。夫即時人之論，則其禮樂之用必從後進而不從先進明矣。然文質彬彬，然後謂之君子，使其誠是也，則正吾之所願見者也，而今之獨勝於文，果可謂君子乎，吾固不敢以必從也；質勝其文，然後謂之野人，使其誠是也，則亦吾之所深病者也，而古之適得乎中，果可謂野人乎？吾則不敢以不從也。

用之爲己，則以之治躬，以之治心，所願爲從周之民者此也，雖舉世非之亦不顧也；用之治人，則以之定志，以之平情，所願爲東周之治者此也，將與世反之而不辭也。蓋寧有「野人」之議，而不敢使實意之漸微；寧無「君子」之名，而不敢使繁文之日勝。此固吾之所自審乎？吁，觀此而夫子之慕古者意亦深矣！

原評： 矩度不失尺寸，氣味深恬，囂張盡釋。以「中」字作眼，尤有歸宿，與程文先透「質」字，同是精神結聚處。

非禮勿視　四句

鄒德溥

聖人於大賢詳示以己之當克者焉。蓋視聽言動，本乎心者也，於其非禮者克之，而仁無遺藴矣乎。夫子語顏淵以克復之目也，意曰：天下未嘗有心外之感也，爲仁者安能遺感以事心哉？隨其所感而無失其心之則焉，如是而已矣。蓋自物之感於心也，而所謂視聽言動者緣心而起矣，是心之所不能無也；自心之涉於感也，而所謂非禮者緣視聽言動而起矣，是心之所不可有也。心之神常聚於目，而使非禮之色入之，可乎？吾舉吾之視而歸於禮，毋使非禮者得而淆吾視也，以是養其所以視者也；心之虛常通於耳，而使非禮之聲入之，可乎？吾舉吾之聽而歸於禮，毋使非禮者得而淆吾聽也，以是養其所以聽者也。天下未有言而不出於思者，吾懼言之失而因累其所以言者也，則於言之非禮而禁焉，要使言與禮俱，斯已矣；天下未有動而不出於謀者，吾懼動之失而因累其所以動者也，則於動之非禮而禁焉，要使動與禮協，斯已矣。天下之物日與吾心交，而常以其心宰之，故物至而心不累；吾之心日與天下之物交，而常以其理御之，故物化而理自融。其斯以爲仁乎？蓋惟視聽言動之用在己，故可以決爲仁之機；惟視聽言動之感通乎天下，故可以必歸仁之效。回也，毋亦是務哉！

評：清切簡質，隆萬中説理文字，難得如此明淨者。

樊遲問仁 一章

郭正域

聖人發仁知合一之理，而帝王之道足徵矣。夫知之與愛，其用相須也。舉錯之化，帝王有行之者，而何疑於聖人之言乎？且夫以仁而言仁，一道也；以知而言知，一道也；合仁知而言仁知，共一道也，固有相爲用而不相妨者。樊遲之問仁也，夫子以「愛人」告之，夫以愛言仁，似勿論其知與不知而皆在兼愛中矣，是言仁而難以言知也；遲之問知也，夫子以「知人」告之，夫以知言知，似勿論其愛與不愛而皆在甄别中矣，是言知而難以言仁也。宜遲之未達也。夫子復以舉錯之化告之，夫所舉在直，而舉世皆直道之民；所錯在枉，而舉世無枉者之行。此其所以當舉而當錯者，孰知之也？所以化枉而爲直者，又孰使之也？夫子言知而仁已寓矣，乃遲之未達猶故也。故子夏因其問而歎曰：富哉言乎！夫子之言，帝王之道也。舜有天下，欲盡天下而仁之，而舉一皋陶，不如皋陶者遠矣，舜其有以使之乎，舜使天下爲仁，而當時稱舜者不獨以其官人之知矣；湯有天下，欲盡天下而仁之，而舉一伊尹，不若伊尹者遠矣，湯其有以使之乎，湯使天下爲仁，而當時稱湯者不獨以其敷求之知矣。此其合衆人而選之，擇一人而用之，若是其知人也，而何病於愛？爲天下舉一人，而使天下皆爲仁，若是其愛人也，而何病於知？信乎，仁、知之相爲用也！

評：因首節「仁」「知」分舉，故開出「未達」以下半章。若將合一之理預透在先，則下文俱成贅語矣。循次合節，疏通開解，猶有先民之遺。

禮樂不興 二句

鄧以讚

即刑罰之所以失中，而知禮樂不可廢也。蓋刑罰係於民生甚重也，以禮樂廢而不中，君子能不求其端哉？夫子意曰：政有相因，敝有必至。名之不正也，其漸之敝可一一道哉！禮樂所以飭治，刑罰所以懲奸，皆政之大也。然惟極辨之朝，欽恤於五用；亦惟大順之世，盡心於一成，兩者相反而相爲用也。今以名之不正，至於禮樂不興也。是品式之等差，所謂取象於卑高者皆壞而不飭；聲氣之流動，所以幽贊於剛柔者，悉敝而不修。夫禮，序也，序之反爲紊，即無所不紊而刑罰之用亦顛倒而不得其平；樂，和也，和之反爲乖，將無所不乖而刑罰之施亦暴戾而不得其理。非有以整齊其型範，而幾民之興行，不能也，既陷於無知，又以恣肆之身臨之，將不嚴天威，不敬民命，惟憑其意周内之而已矣，安望其中倫而絶無偏倚乎？非有以蕩滌其邪穢，而希民之向方，不能也，既干於文網，又以慘刻之心繩之，將疾痛不相關，死生不加恤，惟任其意文致之而已矣，安望其中則而盡無低昂乎？獄之爲條，煩而難稽，刑之屬數千，罰之屬亦數千，非嫺於節文而平於好惡，必不能有倫有要而詳其麗於法之中，不詳其麗，不中也；獄之爲情，變而難盡，或上刑而適輕，或下刑而適重，非觀於會通而融於拘攣，必不能惟齊非齊而權其比於法之外，不權其比，不中也。要之，出乎禮，即入乎律，降典與播刑，非二物也，故禮之壞也，其究即刑之濫也；喜之中節爲和，怒之中節亦爲和，用樂與用刑，皆此心也，故樂之崩也，其究即刑之淫也。吁，由此而正名之宜先，豈不深切著明哉！

評：「禮樂」「刑罰」交關處，洞徹原委，剖析精詳。其理則融會六經，其氣則浸淫史漢，其法則無所不備也。

君子和而不同

黃洪憲

論君子之與人同於道而已矣。夫和者，天下大同之道也，惟其道而不惟其情，此君子之和所以不爲同也與？且夫天下無不同之道，而有不同之情。道相濟然後和，情相比則爲同。和雖未嘗不同，而非即以同爲和也，幾微之際，心術判焉。吾觀君子之與人，誼非不親也，而所孚者道，於情不貴苟而合；交非不篤也，而所協者義，於物不容詭而隨。同寅協恭，非以樹黨也，天下國家之事，本非一人之意見所得附和而强同者，惟平其心以待之而已矣，和出於平，而又何比焉？合志同方，非以植私也，天下萬世之道，本非一己之私心所能任情而强和者，惟公其心以應之而已矣，和生於公，而又何徇焉？內不見己，故於人無所乖，而不必在人者有以同乎己；外不見人，故於己無所戾，而不必在我者有以同於人。非其道也，獨見獨行，舉世非之而不顧，雖或不諧於衆，實則相濟以爲和耳，此君子之所以不同也，其心與迹易知也；如其道也，公是公非，與衆共之而不違，即使自混於俗，不過順應以爲和耳，此君子之所以和而不同也，其心與迹難知也。蓋和則未始不同，而非有心於求同；不同若不可語和，而實所以成其爲和。世固未有一於同而終能成其和者也，此君子之交所以無外和而中離、始同而終異也。

評：於「和」「同」互異處確有指歸。君子心事學術，全身寫出，文亦純粹無疵。

子問公叔文子 一章

陶望齡

時人之擬大夫皆過，聖人終於不信也。夫不言、不笑、不取，非人情也，而如賈之所稱，則又過矣，夫子安得而信之？且夫論人於春秋之世，或可以幾廉静，而未可以語時中；可以邀世俗之虚稱，而未可以逃聖人之藻鑒。公叔文子，衛之良也，吾觀其大概，蓋沈静廉潔士哉，何世之人迹其沈静而遂以爲不言不笑也，迹其廉潔而遂以爲不取也。夫子以爲過，而問之公明賈；公明賈亦已知告者之過，而其言之過也乃彌甚。人曰不言，賈則曰「夫子時然後言，而人不厭其言」，視不言抑又難矣；人曰不笑，賈則曰「樂然後笑，而人不厭其笑」，視不笑抑又難矣；人曰不取，賈則曰「義然後取，而人不厭其取」，視不取又難之難矣。夫言笑辭受之間，人情皆不能無，文子而人乎，吾固知其不免也；言笑辭受之節，非聖人皆不能中，文子而猶夫人乎，吾又知其不盡然也。充積未盛者，難與隨時，故談「時中」於曲謹之士，則大而無當；發見非時者，易以起厭，故稱「不厭」於清修之士，則誣而失真。夫子心知其過也，乃曰「其然豈其然乎」，蓋溢美之言不敢輒信，而爲善之文子，又未敢輕訾而直議之也。此以知天下惟時措爲最難，論人者未可以易而許人，學道者不可以難而自阻。

評：點化題面，手法靈絶，更有峭勁之氣遊盪行間。

公叔文子之臣大夫僎 一節

孫慎行

大夫舉其臣於國，可爲賢矣。夫僎固家臣也，非文子之薦，則烏能與之同升哉？且昔春秋時，大夫蓋世官也。其有家臣而爲大夫者，則得僎焉；其有舉家臣而爲大夫者，則得公叔文子焉。夫人情未有不忌人之賢者也，即賢也，未必不慕樹人之名而益私門之黨；即賢之可爲公用也，又未必不蒙入朝之嫉而防逼己之萌。若是，則僎亦竟以家臣老而已矣。乃今業爲臣役，俄然得以大夫顯焉；屬在臣僚，俄然得與大夫偕焉。文子蓋愛士而不隱也，官天位而莫之敢奸也，然而以卑簡之臣，得自致於君卿之佐，則僎亦榮矣；僎蓋懷能而不終屈也，遭遇合而得自通也，然而以私家之屬，竟能收其公輔之材，則文子亦榮矣。當是時，文子若忘乎僎之爲己臣，僎亦不以臣之賤而有愧顏，以舉我之恩而有德色也；天下固不非其臣之驟進，亦不以大夫之貴自等家臣而爲文子恥也。夫君之患，常在賢能壅於下，而公庭虛於上；士之患，亦常在當途者擅事要於前，而賢能者抱怨閔於後。賢如文子，則人臣之義止於此矣，夫子曰：「可以爲文矣。」

原評：古文之妙，全在提筆折筆。提筆得勢，則波瀾層疊；折筆有情，則文勢蓄聚。試於此等文參之。

評：文以神韻别雅俗，不必有驚邁之思，而溶漾紆餘，自覺邈然絶俗。

人無遠慮 一節

劉一焜

聖人啓人遠慮而深惕之焉。夫憂不自生也，慮不遠而憂近矣，可無惕與？今天下皆忽於慮之方萌，而震於憂之已集，此未觀夫遠近之機，而暗於憂之所自來也。夫慮生於不泄邇之一念，而其精神常運於不見不聞之表，圖之若至邇，而其及也遠；憂生於不慮遠之一念，而其胚胎遂伏於可見可聞之中，忽之若至遠，而其來也近。億兆人之命懸於堂上，有如泄泄焉，不爲億兆人慮，則此因循玩愒皆所以陰釀釁端，而爲堂上不可測之變也，雖憂之來，非必户庭之咎，而其卒然出於不意，若蕭牆肘腋矣；千百年之計起於目前，有如懵懵焉，不爲千百年慮，則此鹵莽滅裂皆所以潛伏禍機，而爲目前不可禦之災也，雖憂之成，必非朝夕之故，而其忽然發於莫支，若瞬息眉睫矣。蓋天下非有天行不可易之數，而皆以人情、物理、事勢爲之端，惟失於未兆易謀之初，而昧於積重難反之際，故藴而成其憂；亦無有卒來不可禦之憂，而皆以安危、利菑、樂亡爲之漸，惟欲蔽於可以有爲之日，而禍發於無可奈何之時，故舉而謂之近。吁，人能遠慮，可無憂矣！

原評：一氣披靡而下，題竅盡解。其古淡磅礴處，大類歸震川。

評：出語皆掐胸擢胃，可爲肥皮厚肉之藥石。

吾之於人也 一章

王堯封 墨

聖人志盛王之道，而以公論自附焉。甚矣，聖人志在三代之英也，無毁譽而自附於盛王之直道，蓋有用行之遐思哉。夫子意曰：直道在人，無古今一也。自代升降而道汙隆，始謂民心不古，而所以行之者亦異矣。吾之於人也而敢然乎哉？彼稱人惡而損其真謂之毁，毁非直也，吾誠不能隱人惡，然於誰而毁乎？揚人善而過其實謂之譽，譽非直也，吾誠不能掩人善，然於誰而譽乎？即一時之獨見，或褒善於未成，而逆異日之所臻，必盛名之能副。則譽且無之，而毁何有焉？若是者，吾誠不能枉斯民之是非而以不直行之矣。乃斯民之不可枉也，豈自今日始哉？夏后、殷、周以來，其撫世者非一君，而蕩平正直之道，其循行者如一日。賞不當善，雖聖王無以勵俗，而今此善善之民所不可枉，其公是者固即三代之世所以秉至公而爵賞之民也，吾方期與之追盛治焉，而敢以譽行與？罰不當惡，雖聖世無以服人，而今此惡惡之民所不可枉，其公非者固即三代之時所以奉無私而刑威之民也，吾方期與之躋大猷焉，而敢以毁行與？夫何三代行之，則直道見諸實事，而世方隆沕穆之風，吾今行之，則直道托諸空言，而人且滋毁譽之議？然吾終不敢謂斯民之不可以古治治也。

評：空明澹宕，清深而味有餘，粉澤爲工者當用此以滌濯之。

吾之於人也 一章

馬　懿　墨

聖人以直道待天下，以民心之本直也。夫聖人之好惡，與天下爲公者也，而況民心之本直焉，又何以毁譽爲哉？宜其有感而言之也。且夫士君子生三代之後，嘗恨不得挽頹風、回古道，而幸有古之遺直在焉，則亦甚無樂乎枉而行之也。吾嘗思之：毁之名，古未有也，起於惡之不直也；譽之名，古未有也，起於好之不直也。是非失而爲愛憎，愛憎流而爲毁譽，吾方傷之，而又誰毁誰譽乎？然惡不可過，好亦不可過，故譽或有之，而試又先之矣。夫無毁無譽，豈不稱直道哉？而是道也，起於匹夫匹婦之獨覺，而天下爲公；成於累世聖王之培養，而萬古不易。朝廷之上，以直道爲政教而賞罰明，今非其時矣，而禹、湯、文、武之遺化在焉，是斯民之所服而習者也，何可欺也？閭巷之間，以直道爲論議而美刺備，今非其時矣，而忠敬質文之餘俗在焉，是斯民之所淪而浹者也，何敢枉也？蓋生理本直，而挽人心以從古，難責待教之凡民；聖王不興，而執古道以御今，願俟從先之君子。此固吾所以無毁譽之意乎？

原評：遒古而波折自曲，簡練而規模自宏。

吾猶及史之闕文也　二句

顧天埈

聖人溯所見於世者而慨深矣。夫史闕文、馬借人，事皆微淺，而夫子以及見爲幸，而慨世何如哉。意曰：世道盛衰之變，蓋人心由慎而之肆，由公而之私也。然衰而未極，不無盛世之遺焉，吾於今日，唐、虞、夏、商邈矣，並不復識文武而夢周公矣。閒居歲月之邁，而竊憶我生之初，其習尚風俗猶美也，其習尚風俗之美猶記一二也。作史者豈以襲故乎？而每闕夫文焉；有馬者豈以市德乎？而每借於人焉。任其意見，史可易也，而弗敢也，凛凛焉留其疑以昭萬世之信，而國無作聰明之君子，及觀里閈間，大抵不挾以自私，如借馬之事時有也，而相承於敦龐之雅，依然昔矣；逞其文采，史可飾也，而弗敢也，兢兢焉小其心以隆一代之實，而朝鮮無忌憚之小人，及觀田野間，大抵不吝以便物，如借馬之類不乏也，而相趨於長者之行，藹然古矣。想文武之造周也，重令典而養太和，所以創垂者隆，雖數百年來先猷已遠，而浸潤未息，當此際也，天下有人焉急補救之，一旦東周，可幾也；想周公之造魯也，右老成而崇忠厚，所以培植者長，雖數百年來餘休漸替，而被服未泯，當此際也，魯國有人焉亟維持之，一旦至道，良易也。不意相去幾何時，而今則亡矣。今且如此，後可勝言哉？

評：正嘉先輩皆以義理精實爲宗，蔑以加矣。故隆萬能手復以神韻清微取勝，其含毫邈然，固足以滲人心腑。

知及之 一章

吴 默 墨

聖人於知及者而責以仁守之全功焉。夫道以仁守，極於動民之禮，斯全也，必如是而後爲真知也已。嘗謂：學者不患識見之未融，而患體驗之未至。善體驗者出身加民，其精神無所不貫，故稱全德焉。由今觀之，世有大知，固未有不兼乎仁者也；學有真得，亦未有患其或失者也。惟知而不繼以仁，則得而必終於失，入道者可以無實之虚見自謂已至哉？乃所謂仁守，亦不易言矣。人之心，非必獨知之境所當操持，即一威儀、一振作，皆吾心出入存亡之會；人之學，非必本原之失乃爲人欲，即失之威儀、失之振作，亦此心理消欲長之時。天下有稱爲「仁知合一」者，而自弛其莊臨之度，則我實先天下慢，而期民之作敬，弗得矣；天下又有稱爲「内外兼修」者，而闊略於動民之禮，則我實示天下疏，而以稱曰盡善，弗得矣。夫莊，非故爲矜持也，是學問之中宜有此檢束也，此而不能守，則所貴於「仁者之容」謂何，而知及之時所究析於動容周旋之道者，竟何爲也？禮，非故爲粉飾也，是學問之中宜有此節文也，此而不能守，則所貴乎「仁者之化」謂何，而知及之時所研審於化民成俗之方者，竟何爲也？專事於儀文度數之末，固爲徇迹而遺心；徒守其空虛無用之心，亦且以外而病內。仁知相成者，其知之？

評：立義雖本朱子語，但聖人於虛實本末之序，層次推究，語意渾然。獨拈「仁」字聯貫前後，乃時文家小數。機法雖熟，體卑而氣索矣。然其經營之周密，局度之渾融，固非淺學所能卒辦。

天下有道　一章

胡友信

聖人通論天下之勢，而順逆之變盡矣。蓋天下之勢，順與逆而已。順逆各以其類應，勢之所必趨也，孰有逃之者哉！今夫天下之勢，有已然而知其然者，有未然而知其將然者，有不及見其然而知其固然者。此皆天下之勢也，吾嘗概觀之矣。彼自大道之行也，天下之政出於一，而惟辟作福、惟辟作威，禮樂征伐自天子出焉，三代以上之時也，可以故求者也；自大道之隱也，天下之政出於二，而或敢作好、或敢作惡，禮樂征伐自諸侯出焉，三代以下之時也，可以迹驗者也。自天子出，萬世之事業也，而今不及見矣；降而諸侯，則十世之事業也，而世已微露其端也；降而大夫，五世之事業也，而今有可想矣；若甚而陪臣執國命焉，則三世之事業也，而吾不知其所終也。抑又思之，天下之無道而漸及於陵夷者，大率始於諸侯之僭，而終於庶人之議也。

何也？諸侯者，僭之階也；庶人者，道之公也。故天下有道，禮樂征伐自天子出，則諸侯不得而引諸國也，大夫不得而專其有也，陪臣不得而待其歸也，萌蘖未生，厲階未長，雖莫熾於大夫，而實不敢專也；天下有道，禮樂征伐自天子出，則諸侯無可議也，大夫無可議也，陪臣無可議也，各當其處，各安其分，雖莫嘖於衆口，而亦不能議也。此之謂萬世之事業也，而寖衰寖微之象，惡得而動吾之目哉？

評：氣清法老，古意盎然，幾可繼唐、歸之武。所不能似者，唐、歸出之若不經意耳。

齊景公有馬千駟 一節

趙南星

觀民之所稱與否，而人品定矣。夫斯民，直道而行者也，有德則稱，無德則否，何論豐約哉？昔者齊景公實與吾夫子同時，門弟子熟悉其本末而身見其始終，故於其死也而書之曰「齊景公有馬千駟，死之日，民無德而稱焉」。誠以景公之千駟也，而齊民視之蔑如也，可惜也；以景公之徒有千駟也，而齊民視之蔑如也，無怪也。於是有感於夷、齊之事而並書之曰「伯夷、叔齊餓於首陽之下，民到於今稱之」。夫此二子者，使其嗣孤竹之統，則五等之列也，乃遜之而逃；使其紹周王之休，則十人之倫也，乃恥之而餓。故自齊之民以及天下之民，迄今皆曰「殷之義士」，此太公之所語左右者也。愚民寧知惇史乎？蓋奉天討罪，夷、齊猶以爲譏，視景公之以賊臣爲德何如？此安得不榮華，彼安得不污辱也！自魯之民以及天下之民，迄今皆曰「古之賢人」，此夫子之所語門人者也。愚民豈聞聖言乎？蓋立長擇賢，夷、齊猶以爲浼，視景公之以兄弑爲利何如？此安得不名彰，彼安得不湮滅也！天道神而莫測，昏庸者富厚，仁賢者餓死；民心愚而至公，富厚者與草木同朽，餓死者與日月争光。有志之士，其將何從焉？或曰夷、齊之行甚高，世人之所震駭，故易得名，非夫子著之，恐首陽與於陵同譏。故砥行立名者，每恨不遇夫子也。

評：乍視之，怪怪奇奇。反復諷誦，其立局措語無一非題中神理。歐陽五代史論贊，深得史遷神髓，斯文其接武者歟？

鄙夫可與事君也與哉　一章

趙南星

聖人維臣紀而深絶夫嗜利者焉。夫事君而有嗜利之心，則是未嘗事君也，固宜其無所不至哉！此夫子所以重爲世戒也。意謂：人之品多矣，而有曰鄙夫者，謂其識見之庸陋、志趣之卑汙而無當於群雅也。非夫世之所謂大奸大惡者也，是故君子鄙之，而亦或忽之，鄙之則以爲不屑與事君，忽之則以爲奔走而驅策之無傷也。吾以爲此必不可之數也，何則？鄙夫者，以仕宦爲身家之計，而不知有忠孝名節；以朝廷爲勢利之場，而不知有社稷蒼生。未得則患得，妄處非據弗顧也；既得則患失，久妨賢路弗顧也。夫人之所患在此，則其所悉智力而圖之者必在此。未得而患得，則彼一匹夫耳，擯而不用已耳，彼亦何能爲者？苟其既得而患失，則内懷無窮之欲，而外乘得肆之權。負乘以致寇，衆所不能容也，而得之自我者，必不肯失之自我，則於事何所不爲？折足而覆餗，上未必弗覺也，而受之於君者，必不肯歸之於君，則於人孰不可忍？不攻之恐爲國家之蠹，必攻之則爲善類之殃；緩去之恐滋蔓於方來，驟去之則禍成於一旦。蓋至是而斯夫也非向之所云鄙夫也，乃天下之大奸也，乃天下之大惡也。無論他人不意其至是，即斯人之初指亦不意其至是，然患失未有不至是者。夫鄙夫而可與事君，則天下有不患失之鄙夫耶？以人事君者，奈何忽諸鄙夫？

原評：不必將曹操、李林甫、秦檜來形，止如甄豐、王舜、劉秀、馮道輩耳，此等人不過患失，既而擁戴篡弑，皆自庸陋卑汙始。此作最肖。

評：春秋以前，强臣專政者有之，鄙夫横恣者尚少。秦漢以下，乃有禍人家國者。聖人知周萬物，早洞悉其情狀。作者生有明之季，撫心蒿目，故言之如是其深痛也。

唯女子與小人爲難養也　一節

方應祥

御倖之難，鑒於意之倚也。蓋不孫與怨，固近之、遠之所自取耳，倖人之難養以此與？且君子所以持性命之正而導陰陽之和，必於左右密邇之地造其端。故燕處嚬笑之必欽，非爲女子小人加兢也。法之内，法之外，不相觭而絜衆適之平；無溢情，亦無不及情，交相攝以維一人之體。安在若輩之獨難於養哉，吾正以此見其養之難。何也？養之者，非欲教之不孫也，嘗以養而得不孫，則近之心難制也，自有當逮之寵澤，不勝比而增媚焉，彼不念德之逾涯，將謂君子唯予莫違也，憑我之權而還以我爲市，吾實潰其防而召之侮矣；養之者，又非欲格之使怨也，嘗以養而得怨，則遠之心難持也，亦自有所當崇之體貌，不勝隔而綦戾焉，彼不謂命之不同，且恨君子秉心之忍也，挾我之愛而反與我爲仇，吾實開其釁以挑之構矣。此可徒以難養咎女子小人哉？彼亦思貞於行而廉於色，無若爭妍取憐者之不以德升也；亦知發乎情止乎禮義，無若驟賢驟不肖者之以淫騁也。夫能中喜怒哀樂之節，而遠近之節偕中矣；調不孫與怨之情，而天地萬物之情俱調矣。關雎所以嗣徽於好逑，「虎賁」所以庶常於知恤，皆謹其難以善吾養者也。君子宜何處焉？

原評：直從大學「修身齊家」及周官内宰至女史等職看出聖賢刑於之本、治内之要，方與夫子立言意旨有合。是湛深經術之文，義藴深閎，匡、劉説經之遺，盡滌此題陳語。

直道而事人 四句

歸子慕

聖人以事人者論去就，見其無一可去焉。夫直道既以其必黜也而不可去，而枉道又不必去，去何爲哉？想其對或人曰：夫見黜於人與見容於人也，其所自持者有兩端，而去不與焉，曰直道，曰枉道。直道則以道爲主而以人就之，道伸而情在所必屈矣，此其不便於人爲何如者？枉道則以人爲主而以道就之，道屈而情在所必伸矣，此其便於人爲何如者？故欲免於三黜，而取必於一去，非完策也，所患在直道耳；求容身之地而必去父母之邦，非便計也，特患不枉道耳。如其直道而事人乎，今之人情已可見矣，黜則皆黜，父母之邦固黜也，他邦亦黜也，雖使迹遍天下，難乎免矣，吾棲棲將安之；不然而枉道而事人乎，今之人情不甚相遠也，容則皆容，他邦固容也，父母之邦亦容也，向也一爲士師，人其舍諸，又何必望望然去之？本爲黜也而去，而持之以必黜之道，何如勿去，寧於父母之邦黜爾；以爲一去也而必不黜，而投之以必不黜之道，何煩於去，亦即於父母之邦不黜爾。父母之邦，我所不忍舍也；輕去父母之邦，於我未有益也。即不去父母之邦，亦未嘗不可以取容也，特以直道不可枉而枉道不可爲耳。然則去父母之邦，欲何爲哉？

評：股法極變化，情詞極婉轉，後來佳作皆不能出其右。

周公謂魯公曰 一節

石有恒 墨

元聖之貽謀，皆所以培國本也。蓋國本厚而後國可長久，故觀周公所以造魯而知魯其後衰者也。想其訓魯公，若曰：爾小子受命王室，出備東藩，謂宜慎乃永圖以無廢休命。兹行也，其何道以治魯？蓋君子念開國承家，重在人心；植本樹基，端在初服。是故立國有體，宜遵忠厚之遺；而長世有道，其無忘親賢之訓乎？國族始聚，宗屬未蕃，維是一二昆弟不能和協，異日者支分派遠，當若之何，則親親宜篤，毋開薄德寡恩之漸，毋聽强幹弱支之説，固宗盟，正所以翼公室也；邦家新造，誰與倚毗，維是二三執政不能信任，異日者上猜下忌，其何以濟，則用大臣宜專，罔違卿貳而獨智自用，罔舍老成而新進與謀，一事權，亦所以重國體也。最難忘者故舊，是以常刑之外，議故有典，無亦寬文疏綱、曲示保全，乃若無大故而棄之，功德猶在，而或近者不能免其身，遠者不能庇其後，既無以酬先世之德澤，亦何以獎後來之勳庸，敦大可勿崇乎！最難得者人才，是以分職之初，官事不攝，何必全德通才始堪録用，乃若求一人而備之，器局各殊，而或任過其質而不勝，用枉其才而不稱，既使登庸之途從此塞，且恐緣飾之弊從此開，苛責可無戒乎！慎此以往，宗子無失歡於骨肉，當宁無攜志於守臣；勳舊不以多故啓危疑，才技不以難事阻靖獻。内外一德，上下共功，以保世封。我子孫其長有魯乎！小子識之，無忘吾言矣！

原評：訓誥體，連用莊語而不覺其板，由氣骨之高。

評：研練格調，雅與題稱。凡摹古之文，易入贋體，可以此作正之。

舜亦以命禹

顧允成 墨

帝之所授於王者，一「中」焉盡之矣。夫道不外於「中」也，則舜之命禹，何以易此哉！魯論記此，所以明道統也。曰：帝王之授受也以位，而其所以授受也以道。道者，中而已矣。堯之命舜，固命之以「允執厥中」也。至舜所授於禹之天下，即堯所授於舜之天下也，其責同也；舜可以中而治堯之天下，則禹亦可以中而治舜之天下也，其理同也。故舜也爲天下計，則不容一日而無禹，而總師之任，既公之而有所不私；爲禹之治天下計，則不容一日而無中，而執中之訓，自因之而有所不變。「人心道心」之命，似乎堯之所未發，而要之，言人心，以言中之雜乎形氣者也，言道心，以言中之純乎義理者也，當堯命舜之時，危微之旨已隱然於「允執厥中」之内，舜特爲之闡其秘而已矣；「惟精惟一」之命，似乎堯之所未及，而要之，言惟精，以言中之無所於蔽也，言惟一，以言中之無所於淆也，當堯命舜之時，精一之理已昭然於「允執厥中」之内，舜特爲之洩其藴而已矣。上以天禄而畀之，則亦並其所以凝承天禄者而命之，蓋紀綱之舉廢，其隨時而易者誠不能以預定，而惟此中之原於天，固亘萬古而不磨者也，安得而加益也，少有益焉則爲太過矣，夫太過，何以治天下哉？下以四海而畀之，則亦並其所以撫安四海者而命之，蓋制度之沿革，其與世而更者誠不能以預擬，而惟此中之具於人，固俟後聖而不易者也，安得而加損也，少有損焉則爲不及矣，夫不及，何以治天下哉？吁，自舜一命而上紹有唐，下開商周。道統之傳，所從來遠矣！

評：題位甚虚，但於虚處著筆則易入浮滑一路。文獨確疏實義，而虚神更爲醒露。石崑玉作以法勝，此以理勝也。

君子無衆寡　一段

陶望齡

君子心純乎敬，斯其泰美矣。夫泰而實驕者，慢也。君子無敢慢，則泰從敬生，而何驕之有哉！且夫王者之敷政甚逸，而其爲逸也無逸，此泰之説也。有心於泰，或失則驕矣。君子何以泰而不驕哉？蓋君子以主敬爲常心者也，運此心之常兢者以待人，非因人之交而始求兢惕，何問衆寡焉？本此心之常謹者以宰事，非緣事之至而方起戒謹，何問大小焉？遇匹夫若億兆之環伺，殆無可忽之人矣；臨細務若艱巨之難勝，殆非得肆之地矣。寧有一之敢慢哉？夫人而有所慢，故一時雖或忽略，中心必多餘歉而未寧；即外貌强托安舒，實則爲恣睢而長傲。惟敬也，則怠荒泯而心不生愧怍，於人順，於事安，常有悠然其日休者，蓋檢束之餘，自能優裕，泰也，而非以適己也；惟無所不敬也，則離合泯而心不勞操攝，應物而物不擾，處事而事不膠，且有怡然其自適者，蓋存養之密，並忘矜持，泰也，而豈以輕世也。斯不亦泰而不驕乎？人徒見君子之寬舒者，名之爲泰；而不知君子之憂惕者，所以成其泰。其不指驕而以爲泰者幾希，張也審之！

評：抉題之堅，理精詞卓，其中有物，故簡而彌足。

欽定隆萬四書文卷四　中庸

天地位焉 二句

胡友信

功用成於造化，此體道之極也。夫三極之道，同出一原者也。天地位於「中」，萬物育於「和」，豈非自然之理哉？且夫人戴履乎天地，胞與乎萬物，則一身乃神明之主也，而有不位不育者，皆吾不能盡道於其間耳。彼天地無心而成化，無心之妙，即中之所存也，而吾未發之中，實自此得。雖判形於天地，而流通之機，未始不潛乎於其際也。故君子能致吾心之中，則澄然而静虛者預有以統天之元氣也，凝然而貞静者預有以統地之元形也。雖不期天地之於我位，而易簡成能，自不爽其貞觀之度；清寧奠位，自各循其法象之常。天職生覆，地職形載，其對待之位成列而不毁也；天道下際，地道上行，其流行之位相禪而不息也。位上位下，乾坤之故物也，若不賴於君子建中之功，然至於三光明焉，五嶽奠焉，謂非成位乎中者之有其人不可得也。然則吾心之中，其闔乾轉坤之機乎？而君子之所以務戒慎以立天下之大本者，此也。萬物並育而不悖，並育之真，即和之所在也，而吾已發之和，實與之通。雖分形於萬物，而應感之精，未始不流通於其表也。故君子能致吾心之和，則肫然其渾厚者已立乎群生之命也，怡然而發舒者已毓乎群動之元也。雖不期萬物之於我育，而含氣之屬，自各足其生成之實；有生之類，自各完其保合之真。老有所終，幼有所養，而鰥寡孤獨無不獲其所也；形者自形，色者自色，而昆蟲草木無不若其性也。以生以息，萬物之常理也，若不賴於君子導和之力，然至於民不夭札，物無疵厲，謂非茂對其間者之有其人不可得也。然則吾心之和，其陶鈞燮理之地乎？而君子所以務謹獨以行天下之達道者，此也。吁！中、和，一理也；天地萬物，一體也。未有中而不和，未有天地位而萬物不育者也。體道君子當於會通焉得之。

評：布局宏闊，理足氣充，在稿中爲極近時作，然實非淺學所易造也。

及其至也 二句

胡友信

中庸極著道體而天地將爲昭焉。夫道體無窮，以言乎天地之間則備矣，然非知道者孰能見之哉？此惟子思子能見之，亦惟子思子能發之也。意以爲：天地未判，而道存於其間矣；天地既判，而道列於其間矣。是故夫婦之可以與知者，自其可知之一端言之也，若以夫婦之可知，達之於聖人之所不知，而推極其寥廓之量；夫婦之可以與能者，自其可行之一端言之也，若以夫婦之可能，達之於聖人之所不能，而窮究其發見之真。則仰以觀於天文，而晝夜上下莫非煥發其精神；俯以察於地理，而南北高深莫非錯綜其變化。有形者所以形其形也，有色者所以色其色也，有聲者所以聲其聲也，昭然而顯者與目謀，而以吾身出入於其間，無往而不得其鳶飛魚躍之境也；有無形者未始無形也，有無色者未始無色也，有無聲者未始無聲也，淵然而寂者與心謀，而以吾身俯仰於其間，無往而不游於鳶飛魚躍之天也。在仁者見之莫非仁，在知者見之莫非知，糟粕土苴，非棄物也；自賢人觀之莫非教，自聖人觀之莫非性，幾微易簡，皆至德也。故萬象森然，吾嘗於吾心得之也，而今何者不在於天地；萬物皆備，吾嘗於吾身得之也，而今何者不列於兩間？道之費也蓋如此。

評：精理不窮，却止是結上文語。此章固是說道體，須知是從體道之君子心目中看出。惟此文得解。

鬼神之爲德　一節

方大美

以鬼神言道，而知其非隱也。夫莫幽於鬼神，而觀其爲德之盛如此，則索隱者可以息矣。

中庸引夫子之言，謂夫自有天地以來，坱然太虛未嘗止息，而彌綸乎宇宙者孰爲之乎？鬼神爲之也。是故溺於虛無者不可以言鬼神，凡日星之所以著，江河之所以流，昭然於俯仰之際者皆是也；涉於怪異者不可以言鬼神，凡萬類之變蕃，一事之作止，紛然於日用之間者皆是也。盛矣哉，其爲德乎！原其德之體，則根乎天地，陰陽之性存焉，陽之氣一至，而生育長養者不知其所以然，陰之氣一至，而斂藏退息者不知其所以然，蓋至健至順之性，有自然而不容强者，夫是以無爲而成化也；究其德之用，則感於屈伸，動静之機乘焉，當其氣之伸，而富有日新者其發不可窮，及其氣之屈，而空虛無用者其積不可竭，蓋一往一來之機，有相推而不能已者，夫是以錯出而有常也。使天地間一息無鬼神，則所爲鼓其出、鼓其入者孰效其功，而覆載生成何以無偏而不舉之處；使人事中一息無鬼神，則所謂迭而起、循而生者孰爲之宰，而廢興成毁何以有動而必應之機？是故焄蒿悽愴，其偶出爲靈奇者，在衆人皆見爲非常，而不知止此理之發著；震動恪恭，以致嚴於屋漏者，在聖人實見其情狀，而無時非天命之流行。其德之盛也，乃其理之實也。然則鬼神之德，即中庸之道，而何容索之於隱哉？

評：經、子之奥旨，儒先之精言，皆具其中。尤難者，實發「德之盛」而不犯下文。

舜其大孝也與　一章

萬國欽

聖孝之大，一德之所致也。夫諸福咸備，事親如舜，至矣！非有聖德，孰能受命而臻此乎？且帝王之孝與士庶不同，人莫不以爲天之所助，而不知聖人之事親，即其所以事天者。蓋亦有人道焉，何也？古今之言孝多矣，而以「大」稱者，其惟舜也與？繼往開來，既已躬上聖之德矣，而且貴爲天子，尊莫尚焉，撫有四海，富莫加焉。以之追崇，享宗廟矣；以之垂裕，保子孫矣。此豈不塞乎天地，通乎神明，位與禄而並隆，名與壽而俱永耶？受命之符，可以見矣，然非天之私厚於舜也，亦非舜之私受於天也。栽培傾覆，天於凡物皆然，而况於人乎？且詩有徵焉。謂「假樂」而「宜民」「宜人」，紀顯德也；謂「受禄」而「保佑」「申之」，紀成命也。其承藉也厚，則其收效也必巨；其凝聚也固，則其發祥也必長。大德受命往往如是，又何疑於舜乎？是故德之大者，所以成其孝之大也。彼不論其本末，而概謂舜以天下養也，天與之過矣。

原評：全用漢人筆意，直將題目作本傳，而以文爲之論贊，遂於制義常格之外得此奇觀。

評：章法之轉運，氣脉之灌輸，如子美七言古詩。開闔斷續，奇變無方，而使讀者口順心怡，莫識其經營之迹。

故大德 二節

吴默

中聖德之備福，見天道之無私。夫諸福之臻，天以厚大德，而豈私也？則栽培之天足鏡已。今夫天人之際，抑何符契不爽也。德不虚隆，福不虚附，而世徒見帝王之孝，以爲偶際其盛者，則未知天之所以厚聖人與聖人之所以厚於天也。夫昊天無私，惟德是私，而舜有聖人之德，所謂大德者非乎？當是時，上有放勳之澤，豈不足以留未厭之天心；下有岳牧之賢，豈無足以當簡在之新眷？而天獨挈所謂禄位名壽者以畀之舜，舜亦若辭而不得者，凡以大德之故也。故耕稼之夫，一旦可據之君公之上；而糗草之食，一旦可極之鼎養之供。然且百姓爲之謳歌，年所爲之多歷，諸福之物無不畢至者，以爲致之自舜乎？而駢臻輻輳，又在天矣；以爲畀之自天乎？而昭格凝承，又在舜矣。舜非有私於天，而不能不私於因材之天；天亦非有私於舜，而不能不私於栽培之舜。吾蓋以生物之理驗之，而信德福相因之機有必然也。如以吉祥爲偶至之物，而無關於善積之慶；盛德爲躬修之理，而無與於發祥之基。則天之生物亦何所不篤，亦何所不培，而獨不能不覆乎其傾者哉？惟天無私物，而培者不爲恩，傾者不爲怨；亦惟福無私人，而與者非偶值，膺者非倖得。有舜之德，獲舜之福，以成舜之孝也，夫誰不宜？

原評：曲折卷舒，筆力矯健。　自萬曆己丑陶石簣以奇矯得元，而壬辰踵之，遂以陵駕之習首咎因之。其實文章之變，隨人心而日開。於順題成局相沿已久之後，變而低昂其勢、疾徐其節，亦何不可？信能以經傳之理爲主，順逆正變期於恰適肖題，乃爲變而不失其正。至於任意武斷，概用倒提，故爲串插，於題則有字而無理，於文則有巧而無氣，纖佻譎詭，邪態百出，亦不得盡以爲創始者之過也。

父爲大夫　八句

湯顯祖

葬祭之達於大夫士者，惟其分而已。蓋禮緣生死之情，而分以爲節也，此周公所以定葬祭之法，而示天下之爲士大夫者。且禮以終始人道之節，而屈伸其無已之心，其分莫明於葬祭。葬者藏也，所以藏而安之也，不於其分則不安；祭者食也，所以食而享之也，不於其分則不享。忍親於不安不享者，非孝也，於是乎有制焉。今夫葬用爵，生乎由是、死乎由是者，所以之死也；祭用禄，不及其生、猶逮其死者，所以之生也。是故諸侯而世其貴也，有諸侯之禮相世焉，必不肯降而自卑；庶人而世其賤也，有庶人之禮相世焉，必不敢引而自尊。然則周公之所以别嫌疑也，必於大夫、士矣。故葬以大夫，祭以大夫，父子世爲大夫者而後可也。使父爲大夫而子則士焉，則葬以大夫之禮，而貴者無失其貴；祭以士之禮，而賤者無失其賤。何者？爵隆則葬從而隆，大夫卒於其官，有加禮焉，非故引而進之也；禄薄則祭從而薄，士得考其大夫，有常食焉，非故掄而用之也。若曰子以父貴而若世官然者，以舉非爵之祭，敢乎哉？葬以士，祭以士，父子世爲士者而後可也。使父爲士而子則大夫焉，則葬以安士之常，而難爲上矣；祭以安大夫之常，而難爲下矣。何也？死者之爵命於君，君在，斯爲之臣，而非敢以賤事其親也；生者之禄出於子，父在，斯爲之子，而非敢以所貴事其父也。若曰父以子貴而若追王然者，以舉非爵之葬，敢乎哉？由是觀之，則天下之爲父子者定矣，天下之爲大夫士者安矣。然後爲法守而葬與祭皆得矣，然後爲情盡而生與死皆無憾矣。

原評：盡用孫百川原文，獨補出諸侯、庶人二義，遂據百川之上矣。可知絶好文意，只在本章白文中也。

評：太史公增損戰國策，有高出於本文者，非才氣能勝，以用心之細也。此文之過於孫作亦然。

郊社之禮 一節

胡友信

中庸兩舉聖人制禮之大，而推其裕於治焉。夫禮者，王道之精也，明乎武、周之制禮，而天下有不易治也哉？今夫道莫大於孝，孝莫至於武、周，觀武、周盡孝之事，而王道其易易矣。何則？昔周之先王，祭封内山川而已，至於武、周，則天子爲能享帝矣，故當其時也，有圜丘、方澤之位，有燔柴瘞埋之享，而禮行於郊者，所以父皇天而祭乎天，母后土而祭乎地也；昔周之先王，祭五世之主而已，至於武、周，則天子爲能享親矣，故當其時也，有五年四時之舉，有合祭特祭之儀，而禮行於禘嘗者，不惟等而上之以至於祖，又推而極之以祀其始祖之所自出也。夫郊社者，在後世行之，若常典耳，殊不知當其制禮之初，一出自仁人無窮之心，而規爲措置，固萃吾周數百年之精神心術，以展布於儀文者也，明乎此禮，則天下之禮無不明矣；夫禘嘗者，在後世遵之，若餘事耳，殊不知當其義起之初，一出自孝子無窮之心，而制度文爲，固會吾周家數十王之道德神化，以詳明於度數者也，明乎此義，則天下之義無不明矣。故明此於南面，即武王之所以爲君也，雖宰制天下，其事非易能者，然即武王之所以制禮者而會通之，則知之無不明、處之無不當，自一身而措之於四海，廓如也；明此於北面，即周公之所以爲相也，雖佐理天下，其事亦非易能者，然即周公之所以制禮者而會通之，則推之無不準、動之無不化，佐一人以施之於四海，廓如也。治天下不猶視諸掌之易乎？

評：不假鋪張，而典制詳核；無事鈎深，而義理明著。所以淡而愈旨、約而彌該者，由其精氣入而粗穢除也。

動則變變則化

張魯唯

誠至於動，而其機神矣。夫誠未有不動者也，而變而化因之矣，致曲之功可緩哉？且天地之化，成於無爲，乃參贊之功，又實有其事。何也？無以爲之而有以動之故也。誠則無不動，動則無不神矣，故致曲者亦第患不誠耳。業已誠而至於動矣，則我之合天下而相鼓舞者，是即己之性盡也；天下之隨我而相祓濯者，是即人物之性亦盡也。寧復有常可安、有故可守，而不去其濡染之累？又寧復有聲可尋、有色可象，而不返其性命之初？吾見忽而有所感觸焉，即忽而有所改革焉，覺耳目爲之一新，心志爲之一易也，至問耳目之何以新而心志之何以易，則感者應者俱無意也；吾見俄而無不感觸焉，即俄而無不改革焉，覺風俗之汙而隆，世運之今而古也，至問汙隆之何以升降、今古之何以循環，則有故無故兩莫測也。故夫至治之世，天地若變而清寧，誠能動天地有如是乎，然清寧亦天地之常，天地不自知其變也，上忘乎覆，下忘乎載，求其位之者而已化矣；又觀茂對之世，萬物若變而繁殖，誠能動萬物有如是乎，然繁殖亦萬物之常，萬物不自知其變也，鳶飛戾天，魚躍於淵，求其育之者而已化矣。是何也？動有機焉，機動而囿於機者無不隨，是即所爲變也，猶有方隅未變，則機相待耳，動未有不變者也；變有候焉，候變而乘於候者不自覺，是即所爲化也，猶有幾微不化，則候未至耳，變未有不化者也。致曲者，致其所以動之者而已矣。

評：「動」「變」「化」相因處，「變」與「化」辨别處，一一疏得明確。

動乎四體

黄汝亨

即四體觀道，而動可知矣。夫道，無在不形者也，動則幾生，故至誠前知之。蓋不動而變者誠也，隨動而見者亦誠也。誠則形矣，如國家之妖祥，如蓍龜之吉凶，固可逆而知矣。我以形論之，四體囿於造化之中，而物焉者之不能爲化也；以道觀之，四體具有造化之撰，而神焉者之不能秘藏也。當其未動，不感不應，聚於無爲之先；當其有動，不疾不徐，兆於不言之喻。愚不肖者動之爲妄形，而間或以一念之凝，有安舒泰寧之象焉，愚不肖不知也，以誠之未嘗或絶也；賢知者動之爲德機，而間或以一念之惰，有輕浮儇佻之象焉，賢智不知也，以誠之不容稍假也。蓋四體者官之所止，而動則神行，神行則官不得不從，而順逆判於俯仰之際；四體者氣之所布，而動則志壹，志壹則氣不得不隨，而得失著於静躁之間。故六合非廣，四體非狹；天地非大，吾身非小；千載非遥，一念非近。静則俱閉，鬼神莫知；動則俱開，吉凶先見。故誠者天之道，動者人之情也。以人觀天，以情觀道，故至誠可以前知也，豈别有退藏之秘、揣摩之術哉？

評：賢智、愚不肖皆有猝然之動，方是機兆之萌，神行官從，志壹氣隨。於所以動之理，實能見得，故言簡義精，後雖有陳大士作，不能相掩。

誠者自成也 一章

顧憲成 墨

中庸原人之當誠，而推能誠之妙焉。甚矣，誠之切於人也！成己、成物於是乎在，而君子可不務哉？且誠也者，道之所自來也，其原出於天，而吾之心則具之矣；其用及於物，而吾之心則統之矣。誠之者於此，有一貫之全功焉。夫誠非他也，吾性之實理也，人之所以自成也；而道非他也，率性之妙用也，人之所當自道也。嘗觀諸物矣，盈天地間皆物也，以誠始，亦以誠終；盈天地間之物皆誠也，無是誠，則無是物。誠之所係大矣，是故君子貴焉。反而求之，務得其所本然，不敢虧也；率而由之，務盡其所當然，不敢虛也。夫如是則誠矣，誠則可以成己，可以成物，而措之其皆宜矣。君子何以能然乎？成己之謂仁，仁者吾性誠復之德，而即無私之知也；成物之謂知，知者吾性誠通之德，而即有覺之仁也。是合外內之道也。君子而進於誠，則我之同於物者，夫固有以實體之矣，由是而以時出焉，而錯綜斟酌，無施而不中也，非意之也，彼其所爲自成者固然也；物之同於我者，夫亦有以兼體之矣，由是而以時運焉，而張弛操縱，無往而不當也，非擬之也，彼其所爲自道者固然也。能誠之妙蓋至此哉！君子由己以驗諸人，而思其效之不可誣；因人以反諸己，而思其功之不可諉。信當以誠爲貴矣，不然，其不流於無物者幾希！

原評：此章言人道，自當以「誠之爲貴」句爲主，前原其始，後竟其用。文能宛轉關生，無所不入。

評：理路極清，文境極熟，故運重如輕、舉難若易，節拍間自有水到渠成之妙。

愚而好自用　一章

張以誠

不倍之義，盡之尊王而已。夫合德、位、時三者之謂王，而人又誰敢倍之？觀於孔子之從周，益信矣。且惟王盡制，惟民從之，此齊民所能也，而何必修凝君子乃稱不倍哉？蓋不倍禮樂者，其能作禮樂者也，能作而不敢作焉之謂不倍也。故愚、賤生今，不必並值也，有一於此，即當守爲下之分；德、位與時，無可偏重也，缺一於此，即不可操制作之權。而苟自用焉，自專焉，反古焉，皆明哲保身之君子所不敢出也。何也？議禮、制度、考文，天子事也，以天子爲之，則德以位尊，而創制立隆，可爲天下寡過；非天子爲之，則德以位詘，而亂法干紀，適爲一己召災。故今之天下，非皆愚也，非皆賤也，非無熟於典故可裨當今也，而車書一統、倫物大同，甚至繼體守文之主，猶謙讓未遑，而明聖顯懿之士，猶奉法恐後，則以有位無德、有德無位。總之，未離乎愚、賤，而不敢身爲倍也。設使下可以倍上，則莫如孔子矣；下可執古之禮以倍今之上，則莫如孔子之於夏商矣。然而素王之損益，可兼三統而垂憲；而時王之法制，必釋二代以從周。兢兢焉自附於同軌、同文、同倫之民也，則夫德非孔子而制非夏殷者，又烏敢妄議於一統之世哉？蓋君子究心經曲，自盡吾德性之藴，而持以抗衡明聖，即爲無忌憚之小人；上下古今，自盡吾學問之功，而因以取戾明時，豈爲善保身之君子？故不倍之義，粗之爲齊民之遵路，而極之爲孔子之憲章。信非修凝君子不足與於斯矣。

原評：將「不倍」緊貼「修凝君子」，而以孔子爲之指歸。胸中有此主張，所以因題制勝，一字不遺，一筆不亂。雄奇渾灝之氣，勃勃紙上。

雖有其位 一節

胡友信

位與德而偏隆，均非作者之分也。夫制作，天子之大事也，徒位則病於無德，徒德則病於無權，豈得而偏與乎哉？今且自我周推之，自王天下以來六七百載矣，由上而觀，則天下未嘗無天子；由下而觀，則天下未嘗無聖人。若之何而三重之道至今罔弗同也？蓋亦惟制作有大分耳。彼天王爲紀法之宗，則位誠制作之不容已者也。然亦有不專在於位者，故雖乾綱獨攬，而或神化未足以宜民；鼎命是隆，而或中和未足以建極。則是有天下之正統，而道統不與存焉。雖未必皆愚，苟非作者之聖，要亦愚之流也。是必於可以自專之中，存不敢自用之戒。禮雖欲作也，而所以治躬者恐不能與天地同節，所以安上治民者一惟先王之文物而已；樂雖欲作也，而所以治心者恐不足與天地同和，所以移風易俗者一惟先王之節奏而已。襲禮沿樂，雖非帝王之盛節，而帝範王猷賴以不墜，則不疚於帝位者亦庶幾矣。不然，則愚之弊可勝言哉！惟聖人識禮樂之情，則德誠制作之不容已者也。然亦有不專於德者，使或聰明雖裕，而身非元后之尊；學術雖弘，而位非大寶之貴。是有天下之道統，而正統不與存焉。雖未必皆賤，而苟非南面之尊，要亦賤之屬也。是必負可以自用之具，存不敢自專之心。禮固能作也，而天王之德行在焉，懼其有所瀆也，而所以别宜居鬼者，亦惟率履之而已；樂固能作也，而天王之德輝在焉，懼其有所僭也，而所以敦和率神者，亦惟遵守之而已。遵道遵路，雖非大聖人之作爲，而國度王章守而勿失，則不倍於下位者亦庶幾矣。不然，則賤之弊可勝言哉？

評：體大思精，理真法老，而古文疏宕之氣、先正清深之韻，不可復見矣。作者所以不及歸、唐以此。

是故君子篤恭而天下平

胡友信

聖人不顯其敬，而天下化成焉。蓋敬者，天德王道之本。不顯其敬而敬純矣，天下有不化成者哉？此子思自下學立心之始而究其極也。意謂：道有至極，學有全功，吾嘗詠「不顯惟德，百辟其刑」之詩，而得君子爲己之極矣。彼其奏格無言，猶有存敬之心；民勸民威，猶有化民之迹。而君子爲己之心未已也。是故君子自内省之誠，積而入於神明之域；馴敬信之念，退而藏於淵默之衷。惕厲固所不存，而齋戒亦所不事；矜持固所不作，而兢業亦所不知。天命人心，渾爲一機，而無思無爲者忘於己，若啓若翼者忘於天，修身立命之原，誠有鬼神不得而析其幾者矣；天德王道，融爲一源，而沖漠無朕者不爲無，日出萬幾者不爲有，敬天勤民之本，蓋有造化不得而洩其秘者矣。由是神之所存，化必達焉，而天下咸囿於不言之信；德之所及，業必究焉，而天下默成其不戒之孚。陶鎔於禮樂之中，而其相揖讓也非爲名分，相歌詠也非爲性情，熙熙然各通於聖人之性而莫之知也；漸磨於刑政之外，而其爲善良也非出於感悟，無頗僻也不待於裁成，陶陶然相遇於聖人之天而莫之識也。君無可稱之迹，民無可歸之功；朝無頌聖之臣，野無歌德之俗。此之謂中和，此之謂位育。至此則無幾之可知，而君子爲己之能事畢矣。

原評：摹「篤恭」深至，摹「天下平」神奇。

評：刻摯之思，雄古之氣，非獨入理深厚，並與題之形貌亦稱。

欽定隆萬四書文卷五　孟子上

交鄰國有道乎　一章

王士驌

齊王問交鄰，而大賢以安天下之道進焉。蓋天下舉安，則交鄰不必論矣，孟子動以古道進王也，深哉！且智、仁、勇三德不備而可以安天下者，自古未有也。不察者争之忿欲之間，無怪乎功業不建而鄰國生心矣。齊宣王之問交鄰也，豈非欲藉强大、極兵威，令强國請服、弱國入朝者乎？曷不以古人徵之也。商周當已定之天，而成湯、文、武仁人也，故樂之而事葛、事昆夷，卒保天下也；岐與越當不可知之天，而太王、句踐智人也，故畏之而事獯鬻、事吴，卒保其國也。天威不僭，賢聖不能違時；仁智兼資，伯王用之長世。則鄰國不難交也，而奈何以好勇爲疾也，亦未講於安天下之道乎？仁覆之，智運之，而勇成之。故小之不足以敵一人，而大之可以統萬國。如詩所稱，文何嘗不好勇也，獨其遏徂莒而篤周祜，好安天下之勇爾；如書所稱，武何嘗不好勇也，獨其作君師而恥衡行，亦好安天下之勇爾。王誠戢撫劍疾視之忿，而興整旅問罪之師，彼其日斃於兵争之靡寧也，而曠然復睹太平之烈也；彼其日苦於割據之無已也，而赫然復集一統之勳也。民惟恐王之不好勇矣。夫始之保國保天下，而終之以安天下。當是時也，天命在齊，鄰國其如予何哉？故講於智仁勇之道，而交鄰可無問也。

評：挈起題中要領，六轡在手，範我馳驅，自然應節合度。原評所謂「熟極生新」者也。

惟仁者爲能以小事大　二段

顧憲成

大賢論交鄰之道而徵諸古焉。蓋以大事小爲仁，以小事大爲智，古之道也。明乎此，而於交鄰何有？孟子曰：所貴乎交鄰者無他，勢在我則忘之而已矣，勢在人則順之而已矣。王欲聞其道乎？臣試言其概而王擇焉。夫天下之人國多矣，有以大國而鄰我者焉，有以小國而鄰我者焉。大奚以交於小也，其道則仁者得之。仁者曰：吾與小國鄰，而忿焉與小國較，將以樹威結怨則可矣，若欲昭德而懷貳，則計之左者也。是故其事之也，以爲寧使天下議我以怯而有不恭之加，毋寧使天下議我以暴而有不靖之患也。古之行此道者，吾得二人焉。湯也，事葛矣；文王也，事昆夷矣。彼誠仁者也，所以忘其勢而不忍較也。不然，以四海徯蘇之后，而下於一蕞爾之邦，則近乎恥也；以三分有二之主，而下於一蠻夷之長，則近乎辱也。恥不可即，辱不可居，湯、文曷爲而爲之哉？小奚以交於大也，其道則智者得之。智者曰：吾與大國鄰，而狡焉與大國競，將以挑釁速禍則可矣，若欲保社而息民，則計之左者也。是故其事之也，以爲與其犯彼之怒而爲簞食壺漿之迎，不若徇彼之欲而爲犧牲玉帛之獻也。古之行此道者，吾得二人焉。太王也，事獯鬻矣，句踐也，事吴矣。彼誠智者也，所以順其勢而不敢競也。不然，賂以皮幣，賂以犬馬，天下之厚利也；身請爲臣，妻請爲妾，天下之惡名也。利不可棄，惡不可取，太王、句踐曷爲而爲之哉？今王之鄰，誰爲葛伯耶，昆夷耶？則有仁者事小之道在；誰爲獯鬻耶，吴耶，則有智者事大之道在。尚其鑒於四王可也。

評：極平淡中，清越疏古之氣足以愜人心目。非涵養深厚、志氣和平，不能一時得此。

故太王事獯鬻　二句

湯顯祖

二君之事大也，智足觀矣。夫太王、句踐皆智於謀國者，其事狄、事吴，有以哉！且自古霸王之君，未始遑小忿而忘大計。非屈也，智也。智以事大，於太王、句踐見之。是故周自后稷以來，舊爲西諸侯之望矣，至於太王而獯鬻亂華焉。當其時，狄大而周小也，彼將環邠人之境而騁戎馬之足，意已無周矣。使太王憒於勢，闇於理，乃欲争雄於一戰，周其不遂爲狄乎？於是屬而耆老，去而宗國，甘心事虜弗恤焉。此何爲哉？計以邠可亡、岐可徙，而先君后稷之祀必不可自我斬也，吾寧隱忍而俟未定之天也。蓋自西山垂統，而周且盡狄人而臣之，然後知太王之以屈爲伸也，智也。越自無余以來，常爲東諸侯之長矣，至於句踐而夫差報怨焉。當其時，吴大而越小也，彼既轉檇李之敗而爲夫椒之勝，目已無越矣。使句踐懵於勢，闇於理，乃欲争雄於再戰，越其不遂爲吴乎？於是納大夫之謀，遣行成之使，反面事讎弗恤焉。此何爲哉？計以身可臣、妻可妾，而先君無余之祀必不可自我斬也，吾寧隱忍而俟再舉之日也。蓋自東海興師，而越且盡吴地而沼之，然後知句踐之以怯爲勇也，智也。小之事大，自古而然。今齊而有鄰如獯鬻耶，請爲太王；有鄰如吴耶，請爲句踐。不然，吾竊爲齊懼矣，智者不爲也。

評：此先輩極風華文字。然字字精確，無一字無來歷，而氣又足以運之。以藻麗爲工者，宜用此爲標準。

先王無流連之樂 二節

鄭德溥

齊臣進法古之規，其君悦而聲諸樂焉。蓋先王不徇欲而忘民也，景公以是庸晏子，宜其樂之稱盛也哉！孟子蓋述齊之故以諷宣王也，意謂：自古人臣之愛其君者，則無樂乎君之荒於佚也，蓋必以勤民詔焉。有明君者起而聽之，則相得益章，而其盛於是乎可傳，若景公是已。昔晏子者告君以先王之觀、當時之弊，復進而曰：吾君思比於先王觀也，而亦知先王之所以異於後世乎哉？先王非無樂也，而無若今之所謂流連之樂也，樂焉而澤在民矣；非無行也，而無若今之所謂荒亡之行也，行焉而頌在野矣。君將耕斂是省，而與先王比隆乎？抑將佚欲是徇，而與世主同事乎？顧君自擇何如耳。斯言也，豈不誠畜君乎哉？然而景公不之尤也，方且從而悦焉。於是而大戒於國，示民革也；出舍於郊，察民隱也。而興發補助之政，慨然爲斯民計之矣。蓋易其所謂流連荒亡者，而進於先王之觀乎？當是時也，君鑒其誠，臣幸其遇，交動夫歡忻之情；而事治於朝，民安於野，式昭夫明良之盛。景公是以命太師，而作君臣相悦之樂。樂有以「徵招」名者，志事也，蓋曰是允釐之遺也；樂有以「角招」名者，志民也，蓋曰是風動之遺也；其詩曰「畜君何尤」，志好君也，蓋曰是謨明弼諧之遺也。晏子懷忠愛之素，故能進流連荒亡之規；景公諒忠讜之誠，故能修興發補助之政。此其盛載在樂章，可挹也。臣故欲君之法先王也，君其悦於臣言乎哉？

評：順逆疾徐，應節合度，不必言法而法無不備。其氣息醇古，平淡中有極腴之味。

左右皆曰賢未可也

湯顯祖

不以近臣之譽進賢，蓋其慎也。夫左右太信，則有與不肖論賢者矣，國君之所可，豈在是與？孟子箴齊王之疾，曰：人才首關於大政，君心每惑於小言。所貴乎進賢者，亦慎諸此而已。彼環在王所，有近於左右之臣者乎？得陳於王前，有先於左右之言者乎？固有相率而稱人之賢者矣。浸而不察，亦有因而可之者矣。不知好進之士，常以左右爲根柢之容；而近習之人，亦每以朝端爲外市之地。故「舉爾所知」，雖達之左右皆有聞也，而何可以遽然其賢；論所及知，雖時而左右先爲言也，亦未敢以輕用其可。左右雖卑也，與外臣之尊者常相低昂，如曰「某也賢，其尊之也」，則有借君側以威衆者，亦因而尊之乎，恐他日之卑逾尊亦如是矣，烏乎可也？左右非疏也，與外臣之親者常相比附，如皆曰「某也賢，其親之也」，則有事中人以迎幸者，亦因而親之乎，恐異日之疏逾戚又復然矣，如何可也？寧使左右謂我有賢而不用，無寧使天下謂我用賢而不公，蓋明揚士類，本非所望於近幸之人，正使其所賢者賢，亦非左右所得而賢矣；寧知而不舉以傷左右之心，毋寧舉而不賢以傷朝廷之典，蓋推轂人才，本非可求於私昵之地，正使其所賢真可，亦非左右得以制吾可矣。夫觀意察色、工辭善譽以移主心者，莫左右若也，而弗之可焉，則「如不得已」之心，自近者始矣。由是公聽並觀，尊賢不失，尚何賢知之士羞而世主之論悖乎？

原評：句句是「左右」，句句是左右分上之「未可」。用意深穩，而局陣層層變换，如神龍在空，噓氣成雲。後來奇縱之作，皆爲籠罩。

東面而征西夷怨　霓也

沈　演墨

觀商師於所未及，而民望殷焉。夫兵，民之殘也，然且望之若恐後焉，其斯爲王師乎？孟子謂夫王者有征無戰，非屈其力也。人以兵失人心，聖人以兵得人心，誠當其時也，商師何以信於天下哉？想其以大字小而兵無輕試，故以仁伐暴而師不留行。在湯也，師有所首加而必有所徐及者，勢也；在民也，惟以其來爲德而反以其後爲怨者，情也。吾見其東征而西且怨焉，吾見其南征而北且怨焉。若將懟心於人之我先而以爲己歉也，曰中國之有至仁，而念彼置此，何其偏也；若將觖望於己之獨後而以爲湯尤也，曰聖人之無遺澤，而先彼後此，獨何異也？湯師旦夕先至，則旦夕之塗炭紓焉，故雖一緩急之間，而若足動後時之感；湯師一日未至，則一日之子惠賒焉，故雖一先後之際，而不勝遥企之思。以聖武之布昭，豈不亦終歸宇下，然業知之而猶以爲疑者，誠望之也，望之切則疑之深，延頸舉踵，如將旦暮遇焉，而須臾之德化未沾，能自慰耶；以萬邦之表正，豈不亦卒荷帡幪，然明知之而猶以爲憂者，誠望之也，其望殷則其憂迫，傾耳注目，惟恐俄頃緩焉，而一時之聽睹未親，能自安耶？以斯民也，望斯師也，其與大旱之望雲霓何異哉？蓋聖人舉事，有同天道之俟時，而小民望仁，無異農夫之望歲。民情如此，惟皆信湯者深也。其由此爲政可知矣。

評：下筆疏秀，眼前意思，説來却娓娓動人。

昔者大王居邠　去之岐山之下居焉

湯顯祖

先王有不能懷其故居，而狄之爲患久矣。夫邠，大王之故居也，狄人來而大王去矣，然亦豈後世所得效哉？嘗謂今昔之變不同時，大小之敵不同勢。然時危同於感愴，而勢小易於圖存，此不可不計也。夫强大壓境，可爲寒心，豈惟今日君之事耶？昔者大王當之矣。自今觀之，居岐之陽，大王之孫也，而不知大王實始居岐也，乃眷西顧，大王之德也，而不知大王固先居邠也。觀其流泉，流泉無恙也，蓋民之初生，其土於斯也非一世矣，非不處且安也，如寇警何？度其夕陽，夕陽如故也，蓋君之有宗，其依於此也非一日矣，亦既庶且繁也，如戎心何？始也自竄於犬戎之間，而公劉啓其地，中也亦復中犬戎之患，而亶父遇其時。狄人可事也而不可弭也，國有三軍，已被之矣，安能久居此乎？自土可樂也而不可長也，地非一姓，已知之矣，何必懷此都乎？蓋天作高山，隱然周原之在望也，於是胥宇其下焉，雖不得終其皇澗之遊，而亦庶幾乎厥愠之無近矣；帝遷明德，俄然周道之有夷也，於此乎周爰其居焉，雖不得免於疆理之勞，而亦庶幾乎昔遷之無歎矣。由前而觀，居邠者此大王也，雖未有室家，何知有異日之居岐？由後而觀，居岐者亦此大王也，雖增其式廓，亦肇基於昔日之居邠。蓋古公雖欲尊生而讓王，狄人固以殷憂而啓聖。殆至王用享於岐山，而世乃歌夫邠風矣。滕固今之邠也，而齊則滕之狄也。何去何從，倘有岐山在耶？吾故曰：今昔之變不同時，大小之敵不同勢也。

評：一丘一壑，自涵幽趣，令人徘徊而不能去。其鎔冶經籍，運以雋思，使三句題情上下渾成一片，尤極經營苦心。

邠人曰 四句

黄洪憲

邠民念君之仁而相率以從遷也。甚矣，民之歸仁也。仁如太王，邠民安忍一日離哉？嘗謂有國家者，民爲貴，社稷次之。故失民得國，猶失國也；失國得民，猶弗失也。昔者獯鬻南侵，亶父去國。夫豳，故國也，遷，勞事也，民安能輕去其鄉，而太王安能籲懷其衆哉？不知其厚澤之遺已漸涵於在國之日，而耆老之屬尤感動於去國之時。是以邠民念其仁、懷其去，相率而言曰施德以厚下，使我安居而樂業者，非君乎？尊生以避狄，使我免於鋒鏑者，非君乎？吾君誠仁人也，仁人行矣，來朝走馬，君既不忍以土地之故而失吾民；險阻間關，吾亦奚忍以室家之故而失吾君？仁人在上，則故土可依，新都可樂，矧此行也父母孔邇，其有以安輯我矣；仁人一失，則閭井雖存，撫字非昔，况異日者士女仳離，其誰能保惠我邪？故寧負羈紲、扞牧圉以從君於險阻，毋或戀故土而重去其鄉；寧披荆棘、闢草萊以從君於新遷，毋或懷故居而輕失其主。由是而岐山如市矣，由是而從岐之民如歸市矣。蓋皇皇求利、惟恐或失者，市人之行也；皇皇趨仁、惟恐或失者，太王之民也。此豈有政令發征期會哉？要之，惟太王之仁也，故所居民樂，所去民思；惟邠民之歸仁也，故君存與存，君去與去。今君自料寬仁慈愛，孰與太王？滕民之愛戴歸往，孰與太王之民？願君熟計而審處也。

評：情真理真景真，並聲音笑貌無一不真，故能令人諷誦不厭。

饑者易爲食　猶解倒懸也

葛寅亮　墨

惟民之易見德，而施德者易爲感矣。蓋德本易行者也，民既望之如饑渴，而得之不若解懸哉？且夫主德與民情恒相爲因，主德之感乎未神，固機窒於有待；而民情之困窮未迫，尤時阻於無乘。乃今王者不作，而民之憔悴已甚也。將見瘡痍者待起，呻吟者待息，正在得生失死之候；急之頃刻則可延，緩之須臾則就斃，止係朝施暮及之間。其迫而瀕危之狀，誠不異夫饑渴，則小惠亦來蘇也，而況德之博施濟衆者乎？其跂而昵就之情，誠不異夫饑渴之於飲食，即漸施猶引領也，而況德行之存神過化者乎？不疾而速，不行而至，則孔子速於置郵之説也，德之善感，原無藉乎其時也；疾之而愈速，行之而愈至，則當今萬乘行仁之勢也，時之易感，實大有裨乎其德也。蓋饑渴之情，民既操其至急者以望我；而置郵之德，我亦操其至急者以應民。民出於急而君不忍獨緩，則與不期衆寡於其當厄；君出於急而民豈能自緩，則感不期深淺於其適時。民之悦之，不猶解倒懸哉？君人者，睹饑渴若罔聞，既坐失千載一時之會；則望解懸其何日，又安見俄頃立奏之功？齊王反手，無怪乎世之驚而莫能信也。

原評：題凡三喻，首尾是易於見德之時，中間是德本易行。文以兩頭作主，運化中間，備極脱卸之妙。

評：以題之脉絡爲文之起伏頓宕，界劃極清，氣勢亦復沛然。

告子曰不得於言　無暴其氣

潘士藻

大賢述時人强制之言，而斷之無一可者也。夫言與氣俱本於心，而欲遺之以求不動，是强制而已矣。此孟子斷之以爲均不可也。想其述以告公孫丑，意謂：等之不動心也，善事心者有以養之而能不動，不善事心者有以制之而亦不動，則其道異焉。吾觀告子之能先我不動心也，非其心之無所疑而然也，但曰「不得於言，勿求於心」而已矣；又非其心之得所養而然也，但曰「不得於心，勿求於氣」而已矣。夫告子之所重者心也，其有所舍而勿求也，凡以求心之不動也。以心之故而舍氣，氣雖失矣，而不害爲持吾志，吾猶以爲可焉；以言之故而舍心，心則失矣，而安在其爲不動也，則尚得爲可乎哉？要之，言與氣皆非心外物也，心無内外者也；失夫言而不得與遺夫氣而不求，皆非善事心者也。心貴交養也，試觀吾心之氣，有不賴志以爲帥者乎，而志其至矣；試觀吾心之志，有不賴氣以爲充者乎，而氣其次矣。形神相資以成能，而宰於中者與輔於外者均所重；故敬義交修以爲功，而直乎内者與方乎外者兼所急。向使惟其志之足恃也，遂任其氣之暴焉而不顧，雖有主帥，其誰輔之？而安能强之使不動也哉？以是知告子之言無一可者也。

原評：此文高處，一在替告子重提「心」字，得旁門宗旨。若太淺視之，則不得要領，而無所施吾摧陷之鋒矣。一在於「不得於心，勿求於氣」内便看出「持其志」三字。蓋不得於心，則便强制其心，是亦告子之「持志」也。又如「言與氣皆非心外物」「敬義交修」等語，於名理皆造其巔。

告子曰不得於言　無暴其氣

陶望齡

時人「不求」之非，即氣之當求而益見也。夫氣以輔志，而心當求，氣亦不可暴也。告子之説，無一可矣。且夫善事心者，聞養之，不聞制之。養者，交養而徐俟其自定；制，則驟持之而非棄之，若告子矣。觀其言曰「不得於言，勿求於心；不得於心，勿求於氣」，夫欲免於求，而且不免有制其求之心，已非寂然不動之體；不能無失，而徒欲禁其求於既失之後，終爲悍焉自恣之私。故較而言之，則「不求於氣」者，視之「不求於心」者稍爲僅可，而亦豈通論哉？蓋氣非甚輕而可緩者也。心王乎氣而實附於氣，氣聽於心而能輔乎心。神明之官，握役使群動之柄，而作則奮、倡則從者，志帥氣也；然精神所布，實充滿百體之中，而作而能奮、倡而能從者，則氣輔志也。帥有常尊，尤得佐而後尊；志雖獨至，氣亦次乎其至。志當持矣，氣可暴乎？故守之宥密淵微，以端出令之府；而又當養之流行布濩，以鼓從令之機。有欽承敬事之道以祗若性靈，而又當有涵養優游之方以保合元氣。蓋志不持，則本原一乖而内外遂已兩失，故知告子「勿求於心」之説妄也，不待辯也；氣無暴，則存主愈湛而本末可以相資，故知告子「勿求於氣」之説亦妄也，豈誠可乎？吁！養心者無若告子可矣。

原評：「夫志」六句，止辯「勿求於氣」之失，至「勿求於心」不待言矣。理解既徹，故就題成文，方圓自合。

必有事焉　勿助長也

沈　演

大賢論養氣者惟一於集義而已。夫集義，所以養氣也。然或預期其效，而忘且助焉，又豈集義之謂哉？孟子謂夫氣生於集義，固也，然義可以我集，而氣不可以我生。求端於義，則兩得矣；取必於氣，則兩失矣。可無循其節度乎？吾知義而曰集，乃積累之實功，而非外假也，吾安可以無事？氣而曰生，乃自致之天機，而非速效也，吾豈容以有心？必有事而勿正焉。反觀内省，念念期與天地俱，其事勤矣，然亦求無愧於心、不戕其生意焉耳，雖充塞之氣象固當自至，而我何心也？飭躬礪行，事事期與道義合，其養預矣，然亦求無怍於心、不琢其生機焉耳，雖配道之功用自當有在，而吾無意也。如是而氣之充者其常也，固當聽其自生；如是而氣之未充者亦其常也，安可間於持久？真積雖深，而盛大之本體未著，此豈人力乎哉，惟優焉游焉，弗忘其所以對天地者焉，而何可參之以躁心，假人爲而鼓舞之也？持循雖久，而流行之妙用未彰，此可意致乎哉，惟涵焉泳焉，弗忘其所以遵道義者焉，而何敢乘之以速心，借客氣而激昂之也？若有事，又若行所無事，要之，集義之外無餘事矣；若有心，又若不與其心，要之，集義之外無容心矣。夫是之謂「直而非襲」，夫是之謂「養而無害」，而氣其生矣乎？

評：明淨無疵，於題之神理、節次自然吻合。

孟子之平陸　一章

張　榜

齊民之不見德，大賢終以咎其君焉。夫君臣共有其民，而得爲、不得爲懸矣。距心尚無解，而況王乎？且君之立乎民上，與其立有司於民之上，欲以何爲哉？民之不得，叩之有司，有司有不得，轉而叩之君，至乎君，無弗得矣。君委其柄，屯其膏，聽民自生自瘁於有司之手，又且掣有司之手，俾不得展布，而民於是乎始窮。孟子之平陸，睹其老者、羸者、壯者四方而溝壑者，憫然有動乎心也；造其大夫而詰焉，曰此亦持戟之士之失伍也，而彼何以「不得爲」爲解也？夫受牛羊者，芻牧之不得，直當反之於其主；受民者不得職，直當反其主。不然，而能謂無罪乎？至是則距心有以解而卒無解，而王可知已。夫民固有芻牧也，吏固有伍也。所謂擇民牧而申儆之，俾無解於就列者，不在王耶？王實制民之命，孰梗之而使不得上請？即令距心持是以問王，而王無以應也；孰壅之而澤不下溉；王又總有司而制其命，層累而上之以問王，而王無以應也。王故曰「此則寡人之罪」，非齊王之能任咎，而齊王之不能不任咎也。如曰此亦王悔悟之微明云耳，何竟不聞罪己之後，去闒冗之吏，反顛連之民，而一蘇之以曠蕩之仁恩也哉？

評：出没靈變，深得國策神妙。

民事不可緩也 三節

陶望齡

民事甚重，知其重者賢君也。夫一民事而教養公私胥賴之，顧可緩哉，而賢君誠重之矣。且人君攬君師之責，當臣民之寄，而有意爲國也，胡可不擇一事焉爲先圖，而吾以爲莫如民事矣。人第知上之授田經野，實有切於民依；而不知民之戮力身家，即上關乎國脉。計産而耕之，則衣食出焉，風俗興焉，一日少緩，民且受其弊矣；計産而賦之，則小人供焉，君子養焉，一夫不耕，上亦受其弊矣。況斯民日夕而惟播穀是圖，其艱難疾苦，詩可狀也，而上烏得緩之哉？

緩之，是無恒産也。無恒産而驅之善，能得之凡民乎？無恒產而隨之之刑，將得爲仁人乎？而賢君不然也。賢君則必恭，恭者之於臣僚也且將有殊禮焉，而忍使其奉養薄耶，獨計常禄皆民脂，而吾謀其入，不得不慮及於出者矣；賢君則必儉，儉者之於財用也且有常經焉，而何至取民多耶，獨計常賦皆民力，而吾責之出，不得不預圖其入者矣。故教化未興，刑罰未中，而吾不問，惟曰何以重農；賦税未定，世禄未講，而吾不問，惟曰何以授産。則以民事舉而國無餘務也，君而爲國亦於此急之。

評：打叠一片，處處緊密而勢寬氣沛，故爲難及。

設爲庠序學校以教之 九節

林齊聖

設井田之法，而養與教兼之矣。夫教民者，不過欲親民耳，乃井田行而民已親矣，教寧有外於養哉？蓋吾觀井田而知王道之易易也。田既井而教可施矣，田一井而教已寓矣。是故以井田爲養民之良法可也，以井田爲教民之善物亦可也。何者？教民者，不過欲民之親於倫耳。爲之學以親之，而學必有所由建；爲之庠序校以親之，而庠序校必有所由興。自昔三代聖王所爲，師一世並師百世，新民風並新國運。雖其人倫之教預乎，而誰非自井田之經界始哉？是故田不井，而欲平野人之穀、定君子之禄，不得也；田不井，而欲君子篤奉先之孝、野人敦友於之誼，不得也；田不井，而欲其里閭族黨之間，藹出作入息之風，而成相收相恤之仁，亦不得也。蓋自界正而田井，田井而民睦。郊以外、國以内，熙熙然婦子行饁，則執醬執爵之庠教也；比屋壤歌，即詩書弦誦之校教也；田畯讓耕讓畔，即序賓不侮之序教也。既分一井爲一鄉，而鄉之民與鄉親；遂合萬井爲一國，而國之民與國親。即庠序學校之典未舉，而俗已稱淳茂；倘師儒鄉俊之選時行，而國不多良善哉？乃知井田之法，以生之厚，寓德之正，而教養兼舉也。滕盍舉而行之？

評：以「井田」作主，綰合上下。前三節正幾筆叙過，却於末節一一回抱，章法最爲靈變。其迴環映帶，已大近時趨。存之以誌古法之變。

舉舜而敷治焉　合下二節

顧憲成　墨

觀聖人任人以圖治，而知其所憂者大矣。夫天下非人不治也，得舜以總治，得禹、皋陶之徒以分治，而後民可安，而固知聖人之憂不同於農夫之憂也。且天下之未治也，聖人能以心憂之，而不能以身徇之也。爲君者舉治民之責付之於一相，爲相者舉治民之責付之於群有司，天下可坐而理矣。時惟陶唐，天下之爲民患者誠多，而堯之憂誠切也。乃舉舜而敷治焉，謂夫天下之治，必得人而後可圖也；謂夫天下之人，必得舜而後可舉也。舜也仰承一人付托之重，而思殫心以釋其憂；俯念四海屬望之殷，而務擇賢以分其職。命益以司火政，而鳥獸匿矣，禹則起而治水焉，所以竭力於疏瀹決排之間者，何汲汲而不遑也；命稷以司稼政，而民人育矣，契則起而明倫焉，所以致意於勞來匡直之間者，何孜孜而不倦也。在天下方幸聖人之有作而害可除，在聖人則方慮夫民欲之未易遂。如此乎聖人之不暇耕矣。由此觀之，堯一日無舜，則孰與命禹、益？舜一日無禹、益，則孰與拯昏墊之患而登天下於平成？堯一日無舜，則孰與命稷、契，舜一日無稷、契，則孰與粒阻饑之民而躋天下於揖讓？然則憂舜之不得者，堯也，君道也；憂禹、皋陶之不得者，舜也，相道也。彼以百畝之不易爲憂者，蓋忘情於天下者之所暇耳。即禹、益、稷、契之徒猶有不屑，況君如堯、相如舜，獨奈何而躬農夫之行哉？信矣，許行之妄也！

原評：題甚繁瑣，忙忙點次，猶恐不暇。看其運筆之法，全在題外游行，有意無意，自然入妙。

舉舜而敷治焉 合下二節

張　棟　墨

詳觀聖人之所以治天下者，而知其憂在天下矣。夫聖人以天下爲憂，故舜之所以命諸臣者，皆爲天下也。憂在天下，而百畝云乎哉？此君子所以爲許行闢也。嘗謂聖人能以一心勞天下，而不能以一身役天下，彼役其身於天下者，必無聖人憂天下之心者也，必無聖人治天下之責者也。吾觀堯之所以寄其憂於天下者而知之矣。堯以爲天下之可憂者固多也，而天下之可以寄吾憂者則人也；故得舜而舉之焉，舉舜而使之敷治焉。而凡民害之未除、民利之未與者，悉舉而寄之舜矣。舜於是以掌火命益，而山澤既焚之後，治水之功可施矣，禹乃起而治之，爲疏河，爲決排，而八年三過無自寧者，耕何得也？以教稼命稷，而人民既育之後，明倫之化可興矣，契乃起而教之，爲親義，爲序別信，而輔翼振德無勿盡者，耕何暇也？夫以舉舜之後而掌火治水有益與禹以任之，則民害之除雖禹、益之功，而實舜之使也，當時堯之所以欲得舜而舉之者，正爲民害而已矣；舉舜之後而厚生正德有稷與契以任之，則民利之興雖稷、契之功，而實舜之使也，當時堯之所以欲得舜而舉之者，正爲民利而已矣。吾由是而知堯之憂焉，吾由是而並知舜之所以憂堯之憂焉。堯何憂也，憂不得夫舜也，得舜而敷治之責屬之於舜矣；舜何憂也，憂不得乎禹、皋陶也，得禹、皋陶而敷治之責分之於禹、皋陶矣。夫是之謂天下之憂、聖人之憂，而非百畝之憂、農夫之憂也。不然而屑屑於百畝之務，則堯舜而農夫矣，何以能成唐虞之事業如此哉？夫以堯舜之聖而耕，固有所不暇。如此，則「並耕」之説不待辯而自明也已。

原評：此又獨重「舉舜」一句，可觀先輩立局之變化。

評：題首是「舉舜」，起益、禹諸人亦從「舉舜」而得。「除害」「興利」，前後起伏，歸入「敷治」。可謂能扼其吭矣。

有攸不爲臣東征

姚希孟

周王以義正名，而有不臣之討焉。夫不臣於周，此其罪未可定也，而遂以不臣之罪征之，所謂名以義起耳。且君臣，定位也，而至於天怒人怨、親離衆叛之秋，則君臣似非定位矣。故興王崛起，而順之者昌，帶礪之所必及也；逆之者亡，斧鉞之所必加也。當商周易姓之際，遺佚如太公，貴戚如微子，前而三分有二之衆，後而八百會同之國，孰敢不臣，而有不臣者伊何人哉？蓋崇侯、奄君之屬，明知稔惡已久，而爲聖世之所必誅，故閉關而不朝耳；飛廉、惡來之輩，自揣衆怒已深，而爲王法之所不宥，故負隅以相抗耳。此其人無論非周之臣也，即起商先王於九原而問之，亦非商之臣也，不奴不死，而使祖宗艱難辛苦之業離披至此，是斬商祚者正此臣也，而猶得藉口於不屈乎？無論其不爲周臣也，即使其稽首於王之馬前，而亦不願有此臣也，長君逢君，而使商辛聰明才辯之資兇惡至此，是喪殷師者正此臣也，而猶敢託名於殉國乎？於是蒼蒼之表默啓武王，若曰爾其討獨夫紂，而先討其蠱惑此獨夫者；元元之衆又環向武王，若曰爾其誅無道商，而先誅其相與爲無道者。玉杯象箸，誰獻此淫巧；瑶臺瓊室，誰興此土木？刳孕婦、斮朝涉，誰爲紂作刑官；盈鹿臺、充鉅橋，誰爲紂作聚斂？計其罪，即比之共工、驩兜之屬殆有甚焉；而殲其魁，則雖爲阪泉、涿鹿之師亦所弗恤矣。此東征之所由起也。蓋惟天地間從未嘗有此臣子，故欲其身伏司敗，以寒萬世奸臣之膽，而非徒爲脅服人心之計；惟宇宙中必不容有此臣子，故欲其名載丹書，以立後世臣道之防，而非徒爲翦除勝國之餘。不然，叩馬之義士則聽之而已矣，演疇之父師則封之而已矣，梗化之頑民則遷之而已矣。必欲胥天下而臣之，夫豈帝王之度哉？

評：義正辭嚴，摘發盡致，但覺光焰萬丈長留宇宙間。

其君子實玄黃於匪　四句

湯顯祖

商人備物以迎周師，亦可以慨世矣。夫周無君子、小人皆商有也，去之已可慨矣，況至以商迎周耶？且帝王代興，當揖遜之時天下已相迎也；當革命之時，天下尤相迎也。南河之謳、北狄之怨，有由來矣，商周新故之際亦然。武王之次商郊也，猶昔觀兵之意也，使紂也雖無同好、有與同惡，則如林之衆猶未得前歌後舞而入也，事乃有不然者。商之君子，非士大夫耶？周師入，君子怒可也，何又匪厥玄黄迎周之君子也？父師奴，少師剖，幣聘之風斬然，彼雖君子，誠不若生於周者得以賢其賢而親其親也。今而後喜可知矣，得同君而臣之矣。不以拾矢爲贄，而以好幣相先，何温然堂户之交賓也，豈其中無一忠臣哉？天命之矣。不億之親猶將往焉，而又何論於今日之君子也。蓋望周之將相來久矣。商之小人，非故百姓耶？周師入，小人戚可也，何又簞食壺漿迎周之小人也？老人刑，妲己笑，仇餉之思蕩然，吾儕小人，誠不若生於周者得以樂其樂而利其利也。今而後喜可知矣，得同君而氓之矣。不以餉己之師，而以迎人之師，何藹然田野之相饁也，豈其間無一義士哉？天命之矣。有二之衆皆先往焉，又何論於今日之小人也。蓋望周之卒旅來久矣。由是得意於群臣百姓因而爲王者，新主也；得罪於群臣百姓不可復赦者，舊君也。今日之爲君子小人者，此商人也；他日之爲多士多方者，亦此商人也。由商周而後，人情向背又可勝道哉？

原評：局勢通博，一句一字，窮極工巧。感慨反覆，意味悠然。或疑「相迎」已見上文，本題語勢直趨末二句，只當凌空複衍，此作微似犯實。然篇中句句皆發商人望救之情，未嘗侵下「救民」正位也。

脅肩諂笑　二句

趙南星

大賢於非禮徇人者而深以爲病焉。夫以夏畦之病而更有甚焉者，則徇人者當之，可憫也。曾子若曰：甚哉，人之趨於勢利也！其依阿澳涊，於何不有，乃其大都有二，曰體柔也，曰面柔也。何也？以賤事貴者，必謬恭以致其敬之至也，於是乎有脅肩，欲有所仰，惟恐其躬之不俯，故翕其肩以奉之，有不勝其磬折者，此之謂體柔；以卑阿尊者，必謬厚以明其愛之至也，於是乎有諂笑，前有所媚，惟恐其姿之不妍，故强爲笑以獻之，若不勝其色喜者，此之謂面柔。夫肩之脅也，何其縮也；笑之諂也，何其靦也。合而觀之，何其醜也。然非獨醜也，良亦病已；非獨病也，良亦甚病已。凡天下之言病者稱夏畦，豈非以治畦病、夏畦又甚哉？吾以爲天下而無脅肩諂笑也，則夏畦病；自天下而有脅肩諂笑也，則夏畦何病？夫夏畦者，勞其力於自食，力憊而神不沮也，彼役役以附勢者，無論其神之沮，卑躬屈體猶懼人之不收，即其力亦更勞矣；勞其形以謀生，形苦而氣不餒也，彼矻矻以干進者，無論其氣之餒，冶容修態猶懼人之不憐，即其形亦更苦矣。故高賢奇士，遭貧賤困窮之時，而使之夏畦，亦安爲而不辭；雖甿隸匹夫，遇富貴權倖之人，而使之脅肩諂笑，或愧恥而不屑。然則人之所病者，豈夏畦之謂哉？夫脅肩諂笑者，往往出於士大夫，而不自知其病之至此也，可慨也已。

評：猥瑣之情，以峻厲之氣摘發之，足令人愧恥之心勃然而生。

洚水者　禹掘地而注之海

胡友信

大賢明聖君心在洪水，而得順治之臣焉。蓋洚水即洪水，則堯之所謂「警予」者可知矣。命官敷治，其容緩哉？昔者陶唐之世，無所謂亂也，而洪水爲災，是亦一亂也。起而治之者，非堯之責乎？吾嘗觀「洚水警予」之辭，而知帝堯不得已之心矣。夫逆行氾濫之勢，本闔闢以來未有所歸宿而然也，堯則視之以爲上天譴責之故；懷山襄陵之變，本氣化所遺未得所宣洩而然也，堯則引之以爲一己感召之由。故曰「洚水警予」，而洚水者即洪水也。當是時也，九重之惕厲方殷矣，天子不可以自爲之也，而岳牧咸薦，不能不望夫行所無事之禹也；且九載之績用弗成矣，崇伯不可以復任之也，而司空是寄，不能不付於克蓋前愆之禹也。禹也承帝之命，典乂之官，既知其有不容逭之責；觀水之性，相地之宜，又知其有不可逆之機。於是掘地而注諸海焉。酌天地之盈而佐之以虛者，其勢不得不分，掘地者固所以分之也；酌天地之虛而佐之以盈者，其勢不得不合，注諸海者固所以合之也。分則相畜而止，合則相守而固矣。此之謂分天因地，此之謂地平天成。非天下之至神，其孰能與於此？而洚水之警堯，於是可以釋然矣。

評：「洪」字作「鴻蒙」解，方與「洚」字有别，得釋書體。上下兩截，一氣呼吸，義法自然闢生。彼以弔挽字面爲聯合者，固俗格也。

我亦欲正人心 一節

馮夢禎 墨

大賢自發其爲道之心，其所任者重矣。夫三聖人之作，凡以爲道也，大賢承之以闢邪焉，自任豈輕乎？且夫天行之數，始乎治，常卒乎亂；而人心之機，出乎正，則入乎邪。自聖賢生而撥亂以治、黜邪以正，則世道終有賴焉，若禹、周公、孔子是也，予也敢自諉乎？蓋今之時，非三聖之時也，而予之道，即三聖之道也。自楊墨行而人心壞矣，自人心壞而聖人之道息矣，故欲明聖人之道，當先正夫人心，而欲正斯人之心，當先開其陷溺。邪説，惑人心者也，吾息之使不著焉；詖行，蔽人心者也，吾距之使不行焉；淫辭，蕩人心者也，吾放之使不濫焉。蓋今之天下，唯其無三聖人也，故楊墨從而亂之也；而予之正人心，凡以承三聖人也，故必欲辭而闢之也。執予之迹，則其説也長；而諒予之衷，則其責也重。予之切切焉與楊氏辯者，豈好之哉？正以人心有義，而「爲我」者出而害之，苟不早爲之辯焉，其病於吾道之義不小也，予之心有大不得已者在矣；予之諄諄焉與墨氏辯者，豈好之哉？正以人心有仁，而「兼愛」者出而賊之，苟不嚴爲之辯焉，其病於吾道之仁匪淺也。予之心有甚不得已者存矣。要之，三聖人之道不可一日不明，則人心不可一日不正；人心不可一日不正，則楊墨之言不可一日不辯。外人以「好辯」爲予稱也，予其滋戚矣乎！

評：信筆直書，不加刻琢，而清明之氣流溢行間。

我亦欲正人心 一節

蘇濬 墨

崇正道以繼往聖，大賢所以不容已於言也。夫聖賢之相承也，爲世道計也，繼往之功，孟子任之，而烏容已於言哉？孟子曉公都子之意，蓋謂：古之聖人不得已而有功，功成而天下安焉；不得已而有言，言出而天下法焉。吾觀禹之功，周公承之，周公之功，孔子承之，而生民之治胥賴矣。在今日則何如哉？彼自人心不正、邪說橫流，而詖行淫辭交作於其間，今之天下惟無禹、周公、孔子，故至此也。我也亦欲正天下之人心，而於以維持乎世道，則必息楊墨之邪說，而使不得蠱惑乎人心。詖行之邪累人心者也，吾距焉；淫辭之邪蕩人心者也，吾放焉。位非大禹，而以抑人心之洪水者，猶欲庶幾乎禹之遺烈也；位非周公，而以去人心之夷狄猛獸者，猶欲庶幾乎周之遺勳也；德非孔子，而以遏人心之亂賊者，猶欲庶幾乎孔之遺教也。彼三聖作之於前，而其功之昭昭於天下者，既非所以爲好勞矣；予承之於後，而其言之諄諄於今日者，夫豈所以爲好辯哉？予之一身，世道之汙隆係焉，而救世之責既不得而辭之；予之一言，心術之邪正係焉，而繼往之任又不得而諉之。憂深慮遠，有之爲不獲已之衷；而昌言正論，發之爲不獲已之辯。此予之所可諒者也。使予而得已於言，則人心之壞孰爲之正？邪説詖行淫辭之作，孰爲之息？而天下之亂將安知其所終哉？噫！此吾寧受「好辯」之名，而不敢墜往聖之緒；寧使天下以言罪我，而不敢使世道之日趨於邪也。公都子其知之乎？

原評：呼吸排盪，直如天風海濤，真雄才也。

評：專發「承三聖」意，最得本文語氣。愉怡自得之致不及元作，雄直勁利之氣則又過之，可謂各據勝場。

夫蚓　一節

方應祥

齊士之廉，窮於其所不知焉。夫廉於取者，不問所由來，以其不必問也，何仲子乃以此自窮哉？且古無不食不居之廉士，論者亦不以所居與食而窮之。彼有權於取舍間者，非概以不取爲廉也，仲子殆窮於廉矣。夫食槁壤而飲黄泉，蚓之於世無求也，豈其廉之足稱？吾亦豈謂士之自好，必與蚓競操而後謂之廉哉？就仲子之操而充之，必如蚓之食槁壤而飲黄泉斯可耳。蓋古今之稱廉，至伯夷止矣。伯夷之室，不必伯夷所築，有權於其居，而不以不居爲廉也，仲子不能無居，而不居其所不廉，不能不問所築矣；伯夷之粟，不必伯夷所樹，有權於其食，而不以不食爲廉也，仲子不能無食，而不食其所不廉，不能不問所樹矣。果盡伯夷爲之，將或參之盜跖乎？伯夷者，仲子獨以處其身，即世而有是人，彼固未之許也；盜跖者，仲子所以概天下，即世何必皆是人，彼又未必信也。不知所築，安知不以室妨廉，何昧然而居之；不知所樹，安知不以粟病廉，又何靦然而食之？故即仲子而充其操，非如蚓之食槁壤而飲黄泉不可矣。本欲擬節於伯夷，不知已溷迹於盜跖；仲子即自信其不爲跖，吾不能保其能爲蚓也。不如蚓，惡能廉；即如蚓，亦僅蚓之廉而不得爲伯夷之廉。夫世有人而可如蚓者哉？仲子者，蓋不知權而窮於廉者也。

評：只因與蚓比較，所以直窮到居食之所築所樹，非論廉者必當求之於此也。文處處覷定此指，用筆之清辯奇快，使人心開目爽。

欽定隆萬四書文卷六　孟子下

民之歸仁也　二節

湯顯祖

大賢狀民之歸仁，皆其不容已者也。夫民之於仁固便也，加之以不仁之敺，則民之歸仁得已耶？且夫至德之世，民居其國，不相往來，若鳥獸之不亂群而魚水之相忘也。自世有仁人，又有不仁人，而天下之情勢百出矣。欲而之焉之謂情，迫而之焉之謂勢；欲之所在則歸也，歸之所在則仁也。以仁爲下，民猶水也，水之惡逆而好順也，地道然矣；以仁爲壙，民則其獸也，獸之去隘而就寬也，天性然矣。此何待於敺乎？而况又有以敺乎？蓋兩仁之國，民各有所歸也；兩不仁之國，民亦無所歸也。惟一仁一不仁形，此令民輕背其主，而人易去其鄉矣。故獸走壙而爵走叢，類也，益之以鸇，而叢之得爵愈疾而愈多，鸇爲叢敺也；水就下而魚就淵，類也，益之以獺，而淵之得魚愈疾而愈多，獺爲淵敺也。鸇獺自厭其性，不知其爲敺也，是桀紂之行也；淵叢能爲庇依，不能必其敺也，是湯武之資也。吁！知民之歸仁情也，國君宜爲仁以接民之情；知民之去不仁勢也，國君宜無爲不仁以成人之勢。何以爲仁？聚民欲爾；何以去不仁？無施民惡爾。得天下與失天下，其道何莫不由茲耶？

評：雖用巧法，然大雅天成，而不傷於纖佻。由其書卷味深而筆姿天授也。

象日以殺舜事 一章

徐日久

觀虞舜之待弟而見仁之大焉。夫舜之仁於弟，一人耳，封之猶有不忍離者，何至於放，而況於甚焉者乎？嘗觀天下有至仁，則足以當天下之異變。何也？變之異者，無過於舜之遇象。而舜之爲兄也，後於其所以爲子，先於其所以爲君，其處之裕如矣。乃世之人執君道以求之，而疑放疑殺，靡所不至，夫將等之四凶之罪，而擬以天下咸服之誅，豈仁人處弟之道哉？親愛者兄弟之性，富貴者天子之權。舜之於兄弟也，雖天子弗有加也；舜之爲天子也，於兄弟不以易也。有藏怒乎，宿怨乎，舜不知也，知其爲吾弟而已矣，而有庳之封，徒泥吏治之一端以疑其放，何量舜之薄哉？即既富矣，既貴矣，舜猶弗知也，知其爲吾弟而已矣，而介弟之親，猶泥於歲時之常事以疏其迹，亦豈盡舜之心哉？蓋至觀五玉之瑞，與群后同班；而述職之期，非以春秋爲節。而後知廟廊喜起之歌，此君臣期會之盛，不如「思君」之一語爲樂也；治國之吏，又君民一體之思，要不如常常之見爲親也。彼蕞爾之封，何足以廢吾刑賞之正，而後世之求於仁者，其度量不相遠哉！乃知象也者，舜所以底豫之一機；而封象者，即所以無爲之大概。蓋以兄弟和樂而順於父母，無不順也；以任人圖治而統理天下，又何爲哉？故曰舜之所以爲子、爲君與其爲兄，無二念也。後之人親愛不足而且借天下之法以文之，嗚呼，此真至不仁也已！

評：題中義藴無不醒豁。更能於題外尋出波瀾，以鼓盪題情，是謂妙遠不測。

伊尹相湯以王於天下 一節

顧天埈

觀元臣始終爲商，而知其善承天意矣。夫始終一節，尹之爲商至矣，然豈非天意在商而尹特承之者哉？孟子以此例夏事也。蓋曰：天下之命懸於帝天，固非盛德所能讓，亦非衰德之所能留也。子有疑於禹、益乎，胡不以伊尹觀之？蓋自成湯興王，阿衡作相，功已服於天下矣，而況湯鼎之成也。雖曰吾君有子，而未立之太丁，天意不屬焉；雖曰大宗有後，而二年之外丙、四年之仲壬，天意又不屬焉。意者臣民之望已歸於元臣，改姓之事復見於今日乎？而不然者，則以太甲在也。蓋太甲，天所屬也；伊尹，天所屬之太甲者也。有甲而後伊尹得以大權而成大忠，有尹而後太甲得易昏德而爲明德。故始焉以顛覆壞典刑者，太甲也；繼焉以怨艾遷仁義者，亦太甲也。元祀以前，則太甲者放桐之羈主也；三年以後，則太甲者歸亳之共主也。亂而廢之，權莫重焉；悔而復之，忠莫盛焉。至此而嗣王之君道虔其始，宰衡之臣節厚其終矣。吾固曰：太甲，天所屬也；伊尹，天屬之太甲者也。夫由商論之，則易世之餘國統三絶，放桐之日天位不守，而猶得以幾危之墜緒卜世而長；由尹論之，則佐命之烈顯於四世，定策之勳著於三朝，而猶得以震主之功名奉身而退。商不禪，尹不王，吾於此可以窺天心焉，何疑於益，何衰於禹也？

原評： 天生尹以爲太甲，放桐、歸亳，總是成就繼世。擒定此意，脱手能穿七札。

評： 義法亦人所共知，而叙來嶔崎磊落，非胸無書卷人所能彷彿。

吾豈若使是君爲堯舜之君哉 合下節

田一儁

聖人自決其應聘之志，而原其應天之心也。甚矣，伊尹聖之任者也！觀其任行道之責於己，而推覺民之意於天，則豈肯冒焉以求進哉？時以割烹誣尹，而孟子嚴爲之辨。曰：天下之道，出處二者而已。方尹之囂然於湯聘也，固不輕於出矣；及其幡然於三聘也，遂不終於處焉。觀其言曰，我處畎畝之中，固由是以樂堯舜之道矣。然堯舜之道，不惟可窮而亦可達，樂堯舜之道，特以獨善而非兼善，吾豈若以此上致其君，使是君爲堯舜之君哉？吾豈若以此下澤其民，使是民爲堯舜之民哉？吾豈若以此顯設於上下，於吾身親見之哉？蓋自昔而言，行道似不如獨善之爲樂；自今而言，則躬耕實不如大行之爲公也。然吾之所以必欲親見是堯舜君民之道者，豈無故哉？亦以天意所在，不可得而辭耳。今夫天之生斯民也，非不與之以知覺之性也，而氣稟不齊，必使先知覺後知焉，使先覺覺後覺焉，責於聖賢者若此其重也；幸而予之生也，雖同爲天之民也，而聖道在我，以知則先知焉，以覺則先覺焉，責於吾身者夫亦不偶也。是以予將推堯之道以覺斯民，而措之於昭明之域；推舜之道以覺斯民，而引之於風動之歸。向使非予以覺之，則舉世皆後知後覺也，將誰與任其責；而予亦虚爲先知先覺也，又無以應乎天矣。然則吾雖不欲堯舜君民而行其道也，胡可得哉？此畎畝之不如親見者，吾之所深諒；而三聘之不可再却者，吾之所必往也。吁！觀尹之言如此，則尹蓋以天道自處者，割烹之事，烏足爲聖人誣哉？

評：於「幡然」時懷抱，體會真切，故能得心應手。機關開闔，有雲起風行之態。

聖人之行不同也 合下節

陶望齡

聖道歸於潔身，故「要君」不足以汙元聖也。夫行歸於潔身，則無論異矣，割烹至汙，而以誣樂道之尹哉？且世俗自好之士，猶能以一節表見，乃至聖如尹，而割烹之説紛紛焉。則以論潔身於常人易知，論潔身於聖人難知也。蓋聖人之行不同矣，機適逢世，則不必遠托山林以逃之；道足致君，則不必塵視軒冕以避之。或遠而又或近也，或去而又或不去也。身游於廟堂巖廊之中，而心超於功名爵禄之外；迹與王公大人伍，而志與天地萬物游。要歸潔其身而已。即伊尹一人，俄而有莘，俄而阿衡，抑何遠近去就頓殊，而操行潔白惟一哉！蓋尹惟遇湯，故尹不得不出，是以三聘爲招，爲天下而要尹者，湯也；尹惟樂堯舜之道，故湯不得不求，是以二帝爲招，以道而要湯者，尹也。以疏逖之士，一朝而晉位師保，非尹近湯，湯近之也，亦道固致之耳；易畎畝之樂，一旦而立人本朝，非尹就湯，湯就之也，亦道固來之耳。吾所聞要湯者如此。如曰割烹，必非聖人而後可，而尹聖人也，潔身之謂何，而爲之哉？蓋行無轍迹，聖人所以成其大；道有要歸，聖人所以全其高。徇迹則議生，識歸則論定。此可以知伊尹矣。

評：煉局甚緊，運題甚活。全於入脉處、過渡處、結束處著精神。

聖人之行不同也 合下節

董其昌

觀聖人制行之極，而知其進以道也。夫聖人異行而同潔者，爲道存也。割烹非所以明潔矣，而元聖爲之哉？且夫出處之際，立身之大節也，賢者守之，聖人達焉。而謂其節之可變，則甚非知聖者。夫伊尹而有割烹要君之議乎？乃吾以爲，巖廊之上，不必皆失節之階也；清修之操，不必皆遺世之士也。夫聖人者，其行甚圓，其天甚定。可遠可近，而不可使處不廉也；可去可不去，而不可使處不義也。抱其道，不忍私諸身，間嘗自試於時；而愛吾身，所以重吾道，未嘗受浼於俗。若此乎其惟潔之歸者。是故以尹之左右乎厥辟，而視諸蕭然耕野之時，於行爲近矣，乃聖人之近，有潔者在焉，則奚事要君也；以尹之阿衡乎商室，而視諸囂然却聘之日，於行爲不去矣，乃聖人之不去，有潔者在焉，則奚至若他人之要也？當其時，湯不得尹，孰與沛天民之澤；尹不樂堯之道，孰自畎畝而結明主之知？湯不得尹，孰與建伐夏之功；尹不樂舜之道，孰與匹夫而動師臣之想？蓋求其所以感湯者而不可得，謂之要也亦宜；又求其所以要湯者而不可得，謂之以堯舜之道也亦宜。而顧曰割烹焉，則伊尹非聖人，而聖人固不潔者哉？吾未之前聞矣。吁！如以行，則聖人之行，非割烹之行也；如以道，則堯舜之道，非割烹之道也。而重爲尹誣，非好事者不至此矣。

評：綰結自然，起伏迴應，融化無迹。惟入手處不及元作之渾成耳。

周室班爵禄也 一章

徐日久

舉王制之略而爵禄斯重矣。夫爵禄者，王者之所以重天下也，得其名，斯得其等矣，雖去籍何爲哉？嘗觀班爵禄之法，總之以天下爲公，而以公天下爲天子之柄，是故其本末輕重，蓋甚詳焉。而不意故府之籍，今不存也，則請言其略。彼周之盛時，天子非加尊也，而要以定天下之名、享天下之實者，謂是爲天子之位。其下乃有公有侯有伯有子男，以視天子皆臣也；而爲其國主，亦君也。是以有君之等，以明主之尊；有卿大夫士之等，以陳輔之誼。當其時，以億萬一心也，故入仕王國，出監侯邦，則曰此天子之臣；即藩屏分治也，而或命於天子，或命於其君，總曰此天子之陪臣。天下之爵亦有不班自天子者哉？夫爵由天降，故爲天之子，其處尊自在一體之中；禄以地制，而率土皆王，則分方宜操群后之重。我思周之立國規土，中以定鼎，建豐鎬以爲都者，豈非謂制不下逮而勢不移等哉？如人臣之制不過公侯，是天子之卿所視受地者也，而制於百里，其臣與食之不至有餘；公侯之次爲伯，子男，是天子之大夫、士所視受地者也，而制於七十里與五十里，其臣亦等差以食之不虞不足。舉九州之大，分千八百國之君，非不謂衆，而微之附庸，猶錯處其間；列五等之爵，定以四、以三、以倍之禄，非不已詳，而極之農夫，猶得食其力。乃周之衰也，其所先侵削者庶人也，繼之所兼併者與國也，終之所弁髦者遂及天子矣。天子之權輕，而爵禄遂輕；班爵禄者輕，而竊爵禄者偏重。彼諸侯之去籍也，徒畏害己而害乃愈滋。吾欲著其略，以爲此天下萬世之利也。吁，其鑒哉！

評：題外一字不添設，題中一字不漏落。繁者簡之，散者整之。力大如身，心細如髮，真長題老手。

評：歸重天子，分「爵」「禄」爲兩扇，而故錯綜之。消納剪裁，用意極細。而行以渾古疏宕之氣，尤不易及。

敢問交際何心也　一章

顧憲成

大賢論交際始終，以爲不可却也。夫君子未嘗一日忘情於天下也，如是，而欲絶諸侯之交際者過矣，是故聖人不爲也。且聖賢處世，甚無樂爲已甚之行也。已甚則天下欲有所以交於我，而疑於我之不能容；我欲有所以用於天下，而阻於天下之不敢近。道之不行，夫豈獨人之過哉？孟子當戰國而受諸侯之賜，凡委曲以爲行道計耳，胡萬章之未諒乎？夫所謂交際者，何從而起也？起於心之恭也，以辭却之，君子病其峻；以心却之，君子病其僞。無一可者也。吾以爲其交也協諸道焉，雖以生民未有之聖，亦不得不爲道而受；其接也協諸禮焉，雖以大成時中之聖，亦不得不爲禮而受。其不受者，必禦人於國門之外者也。移此心以待諸侯，是禦人之盜，王者不教而誅之；取民之諸侯，王者亦不教而誅之矣。孰知充之以義，則天下無可交之人；通之以權，則天下皆可仍之俗。故魯人獵較，孔子亦隨而獵較也，非徇也。始也以道革人，而有簿書之正；終也以道潔己，而無三年之淹。聖人之行權以濟天下，類如此也，吾因是知聖人有三仕焉。其上則「行可之仕」矣，其次則「際可之仕」矣，又其次則「公養之仕」矣。可以仕桓子，而亦可以仕靈公，非區區之儀文果足以縻聖人，而聖人自不忍示天下以亢也，謂夫人之所以禮貌我者，其猶近於恭也；可以仕靈公，而亦可以仕孝公，非區區之餽養果足以羈聖人，而聖人自不忍待天下以刻也，謂夫人之所以禮遇我者，其猶近於恭也。使必夷諸侯於禦人之盜，而却天下之交際焉，天下雖有好賢好士之君，將何因而得通於君子之側？君子雖有獲君行道之念，將何因而得進於人君之前？吾見魯衛之庭，必無孔子之迹也，可乎哉？

評：因題成文，不立間架，而題之腠理曲折無不操縱入化。所謂「氣盛則言之短長與聲之高下皆宜」者。

敢問交際何心也 一章

許　獬

大賢之論交際不爲已甚者也。甚矣，聖人無已甚之行也，通此於交際，而何主於必却哉？嘗謂聖賢之轍環列國，無非欲行其道於天下也。故天下而無重道之君，則不宜示以輕；天下而有重道之君，則不宜示以固也。諸侯之交際，其猶有重道之心乎？是可以觀恭矣。交之者爲恭，則却之者爲不恭。却之者爲不恭，則却之以心與却之以辭者皆不得以言恭也，皆非中正之道，而聖人所不爲者也。蓋聖人之所却者，必其非道之交而後可也，而交之以道則不可矣；必其非禮之接而後可也，而接之以禮則不可矣；亦必其禦人於國門之外而後可也，而非禦人於國門之外則不可矣。禦人之盜，不待教而誅者也，而移此於諸侯，是已甚之法也，王者之立法不若是之峻也；諸侯之於民，非其有而取者耳，而名之爲真盜，是已甚之論也，君子之立論不若是之刻也。向使已甚而可爲焉，則獵較，弊俗也，胡爲而亦從；祭器，細事也，胡爲而亦正？而若桓子，若靈公，若孝公，皆非有爲之君相也，又胡爲而有行可之仕，有際可、公養之仕哉？亦曰彼其交以道、接以禮，禮均有致恭之心也；我若却以辭而却以心，均非委曲之權也。夫君子之欲行其道於天下，苟非委曲，何以冀一遇哉？故不爲已甚者，聖人之行，而孟子願學也。

原評：不於題外自立一意，不於題中提重一句，只將題面牽搭説去，自成一片文字。若績麻之法，根根相續，更不另起一頭者。比之立一意、重一句者更難也。

評：所惡於鍾斗之文者，以其老煉而近俗也。此篇則氣頗清真，平淡中自有變化。特録之以示論文宜有灼見，不可偏執一端。

孔子有見行可之仕 三句

鄒德溥

大賢歷舉聖人之仕，無非道之所在也。夫聖人進以道者也，而或以「行可」，或以「際可」、「公養」，則道固變通也哉？孟子語萬章曰：聖人之爲天下甚殷，而其待天下甚恕。故嘗委曲以冀道之行，即或道之未可行，而亦時就焉，乃其究卒歸於道。若孔子可睹已。夫孔子之仕爲道也，宜乎道可大行而後仕也，然且有見行可之仕焉。視其君若足以建治，視其相若足以佐理，吾姑以其身周旋於君相之前，蓋天下方病吾以難，而吾則時示以易，固吾委曲之微權也。事道也，然非必行可而後仕也，則嘗有際可之仕焉。彼其禮遇之隆也，而能必其行吾道哉？顧其所爲致敬於吾者，抑猶知隆吾道也。吾由此而仕，其或因晉接以啓道合之機乎？此固時事之未可知者。即不然亦鑒其誠焉已矣，而鑒其誠者固道也，是本乎事道之心而權之者也。又非必際可而後仕也，則嘗有公養之仕焉。彼其問饋之豐也，而能必其行吾道哉？顧其所爲致養於吾者，抑猶知重吾道也。吾由此而仕，其或因鼎養以啓道合之機乎？此又時事之未可知者。即不然亦享其儀焉已矣，而享其儀者固道也，是因乎事道之窮而通之者也。然則以獵較爲非道，固非所以論孔子；而以交際爲必却，夫亦未以孔子權之與？

評： 三股蟬聯而下，清虛夷猶，婉轉可味。

仕非爲貧也 一章

郝敬

君子爲禄而仕，亦不苟於仕也。夫貧而仕，非君子之得已也，猶必委曲以稱職，豈苟焉以得禄而已哉？且君子之仕，行其言也，行其道也。是故居高位而不讓、受厚禄而不辭者，有言高之責而當大行之會也。乃君子胡爲而有爲貧之仕哉？蓋方其道與時違，言不用，道不行，已非仕可之日；而朝不食，夕不食，不無免死之憂。故君子而有爲貧之仕也，非得已也，亦猶娶妻者之爲養耳。然以其貧也，而侈焉以縻君之禄乎？不敢也。一命之寄，儋石之需，聊取之以自給。以其仕於貧也，而苟焉以曠已之官乎？不敢也。抱關之役，擊柝之司，必報之以微勞。何也？食人之禄者敬人之事，禄薄則事簡；居君之位者供君之職，職卑則易稱。故孔子一仕爲委吏，而會計之外無餘事矣；再仕爲乘田，而牛羊之外無餘職矣。責之以盡言，則身未廁於高位之尊，含默自守而不謂之固寵；望之以行道，則身未立於朝廷之上，醇謹無爲而不謂之負君。不然，責委吏乘田之賤而譚君國子民之猷，是居下議上，罪之招耳；鄙抱關擊柝之卑而希尊位重禄之榮，將道與時違，恥之媒耳。然則居卑貧者，其免於罪乎？辭尊富者，其免於恥乎？此爲貧而仕者所當知也。不然，貧亦非君子之所去者，而肯苟且以得君之禄哉？

評：自首至尾，渾然一片。題之節次俱融，理解更晰，其營度可謂盡善。

生之謂性 一章

魏大中

論性於生，當辨人於物已。蓋生非不可以論性，第當有所生以論生，不然者，人與物幾無以辨也。蓋孟子之論性也曰善，告子之論性也曰無善無不善。孟子以情表性，情者，真吾性之生機也；而告子於斯時亦復曰生之謂性，凡言生者，皆指夫不慮而知、不學而能者言也。如主夫惻隱、羞惡、辭讓、是非者以爲生，知則誠良知，能則誠良能也，生之謂性也，人之所以爲人者此也；如主夫甘食悦色、知覺運動者以爲生，知亦係良知，能亦係良能也，生之不可謂性也，物之所以爲物者亦此也。而告子則曰無善無不善者也，是非指惻隱、羞惡、辭讓、是非之生，而指甘食悦色、知覺運動之生矣。其驅人而與物等，誠禍之所必至也；而驟以人與物辨，未肯還而自驗也。叩以「白之謂白」，固逆料告子必以爲然乎，而告子果曰「然」；徐實以白羽、白雪、白玉之白，亦逆料告子必以爲然乎，而告子又曰「然」。於是急動之以犬之性、牛之性、人之性，而告子亦遂若聽其不得於言與不得於心也。夫告子聞言之下而不無少悚於心，則即此是生、即此是性，斯固犬之性所必無，斯固牛之性所必無矣；即告子聞言之後仍自悍焉弗顧，而天下之人、萬世之人，必有不安於爲犬，必有不安於爲牛者矣。此一辨也，不直抉告子之病根、防其流毒而留幾希於人心哉？由是知論性而得，即形見性，而聖人踐之；論性而失，即生見性，而禽獸位之。

甚哉，論性者必不可以離善也。

評：「生之謂性」未嘗不是，但當辨人、物之生所以不同處。前幅融會程子之言及朱子圈外注意，極爲明快。文之清澈廉勁，如刀割塗，可謂生氣見於筆端。

乃若其情 四節

郝敬

因情以知性，雖聖人不能易也。夫情，性之發也。今人不以情善觀性，而以不盡之才罪性，亦異乎詩與聖言矣。孟子告公都子曰：世之言性者，亦各有據也。以爲不善，天下固未有生而無秉彝之人；以爲至善，則天下又真有濟惡不才之人。無惑乎衆説之紛紛矣，吾將安所折衷而曰性善哉？夫執杳然未動之體以探其存，則隱而難測；據紛然已汨之用以觀其外，則雜而失真。惟夫隱而初動，是性方出而與物交之情也，此其際，雖不才之人能有不善乎，過此以往而爲不善，則非其人本不才也，陷之也；動而未彰，是情與性初離之境也，此其際，既無不善之爲，又安得不謂性善乎，過此以往而以不善終，則非其才獨爾殊也，溺之也。世不皆居仁由義之君子，而皆有惻隱羞惡之情，乃所謂性之有仁義也；世不皆守禮崇智之君子，而皆有恭敬是非之情，乃所謂性之有禮智也。人不思其所固有，而指己性爲外鑠，吾故以爲今之言性者愚也；人不求充其所能爲，而以不齊罪其才，吾又以爲今之論性者偏也。何也？世未有情善而性不善者，驗諸既感之後，而天下皆有好德之情；世未有性不善而情自善者，原諸有生之初，而天下孰非秉彝之性。謂有是生而無是生生之理，非上天生物之心也，此雖不必徵諸情而性善可知也；謂無是秉彝而乃有是懿德之好，非由中達外之常也，此尤占諸情而性善益信也。一質諸詩人而其説有徵，今人信詩詞不如信人言，則惑矣；再質諸孔子而其説不能改，今人信孔子不如信三説，則悖矣。然則吾子宜何信哉？

評：不但文章鎔成一片，讀之竟似題目亦止有一句二句者。及細按書之脉絡、文之層次，又絲毫不亂，洵熟極生巧之候。

盡其心者 一節

顧憲成

君子致知之學，一知性焉盡之矣。蓋天下無性外之理也，知性則可以盡心，可以知天矣，其機豈有二乎哉？且天與人以心，而性寓焉，是性也藏於方寸而不爲近，原於沖漠而不爲遠，一以貫之者也。善學者，其求端於性乎？今夫心不可以不盡也，恐其有以隘乎心之量也；心不可以易盡也，必其有以悉乎性之藴也。惟心至虚，足以具衆理，而所爲理者何也，性之渾然於心者也，盡其心，則亦以知其渾然於心者而已矣；惟心至靈，足以應萬事，而所爲事者何也，性之燦然於心者也，盡其心，則亦以知其燦然於心者而已矣。至於知性而知天，不在是哉？蓋性者自天而畀於人者也，知性則知其所畀之自，而見徹於於穆之中；性者自人而受諸天者也，知性則知其所受之自，而識超於形氣之表。明乎性之渾然，而可與窮神，非夫神之易以窮也，所謂神者，即於穆之體受於天而渾然者也，借曰天有未知，則吾之知性亦揣摩臆度之知耳，於心不相涉也，其奚以盡心也耶？明乎性之燦然，而可與達化，非夫化之易以達也，所謂化者，即物則之宜付於天而燦然者也，借曰天有未知，則吾之知性亦意言象數之知耳，於心不相關也，其奚以盡心也耶？是則心之所以爲心，不以郛郭言，以其中之包涵者言，故知性而心由此盡也；天之所以爲天，不以形氣言，以其中之主宰者言，故知性而天由此知也。性學之不可不講也，如是夫？

原評：於「心」「性」「天」三字分合處看得劃然，便能於「者」「也」「則」「矣」四字關生處寫得宛然。此題僅見文字。

評：嘉隆渾重體質，至此一變。而清瑩空明，毫無障礙，可爲腐滯之藥。

無欲其所不欲

李繼貞

全其不欲之心，善事心者也。夫不欲，吾心也，無以欲害之，於心獨無慊乎？且人心惟欲、不欲兩端已耳，人不欲於「本有」中求可欲之善，當先於「本無」中完不欲之倪。蓋人心有所爲不欲者，是從可以陷溺之處，現其不爲陷溺之端者也。必此心銷除既盡，然後同然之欲見，而直順其欲，可以日休；若此心遏抑既久，將並「不欲」之良，亦泯而盡化爲欲，遂以莫挽。吾願學者於夜氣中偶得一不欲貪昧之實，則不但視爲「人心」之退，直當視爲「道心」之復，而堅意就之，無至旦晝而又欲之，「不欲」一念猶屬夜氣，而「無欲」一念即屬操存也；吾願學者於乍見時偶懷一不欲隱忍之機，則不止視爲幾希之緒，直當視爲全體之呈，而迎機導之，無至物交而又欲之，「不欲」一念猶屬乍見，而「無欲」一念即屬擴充也。思不欲從何生，必吾心先有一欲與本來之天拂，而後不欲之心始出也，不欲已居後矣，常人之良，每俟妄窮而見，則辨真妄之關者，必以後念爲真；思不欲從何轉，必吾心復有一欲與先起之念争，而後不欲之心始改也，不欲已居前矣，常人之心，以遂初心而快，則權順逆之數者，必以前念爲順。等心耳，欲者便於形，不欲便於性，奈何矯性以適形乎？欲者是吾情，不欲亦吾情，奈何屈情以伸情乎？吾觀今之人心，必無有以「不欲」誤人者，故請自「無欲其不欲」始。

評：同是羞惡之心，却須切「不欲」，才不混上句。「貪昧」「隱忍」，二義親切。後幅筆意，更爲豫章諸家開先。

無政事則財用不足

歸子慕

觀國計之所繫，則政事要矣。夫財用，國之大計也，乃以無政事則不足，而政事顧可忽與？且夫善爲國者，未有不言政事者矣。政事非所以割制天下，乃所以均調其有餘、不足，使天下饒裕相安樂者也。何以言之？蓋天地之生財，任其自然，賴人事爲之蓄洩；國家之制用，因乎物力，有常道使之流通。則政事即不爲財用設也，而財用亦政事之所經理也。朝廷之區畫得宜，則一舉一動，皆樽節愛養之道；廟廊之調度失策，則一出一入，皆濫觴虛耗之端。末作之交騖，淫巧之並售，而禁不行，徒使窮極工力，無益於用，非所以浚泉貨之源者也；膏脂之浚削，溪壑之填委，而法不立，雖使計析秋毫，何補於事，非所以塞江河之流者也。恣其出不量其入，豐其予不顧其取，蔑經常之制，競錐刀之末，其於大體傷而國計亦已匱矣；缺於前支吾於後，虧於此取盈於彼，先王之道廢，言利之臣進，其於民生病而財力亦已殫矣。蓋政事修舉，不獨其理財用，財用乃足也，彼天下大勢，煩簡疏密相均相制，無非財用之腠理；政事廢弛，不待其費財用，財用乃不足也，彼天下大勢，煩簡疏密偏重偏輕，無非財用之漏卮。則政事之繫於人國也有如是矣。

評：上溯周官之法制，下極漢唐之末流，窮盡事理，恰與題之窾郤相入。兼成化至嘉靖作者之能事而有之。

聖人之於天道也

胡友信

論至極之人，各屬乎至極之道也。蓋既爲聖人，孰非天道，然其所以屬之者，亦豈能盡同哉？於此可以觀命矣。今夫道原於天，聖人出於天，形神固相爲倚著者。然世有升降，道有汙隆，而相從於氣化者，未能盡如聖人之心；時有常變，氣有厚薄，而輾轉於時事者，未能盡協惟皇之極。精一執中，揖讓而治，堯舜之於天道則然也，降而如湯如武，則天道同，而與堯舜不盡同也；兼三王之四事，集群聖之大成，周孔之於天道則然也，下而如夷如惠，則天道同，而與周孔不盡同也。出焉而爲綱常之主，均之有助於天也，而不能無先天後天之異；入焉而完性命之真，均之無負於天也，而不能無全體一體之殊。其仁之至，皆合乎天之元也，其義之盡，皆合乎天之利也，至於處君臣父子之際，則各一其道也；其禮之卑，皆合乎天之亨也，其智之崇，皆合乎天之貞也，至於處賓主賢否之間，則各一其道也。聖人之於天道蓋如此。吁，合者其性也，不合者其命也。盡性以至命，非聖人其孰能之？

評： 股法次第相承，虛實相生。題理盡而文事亦畢，稿中極樸老之作。

有布縷之征　緩其二

李維楨　程

國有常征，君子用之以時焉。夫國以民爲本也，賦其財，役其力，而皆以時行之，君子之仁民如此哉。孟子之意若曰：人情莫不欲富，亦莫不欲安，而在上者每過用之以富强其國，蓋未聞君子之道也。君子嘗教民以蠶桑而不自織，是故布縷必征諸民焉；嘗授民以恒産而不並耕，是故粟米必征諸民焉；嘗勞心以治人而不勞力，是故力役必征諸民焉。以下奉上，謂之大義；以上用下，謂之定制。自帝王經國以來，未之有改者也。義所當征，即並征孰敢不從，君子則曰，三者民所資以生也，不能無取於民矣，而可以多取乎？制所當用，即兼用未爲不可，君子則曰，三者非一時所辦也，能不失時足矣，而可以違時乎？故時至則用之，用者特其一耳，事有不容已，取給於今，而力有不得兼，徐待於後，其心惟恐用之或驟也；非時則緩之，緩者凡有二焉，酌國之經費，事不繁興，而養民之財力，求爲可繼，其心若以爲緩爲未足也。用不後期，緩不陵節，民方以緩爲恩而不以用爲厲；一常在官，二常在民，民歡樂以從其一而從容以供其二。夫是以國無廢事，民有餘力，而上下交相爲助也。斯其爲君子之道乎？

評：詞語雖尚琢煉，而氣體自與俗殊，以言外尚有書卷之味也。

人皆有所不忍　仁也

左光斗

大賢論仁，惟全其不忍之真而已。夫不忍之真，即當所忍而見也，求仁者亦務所以達之矣。孟子蓋謂：千古指仁體者，莫真於不忍，則以不忍一念，於造化爲生理，於人心爲生機。而無奈不忍者不能不乘於所忍也，則君子必何如而合仁體哉？我以爲人之證不忍也，每於不忍之人，而吾之證不忍也，即於所忍之人，則以不忍與所忍無兩人也；人之證皆有不忍也，每以無所忍之心，而吾之證皆有不忍也，即以有所忍之心，則以不忍與所忍無兩心也。惟其無兩人，故一人而忍、不忍異狀，可當體而達也；惟其無兩心，故一心而忍、不忍同宅，可當念而達也。達，非執不忍以塞忍也，有可塞者必有源，而當其不忍，忍何因而生，及其有忍，不忍何因而滅，則所忍之原非有源也，無源者還之妄，而不忍之真有沛然其流慁者矣；達，亦非破忍以疏不忍也，有可疏者必有閼，而當其忍時，不忍何所往，及其忍滅，不忍何所來，則不忍之原非有閼也，無閼者濬其真，而所忍之妄有索然其立竭者矣。是以驗惻怛之良者，每不於習見而於乍見，乍見之不忍，即習見之所忍也，但使時時如乍見，而仁人之運天下、保四海者豈更煩轉念焉？驗幾希之統者，每不於旦晝而於平旦，平旦之不忍，即旦晝之所忍也，但使在在如平旦，而仁人之弘胞與、大立達者豈更煩易念焉？故曰仁也。夫惟知不忍之爲仁，而於日生見大德；人知所忍之未始不可爲仁，而於來復見天心。斯深於仁者矣。

評：孟子示人，只就當下指點，令人豁然有警發處。此篇恰與本文相似，良由仁義根心，故直達胸中所欲言，而與聖賢之詞氣自比附也。

由孔子而來 一節

董其昌

大賢任聖道，而深有感於繼統之人焉。蓋無見知則無聞知，孔子之道，當不若是之遽絶也，非大賢，其誰任之？且夫道之由傳，則賴見知之聖矣，不幸無聖人，而有聖人之徒以維之，則其統亦不中絶。吾茲有慨於孔子之道焉，何也？凡道之所謂見而知者，其精神心術之默契，誠不在時與地之間；其遺風餘韻之漸濡，亦樂於世與居之近。故苟在五世以内，猶同時也；苟非千里而遥，猶一堂也。於此而有心聖人之心者，必舉而屬之曰「見知其人矣」，乃孔子以及於予，其時何時而其地何地哉？感哲人而興懷，則遺澤未艾矣，天苟無意於見知，必不虛當此世也；憑中國而仰止，則宫牆可即矣，天果不欲生見知，必不虛近此居也。謂宜有私淑之士爲孔子之禹、臯者出焉，而今且誰與歸乎？豈其莫爲之前，而亦莫爲之後乎？謂宜有願學之選爲孔子之伊、萊者出焉，而今且誰其人乎？豈其當年無人，而曠世尚有人乎？孔子之道，與世無終，與天無極，其必有聞於五百歲之後也，吾誠可以預信，惟求所以見知者而不得也，則淵源喪而後來之考信者安承？孔子之道，或聞以君，或聞以師，其必不泯於五百歲之遠也，吾固可以預筭，惟求所謂見知者而無其人也，則羽翼孤而後賢之繼述者奚據？蓋稽之往事，聞、見之相待若彼，而何獨限於孔子；驗之今日，時、地之相近若此，而何獨嗇於見知？則予何敢讓焉！

評：提起「見知」，斡入「時」「地」，題前數語極有精采，中後循次頓折，亦與往而情來。

欽定啓禎四書文卷一　大學

欲齊其家者　二句

陳際泰

家取則於身，故君子謀所以齊之者焉。夫以不德之身，强行於物，即家且先格矣，豈能齊乎？且夫家之難齊，甚於國之難治也。所謂甚於國者有二：國者，威權之所可馭也，用恩之地而威權之分失矣；國者，耳目之所不接也，昵就之人而耳目之際真矣。威權不得而施，則反其道乃可以相易；耳目不得而匿，則益其事乃足以相當。其必先修身乎？一家之中，其爲賢不肖者不一而足，齊之者，將使人人有士君子之行，夫狹邪淫比，禁之而不止者，無術以至之也，吾修吾身，言必稱先王，動必稽古昔，則作事可法而無自恣其偷越之思，故其子弟之教不肅而成；一家之中，其愛惡相攻者亦不一而足，齊之者，將使人人有秉禮度義之意，夫詬誶囂陵，調之而愈棼者，無道以御之也，吾修吾身，情欲之感無介乎儀容，晏安之私不形於動静，則用情正大而無自開其偏溺之端，故其起伏之情不劑而平。夫治家以和者，固不以乖戾致恩義之暌，而其弊或至於無節；治家以嚴者，固不以褻狎致婦子之嬉，而其弊或至於不樂。故齊家莫修身若也。身修固去其和與嚴之名，而兼乎和與嚴之利者乎？蓋關雎、麟趾之休，本於文德；而風火利貞之義，究歸言行。然則欲齊家者，其所先蓋可知矣。

評：詞旨明達，體質純茂，又變其平日縱横跌宕，而一歸於經術。

欲正其心者 四句

陳際泰

原正心之由而遞於致知，以見意之未易誠也。夫正心原於誠意，固也，然或誠意而適以累其心，此致知不可不講也。且心者，己之得於天者也，發之而未極其審，而已關家國天下利害之由。故君子所恃者惟一心，而苟令役於心者之有以爲擾，與役於心者無以爲功，皆於正心之説未詳也。徒曰修身必先正心，則心之静者已得，心之感者又未必得也。夫合心與意，而後全其所爲心。心之神明與心之變化並，牿心之罪與治心之功俱，在萌生之會而從心之寂然時觀心之正，則向晦而入息，皆可與上聖同功。然既發其機於意，又不能使不爲意。强禁而使之不動，亦非本心之正也，依其所固然而不預之以私，是意得其所爲意。意得其所爲意，從意之息而觀心，君子以爲彌正，即從意之日出而觀心，彼心不爲不誠之意所累，則心之空明者無方矣。蓋舉心之感而並正之，而後獲乎正心之全，然則欲正其心者，此説不可不務白也。雖然，猶未盡乎所以正心也。徒曰正心必先誠意，則夫意之不誠而爲心害人知之，意之既誠而害心彌甚者未必知之也。夫驗誠於知，而後慊乎其爲意。意之發端固生於心之所倪，乃意之發端尤生於明之所導，苟不得其啓誨之功，而任意之無愧者爲意之誠，則愚孝與愚忠，皆可與惡養同過。而既授其權於知，又不可少其所知。略用而遂自安，是益便其所爲不宜誠也，探其所宜然而以深於其類，是誠必得其所應誠。誠得其所應誠，將知其如是而果之，君子不病其誠，即知其不必如是而不果，彼意不爲不宜誠之事所牽，則意之無妄者可以始終矣。舉意之誤而盡知之，而後遠乎誠意之害且益獲乎正心之全，則欲誠其意者，不可不務白也。蓋心者，身之宰，家國天下之所繫屬也；而意寔爲之役，意之有以爲擾與無以爲功，所關豈特一節也哉？故君子務謹焉。欲正其心，欲誠其意，而猶不止也。雖致知，又安得止也？

評：「心」「意」「知」相關處，皆實得於心，故言皆真切。而靈雋之筆，復能曲折盡意。雖兩股之末，微侵「而後」語意，然不可以議大家闡發義理之文。

爲人臣止於敬（其一）

楊以任

稽臣道於周聖，得其至矣。蓋君一而已，可不敬歟？止於敬者，是惟文王焉。且千古人臣之分，敬而已矣。敬生於分，而倘不定於心，縱節以常凛，未免貞爲變移。惟不移於易移之時者，至矣。敬止之文，又見其爲人臣矣。夫溯生民所以立君之初，尋今古迭相君臣之已事，文王不應爲人臣，人亦應無能臣文王者，而況在有商之季哉？天與人之説，此日皆足移忠良之意；昏與明之故，往者亦徒留聖哲之慚。然而止敬之心不謂是也。但處覆載之中，何事非君；共是冠履之域，何日非臣？故高其節以悟之，亦見主有可攜者也，夫天下無不可事之君者，文王也，廟堂之上，依然天聰天明之君父，道在服事，服事之而已矣；即堅其義以從之，猶見臣得而主失也，夫爲臣而日見不足者，文王也，西服之間，猶是日宣日嚴之臣子，心在祇承，祇承之而已矣。當其時，其進有攖鱗之幸，而敬之純者，必不以一臣易一君，故主之霽威不敢知，而明夷蒙難之時，猶起而歌聖明者，非不爲一身解罪也，吾君原無過誅耳；其退有如燬之訴，而敬之至者，必不以千萬人易一人，故民之離合不敢問，而有二傾心之日，猶挽以歸服事者，非不爲萬姓去仇也，吾君原自可后耳。嗚呼！此文王之所以爲「文」也，此文王之所以爲臣也。天植其性，義尊於身，五十載不退之貞心，千百年獨立之臣極。嗚呼，至矣！

原評：不涉一淺近鄙陋之語，以簡煉見其矜貴，可謂鏘鏘振金玉。

評：「臣罪當誅」「天王聖明」二語，程朱皆不以爲然。而藉以詁此題，則義亦可通，且措語亦尚有斟酌。

爲人臣止於敬（其二）

楊以任

觀於周聖，而知無可不敬之臣也。蓋臣之爲道，以一敬相終始，文王亦終見其爲人臣而已矣。今夫至善之理，具於君臣，君不足主乎其臣，而臣之自靖者難矣。顧上下非以云報也，則昏明仁暴之説宜不至於其間，而敬之爲道，蓋與臣終始焉。不觀之文王乎？西土五十年之君，固商家之老臣也。當日臣子之故，共微、箕而遭之。彼可告無罪於先王，此不可辭昭融於上帝。即使易成湯而居之，堂廉不足持天人之故，率典亦或當時數之推。其不得爲微、箕，而又決不欲爲湯也，而敬倍難矣，然而其敬竟止矣。隱其敬而奉之君，維彼嚴主亦霽顔焉，夫文也，惟一人之戴在心，柔而貞之，以將其所不容已，羑里有生臣，庶不重吾君戮賢之謗；博其敬而萃之君，維彼湯孫無西顧焉，夫文也，若天子之光在上，旬而宣之，以效其不敢不然，江漢有良臣，亦半淡王室如燬之災。夫人願忠之氣，忌於多臣之口，亦不能不衰，而文第如故也，寧不盡解於聖明，不敢自調於群小，人皆有君，而我獨任之止敬者，所不計也；夫人桀君之思，疑於非臣之際，亦不能不懈，而文固無改也，以此身付一人，即以此心謝天下，我自有君，而自敬之敬止者，又何知焉？爲臣不易，彼微、箕尚爲其易，而文王獨當其難；天王明聖，覺成湯尚多一慚，而文王於焉無憾。故曰止也。

評：於文明柔順之旨，能探其藴而發其光。静穆深微，亦復鏗鏘雅練，與首作皆不可棄。

十目所視 二節

金　聲

觀「嚴」與「潤」之間，君子之誠意決矣。夫指視之嚴，必不可逃，則曷若潤身者之廣而胖也。誠意而已，夫何疑？嘗謂意之欺而弗誠也，起於念之紛而不決。既不決矣，而争於末流，乃使爲善之事適以自苦，非學問之本指也。夫君子之慎獨，乃君子之誠意所以必然而不惑、必行而無待者也，豈有所爲也哉？顧其得失甘苦之途，則早晰然矣。吾之善、不善，吾自受之，原不有藉於天下之指視而後見吾善之利、見吾不善之害。則吾之有爲、有不爲，吾自動焉，非有憚於天下之指視而後有不獲已而爲、有不獲已而不爲。舍吾意而問之手目，舍吾獨而問之手目之十，若或見之，若或摘之，則若或督之矣。去非所惡，就非所好，則寔有所畏焉耳。大道何寬，其若斯之嚴乎？今夫家温而食厚者，固深藏若虚也，自無陋其居者矣。精心以崇德者，固泊乎無營也，自無困其身者矣。吾所好則遂好之，天下莫能禁也，所惡則遂惡之，天下莫能加也，何求不獲，何欲弗得，而局蹐於高天厚地之中？吾得吾好惡之所必得，非勞心焦思而得也，中吾好惡之所必中，非困頓束縛而中也，耳目自暇，手足自閒，而豈授萬物以賞善罰惡之權？心則廣，體則胖。吾所得於天者，初無不足；而所以奉吾身者，悠然有餘。以嚴若彼，以潤若此，君子則安得而不慎獨哉？慎於獨，而意之所之，獨斷獨行，初不知天下有可欺之自；惟不慎，而誠之所漓，畏首畏尾，乃一人亦有莫能自必之意。至於掩其不善而著其善，若迫於人而無可奈何者也，豈不謬哉！蓋世之小人有二：以爲天下必莫予指、必莫予視，而可以爲不善也，此之謂欺人；以爲天下必或指我、必或視我，而不可不强爲善以應之也，此之謂自欺。曾不念心寬體胖者誰耶，而反以自苦也？

評：上節注中言「善惡之不可掩如此」，是言「獨」之可畏，亦猶中庸之言「莫見、莫顯」，非狀小人掩著時自苦情形也。文誤以「嚴」字專屬小人，與下節「潤」字相對理解。隔礙處在此，行文一片處亦在此。　筆致超脱，氣骨雄偉，頗足振起凡庸。

所謂齊其家　一章

黄淳耀

傳者釋修齊，而知好惡之宜慎也。夫好惡出乎身，而先受之者家也。觀於不可以齊者，而修身其亟矣乎？且聖王爲治，必有以素信乎天下，而豫服之者，家是也。家之不齊之情，未必不同於天下之不治；家之可齊之勢，未必不甚於吾身之易修。君子觀此，可以得術矣。經所謂「齊其家」，豈非以家之美惡、各就於理之爲「齊」哉？經所謂「在修其身」，豈非以身之好惡、不傷其當之爲「修」哉？或者致疑其説，則胡不以常人之身之不修者而觀之也。夫親愛、賤惡與夫畏敬、哀矜、傲惰之情，雖修身者不必其無，而不修之身，則之其所而常至於辟。無他，好惡之衡乖，而美惡之形變也。朝廷之好惡，猶有共成之者，一家之好惡，獨斷之而已，斷之愈獨，則蒙之愈多，旁觀太息，而身親者猶有餘情焉，比比然矣；朝廷之好惡，猶有明争之者，一家之好惡，深諱之而已，諱之愈深，則章之愈疾，門内不知，而行道者指以爲戒焉，比比然矣。故好而不知其惡，諺亦有之曰「人莫知其子之惡」，夫人之於子，不僅稱好，而用好而辟者，其意則相似也，是則親愛之一端，而推之畏敬、哀矜亦然；惡而不知其美，諺亦有之曰「莫知其苗之碩」，夫人之於苗，無所可惡，而用惡而辟者，其意則相似也，是即賤惡之一端，而推之敖惰亦然。身之不修，其蔽若此，使人主不幸而以此至於其家，吾知父子兄弟之間，或縱之已深，或操之已蹙，暌孤横逆，禍倍下民可也；閨門衽席之間，或義不足以相制，或仁不足以相懷，淫荒篡奪，亂至十世可也。家之不齊，可勝道哉！然不待其家之不齊也，即身之不修之日，而斷斷乎知其不可以齊家矣。先王有戒於此，故動静燕游必得其序，而復警之以瞽史之密，臨之以師保之尊；攜僕奄尹不敢有加，而必領之以冢宰之官，制之以有司之法。嗚呼，敢不敬哉！

自記：兩節皆「身不修」，下節乃證上語，而家之不齊，意在言外。蔡虛齋、林次崖兩先生之說甚明。

評：理確氣清，中二比可以覺寤昏迷，警發聾聵。

所藏乎身不恕 三句（其二）

陳際泰

君子謹其所爲藏身者，將以其恕服人也。夫喻民而使民從，是服民而使我從也。知乎此，君子謹以藏身有由矣。且君子不欲以權屈人而服之，謂是盛德之事也。吾謂誠能以權屈人而服之，屈之已耳，然固不能，君子於是思乎反身之術焉。今夫對身爲人，出身爲令，而藏乎身者，爲心所起之意與心所載之理。故藏乎身，有所藏乎身者也。我能如是，而後本己之所輕，謂人亦能至之，則所起之念已無寬我苛人之意，其心所謂不刻矣；我實如是，而乃緣己之所有，思與天下共之，則所載之理已有以此及彼之端，其事所謂能推矣。心有不刻之念，而事有可推之理，所謂恕也。如是，即無所以喻民而民喻矣，上之身如此，言未能如此，是必不必如此也，口雖不言，而藏諸身者已有所爲自刻、所爲可推之實，使人環而象之，夫安所待其督責之頻仍？如是，一有所喻諸民而民亦可喻矣，上之言如此，上之身亦如此，是必不可不如此也，言雖在外，而藏諸身者乃有不忍相刻、不忍妄推之心，使人揣而得之，夫安所譏其空文之劫制？不然者敗矣。蓋不能喻者，心有所愧而不能喻也，人主雖暴，其天懷之發中者，將必不盡泯於中夜矣，行異於聖明，而令同於太上，啓口間，夫何得不慚焉？抑不能喻者，下有所格而不能喻也，小民雖愚，其易治而難服者，將必不甚異於曩朝矣，以賤爲分者，力輕於鴻毛，而以衆爲勢者，權重於丘山，制命間，夫何得而强焉？予嘗上觀千古，下觀千古，藏身不恕而喻諸人，上即有忘其所慚之君，下斷無聽其所强之民。不然，桀紂不能端好而能端令，令而可喻，令而可從，則上有暴君，下無暴民，夏商之祚，雖至今存可也。夫惟不能喻之故也。然則爲民上者，亦可以謹所藏矣。

評：每字必析兩義，氣清筆鋭，篇法渾成。

詩云樂只君子　一節

熊開元

爲民父母者，惟不以民視民而已。夫從民稱則爲君子，而從子稱則爲父母，故與民同好惡者，子民之道也。且人生而各戴一父母，其恩已足以相生，而勢有不能必者，出入顧復之情奪於奔命，雖有至仁，亦莫保其所親所愛。而父母之責於是乎不在生我之人，而轉在撫我虐我之人矣。詩不云乎，「樂只君子，民之父母」？夫屈萬乘之尊，下而爲億兆人之顧復，此其名原不甚奇；裁經世之略，俯而循匹夫婦之恩勤，此其道亦非甚難。而爲民上者，往往畢智殫力以招致夫人民，而竟不獲一父母之譽者，何與？大抵人情於不甚切己之處，皆能爲甘美以慰人，獨至於好惡，而我有所便，遂不暇顧人之病矣，我有所不便，遂不暇顧人之利矣，夫此顧己而不顧人之意，皆疇昔不相習者所用以逞其凌爍排擠之力，而豈所語於父母與子之間也？人情於所以明民之處，亦或能屈己私以從衆，獨至於好惡，而計民所利，乃不得不顧己之便矣，計民所病，乃不得不顧己之不便矣，夫此顧人而復顧己之意，亦情意不甚切者所藉以行其蹁踋審顧之心，而豈所語於父母待子之情也？則惟是得民之好、得民之惡者乎，赤子之愛憎，皆能一一自喻而必不能明言以告於人，有其不待告而喻焉，而天下之歌靡怙而歎靡恃者不已寡與？則惟是民好好之、民惡惡之者乎，赤子之笑啼，亦能明以告人而必不能邀人以從於己，有其不待邀而從焉，而天下之誦屬毛而慶離裏者寧有既與？詩云「樂只君子，民之父母」，則此之謂也。己不如此，則作好作惡，而民之敝命以從者不可言矣，厲一毫爲君之色，去父母之途日以遥；不如此，則吝好吝惡，而民之嗷嗷以待者又不可言矣，擇一爲父母之時，視愛子之衷則已邈。故君子絜矩之道所必心誠求之者也。

評：曉暢如家常語。兩義相承，淺深轉接，理法兼到。

詩云節彼南山 二節

黄淳耀

國不可以徒有，得失之故昭然矣。夫以不慎之心處國，而自謂無患也，殷何以失？周何以得耶？詩可以觀已。且積萬衆之勢而成國，積萬國之勢而成天下。而天子以一人撫之，此禍福之宗而得失之林也。日慎一日，而施及黎庶，罔不興；日荒一日，而虐及四海，罔不亡。蓋自天地剖判以來，未有不出此兩途者。粤若周至幽王時，淫侈不尚德，而世卿擅朝，家父所爲賦南山也，其言至深痛不可讀，然大抵爲有國者戒爾。蓋國家之事，有可知，有不可知；有可言，有不可言。九鼎而既定矣，人主尊天敬地、畏命重民，亦不過奉守宗廟，而於前王無以加也，此可知者也，耳不聞殿屎之聲，目不見檀車之事，貴極富溢，其心以爲莫如予何也，而忽然喪其國都，此不可知者也；敬德而日崇矣，後王推闡聖明、導揚至治，亦不過謚爲明帝，而於古今不數數也，此可言者也，靡瞻不眩而自謂明，靡聽不惑而自謂聰，舍安召危，其勢將不得比於編户也，而亡主憪然得意，此不可言者也。以慎若此，以辟若彼，有國者即不爲永世延祚之計，而獨忍以南面之尊爲天下僇耶？且古之能逸樂者莫如殷紂，其致亡之速者亦莫如殷紂也；古之好憂勤者莫如周公，其致治之盛者亦莫如周公也。公所作文王一詩，援天命以覺悟來世，述祖德以教戒沖主，大都兢兢於得國失國之際，讀者謂可與南山之詩相發明也。由今思之，邠岐棲竄，不過小諸侯耳，既而虞芮至，彭濮來，天室爲之遂定；耿亳數傳，猶然盛天子也，俄而民反側，人僭忒，九廟蕩爲平原。詩若曰如此則得衆，如此之得衆則得國，自今以往，得國者咸視此也；如彼則失衆，如彼之失衆則失國，自今以往，失國者咸視此也。嗚呼，其言可謂深切著明者矣！使上帝必私於一姓，則殷商之後，何以遷命於我周？使祖宗能庇乎子孫，則成康之後，何以大敗於幽厲？是故周之宜法者文武，至家父作刺之時，則當並法成康；周之宜鑒者殷紂，至崎嶇河洛之間，則又並鑒幽厲矣。可不愼哉？可不愼哉？

評：沈雄激宕，已造歐蘇大家之堂而嚌其胾。及按其脉縷，則兩節上下照管之細密，亦無以加焉。特變現於古文局陣，而使人不覺耳。

秦誓曰 四節

黃淳耀

賢相有待於仁主，反是者可鑒也。夫進一臣而舉世之人材係焉，彼不仁者，即不爲人材計，獨不自爲計乎？今天下安得有治亂哉，立於朝廷之上與人主相可否者，爲大臣；推大臣之類以聚於朝廷，爲百執事。此治亂所由始也。人主莫不欲治，而治日常少；莫不患亂，而亂日嘗多。則以制置失當，在於一二臣之間而已。吾讀秦誓，而知穆公之所以瀕於亂亡而卒霸者，有故焉。

今觀其所深好者，有容之臣也；所深惡者，妒賢之臣也。此兩臣者，一則推奬氣類，易涉朋黨之嫌，而其心實爲國家；一則批抵朝士，若爲孤立之迹，而其心實爲富貴。所爲不同則必争，争則人主必有所左右於其間，而勝負分焉，天下之士又視其勝負之所在而左右焉。君子勝，則衆君子畢升；小人勝，則衆小人接迹。然而君子之必不勝者，常也；小人之無益於子孫黎民者，又常也。挈人主之子孫黎民以供衆小人之善怒，則人主大不利，夫知其不利者，惟仁人而已。仁人之去惡，不去不止；仁人之進善，不進不休。其端在一好一惡之間，而黎民獲樹人之休，子孫蒙楨國之業，故曰仁也。今自中主以下，其心皆知有子孫之當安與黎民之無罪者也。究其所爲，則一切不然。彼有以小察爲知人之明，以多疑爲御下之術，以吝惜誅賞爲善核名實，以雜用賢奸爲能立制防，其弊也，上下狐疑，枉直同貫，此不仁之一道也；則又有以忠蹇弼亮之人爲奸慝，以陰賊佞邪之人爲忠良，以公論爲必不可容，以衆智爲皆莫己若，其弊也，群邪項領，方正戮没，此不仁之又一道也。前之所爲，慢也過也，幸則没身而已，子孫吾不知也；後之所爲，拂人之性者也，我躬之不閲，遑問子孫黎民哉？是知君誠不仁，則雖俊乂滿朝，而或散之河海，或逃之列國，其積怨發憤者，至反爲社稷之深憂；君誠仁，則雖詐謀林立，而或束身司敗，或伏死山林，其革面洗心者，或轉受正人之驅使。是故興唐虞者堯舜，非稷契也；傷周道者幽厲，非榮虢也。君子亦仁而已矣。

原評：四節成一片，多直道當時事。輝光明白，行墨間挾忠義貫日月之氣。

爲之者疾　二句

金　聲

王者生財，有用心於「爲」與「用」者焉。夫爲以生財，而用耗之。苟無道，財尚不可知也，故或以疾，或以舒也。蓋聞王者甚愛天下之人力，而初非怠緩之也；王者能盡天下之人力，而又非迫竭之也。生財之道存焉。財之出，非能董其自生也，有其爲之，藉於爲，而或以數十百人之生，不能及一人之生，雖衆，猶弗衆也；財之散，非但食之也，又將用之，至於用，而或以一人之食，坐耗數十百人之食，雖寡，猶弗寡也。是故必使爲之者疾焉，而用之者舒焉。爲之者即未嘗無用也，而不獲享用之者之隆，工賈市廛，皆終歲竭蹶以備富貴之需，而田疇無論也，故爲甚可念也。王者起而督之，使不得樂手足之寬，豈弗念哉？雖有貪國，不爲勤民增賦；雖有廉主，不爲惰民滅租。疾不疾，必百姓先自受其利害焉，而後遂及於國家，但使閭閻之下從容有暇日，而胼胝之勞將不呼而自疾，則疾之道也。用之者即不盡無爲也，而要未嘗悉爲之之苦，富俠墨吏，皆豪華安坐以致小民之貲，而宫庭無論也，故用甚泰然也。王者起而理之，矻矻然懷不終日之虞，敢或泰哉？侈蕩之朝，即横征無益於事；嗇儉之主，無計臣不至於貧。舒不舒，即百姓亦必受其利害焉，而究竟終歸於國家，但使富厚之場嚴謹無餘地，而度支所出將不令而自舒，則舒之道也。無荒土斯無散氓，無奢君斯無急國，席豐之衆自無逋糧，有節之費不漏奸橐，爲疾爲舒，固王者聚民聚財、禁悖入悖出之大計；肫懇之誠行於補助，畫一之政裁於度數，不以崇高荒擾貧賤，不以天下濫奉一人，爲疾爲舒，亦王者敦忠秉信、絶驕去泰之一端。嗚呼，其斯以爲大道哉！

評： 洞悉民情，通達國體。其義爲人所未發之義，其言爲世所不可少之言。

欽定啓禎四書文卷二　論語上之上

學而時習之　一節

陳際泰

學外無説，得其致之之道而已。夫學爲苦人之具，則人何事學也？自違其節候而以咎學，可乎？且夫恃自然之説，世之自然而獲者復幾人也？學而可取，則學而取之已矣。然人從事於學之途，卒未得乎學之效，則學之節候未詳也。善學者若不知有學焉，善取學之説者若無冀於悦焉，則惟時習矣乎？時之爲言久也，恒久而不之易，則學深；時之爲言漸也，漸進而得所安，則學妙於自然。天下行能伎業有神妙焉，自不習者觀之，亦復何味，然要終身爲之而不厭者，彼各有其趣，深之而知，不深而不知也。學而一曙爲之，則宜其中情之不嗜矣。夫歷乎其苦者乃獲其甘也，蓋至得意忘言之後，其説不能以自已，此誠不在一曙間爾。天下旁見側出有天則焉，自不習者觀之，若兩不相涉，然要一以貫之而不二者，彼自有其本，積之而窺，不積而不窺也。學而一蹴期之，則宜其深悟之不生矣。夫知其不足者乃終致有餘也，蓋至資深逢原之會，其説不能以告人，此固非可指爲一蹴事爾。故自其久者言之，而知學之可以致説也，夫中情不嗜與深悟不生，此有故，間與止也。止而輟圖，及止而徙業，不必言也，即間而復爲，幾幾乎及於熟之候，及他務見奪而又生之，將終身行乎生之途矣。間而復思，思自少易耳，然獨奈何多此一間乎？抑自其漸者言之，而知學之可以致説也，夫中情不嗜與深悟不生，又自有其故，躁與迫也。夫躁而不恬，將躁而不入，姑無論也，即迫而過苦，沾沾焉自以爲得乎安之數，及精神嚮間而乃危之，危事固不可以數嘗矣。勤而無所，直可厲此心耳，然亦何事强以相迫乎？學者以是必時習之爲貴也，不時習者不説也。

原評：「久」「漸」兩義，正聖賢「勿忘」「勿助」實地工夫，即「吾十有五」章注中所謂「當優游涵泳，不可躐等而進；日就月將，不可半途而廢」也。

評：凡文之暴見於世、愈久而不湮者，必前未有比、後可爲法。理題文，前此多直用先儒語以詁之，至陳、章輩出，乃挹取群言，自出精意，與相發明。故能高步一時，到今終莫之逾。

孝弟也者 二句

章世純

賢者重孝弟而明其爲要道焉。夫孝弟亦仁也，而獨居仁之總，則固仁之所待而全也，是以君子重之。且世之言道者，務爲大耳，而家庭孝弟之事，則薄而不修，必以此爲淺小易究之事也。乃一觀於不犯上、不作亂之故，而知孝弟之道博矣。其理有所兼，非一節之行也；其推之可遠，非庭除之守也。本者，人之所當務，此其君子之所務者乎？道者，本之所能生，此其能生道者乎？凡人之情，用之他人則易僞難真，用之父母兄弟則易真難僞，求用情而於其易僞者，此必竭之勢也，必將於其能真者而導之，而真者可篤也，易僞者亦可因以厚也，此本末相及之致也；凡人之情，用之他人則易不足，用之父母兄弟則至有餘，求用情而先於其不足者，此亦必竭之勢也，必將於其有餘者而導之，而有餘者可分也，不足者即有所待其流也，此亦本末相及之致也。故天下有孝弟之人而與論仁者之心，則頓全之體矣，有其至愛者而知其全心爲愛，有其至敬者而知其全心爲敬，固不待附益而足者也；天下有孝弟之人而與論仁者之事，則亦漸及之用矣，有其至愛而由以無所不愛，有其至敬而由以無所不敬，亦可以相推而至者也。不然，何以孝弟而即不犯上，何以孝弟而即不作亂者乎？此亦可據其有生仁之機，而爲本之所在矣。

評：本眼前人人所知見之理，一經指出，遂爲不朽之文。其筆之廉鋭，皆由浸潤於周秦古書得之。

節用而愛人

金　聲

治國之道，有施之「用」與「人」者焉。夫節用而後有用，愛人而後有人，道大國者其無念諸？且夫人主所挾以奔走天下者，財也；所與天下人相屬以有其尊者，臣民也。貧、寡，國之大患也。雖然，擁庶富之業而苟無道焉以處之，則易敝，雖千乘奚恃焉？帝王之經國也，其防限之政，則必畫然致謹於出入之地；而其寬厚之性，又常殷然流行於上下之間。國家之事不敢一聽之以意，而緩急之用常有自然之度數焉，使一身與百物共稟之而不濫，非嗇也。名實之際有綜核之者，而天下無敢以侵倖爲漏也；本末之業有權衡之者，而天下無敢以淫巧爲蕩也。雖宇宙之財但有此數，不過相流轉於天地之中，而施之或失其所，泉貨有因以不生者矣；受之既非其地，旦夕有窘而不應者矣。尚其節之哉？國家之事亦不敢一委之於法，而臨馭吾人常有司牧之精神焉，使内外與朝野每悠然其有餘，非縱也。爲天地祖宗惜人才之難，則器使之朝無或隘其途也；爲宗社疆圉恤蒼生之命，則休養之國無或苛其政也。雖物情之變莫可窮詰，初不宜盡以姑息之端，而刑名徒以相冒，反有實意而莫達者矣；威命及其既殫，即挾恩賞而不勸者矣。尚其愛之哉？兩者有相須而行焉，竭物力而使天下受其擾，輕天下而以侈蕩供其私，此不節不愛交集者也，一其道以貫之，而君子真有不費之惠；兩者有相反而妨焉，守纖悉而以貽軍國之病，寬賚予而以市朝廷之德，或節或愛偏至者也，善其道以通之，而大人又有行險之説。若此，庶幾可以攬利權而維邦本哉！

評：經事綜物，深切著明。其中包孕幾多載籍，而性質之沈毅，亦流露於筆墨之外。

夫子温良恭儉讓以得之

金　聲

原聖人之聞政，有道焉以得之也。夫夫子之温良恭儉讓，非以示人國而欲其政也，而人則自此感矣，權固在夫子哉！今夫國有大政，其君若臣相與商度於朝宸廟楹之上，非其親貴不得預也，而況異國羈旅之臣乎？今之諸侯即好問周諏，不應至是，不應盡夫子所至之邦而皆若是。則嘗於賓主相見之時而觀其感應不爽之機，其願得奉教君子而就正有道者，非邦君之能與，而邦君之不能不與也。夫子殆温良恭儉讓以得之者也。天下之震驚夫子而以爲異人，非一日也，初不料其意象乃在若近若遠之間，及身親之而始忘其爲聖人也，忘則其心夷；天下之想望夫子而各以私度，非一人也，實不知其精神迴出於言思擬議之外，比目接之而始見有真聖人也，真則其神奪。今之諸侯大抵多驕，既已令莫予反、行莫予違矣，從未見有草莽之人有身兼三才、氣備四時之盛如吾夫子者，豈不厭薄而以爲不足與謀，而要不能不大服吾聖人於一望之際，立鋤其予聖自雄之習；今之諸侯大抵多忌，亦既各君其國、各子其民矣，從未見有四方之士具天下一家、中國一人之概若吾夫子者，豈不猜虞而以爲未可與言，而要不能不深信吾聖人於立談之頃，遽化其分疆絕界之心。蓋其道大則天下莫能容，往往有心知其聖，終不能奉國以從，故貌合情疏，雖以父母之邦不獲自遂其易世變國之心；其誠至則萬物無不動，往往一見其人，則莫不輸誠以獻，故删詩修史，即以託迹之所而亦深悉其興衰治亂之故。若夫游説之士，探大人之意旨而怵之以利害；智謀之臣，窺人國之淺深而獲之以計數。此皆衰世之風，或得或失，豈足以語大聖過化存神之道哉？

評：此題語意本一氣渾成，不但分疏有乖理體，即實發亦少精神。此文止從邦君心目中虛擬白描，乃相題有識處。

因不失其親 二句

陳際泰

賢者貴擇交而欲慎之於所忽焉。夫因而至於可宗，未易言也。交之失，豈至不可宗之日而後見乎？且夫交道之難，古而然矣。人以爲友之爲友，情欲其可親而道欲其可宗，兼之爲難；吾以爲得其一，而其一者固即此而在也。蓋人非無所親也，情之所昵，不顧理之有違；貌之所歡，不憂情之必變。如是，親既失其所親矣，則宗將又失其所宗矣。宗者，宗其道也，理之有違者，道缺也；宗之者，宗其品也，情之必變者，品卑也。故不失可親與不失可宗，事之一方也。雖然，世之交友者，其失不在終，在始，人之所知也；其失不在意之所矜，在意之所忽，人之所不知也。千里尋師問道，則其情專，專則非有他務之分其所爲而意在得人，其所失焉者寡矣，所患者在乎非爲是事，因旁舉而及之也，此之謂偶而相遭，偶而相遭，以爲交不深，可以違而去之，而不知因循不決，遂爲生平投膠之固，其後將欲悔之而不能；居恒論品定交，則其意閒，閒則非有他情之迫於其中而旨在正合，其有失焉者寡矣，所患者在乎勇於自售，因私途而致之也，此之謂急而相隨，急而相隨，以爲事無可奈何，可以徐而更之，而不知依附見端，遂爲終身阿比之人，後雖欲自拔焉而不可。然則「因」固若此其不可乎？雖然，「因」而以不苟之心用之，亦何至若此其不可乎？古之君子，其精神甚周，其於交道之途甚謹，故當人所簡略之處無所不致其難，夫因旁舉而及之，因私途而致之，人情所簡略者也，然念後日之難處，而必鄭重於其間，則於所不簡略之處，其慎又可知矣，此以明君子所交無所於苟之大概也；古之君子，其慮始甚具，其於取益之途甚賒，故當人所畏惡之名無所不獲其效，夫後欲悔之而不能，後欲拔焉而不可，人情所畏惡者也，然由當日之求詳而遂優游於其際，則於其不畏惡之名，其效又可知矣，此以明君子所交無所不可之大同也。嗟夫，交道之難也。至君子何以獨易，此其故可無原乎？

原評：從「因」字著筆，一切文道陳言俱出其下矣。昔人云「發人所未嘗言之理，則可謂之新；匪衆人思慮之所及，則可謂之奇」，中二股真得其意也。所謂新奇，要只在極平正處，但人自説不到耳。

未若貧而樂 二句

金 聲

聖人與賢者商貧富，更有精焉者矣。夫貧自能樂，富自能好禮，而貧富之際始有真實之學問以行乎其間，但斤斤然無驕諂於人者，不亦粗乎？夫子進子貢曰：君子之心安其在我，則不必有競於物；而君子之學無争於世者，未必其盡有得於中。我是以與子無驕諂之説，而未可以爲至也。氣節之高、長厚之名，皆可以破天下齷齪輕儇之習；而天機之淺、嗜欲之深，終無以開一人局蹐鄙吝之情。是無諂非難也，無諂而不免於憒，無諂而不免於苦，則樂難矣。樂無往而不存，而耳目口體，天薄之以生人之趣，則艱難中之逸豫，非名教行誼之所能留。是故精神充實於内而百憂始莫之攻，志氣和平於中而物情始莫之暴。世固有貧而若斯者也，而無諂者何以及之也！無驕非難，無驕而不免於侈，無驕而不免於怠，則好禮難矣。禮不可斯須去，而肌膚筋骸，天亂之於豐厚之日，則晏安中之骨力，非仁義道德之所能振。是故惟所性之節文而奢儉斯以不忒，惟定命之威儀而出入自以不愆。世亦有富而若斯者也，而無驕者何以及之也！貧不諂貧，惟富是求，富不驕富，惟貧是厲，無驕諂，而後天下貧富始得各安其性命之情；而貧既絶諂，貧且無聊，富既戒驕，富且無味，非樂與好禮，而處貧富之人反不能自適其性命之安。故樂以自養其心也，禮以自淑其身也，如其人始遇貧富，享貧富之用；而樂則天下無貧也，好禮則天下無富也，如其人始當貧富，空貧富之累。賜也，其更進於是哉！

評：於人情物理洞徹隱微，故語皆直透中堅。

道之以德 一節

羅萬藻

進求格心之理，動其所自有者而已。夫德與禮，民心所自有而恥之所賴以存者也，以此動之，而格可知矣。且唐、虞、三代之治，其用意純粹，所以待其民者至厚耳。後世反之，將謂王道迂闊，不可時施。乃其所敝敝焉日靳之民者，抑何治之不如古也？夫民也，與其巧僞滋生、人懷小人之情以應上，不如予之以君子自爲之心；君人者，與其綜核自喜、日持英察之術以勝下，不如動之以忠厚相先之意。蓋今之民，非真有異於唐、虞、三代之民也，其所浸漸以失久矣。誠使吾所以道之者不以政而以德乎？所以齊之者不以刑而以禮乎？性命之旨經乎六官之間，上之人凡皆躬自詳而後及之民焉，蓋以吾性之得合諸民之所同得，而又感發之以精神，期其至於昭明而不敢略也；中正之理節乎百職之間，上之人凡皆躬自嚴而因飭之民焉，蓋以吾情之則合諸民不易之則，而又戒董之以履蹈，求其納於軌物而不厭詳也。夫然而民之恥斯以動矣，夫然而民之格且隨之矣。蓋一道同風之本既得於上，則天下之人反之，而有以形其氣稟習俗之失，於是心思孝弟之行而情儀潔敬之途，殆趨而易焉，何也？夢寐之慚既生，則必求有以安之也。百年必世之意既誠於上，則天下之人反之，愈有以形其苟且塗飾之非，於是人皆知學問之意而心各返情性之始，殆復而化焉，何也？神明之辱不留，則必求有以實之也。是故君子慎其所以感人者，而舍德禮曷由哉！德者，先乎政者也，政具，而所以道之之意不可不求諸德；禮者，先乎刑者也，刑備，而所以齊之之意不可不求諸禮。教化之道也，有教化而後有廉恥，有廉恥而後有風俗。唐、虞、三代之理，孰有易之者乎？

原評：朱子云：「將義理去澆灌胸腹，漸漸盪滌去許多淺近鄙陋之見，方會識見高明。」觀此等文，當求其平時澆灌盪滌功夫，自然能長一格。

評：温醇得於書味，静細出於心源。如此講德、禮、恥、格，始無世俗語言。評家云「文貴峻潔」，然不能流轉變化，則氣脉不長。作者文多直致無迴曲，所以不及金、陳，學者不可不知。

言寡尤 三句

陳際泰

聖人不諱言禄，而特指以自盡之實焉。蓋言行之修雖非以干禄也，而禄有外此者乎？此在吾人自盡耳。且三代盛時，士修其學，學至而君求之，故當時朝廷重士，士亦彌以自重。今之學者非古之學者，以爲今異於古所云。自我言之，今亦何必異於古所云也？國於天地，必有與立，苟盡反先王所以治天下之理，害不在士而在國家；顧人於懿德，必有同好，苟盡失天地所以生斯人之心，患又不在治術而在性命。兩者必不然之事也，則士誠能自修，顧足虞與？故言而不免於尤，其議論爲明時之所屏不待言已，雖今之世，庸獨利乎？吾不教子以言干禄，而但一意修言，審能無尤者，可自娱也。行而不免於悔，其舉動爲聖朝之所棄不待言矣，雖復在兹，豈有幸乎？吾非教子以行干禄，而但併心修行，審能無悔者，所自信也。蓋時事之倚伏總不可知，富貴顯榮之際有工拙焉，而得失相反者所時有也，君子循吾常然，苟有大力者司之，安知人世得，此獨失乎？計較之私智總不宜生，性命徵應之理若符契焉，而得失相反者有由然也，君子志期自盡，將有意外者至之，安知無心得，不更得乎？故子獨宜益修言行耳。尤人者無志，怨天者不祥，徒業者徒勞，行邪者自困。夫榮其名而落其實，吾儒何負於人哉？美言可以市，尊行可以加人，而蓬蔂以行，未之或有。即有之，干禄而不得者又謂之何也？

評：約而達，微而臧，筆妙不待言，命意之高，非俗儒懷抱中所有。

臨之以莊則敬　三句

羅萬藻　墨

聖人重身先而著其捷得之理焉。夫敬忠以勸，當鼓民所自動耳。各有動則各效，而可無審所先乎？且民所以應上者，亦樂自效其良耳。予之爲恭誠静重，鼓舞於君子之民，則油然樂爲矣；予之爲偷薄苟且，安忍於小人之民，亦拂然不樂爲矣。顧不幸而上之人無以發之，而民遂若别儲其心以有待。然則敬忠以勸，子大夫須此於民乎？吾謂民正須此於上耳。夫上所自爲者何也？有君道焉，當使神明父母之風專行於上，而體統情誼常不恃民而尊；有師道焉，當使寬厚長者之意實動於下，而風俗人情常不迫民而用。而今且以民情求之，即欲使民敬也，顧以慢作敬，敬可得乎？上人之臨御，下人之精神生焉，敬之在民，非錮而難出之物明矣。承祭以儼其思，見賓以動其容，所謂莊，敬則莊之應矣。即欲使民忠也，顧以薄課忠，忠可必乎？上人之事使，下人之分義生焉，忠之在民，非澆而不復之物明矣。篤於親以明雖天子必有父，惠於衆以明雖國人皆吾子，所謂孝與慈也，忠則孝慈之應矣。即欲使民以勸也，顧以棄之之道責勸，勸將能乎？上人之尊賢育才，下人之氣機生焉，勸之在民，非苦而難蹈之物明矣。論官材以示朝廷之所用如此，進不率以示師儒之所養又如此，所謂舉善教不能也，勸則善、不能胥應之矣。蓋君子所以能得天下之情者，以尊親之命密繫乎我故也，古人無所期於民，而容貌得其志，恩物得其理，殆兢兢焉正使欺忽之念無自而萌，而愿恪之象成之爲三代之俗；君子所以能盡天下之才者，以賢智之意俾民自予故也，古人無所迫於民，而弓旌以榮辱其心，弦誦以上下其德，殆斷斷焉正使怠棄之私有以自勝，而力行之效蒸之爲三代之才。子大夫欲使民敬忠以勸乎？度禮思仁，慎選章教，其由是道乎？

評：骨采堅秀，油然經籍之光，義與詞皆粹美無疵。作者之文，才不逮意，故視其文了無可悦。然義不苟立，詞不苟設，學者當求其漚涑淳沃之功。

書云孝乎　一節

陳際泰

能如書之所言，則亦無時而不爲政矣。蓋書固以道政事也，其言孝可以得政之端矣。外是求政，豈知政者乎？且夫人論事，當有以睹乎名之所自起，而志乎效之所自成，一隅之説，非通方之論也。是故政之名與政之效，雖處匹夫之實可得而奏也。何者？古之人知乎衆之所處必有所争，於是求乎能斷者而聽命焉，天下有之，國亦宜然，國既有之，家亦宜然，此爲政大小之所由名也；古之人知乎治之所行必有所極，於是歸乎能化者而立則焉，經其戎兵，使可衣食，經其衣食，使可孝弟，此爲政本末之所由名也。名之所在，古人務有以實之，故名之所在，古人務有以效之，而家因齊矣，而國因治矣，而天下因平矣。是故先王知乎政之所由名與政之所由效也，於命官之際猶以其微辭志之，一以爲宜於時，一以爲存乎古。宜於時者，東都之俗，習澆已久，當得乎反其事者往以經營，而後風以革；存乎古者，三代之隆，政教不分，當得乎合其事者出而倡率，而後化以淳。由此言之，孝友之道，信於己而被於物，何遽不爲政乎，而猶待爲爲政乎？蓋家者，與天下與國分政者也，名與效理其多而治其細；抑家者，與天下與國統政者也，名與效先其本而大其歸。然則父父子子、兄兄弟弟，家人著風火之義；人人親親、人人長長，天下獲道德之平。非此志乎？而奈何異之，故論政者當有以既乎名與效之所存也。

原評：大處立意，而題面義理細曲處無不該貫得到。若從瑣碎枝節尋湊合之法，雖綳布成局，不能達也。看此等文字，極長人智力。

評：大意既得，雖未能含蓄言外之情，自不害爲佳構。

人而無信　一節

黄淳耀

無信之不可，聖人於其行慮之焉。夫信者，人所以行之具也，無之，自有必窮者，亦奚便於己而出此乎？今夫人游三代之世而推誠相與，然諾不欺，彼蓋以爲道固然也，亦何嘗逆計其事之可濟而後出於此哉？自夫人有速求濟事之心，則其詐必至無所不爲；自夫人有無所不爲之心，則其術終於一無所濟。君子既傷其譎，又病其窮，於是成敗通塞之間，不得不爲斯人熟計之矣。蓋信者所以成也，反是必敗；信者所以通也，反是必塞。人無智愚，各有其心，心在而誠感之，所爲一室之内聲應千里也，若夫告天下以欺而曰「爾姑從我」，則人必笑之矣，一行敗，而百行盡屬可疑，片言虚，而千言盡爲飾説，雖至數窮悔起，不惜指天日以明之，而人猶不諒，蓋謂其已用之智又將施於今日也；遇無險夷，貴白其志，志在而辭將之，所謂胸中之誠明於皦日也，若夫設天下以詐而曰「後不復然」，則衆共疾之矣，我行而背誕焉，而傳聞其背誕者又過於所行，我言而矯誣焉，而指目其矯誣者又甚於所言，即至情見勢屈，猶欲邀末路以贖之，而聞者不應，蓋謂其巧詐之謀又將託於拙誠也。雖朝廷之上，詐諼者時起而有功，然急則用之，緩則棄之，彼其君非得已也，忠悃不孚於平日，明主早疑其心，故其後雖無可指之罪，而戮辱有所必及；雖朋友之間，權譎者亦力能相濟，然或盛禮貌以謝之，或戒子弟以遠之，彼其友非得已也，反覆已見於他人，智士必危其繼，故其時雖無身受之禍，而攘斥有所必加。若此者，豈非無信之不行章章可考哉？人之有信也，猶車之有輗軏也。輗軏之用去，則車不行；傾危之俗成，則民不立。而或者乃欲挾其區區之小數以得志於世，不亦惑乎？在昔武王不愆甲子之期而商國徠臣，桓王實申交質之文而鄭伯懷貳，非桓王之力不如武王也，不信而已矣；至若齊桓稱盟約之長而諸侯叛其晚節，季路爲布衣之雄而邾子重其一言，非季路之勢大於齊桓也，信而已矣。

評：警痛之論，可使機變者捫心内慚，瞿然自失。時文中有此，亦有補於人心世教。

子張問十世　一章

艾南英

聖人與賢者論世，以數往之順爲知來之逆也。蓋欲知後王，則前王其燦然者矣，其因其革不可知耶？且夫一代之治，必其綱常人紀既敗而後國隨之，其從而復之者，雖變也，而實常也。是故綱常萬古以爲重，制度隨時而遞新。此百世可知者，而子張問十世可知也，夫子曰：夫黄、虞以前邈矣，乃若周之先有殷，殷之先有夏。夏之先后，方懋厥德，及其季也，昏德塗炭，敷虐萬方，而禹之彝倫以斁，殷革之而表正萬邦者，皆纘禹舊服也，蓋夏之禮而即殷之禮也，至於隨風氣之開而通其必至，從維新之制而示以必更，所損益可知也；殷之先王，肇修人紀，及其季也，因奴正士，荒敗五常，而天之顯道以亡，周革之而永清四海者，實率由商舊也，蓋商之禮而即周之禮也，至於酌二代之中而焕其郁郁，緯六官之政而使之彬彬，所損益可知也。由是而知百世之所因乎？但使其率由典常，我知其必治；但使其民彝泯壞，我知其必亂。由是而知百世之所革乎？但使其窮而欲變，吾知其必損；但使其缺而未備，吾知其必益。上考三王，下俟百世，何難十世哉？

評：老幹無枝，亭亭直上。他人滿紙瀾翻，能道得筋脉上一兩句否？

見義不爲無勇也

黄淳耀

聖人以取義望天下，而激其本明之心焉。蓋勇生於義，義立於爲。第曰見之而已，吾何望哉？夫人有識以明内，則可帥氣使必行；有氣以充外，亦可扶識使必達。而吾終不敢謂天下大事皆取辦於識多氣少之人。夫非氣與識離而爲二也，識嘗主乎事之發，而氣嘗主乎事之成。事不可以有發而無成，故人不可以有識而無氣也。今天下事會多矣，名教亦凛矣。使是非之所存，必不與利害相反，則古今安得有忠良；使好惡之所寄，必不與誹譽相違，則人心安得有廉恥。奈之何有見義不爲者？居平私憂竊歎以究當世之利病，事至則循循然去之，曰「將有待也」，逮所待者既至矣，則又自誣其前日之議論，以爲狂愚，此其力尚足仗哉？夙昔引繩批根以刺他人之去就，身臨則縮縮然處之，曰「期有濟也」，至所濟者罔聞矣，則又反訕乎賢豪之樹立，以爲矯激，此其氣尚可鼓哉？選愞出於性生，則雖學問經術本異庸流，而舉平日之所知所能，盡以佐其浮沈之具；畏葸積於閱歷，則雖醇謹老成不無可取，而因此日之一前一却，遂以釀夫篡弑之階。禍福何常之有，避禍深而英華銷阻，遂並其不必獲禍者而亦避之，彼其心非惡義也，惡義之可以獲禍也，然至藏身之固既得，而觀望周章久矣，爲笑於天下矣；生死何定之有，畏死極而中情回惑，將並其可以觸死者而反蹈之，是其死非合義也，不獲於義而又不免於死也，原夫賢愚之身同盡，而坊檢空裂甚矣，進退之失據矣。若此者謂之無勇，世豈有無勇之人而可與之慷慨誓心、從容盡節者哉？是以君子治氣欲其專，用氣欲其靜。不敢輕喜而易怒，慮其氣之旁有所泄也；不敢留力而玩時，慮其氣之内有所阻也。氣盛，故塞乎天地、行乎淵泉而無不之也；氣純，故達乎百爲、貫乎萬事而無不當也。嗚呼，是亦足矣！

評：較金、陳、章、羅氣質略粗，而指事類情，肝膽呈露，精神自不可磨滅。金、黄二家之文，言及世道人心，便能使讀者義理之心勃然而生。是知言者心之聲，不可以爲僞也。

巧笑倩兮　一章

金　聲

觀聖賢言詩，藉於詩以相悦焉。夫「素絢」之問、「繪事」之解，何由遂得「禮後」一言起予，而後可與言詩？詩難言哉！蓋自文學行而大道著，莫韻乎詩，令一詩止領一詩之用，極其所終，不過三百而止。而詩之妙，要使人審於章句之間以達乎物類之變，可以觸處而旁通；故學詩者，初不必當日詩指之所存與今時解説之所及，而能即小以觀大。有如子夏所稱「倩盼」之章，終有「素絢」之句，亦非甚疑義也，比於賦之末，而不獲其所比之端，徒其文有弗屬，義有弗貫耳，君子之於學也，無所苟而已，一言亦將求其歸也；乃夫子曰所謂「素絢」之説，其爲繪事之序，詩以是爲碩人方也，本乎族類之貴、天質之宜，而始佐以朱幘、翟茀、庶姜、庶士之盛，猶之素其先有、絢乃後施耳，詩人之比類也，必有所當焉，説之而第如其初指也。而吾初不知此時子夏何以遂浩然有得也。一聞所謂「後」，不覺見天下之後焉者，不獨一繪；一聞所謂「事」，不覺見天下之所有事者，莫不皆後。雖先王之道、小大之所由，天地之經、百物之所殊，一旦可以下同觀乎繪事，而上不以先吾盼笑。商於斯也，豈有悟乎？而要斯時所見，其與前時問答，豈復相蒙也哉？則甚矣夫子夏之深於詩而篤於學也！以意逆志，不以辭害意，此説詩之大端也，而商又異矣；傳而習之，言而述之，皆學人之用心也，而商則更進矣。如是學詩，終身學之而不厭也，詩起商也；如是言詩，終日言之而不倦也，商起夫子也。嗚呼！此學詩之善者也。今即此「倩盼」一詩取而讀之，其亦可以求衛事之始終焉，可以見淑媛之令儀焉，可以觀里巷之忠愛與好惡之不忒焉。而商乃別有領也，比物連類，得文質之升降而會人事之始終。詩也者，象也。商之學詩，鬖鬖乎其進於易矣。夫如是，故衣錦褧衣，亦碩人之詩，而論道者且以爲惡文之著也，豈若後世之明經者哉！

原評：隨筆曲折，而波趣因之以生。如夏雲奇峰，頃刻數變；春水縐縠，波紋愈遠。

評：胸中別有杼軸，落想多在間隙中，而題之意趣曲盡。在作者亦似動於天機而不知其所以然。

夏禮吾能言之 一節

夏允彝

聖人有志二代之禮而惜空言之不足以傳也。夫夏、殷亡而其禮不亡，然至使能言之士無所據以成一代之書，是可重歎也。且王者受命，必變易前世之禮，以明己之得統，示天下有所尊也；至於勝國之守，不敢有所改焉，而爲之立其後嗣、備其典文，使子孫無忘其所自始。然始未嘗有所闕遺，而後稍夷，至於微而失傳，亦勢使然矣。何者？制度不便於當今，自非賢者，能無遷於時好而變祖宗之舊？耳目易專於所習，苟非博學，安能搜討故聞以遺同志之求？若乃夏、殷之禮，我嘗學之而能言其意矣。蓋其大者載於周禮，周公之所採取，有其源流，不可没也，至其細無所考，有非左右史之所記，而守爲國故、相沿至今者，入其國而問其傳，蓋往往而有也；即其大者散於列國，學士之所講頌，無有異詞，其明徵也，至於時之軼事，有他國之聞見所不及，而垂爲家乘，可資當今者，見其人而考其得失，或不乏於時也。然而觀於杞、宋，亦安能有足徵者哉？以杞之爲夏餘也，而蕩廢典章，不存其世業，不足怪也，至於宋爲秉禮之國，其餘文不無詳焉者，觀於戴公之時而猶得商頌以祀先王，則其他可知也，然即而徵其文，文安在也，非無風物之遺，而質之先世之故實，其爲率由典常者，大抵闕如矣；以杞之即東夷也，其人物樸陋，不齒於諸夏，是固然也，至於宋爲春秋之望，其大夫猶有顯焉者，觀於微子入朝而周人歎其從者以爲絶盛，則其後可知也，然即而徵其獻，獻安在也，非無賢哲之士，而與之上下其議論，其爲耆老傳識者，蓋亦已寡矣。又安所折衷而使論者以我言爲不誣哉？不然而上述史記，旁采舊聞，始於神禹，下及商辛，包括二代，勒成一書，盛衰興廢之迹燦然也，不亦善乎？而惜其不足徵。何也？夫周之於二代，蓋亦至矣。取其重典，以裨當世，而至於車服之秩，猶得使之修其故事；崇其支蘖，以備三恪，而至於考獻之遺，亦皆使之歸其故國。蓋文獻若斯之盛也，而猶浸以不章，況後世之事哉？然後之正一統者，謂國雖可滅而史不可廢。是以朝之大政，必有記注；而勝國遺事，必立史官。雖作者不必其人，然猶與春秋並存也。

評：前幅實發所以能言之故，最爲有識。通體寬博雅贍，雖語尚文藻，而皆有義意以爲質幹，故不可廢。

射不主皮 一節

金聲

即射以觀古，其所以成天下之才者大矣。夫天下無同科之力，奈何限之以主皮，此古道所以可思也。嘗謂士苟有志自勉，視天下無夐絶不可企之事，惟限於天者，雖豪傑無如何也。以故國家之律令，奪天下之意氣，要使宇宙之才，其上固不妨自見，其下亦得以勉夫人工之所可至。即一射事，真令人慕古焉。夫射之有皮，所以試天下之力，爲國家致用也，何以有不主皮之說？正爲力計深遠，使其途寬然有餘也。失諸正鵠，反求其身，巧成於習，人爲之耳，苟昭然有可同之路，而甘自暴棄，置其身於彀外，則於人何所尤？破甲穿札，待命於力，强弱有科，天定之矣，使夫卓犖可用之才，其勉强之功，直窮於不可齊，則君子何以忍？彼夫先王爲弧矢之利以威天下也，故雖處無事之日，不忘武備，有皮在，而有餘之力不嫌立展，使赳赳干城之夫，得因以煉其堅鋭無前之奇；先王觀德行之立於審固之時也，故雖爲威武之事，飾以禮樂，不主皮，而閑習其道盡堪自效，即斤斤繩尺之士，安知不足備禦侮折衝之用。蓋惟古之時，所以核天下之才，其程甚嚴，所以收天下之才，其途甚廣，使人駸駸乎興起而莫自阻其志者，大抵操此道也；亦惟古之時，習尚則稟於一，示天下以必趨，舉令則協於衆，待天下以可同，究之蔚蔚乎多才而國家緩急得人者，大抵得此道也。如今之世，豈有復念不同科之力，而操鼓鑄之權者，亦從此而審其所主哉？

原評：「不主皮」三字，語意本自渾圓。他作重發「詘力」「尚德」意，不但於「不主皮」三字神理未足，「不同科」亦説似天下皆無力人矣。惟此輕重得宜，文氣亦復遒勁。

射不主皮 一節

陳際泰

聖人慨力競，而致思於古之禮射者焉。夫禮射者轉而貫革，則力競甚矣，而能無慨於古也乎？且世道之盛衰，決於人心之恬競。競則無不競焉，將有失其本而不自知者。君子以世變爲已急矣，試即一射驗之。射有以殺敵爲能者，主皮之射是也；射有以觀德爲志者，不主皮之射是也。禮射之體有五，賓飲與興士之類皆與焉；禮射之人亦有五，天子與諸侯以下皆習焉。夫貫革非有厲禁也，而特不貫革非有餘誅也。然果何爲也哉？吾繹其志焉，其所以誘進天下之文士者至矣，寬而待之，凡弱者皆得與於決拾之能，所以陰作天下閒習之氣者，其權隱；吾繹其旨焉，其所以尊獎天下之文士者亦至矣，曲而體之，凡儒者皆不繩乎跅注之用，所以明重天下風素之業者，其禮隆。顧吾於此獨自有感也，曰：此其爲古之道乎？蓋昔先王之治天下也，文武並進，不使後世窺吾有所左右而輕天下，故禮射與武射，同立於澤宮而不相争，蓋即天保治內、采薇治外之遺意焉；抑昔先王之治天下也，文雅獨優，不使後世謂我無所掃除而致太平，故禮射獨文射，盡屏其挽强而不復進，蓋有竭蹶而成之、端冕而祀之之微權焉。夫怠惰苟安之氣，聖人未嘗不以術起之；而桀驁難馭之習，聖人亦未嘗不以法柔之。此一射也，殆與民休息之理而爲世轉移之機乎？斯盛德之所同也，吾蓋於此獨自有感焉。古道日遠，抑鋒止鋭之意寂然；霸氣方興，深入多殺之風轉熾。吾且謂之何哉？

評：立論與正旨稍别，文極凝煉有精色。

賜也爾愛其羊　一節

陳際泰

聖人以事存禮，故有慎用其愛者焉。蓋羊者，禮之寄也，禮重而羊不得獨輕，聖人之愛所以異於賢者之愛與？且宗廟之事即遠，有廢而無立，此有爲之事、一偏之言耳。要其有關於禮法之大者，與其過而廢也，毋寧過而存之。即如告朔之餼羊，而賜乃議去，賜於此可謂不善用其愛矣。夫以綜練名實之心擬賜，則浮費而無用者皆從節嗇，羊雖小，去之所以例乎羊之外者；即以感慨時事之意諒賜，則空存而無實者無事虛靡，羊雖具，去之所以憤乎羊之前者。賜之見非不謂然，然吾獨惜其愛止及於一羊也。夫羊也，而豈徒羊也乎？論羊於昔日，是告朔之禮存而俱存者也，禮既居其重焉，而羊不得獨輕；論羊於今日，是告朔之禮亡而不盡亡者也，禮既值其輕焉，而羊不得不重。何也？凡人之情，當其多焉，不甚惜，當其少焉而愈惜之矣，今日之羊是也，天下之廢敗不可知，而但於廟中足占天下焉，求所爲丕顯丕承之故迹，了不復存，而僅留一羊，此陳寶赤刀所爲珍秘也，一羊無恙即一禮無恙，我所沾沾護持而不敢輕議者，誠謂此一脈之所寄焉耳；凡人之情，當其少焉，不甚貪，當其多焉則既貪之矣，亦今日之羊是也，異時之興復不可知，而但於今日可待異時焉，蓋賴此先王先公之神靈，不容盡泯，而乃遺一羊，此剥果蒙泉所爲發生也，一羊無恙即一切之禮無恙，我所爲斤斤寶貴而不敢一擲者，誠爲此全體之所存焉耳。賜乎，奈何爾之所愛乃不如我之所愛也哉！爲節嗇故而去羊，志既狹而不廣；即爲感憤故而去羊，智復淺而不深。先王之禮，不幸一厄於先公之不視朔，又不幸再厄於賜之欲請去羊也。悲夫！

評：中二比於實理虛神推闡曲盡，却只是注中「猶得以識之而可復焉」之意。可知文人無筆，雖有穎思，亦不能達也。

君使臣以禮 二句

楊以任

論所以事、使，而君臣之道在天下矣。蓋事、使者，分也，而道行之矣。君以禮，臣以忠，顧不盛與？孔子對曰：人主建人倫之極，則事、使其大端矣。夫天下之樂得其君父，猶一人之樂有其臣子也，則莫不有道焉以行乎其間。臣觀有道之世，其君穆穆而正南面之事；其臣師師而進拜稽之忱。使之事之，非以爲文也，於此識朝廷之有人；且使之事之，非相視而不相知也，於此見臣主之同量。然則何以使臣以禮而已矣？何以事君以忠而已矣？想爲人君者，經綸天下之本，畢取於因性之儀，則自納身軌物以來，無日不喜與一二臣工守此秩叙。及其使臣也，願忠於我者，固於温文晉接中有其一德，即不然，而因人董戒，要皆教天下以廉恥之事。故挾器而至，可以使之不争；挾詐而至，又有以使之自媿。蓋不齊者，人之才與情也；不必齊者，使也。而所以使者，則禮焉矣。想爲人臣者，胥匡天下之志，止用此幽獨之中，則自宅心誠正以來，無念不樂與明明我后共此德業。當其事君也，有禮於我者，固於拜手稽首間慶其一心，即不然，而天王明聖，原無解於義命之先。是故一人垂拱，而事之不敢恃；具曰予聖，而事之深可思。蓋不一者，時之升與降也；不能一者，事也。而所以事者，則忠焉矣。惟後世以禮爲一家之事，公卿大夫雖亦入而受其等，然其禮顓以爲臣耳，顓以爲臣，故時勸時衰，夫禮豈一日之具也？惟後世以忠爲不幸之名，愚智忠良隨時而取其便，是其忠亦從事君始有耳，從事君始有，故時作時止，夫忠豈一日之故也？然則使臣者之聰明才力，不必盡賢於臣下也，有禮焉，而我不窮於用；然則事君者之志氣才術，不必致惜於不知己也，有忠焉，而臣克有其終。此有道之君臣也，猗歟盛哉！公其加意焉。

原評：好逞其駁雜，陳言安得不多？作者獨主於謹潔，理雖未極，已能於衆中傑出也。

關雎樂而不淫　一節

陳際泰

聖人論詩而極贊乎風之始焉。夫詩之所以託始關雎者，豈苟而已哉？哀樂之際，已統乎詩之全矣，且后夫人之行，不侔乎天地，則無以配神靈之統而理萬物之宜，知此者蓋以鮮矣。至用情而不過乎則，抑又難也。吾嘗一論乎關雎，關雎殆風之正而情之準已。何者？關雎事止乎得配，鮮不眇焉，而詩人重言之以致其哀樂之意；執贄爲見小君之始，鮮不媚焉，而詩人量言之以赴乎哀樂之節。温厚和平，詩人之則，顧自邶鄘而降，有遞而變之者矣，關雎蓋其發始者焉，風有初、有中、有晚，今令人讀之，其哀樂猶然隆古之際者，獨此耳，國之氣運爲之也；邪正是非，風人所感，彼自江漢而遥，已有被而化之者矣，關雎尤其親炙者焉，風自家、自國、自天下，今令人思之，其哀樂依然聖賢之徒者，獨此耳，國之德教爲之也。計深思遠，以謦御而存卿大夫之慮；發乎情止乎理義，以小人女子而有士君子之行。嗟乎！至德之世，人皆知乎學問而心各返於性情，生民之始、王道之原皆在關雎。詩之所以託始於兹也，抑豈苟而已哉！

原評：「國之氣運」「國之德教」，方見文王德化自身及遠，不然止於讚歎詩人耳，於文王何與？「人皆知乎學問而心各返於性情」，方是文王之德，與詩序專言后妃之德者，識見遠勝之矣。

評：作者於儒先解説皆覺不安於心，又不敢自異於朱注。故止言此詩得性情之正，而一切不敢實疏。但「不淫」「不傷」竟未點出，頗爲疏略。而文特高古，義亦醇正。

子語魯太師樂曰 一節

陳子龍

樂必驗之於聲，知古法之可傳也。夫樂自始作以至於成，其和與否，皆以音驗而知。豈古法之難傳哉？且樂者，所以宣盛德、歌成功。迨其後也，中和或爽其度，而有司未失其傳。如魯備六代之樂，列國賢士聘問以求觀者徘徊而不能去。吾夫子歎其盛而傷其音也，慨然有正樂之思。而師摯又賢者，一旦語之曰：有虞教胄子於典樂，而太常之屬乃下比於優伶；我周統司樂於春官，而守府以還或僅存其節度。士大夫好窮其理而不知所用，師工能按其聲而不知所本。若然，則樂遂不可知耶？非然也，樂固以音爲主，以數爲驗者也。今試窮其數，如鍾呂之長短尺寸，可謂精矣，按而奏之，則不和；又試治其器，如金石之清濁大小，可謂密矣，按而奏之，又不和。於是取大章以下、大武以上，依其節次、習其笙歌。其始作也，六律畢舉，高下咸適，則以爲翕如；其從之也，既平而無戾，亦明而不奸，又累累而不可絶，則以爲「純如」「皦如」「繹如」。樂既闋，告成事矣。夫辨於理義，不若驗於聲音。太師亦知其故乎？古人量衡測驗之法尚在，則其數足恃也；鐘鼓敔磬之屬尚存，則其器足恃也。備器與數，而成於音也不難。雖然，數本於天，而天有盈縮；器寄於物，而物久弊壞。假令後有聖人焉，聲爲律，身爲度，何難於絙桑吹管之始而更定母音；假令後無聖人焉，百家異説，俗雅争鳴，猶得於審聲知音之餘而復還大雅。則今日者，幸生宗國而如見先王，子固當不失其官，而予亦將論次其事，使後世有述也。自暴秦之興，古器湮没，後之學者搜曲阜之宫，破河洛之冢，如玉尺玉磬之屬，得一二而足仿佛其意，此非音亡，數與器亡也。夫子蓋傷之久矣。

原評：夫子所言「翕如」「純如」「皦如」，不但古樂有此音節，即末世俗樂亦斷不能出此。此所以謂「可知也」。古樂之亡，亡於器數，其聲音之理終不亡，所見甚的。文情洋溢，具風人之致。

評：審聲知音，審音知樂，是「可知」本旨。作者因唐宋以來諸儒考校律管中聲，異同紛互，故兼器、數言之，而斷以器、數亡而音不亡。二語洵不刊之論，而於聖人語太師本旨，亦未見有閡，故可卓然名世。

惟仁者能好人能惡人

錢禧

聖人定好惡之準，而獨予仁人也。蓋仁者之好惡人也公而當，故其事不出於恒情，而獨謂之曰能也。苟非其人，可輕予哉？且天下衆人能爲之事，而待主持於一人，非一人之足勝衆人也，合衆心之至公而獨出之以至當，是以天下稱能焉，而莫如好惡爲難矣。夫好惡，加諸人者也，而先慎其好之、惡之之人；好人、惡人，見諸事者也，而先正其行好、行惡之本。惟仁者内有以養其心，不至有所牽繫也，廓然無我，發之而必協於天則；外有以善其用，不至有所偏徇也，因物付物，施之而必順乎人心：能好人焉，能惡人焉。見善而好，夫人亦有然者，而惟心統萬善，則投之也甚融，而應之也甚速，從而奬借之，又從而詠歌嗟歎之，所以樂其始而勗其終，意無窮也，仁者好人而天下益力於爲善，人之賴其好者何如也？見不善而惡，夫人亦有然者，而惟心無纖慝，則嫉之也甚嚴，而痛之也甚切，從而堲殄之，又從而哀矜懲創之，所以棄其舊而作其新，意無窮也，仁者惡人而天下咸恥於爲惡，人之賴其惡者何如也？功專於克己，彰癉亦存遏之餘，故自人受之，則戒用休而董用威，而仁者之心，止求慊其無欲無畏之量；念主於愛人，刑賞皆忠厚之至，故自初觀之，則直見舉而枉見錯，而仁者之用，終必全其有愛無惡之天。書不云乎？「無有作好，遵王之道；無有作惡，遵王之路」。言仁人建好惡之極，而天下不能外也。自非仁人而妄言好惡，即爲作好作惡之私矣。慎之哉！

評：從「仁」字發出「能好」「能惡」，又將「能好」「能惡」攝入「仁」字内。理解真切，詞亦警湛相稱。

欽定啓禎四書文卷三　論語上之下

富與貴　一章

楊以任

君子有常心，觀於富貴貧賤之外也。夫境則何常之有，必於富貴貧賤之爲見者，將有不可必者矣，故君子以仁存心焉。今夫人品之成也，有其千古；而人心之無以自必也，或不能有其一息矣。吾是以重言仁也，以爲約樂久暫之有其至焉爾。乃吾概觀天下之人，欲惡之想，易動而難靜，則爲指一富貴貧賤之途，而天下之有情者聚之矣；欲惡之見，愈明則愈巧，則爲擬一富貴貧賤之道，而天下之有心者又爭之矣。故夫人之以道處富貴，無以異夫不以道處富貴者也；夫人之以非道辭貧賤，未必不甚於以道而猶怨貧賤者也。難成者名，難必者心也。夫千古之名爲君子者，非即無違仁於終食之間者哉？君子曰勳華非吾所自有，而日往月來之際，豈其顧爲外牽；榮枯亦會有盡時，而物遷境變之遭，必將有以自主。人生獨富貴乎？人生而不富貴也。獨貧賤乎？當夫造次顛沛之來也，富貴之人有貧賤之不如者矣，君子守吾之常而已矣，一瓢一簞者，無時不恬然於其際；且貧賤之人有貧賤之不得者矣，君子行吾之素而已矣，成仁成義者，有時順受於其間。蓋於終食之間，時設造次顛沛之象，以自守其純氣；更不於終食之間，多生一富貴貧賤之見，以中亂其性靈。故君子而富貴者有矣，唐、虞、夏、商之際有傳人焉，夫亦富貴以行仁耳，必不徒處以道之富貴，故亦必不處不以道之富貴；君子而貧賤者多矣，詩書禮樂之內有傳人焉，夫亦即仁是道耳，先有以忘道，故並有以忘貧賤之非道。此常心也，所爲一息而名千古者歟？嗟夫，天下貧賤者止知有可惡之貧賤，而富貴者又止知富貴之可欲也而戀戀守之，亦曾思造次顛沛隨其後哉？吾知其心之與存者蓋無幾矣。

評：打疊題理，歸於一線。承接變換，無迹可尋，極鎔冶之妙。此章工夫一層深一層。首節爲初入手大端，終食不違則無時非仁，造次顛沛則又無處而非仁也。注云「存養之功密，則其取舍之分益明」，蓋言至此則審富貴、安貧賤之粗節愈不足道矣，非以取舍之分明爲細密工夫也。文粘定首節立論，而於「造次」二句更似説成借此以破却富貴貧賤之見者，於題理未能逐一分曉。

君子無終食之間違仁

章世純

君子之於仁，以全成之也。夫仁以全舉理，則一日一行之修，固不足以任之，君子無違於終食間者以此。且天下有可以一爲而成者，有不可以一爲而成者。事可以暫立也，德則未有可以暫立者也，惟不息爲可。夫攻取之乘，理微而欲亦微，既辨之纖悉之間，則防之亦盡頃刻之會，至密之與至微類也，而後足以相守；極深之用，理精而心亦精，既見爲純粹之體，即無庸闊略之功，惟一之與惟精亦類也，而乃足以相副。是故爲仁者，始必有所争之其大，而後必有以及乎其細，辨之富貴貧賤之分，凡皆爲大端，而恃大端遂足成德乎？日用飲食之故，其類甚纖而其來甚密，離合之數，方於此多也，君子亦謹持其隙而已；抑爲仁者，其始必有所甚矯，而其後必有所甚安，持之富貴貧賤之交，凡皆爲自矯，而徒矯持遂可爲純德乎？廉介節義之事，雖性所許而非情所順，循習之久，遂爲自然也，君子亦常謹其放而已。可欣可厭之事來於前，而欲惡早與之迎，乃舉所爲仁者從後而爲之制，此亦常不及之勢也，則違仁者其常，而不違者獨恃夫先有以待之，夫無應而已端其主，無事而已習其心，未至乎事之情而不染，而後至而不染也；欣之厭之之念逐乎物，而全心盡以之往，乃吾所爲仁者持少分而與之争，此又常不勝之勢也，則違仁者其必然，而不違者獨恃夫多以全之，夫累於素以取多，積於念以取深，舉小利害而不惑，而後利害不惑也。故終食之間，君子之所操也；終食間之違仁，亦君子之所危也。古今大美大惡之事，何嘗須久而成，於其造端，皆以頃刻，因頃刻遂成滔天，彼無窮之業，當幾正無多耳；即人生百年之身，亦豈晚蓋所及，求其可據，惟此目前，有目前乃有終身，彼百年之内，析之皆須臾耳。夫終食之間也，而可忽乎哉！

評：啓未發之覆，達難顯之情。他人即能了然於心，布於紙墨，亦不能如此晶明堅確也。章大力造極之文，頗有陳大士所不能到者，惜不多得耳。

君子無終食之間違仁

羅萬藻

以仁求君子，候綦密矣。蓋不去仁者，無違仁者也。如是，當於終食之間求之矣。不去仁，豈易言乎？且人心之至常，必以人心之至暫爲候，暫者融則常者立矣。今所云不去仁者，第以一往之意求之，曰吾終身焉止矣，夫此非過仁之言，不及仁之言耳。富貴貧賤之故，或在境，亦或在念，念欺境而動，雖俄頃足以動矣；去處之情，託於道，並託於私，道助私而成，雖俄頃足以成矣。故君子之於仁，必争之終食之間也。苟或違之，斯去之矣，去仁，固無顯白之端；終食之間違之，竟違之矣，違仁，亦無漸積之候。君子有見於天下之感，而内以省諸神明之安，幾豈在大乎？得於所及持之處，則又將有不及持之處微判其間，此求之感則紛，而求之仁，息息可以相聯者矣；君子既審乎自性之力，而虚以俟夫天機之熟，隙豈在多乎？由於所必勉之途，則又將有不必勉之途懸合其間，此依吾力則窮，而依吾仁，刻刻可以自驗者矣。故一時有一時之盡，杪分所積，皆與生人念慮相趨，是無刻而無人心之行也，君子奉其無私者勤而循之，歷時雖短而歷心已長；一時有一時之中，首尾所要，皆與生人情變相宅，是無刻而無人心之處也，君子主其無欲者入而守之，居時甚隘而居理已寬。蓋終食之間違仁，而違非終食之間矣；無終食之間違仁，而無違非終食之間矣。富貴貧賤止兩端，而終食之頃，緩急之故乘之，死生之權變之。由是言之，萬變歸兩端，兩端歸一刻，夫以一刻而定去取之衡，豈有能精者乎？故亦曰無終食之間違仁而已。

原評：此爲存養而言，若作「自然不違」則非矣。此文就功夫上説，方於「必於是」相照，極有體認文字。

評：探微抉奥而出之以明快。此作者文之近於陳、章者。

事君數 一節

陳際泰

知取辱、取疏之由，則不得不歸過於己也。蓋君與友，非必拒言也，至於數焉，己則難堪，而能謂人已乎？且夫感人以言，其本已淺，而況復以不善行之，非不愛君與友也，而術固已疏矣。至君與之辱、友與之疏，而曰「人實負余」，抑何其不自克之甚也。吾試言之：夫人必明於天下之幾，知其有不可深恃者，而後可止而自全；夫人必藏乎自恕之道，知其有不可重訾者，而後可出而相責。有如吾人之事君也，幸而君方向我，我乃得以盡言，使面責遠投，而君臣之分不終，其何能冀乎？則辱者固爲人臣者之所不願。然而重戒其辱，將遂緘默不一言乎？而又非也。夫君未嘗遽辱臣也，君既爲君，亦必自有爲君之度。片牘乍陳，而譴呵隨及，雖叔季之主未嘗有此。且人主有過，即不厭人匡拂，亦當予以可轉之途，而奈何數數然也？蓋至忠而獲罪，君子有以知其所由來矣。有如吾人於朋友也，幸而友方親我，我乃得以無諱，使凶終隙末，而友生之誼不固，其又何望乎？則疏者固爲人友者之所大忌。然而預憂其疏，將遂坐觀不一救乎？而又非也。夫友未嘗遽疏我也，友既爲友，亦必自有爲友之情。半語微忤，而割席自甘，雖君父之尊未嘗及此。且朋友有過，即不拒人譏彈，亦當開以自從之路，而奈何數數然也？蓋至信而見疑，君子有以知其所由致矣。是故臣之規君、友之視友，固自有法也。人各自愛其名，而不宜與之急爭其名；人各自護其短，而不宜與之曲摘其短。夫予君與友以薄己之名，而己亦復不厚；致君與友以拂諫之拙，而我亦復不工。則爲人臣、人友者，可不自克也哉？

原評： 只取虚神，不事馳騁，妙能避熟。

評： 於人情淺近處指點，立義不深而意味悠長，良由筆妙。

弗如也　一節

吴韓起

恐賢者自忘所弗如，正其辭以堅之焉。夫賜亦偶而見弗如耳，既正告之，又嘉予之，庶幾其勿忘也已。夫子以爲：入學問之中，而能不好勝者，古今無一二人；即此一二人之心，其實實不好勝者，畢生無一二念。伺其念之所存而提，使勿忘以幾於大道，師友之功，不可誣已。賜乎，而今乃知弗如回乎？此吾初意之所不及料也，豈惟吾不及料，恐亦賜初意之所不自料也。人情有所制於天之分，既以其在天而失之；有所歉於人之量，又以其在人而忘之。迨一旦無心觸發，了了如見，旁觀者代爲之諱而無從，亦姑聽之耳，吾如子弗如者何哉？雖然，賜而自以爲如，吾之所大憂也；賜而自以爲弗如，吾之所大喜也。吾見夫質性謙謹之士，無論其學識之所及與否，動以「弗如」之念居之，居之誠是也，其以爲谿谷之法不得不爾，雖奪其驕僻傲人之習，而驚顧難安之情則未動矣，若賜之弗如，則真弗如也，下士猶望以爲的，而賜則恤恤如有失者；吾見夫父兄嚴切之際，無論其子弟之所優與否，動以「弗如」之實責之，責之誠是也，其以爲貶損之方不得不爾，日聞乎譴呵無已之聲，而鼓舞不倦之氣亦少衰矣，若賜之弗如，則自弗如也，使賜而不覺其然，誰則能强之使然者？吾向者亦嘗從事於斯矣。學何有，誨何有，無一如人；聖豈敢，仁豈敢，無一如人。然而或物我之參觀，或歲月之考求，乃幾幾不容自誣，而賜直以片刻露之也。惜也，猶多吾「孰愈」之一諮也，賜已欿然善下，而吾之所以度賜則已淺也；惜也，猶多吾「與回孰愈」之一叩也，賜已達人能屈，而吾之所以形賜則已膠也。然則賜之所得力與其所受病，自此皆不足深論，而吾只欲常留女「弗如」之一念於胸中也。弗如也，吾與女弗如也！

原評：筆筆生動，其刻入題理處頗似正希。

評：中二股意極淺近，拈出遂成妙緒。可見名理自在人耳目間，正不必鉤深致遠始足矜奇也。

子路有聞　一節

羅萬藻

迫狀賢者之「行」，與「聞」俱無窮也。夫有聞必行，此不欲以行虛聞也，未行之恐，不將在聞乎？昔子路以勇行稱，夫子之所材，然固夫子之所與也。彼其在夫子之門而日行所聞，行之可自安者多矣。斯行之患，豈當輒取以勝「未能」之患乎？吾是以狀其心焉。夫子路之所謂「行」與所謂「未之能行」者，有深念焉，夫一念固非即一念之所可盡也，彼行與未行僅相待之候也。而前聞之念既迫之，能行而未之行，亦可必之資也；而後聞之念復窘之，故以知子路非姑有待而姑自必之人也。以爲行者實體之治，聖賢所以求盡天下之無窮，聞而未之行也，聞可盡乎？

行不足以盡天下之聞，而姑以「未行」謝天下之聞，是外聞也，使古今之事皆在吾身之外，「未之能行」誤之耳。所以行者神明之治，聖賢所以求赴吾心之所缺，行而未之能也，行可已乎？聞而不副之以所行，又藉口「復有聞」而副之以所未行，是絶聞也，使師資之路遽自一日而絶，「未之能行」止之耳。蓋精神之所以能給物者，有餘地故也，以行待聞，故行常在乎寬然之域，不然而身處其未遑，則困於行而勢必將厭聞，彼又烏能一旦反其樂聞之心而置不顧乎？魄力之所以能處强者，能争先故也，使聞赴行，故聞常資於不屈之途，不然而虚於所不逮，則牽於聞而弊必將飾行，彼又烏能一旦欺其勇行之實而漫取聞乎？故「未之能行」而不欲有聞者，既榮而隕者也；「未之能行」而輒喜有聞者，中乾而强者也。子路者，固惟恐有聞而已，有聞之恐，固未之能行之恐也。子路至是，爲可師矣。

評：原爲「未之能行」作十分鞭辟耳。婉曲頓挫，不極言盡態而致趣愈遠。

子路有聞 一節

金聲

觀賢者於聞、行之間，有可想者焉。夫方有聞，則尚無他聞也，未之能行，非不行也，而已惟恐有聞矣，此則子路也已。且夫學莫陋於無聞，而道莫病於不行。故夫博聞强識、敦善行不怠者，君子也。雖然，人之處聞與行之際者，亦各有性情焉，其進退緩急，見於力量之地而發於事勢之間，又其餘也。我嘗微觀子路，子路無聞則已，聞則喜也；無聞則已，聞斯行也。此亦吾子路也，而未盡其性情。若夫有聞之時而又未之能行之時，觀此時之子路，觀此時子路之心，則惴惴然惟恐有聞者耳。凡有觸而聞也，非必子路獨見其多，故夫子路有聞，亦日用從容之事也，乃其精神則已勃然矣，使聞後之子路而或有回翔審顧之象，則必施行之餘，用俯仰無憾焉，而不然者，耳目之間已懼聞之再至也，是聞盡父兄師保也；凡有待而行也，已決非子路所萌之心，故夫未之能行，亦非學力遲鈍之咎也，乃其自視則亦欿然矣，一若自能聞以來已爲奔走不遑之身，而其施行之際，前後若迫焉，斯之未竟，而頃刻之間已若有後聞之督責也，是未行皆曠日玩時也。宇宙之理，日流行於宇宙之間，而往不留，來亦不距，故達觀者可以靜聽其出入，而子路恐焉，恐其以已聞之不去而並塞吾未聞之生機也，此已聞未聞之際，一刻之暇也，而亦如此哉；日用之理，必寔見於日用之間，而聞之百，不如行之一，故博學者或可以徐安其領受，而子路恐焉，恐其以後聞之關心而又或虛吾前聞之實用也，夫不聞不行之暇，無時而見也，而何時已哉！我因是知子路之勇於行，真爲有用之才，可以愧天下之記醜者也；我亦因是知子路之虛於聞，真負無窮之意，亦可以愧天下之得少者也。此子路之性情也。

原評：人多於末句著力，此偏從上二句理會出神情。

評：前輩文之屬對，取其詞理相稱，特具開合淺深，流水法而已。惟作者屬對，參差離奇，或前屈後直，或此縮彼伸。每於人轉折不能達處鈎出精意。不獨義理完足，即一二虚字不同處亦具有深趣，不可更移。此等境界，實前人所未闢。

其愚不可及也

艾南英

聖人難大夫之愚，而所重可知矣。夫人臣所難者，難在徇國一念耳，宜衛大夫之見取於聖人也。且夫人臣之避難而自全者，其説類不出於愚而出於智。何也？全身利國，非不人臣之大願。然必知其臣主俱全而後爲之，曰「吾以智勝也」，則委曲圖存之説，適足以爲避難者之藉口而已矣。若甯武子，其不可及者，豈以其智哉！武子之卒成其君也，後事之言也，而武子初心，不必其成也；武子之並全其身也，後事之言也，而武子初心，不必其全也。人之難武子者，難其全身濟君之大略；而吾之難武子者，難其捐軀赴難之初心。均之社稷之無虞也，知其無虞而力爲之，與不知其無虞而必爲之者，其事同而其心之公私則未嘗同也。彼成公之再出也，豈復有生全之理乎？而武子皆若不知也，知以其身徇社稷耳，而誰則如之？均之盟主之回怒也，知其可回而巧復之，與不知其可回而必復之者，其功一而其心之安勉則未嘗一也。彼深室之既囚也，豈復有同盟之思乎？而武子皆若不知也，知其以忠動霸國耳，而誰則如之？夫國亡君辱，一死奚裨，故論人者不盡責致命遂志之忠，然君子嘗難於死而易於生，以爲有怨辭也，武子之鄰於死焉可知也；夫志之所至，智亦至焉，故盡瘁者自有數窮理極之應，然君子每後其功而先其節，以爲有重輕也，武子之不專以功焉可知也。是故君子謀國，成敗利鈍，非所逆覩；而君子論人，巧詐拙誠，各原其心而已矣。不然，則吾未見委曲圖存者之不爲奸臣藉口也。

評：清真明快，題無不盡之義。

其愚不可及也

劉　侗

衛大夫之愚，衛大夫之所獨也。夫衛之難，武子以一身靖之，然武子則直愚耳，其誰及之者？且國家多難之日，有道時優容之故習舉無可用，乃武子者獨以其身濟艱難，無恙也。於是人爭羨武子之愚，惟羨武子之愚而武子愈遠矣。何也？愚者，不自知愚也，不自知其邦爲無道也，不自知必能轉無道爲有道、必能全無道之身以見有道之日也。若武子得而知之，人亦得而及之矣；若武子知愚之必全也而用之，而人亦及之，無不可矣。方其扞牧圉而從也，何人不籌萬全，在武子只有一往。然主憂臣辱之謂何？安所得萬全而籌之？夫且容足皆不可測，而動念俱不容己。得返，其偶也；不得返，其常也。不問其返不返，而冒焉以行，功名中無此人也。及其納槖饘而從也，何人不據長理，在武子只抱孤忠。然無貳、無他之謂何？安所得長理而據之？夫且小國有不擇音，而旅臣實不遑處。直，則曰「君之靈也」；不直，則曰「二三臣之罪也」。不較其直不直，而懵焉以殉，名節中並無此人也。惟愚誠愚信，不以無益而不爲，不以見害而少避，若使利害心明而誠信已薄；惟愚忠愚孝，不以人怒而不控於人，不以天怒而不呼於天，若使天人數晰而忠孝已膚。故微論人不及也，即令武子事過險出，而回思疇昔之樸心，亦自覺渺然而難追，蓋愚者，氣盛情至之所爲，人生平豈能多得？微論人不及也，即令武子委蛇有道，而欲如困阨之肫摯，亦自覺耿然而難渾，蓋愚者，勢窮計迫之所出，人暇豫豈能自生？今試設身處其地，盟主方赫，强臣在國，不見可是而心不亂，不見可懷而志不昏，愈危愈安，彌拙彌巧，武子之愚亦何其敻絶已乎！

原評：武子之愚，只是但知有君，不知有身，並不知有成敗利鈍，竭力致死，無有二心。其後晉怒解，成公歸，其初實未嘗計及此也。向使君臣同盡，亦其所心安理得，略無梗避者。故曰「其愚不可及」，若但以全君於難立論，則曹之侯獳固得而及之矣。文獨無一語不切。

評：筆勢軒昂，鋒穎甚鋭。原文稍有散緩處，此從舊本删截。

子謂仲弓曰　一節

徐方廣

聖人以物喻，而示「用」「舍」之正焉。夫騂角之牛，山川用之，不知其他也，人又何以有心爲？此夫子謂仲弓之辭，若曰：賢人之生於世，天也。期於生之而已，則無所擇也；既以爲時而生，則不復置也。而今之用人者，不能與天同意，乃有其人既賢，又從而問其世類者矣。獨不有犂牛之子而騂且角乎哉？夫崇國家之物色，即玄牲白牡，不得不舍，則騂勿可舍也；修有司之故事，至食角免牛，示不復用，則騂角不得不用也。乃人之情固有弗可解者，以爲此犂牛之子耳，則欲弗用矣。明知生者之不能累所生，而其心猶有嫌焉，本其所憎，則有餘憎，若於同騂角之中而又有別也；明知不用者之無與於用，而其意猶有泥焉，仍其所棄，則爲過棄，若於不騂且角之外而更有似也。乃山川之神，何知愛憎；山川之饗，惟其備物。使以騂角之故，而謂犂牛亦足以薦歆，可不可也；則以犂牛之故，而謂騂角亦因而獲吐，可不可也。人之所欲改卜，神之所爲式憑，蓋人固多不化之意，而神不然耳；人信於目之所賤，而神鑒其質之已殊，蓋神惟此不私之情，而人則否耳。山川不舍，又誰能終舍之？乃知用賢、舍不肖，生而定之矣。必本之以齊聖，限之以世族，概之以幹蠱，天不能使「舍」之權不在人；然帝心之所妙簡，祖宗之所培植，社稷之所憑依，人亦不能使「用」之權不在天。雍其爲雍之可用而已，即以父故舍，何傷焉？

評：於「勿用」處反覆追感，而「不舍」句神情愈透。靈心雋骨，翛然塵表。原評云「出没無端，賓主有法」。

季康子問仲由 一節

金聲

聖人論三子之才，皆不宜以從政疑也。夫果、達、藝，三子之卓然自見者，乃國家用之不盡者也，而豈以區區之從政爲有無哉？蓋聞聖門之學與其所以教人，皆非漫然者，莫不各有挾以致用之途焉，而不必以用見也；其平居資力之所近與學問之所到，其綽乎有餘之意，已暢然可以自信於師友之間，而用人者尚不能無疑焉。蓋天下之政，有才不足以勝其任者，有才適與之相當者，有才浮於其任而恢恢然可以視之若無者。夫才浮於其任而恢恢然可以視之若無，此其人亦不必在明試敷奏之後也。若由、若賜、若求之在聖門，皆其選也，而季康子問焉：「曰『可使從政也與』」，曰「可使」，可不可未可知之辭也，而夫子曰無疑也。夫由之才，真有過人者，其爲人也果，其不流而不倚，道中之堅强有力人也，國家諒無有政焉足以亂斯人而使之持兩端者也。於從政乎又何有哉？而因及賜，賜多聞而億中，賜之達，其於政也，其與果焉者無以異也，必無有滯其機敏之胸者也；而因及求，求退讓而多能，求之藝，其於政也，其與果焉、達焉者亦無以異也，必無有窖其條理之性者也，又何有於從政乎哉！夫國家之政，多不與聞焉者矣，從事其間，已得建白焉，非有世閥公族、諳練於典故者也，而一旦以經生廁其中，此亦大夫之所深忌也，果或以爲躁矣，達或以爲佻矣，藝或以爲喜事矣，雖以聖人言之，庸必聽乎？然國家之政，尚有宰執之者矣，從事其間，贊末議焉耳，非有得國行權、仰命於獨裁者也，而區區以伎倆隨其後，此亦非三子之所滿志也，果不能盡其決，達不能盡其明，藝不能盡其長，豈其從政之下，又堪小試乎？觀由、求疇昔言志，皆在爲邦；而子貢學亞顔氏，盡堪王佐。使其弟子不得已爲季氏用，或聖人微權而終非其心也。

原評： 語與興驅，淋漓滿紙。後二股，一在「可使」二字著筆，一在「何有」二字著筆，雅善貼題。

季康子問仲由　一節

陳際泰

聖人列舉三子之才，欲執政知所用也。夫三子固從政之才也，執政者舉而用之，何憂魯國乎？嘗謂天下未嘗無才也，而國家又非無事也。國家不能無事則需才急，天下未嘗無才則足以待事。然而賢者詠歌乎一室之内，執政者蒿目乎四方之務，是何相需之殷而相遇之疏也！此非不用才也，患在不知其人之有才而忽之；即或知其人之有才也，患在不知其才之可用而置之。不然，聖門如由、賜與求，豈季氏未聞其名也者？即由之果、賜之達與求之藝，豈季氏未聞其實也者？而乃勤夫子之問乎？而乃待夫子之告乎？彼固謂是未必爲才，即有之，於政奚當也，此殆非理道之言也，且又不知政之所以爲政與才之所以爲才。國家興大事、立大功，非通達國體者不能謀，非英斷事機者不能決；謀之矣，決之矣，非才能敏給者不能辦。故如三子，則才盡矣；用三子之才，則政盡矣。康子乃曰由、賜、求可使從政也歟，是惑爲政之術，而疑三子之才也；故曰不知政之爲政，又不知才之爲才。夫天下之才，散之則偏，合之則全；天下之才，付之則利，矯之則害。儒者不可從政，則果者可從政矣，用之當其果之任，而由見矣；暗者不可從政，則達者可從政矣，用之當其達之任，而賜見矣；拙者不可從政，則藝者可從政矣，用之當其藝之任，而求見矣。此言付之則利、矯之則害之事也。若上之人羅三子而致之一堂，又得一能用三子者而爲之師，三子並用，其合之所全者小，融三子而用之若出一人，其合之所全者大，則雖以之治天下可也。夫執政之爲執政也，天下之士，皆宜周知其處，而不應近昧於所接之人；尺寸之略，皆宜獲展其效，而不應過繩乎殊絶之材。然則從政之用舍，是在執政哉，是在執政哉！

評：借題以抒胸中之鬱積，横空而來，煙波層疊。金作之蒼涼悲壯，此文之縱横靈異，足以相抗。

齊一變　一節

徐方廣

聖人於齊、魯而皆望其變焉。夫齊之非魯也，魯之非道也，觀其所至，皆不可不變者矣。夫子若曰：方今天下之不治，列國之咎也。苟能察其所自壞者而各自爲救，則夫王道之必可復，不待明者而後決矣。然而齊、魯於天下爲望國，其視齊、魯之變者尤急，而其不容不變者亦有故。齊之强，天下以爲莫能當也。桓公、管仲之所爲，昔爲大利，今爲大害，其民皆仰機利狙，喜自用豪，爲政也不足懼乎？故齊惟無變，變則以魯而救之。夫以魯易齊，齊人不願也，然誠使齊之人舍其所漸靡而争爲寬緩柔巽之行，百年之結習洗然於一日，吾復何憂於齊？齊而非魯，終齊之世，未有能變齊者也。魯之弱，人皆知其不可爲也。周公、魯公之遺意，或以爲存，或以爲亡，其民猶守以惇篤，奉以忠信，士君子之教也不亦善乎？故魯惟無變，變則以道而還之。夫謂道在魯，魯人不信也，然誠使魯之人知其所足恃而求其敗壞廢放之端，周官之成法斐然於一日，吾復何憾於魯？魯而非道，終魯之世，亦未有能變魯者也。由是言之，齊之所難者，不患不至道，患不遂至魯耳；魯之所易者，非捷於齊之至道，捷於齊之至魯耳。此受病淺深之故也。總之，以伯者之政求王者之意則遠，以王者之意求王者之政則近。齊魯之所共也，天下之所共也。文武之治復見於今日，吾無疑矣。

原評：以魯救齊，以道還魯，即是變之之法。程子所謂「因其言以考之，則施爲之序略可見者」，確是如此。可謂老眼無花。

評：黄作議論閎暢，此文清微淡遠。於「變齊」「變魯」處較黄尤爲周密。

齊一變 一節

黄淳耀

兩國之變不同，而均可以至道焉。夫齊、魯之季世，皆非其初矣，變之雖有難易，要之以周道爲準也。今夫一國之勢，嘗聽於開國之人，人亡而勢變，則又驅一國之人以聽一國之勢，此治亂之大較也。有賢者作，從已亂之後而力矯之，則守國之難與開國等。雖然，其致亂之淺深可考也，而其致治之遲速可推也。請以齊、魯論。魯之先周公，是以周道治魯者也；齊之先太公，亦以周道治齊者也。然太公以暮年戡亂，則於禮章樂舞之事未暇以詳，而後世之言兵者得託焉，托之者衆，則雖子孫亦自誣其祖宗，而浸以陰權爲立國之本，於是僖公小伯於前，敬仲九合於後，齊之規模恢然大矣，而綱維繩墨，漸即於消亡：周公以七年致政，舉凡建官立政之細並有成書，而後世之言禮者得據焉，據之者深，則雖君父已自逾其短垣，而終以臣子爲禦侮之資，於是肩隨於陳、鄭之間，依倚於齊、晉之國，魯之氣象藸然衰也，而文物聲名，尚支於不壞。是故齊之難變者數端，而陳氏不與焉。魚鹽盡守於國，則其利難散也；公族盡失其邑，則其本難固也；並妻匹嫡習爲固然，則尊卑上下之序難正也。若此者魯之所無，齊之所有；今日之齊所有，而太公之齊所無也。魯之易變者數端，而三桓不與焉。其國無奇功，則服器易守也；其戰無奇捷，則禍亂易消也；其通國大都無奇衺，則尊尊親親之風易復也。若此者至魯而半，至道而全；魯一變而周公之道得全，猶齊再變而太公之道得全也。今有兩人於此，其一疾在本者也，其一疾在標者也。疾在本者，飲食啓處盡如平日，而其患將入於膏肓，識者爲鍼石以伐之，則其人亦稍弱矣。知其弱爲將愈之徵，則知其强爲必死之疾也，此變齊之説也。疾在標者，精神元氣不改故常，而其外若有所大苦，識者爲粱肉以衛之，則其人亦遂强矣。知其强爲體之所有，則知其弱爲體之所無也，此變魯之説也。然而齊多闊達之才，與之言更化，必抵掌而起，及其迴翔馴擾，則又不能終日；魯以相忍爲國，與之談王道，則本末粲然，求其慷慨激發，則又終無一人。坐是周公、太公之初，竟不可復，而説者並移其咎於開國之人，且以爲知有今日也，豈非誣哉！

評：於兩國源流本末，洞悉無遺。而讀書論世之識，復能斟酌而得其平，故語皆鑿然可據。評家云：「何以變齊？君君臣臣父父子子是也；何以變魯？人存政舉是也。」惜於此旨未能暢發。

自行束脩以上 一節

陳際泰

聖人自明其誨人之心而淑人殷矣。蓋心於淑人者，惟恐教之無端也。有是哉，聖人誨人之心乎！夫子意謂：受天爲性者，人之所同，而體此意以愛人，又何能以恝然乎？由是言之，人可誨，我拒而絶之，是負人也，於人之本既有所闇汶而不知；人可誨，我靳而惜之，是並負己也，於己之量有所虧損而不全。我自計生平殆無是也。有能自行束脩以上者乎？而吾有不誨焉者乎？禮以儀心，亦猶行古之道也，而豈以薄爲嫌；道以通物，亦懷獨爲之恥也，而豈以情自匿。遇人則誨，本吾素心，而何必兢兢於此也？然而分所不屬，終以僭逾爲嫌耳。吾於天下，非必有要重之心，吾以適吾事焉。其意可知不可言，直欲得所藉手，以遂其無所隱諱之懷而已矣。盡人而誨，自吾本懷，而何必區區於此也？然而趨所不同，或復詆訾，可恨耳。吾於天下，非必有過求之心，吾以驗其誠焉。其事在此不在彼，直欲觀其識趣，以行吾所爲鼓舞之術而已矣。是故天下之人，不能以禮謁吾徒而來者，吾姑置焉，非爲其無禮也，此心之悲憫更甚，而阻於勢之無可施；天下之人，有能以禮謁吾徒而來者，吾亟收焉，非爲其有禮也，此中之快慰良殷，而樂於願之無所鬱。蓋物雖同性，而氣稟之際亦自不齊，教之者，欲人之有一也，人無賢愚，吾皆可以通其有；趨雖同歸，而身世之間何能無異，略之者，亦欲人之有一也，禮無厚薄，吾特藉以轉其機。是我之生平而已矣，謂有負人之事乎？謂有負己之事乎？

原評：專發下句，是「誨人不倦」題文也，於上句寫得有情，乃不可刊置別處。

評：原評深得此文用意處。或有譏其沾沾於「束脩」著論，非獨疏於文律，豈亦未睹所以云之意耶？

子釣而不綱　一節　沈宸荃

聖人取物而寓不取之意焉。夫釣弋，非聖人意也，而況重之以綱與射宿乎？今觀聖人之於物，除其害而已，非能爲之盡之也；不辭其來而已，非能多爲之往之也。夫魚潛在淵，不知其有否也，垂綸而釣，人據其高，魚據其深，兩者相隱於不見，君子所爲，卜諸幽也，幽者易匿，君子所寧寬之匿也。乃或者謂終日持竿，百不獲一，不若其綱也。聚其族而殲之，糾紛雜遝，率以俘見，豈魚亦有數存乎其間耶？夫相彼流泉，以游以泳，有頒其首，有莘其尾，不謂密綱相連，靡有遺類。若此君子曰未及尺矣，先王之所禁也。惜也，罪罟之禍，盡殺乃止，魚之生意安在哉？夫有鳥高飛，不知其來否也，張弧而待，人目在鳥，鳥目在人，兩者相示於相見，君子所爲，謀諸明也，明者易避，君子所寧縱之避也。乃或者謂終日挾矢，亦百不獲一，不若其射宿也。乘其冥而擊之，毁室探卵，卒殞其軀，豈鳥亦有數存乎其間耶？夫去其扶疏，巢於林木，歲不能風，民不能侮，不謂袵席是處，亦有戈矛。若此君子曰日之夕矣，百動之所息也。惜也，弓矢之毒，晦乃不免，鳥之藏身何所哉？蓋物不虔劉，則物過盈，盈則物自相賊，君子之所惡也，故來而必誅，所爲草薙而禽獮，可以御賓，可以酌醴；物太虔劉，則物易盡，盡則人將敗物，君子之所傷也，故往而多赦，所爲長胤而滋族，可樂深静，可慕廣閒。噫，釣而不綱，弋不射宿，夫子爲此，蓋即所以教矣，於是群弟子遂謹誌之。

原評：直拈「仁」字，則無筆；著一點二氏氣，更不可嚮邇矣。破除俗説，標新領異，詞高者以言妙爲工，作者有之。

評：題藴甚淺，不可强作深微語。斟酌得宜，不獨雅辭可誦。

奢則不孫 一節

吴韓起

聖人之意在建極，權之以其弊而益切也。蓋奢、儉等弊也，而姑爲「寧固」之説，聖人豈真欲以「固」治天下者哉！其意以爲：君子將有所立於當世，甚無樂乎已甚之説也。夫已甚之説，矯之而已，未足以勝之；勝之而已，未足以善之。惟夫宛轉圖維，使知我特不得已而出於此，雖欲不更化善治、粹然復出於正而不可得。今天下言儉者詘奢，言奢者亦復詘儉，其大旨歸於苟安耳，不則亦偏護耳。夫苟安則無以酌物理之極，偏護則無以服天下之心。吾且以奢與儉兩衡之。謂奢無弊，奢則何能無弊？古者弓矢錫，諸侯始征，徇奢之所至，誰不可以弓矢者；圭瓚錫，諸侯始鬯，徇奢之所至，誰不可以圭瓚者？奢則不孫，斷斷如也。謂儉無弊，儉亦何能無弊？古者衣冠濯浣，大夫以朝，徇儉之所至，並去其衣冠而可耳；豚不掩豆，大夫以祭，徇儉之所至，並去其祭豆而可耳。儉則固，斷斷如也。夫以奢若彼，以儉若此，當此之時，苟神聖大有爲之君，必將深求乎至德要道之總，建中和以斂福，敷蕩平以宜民，陰用其權於奢與儉之外而人不覺；而二三賢達有智略之臣，亦不敢爲因陋就簡之論，陰陽燮理贊乎天子，休明鼓吹被乎庶人，天下之固者、不孫者惟其所轉移而人不知。自非然者，兩利相形則取其重，兩害相形則取其輕，與其不孫也，寧固而已矣。嗟夫，「固」豈君子所忍言？然而有志於風俗人心者，太上變化之，其次愧厲之。變化之道，數百年而一見，天造草昧，王統開闢，生於其間者，各虛志慮以觀朝廷之制作，而善美未盡，即無以自解於雜霸小補之譏；愧厲之法，數十年而一用，世數衰晚，人事驕淫，適於其會者，各挾好尚以敗祖宗之典則，而悔悟稍開，即可陰用爲損過就中之始。不然，唐、虞、三代之隆風，不可坐聽其衰息久矣。

評：「奢」「儉」只是未能得禮之中，推到「不孫」與「固」而流弊大矣。故此處「與其」

「寧」字商量，注中著個「不得已」也。步步推上一層，立論極當。但詞氣近於濃縟，不可不辨。

動容貌斯遠暴慢矣

陳際泰

爲人上者容貌不可輕動也。夫容貌之動，人之輕重在焉，暴慢之氣不設於身體，可無思乎？且夫容貌非偶也，容者所以容吾也，貌者所以貌吾也。是故容貌關乎受中，威儀所爲定之以禍福其身者也，動可苟乎？容貌係乎瞻覩，賢人所爲視之以行藏其道者也，動又可苟乎？俯仰尊卑見乎容，而君子有以慎之；吉凶悔吝生乎動，而君子有以持之。中和之氣在躬，而容貌應焉，温温恭人，所以能自柔也，暴者呲於陽，凌厲恣睢，抗其威棱，以快其所逞，心不固矣，一身之中且不能馴，況能馴天下之强梗乎，故暴之不可不遠也；精明之本在性，而容貌肖焉，翼翼小心，所以能自檢也，慢者呲於陰，委靡頽放，隳其肢體以即其所安，神不守矣，一身之中且不能舉，況能舉天下之叢脞乎，故慢之不可不遠也。暴慢之加，必有所爲受，彼固謂惟可行耳，然君子知其無能爲也，何也？本體病而後及人也，道德者驕人，誰尸其暴慢也耶？暴慢之發，必有所由，然彼固謂習自便耳，然君子知其無足忌也，何也？精神衰而後驕生也，肉食者無墨，奈何其暴慢也耶？故動之時，警省宜勤，力矯生平之故；動之先，温養宜預，直清德充之原。子大夫，可無思乎？

評：語約義深，非儉於書卷者所能道。

舜有臣五人而天下治 一章

夏　思

觀聖人論才於虞、周，而因及周之至德焉。夫自虞而後，才不易見，周盛於武而文開之，則其德尤可想見也。今夫才以待用，而用才之人，則又才之所視以轉移而世道升降之會由之出也。是以得才難，而用才之人尤難。舜爲天下而用才，以收無爲之治，五臣其選矣；武爲天下而用才，以收丕承之烈，十亂其選矣。如以多寡之數論，則十倍於五，似可爲周稱盛者，乃孔子感才難於往昔，而獨以唐虞之際爲盛於斯。何也？蓋唐虞以揖讓禪代，故五臣咸有一德而治有餘；武以秉鉞南征，故十亂草昧匡勷而治不足。如必需才於内，則彼嬀汭之匹，豈下於邑姜之賢，而史臣且置而不録矣，由是知十不爲多而五不爲寡也。不有文王，孰與繼舜德之絶乎？論有二之勢，豈不足以難商，而文王不然也。始焉以一身事商，大忠也；繼焉又率其事乎身者而並事之，是與天下共成其大忠也。當其時，文之親臣孰非武之亂臣哉？自熊貔無所顯其力，鷹揚無所奮其績，而文之所留者多矣。吾不意南河避位以後，而有讓天下如文王者。允矣，至德也！夫是則才一也，舜用之則爲師師濟濟，武用之則爲糾糾桓桓，文用之則爲蹇蹇翼翼。甚矣，用才之人，其所關於世風之升降者大也。此夫子所歎才難意也。

評：泛然以才、德分兩截，猶有搏挽之迹。拈出用才之人，則脉絡本通，筆段亦近古。

今也純儉吾從衆

金　聲

聖人從天下之純，聖人之重於違衆也。夫純，非禮也，聖人爲之説，曰儉而舍禮以從之，聖人之心亦可以觀矣。今夫今古之際，君子有甚不得已焉者，非遂篤於禮而戾於時也。日用之儀，衆有共趨，苟非大無禮之事，而猶有説焉以處之，則夫挾先王之禮度，緦緦尺寸以相繩者，其亦可以不必矣。故夫吾之在今日也，則亦有非禮而從之者，如麻冕一事焉。麻冕之禮，先王之所謂「多爲貴」者，而今不然也。大約古昔繁重之數，今人不能勝也，則相率而入於簡便之路；古昔迂拙之制，今人不能安也，則浸假而開其巧利之門。夫是以有純焉，而豈非世變畔禮之一端哉，豈非執禮之士所欲攘臂而争焉者哉？而吾也爲之顧其物而觀其意，平志焉以定義類之所歸；略其短而著其長，降心焉以求一節之可就。以爲襲先王之禮者，其弊或至於淫志蕩心、服奇不衷而莫可救止，而此一純焉，不如是之敝也，其制於儀也雖不備，而其取於物也則不奢，殆戔戔乎有儉意焉；易先王之禮者，其甚亦或至於壞法亂紀、裂冠毁冕而無復有所存，而此一純焉，不如是之甚也，其成於工也則不費，而其賁於首也足以觀，殆循循乎僅失之儉焉。必遵先王之法而矯末俗之苟，至踽踽焉衆人純而一人麻，是亦不可以已乎？其輕違之也，夫違之易易耳，以今日之氣習風聲而至細繩之近禮非禮之間，則在彼且有所不堪，而在吾亦有不暇，吾寧從焉耳；苟酌損益之宜而定文質之中，即皇皇焉衆人儉而一人禮，是豈不足以風乎？而未免多事也，蓋多事亦期有濟耳，以吾之矜心作意而令天下執「寧儉無奢」之理從容相應，則在彼甚爲有辭，而在我翻覺無謂，吾何爲也哉？嗟夫！一人之力不足以勝天下之衆也久矣，獨「拜下」一節萬不可解耳。

評：意中有下一節不當從者在，處處含蓄，筆意盤旋屈曲，無一直致語。

吾有知乎哉　一節

陳際泰

聖人不以誨人爲知，而託於性情之誠焉。夫兩端之竭，不遺於鄙夫，此知有餘之徵也。而乃託於性情之爲，抑何謙之若此乎？夫子若謂：天下之事，名難指實，而物至有因。天下之人多矣，以吾計之，其知豈能加於人乎？天下之教人者亦多矣，以吾計之，其知豈能加於世之爲師者乎？然而世皆以我爲有知者，何也？則以我誨人之無擇也，物，理其本而後足以待乎無方之至，遂以爲知亦與之俱無方矣；則以我誨人之無已也，意，過其通而後足以發乎無盡之藏，遂以爲知亦與之俱無盡矣。雖然，此乃吾性情之所爲也。夫人何常之有？性情不樂乎告人者，非其智不足也，雖當不可不告之人而亦不告之矣；性情樂乎告人者，非其智有餘也，雖當可以不告之人而亦告之矣。且物之性情，固不可强而易也。即如鄙夫之問，人之所共簡也；而兩端之竭，人之所共難也。吾謂人惟不足而後思問，足則亦如我矣，如之何而棄其可矜？人惟知我而後求問，不知則雖招之不至矣，如之何而負其甚盛？不執道而使之自擇，不畸一偏而使之可居，和易之衷，詳小之致，此則天下所爲樂就者耳，此則生平所爲自盟者耳。蓋物明昧之節，雖既告之後，不能自預於己，而獨存「教人必盡其誠」之心，使物無與吾事，而吾事畢矣；即我得天之分，凡待告之具，不能强予之人，而獨不失吾「無隱乎爾」之義，使我無憾於物，而吾心安矣。此吾所爲於物不敢有擇也，此吾所爲於誨不敢有已也。此吾之性情耳，乃指以爲有知，則亦名不足以指其實也夫。

評：循題婉轉，淡語愈永，淺語愈深，風水相遭，淪漪入妙。

歲寒 一節

羅萬藻

定世之「知」，有不能得之於蚤者焉。夫松柏後雕，知之定於世也久矣，顧歲寒乃得之。松柏之知於世，若此未易也，況人乎？且世之所謂知與世之所謂受知者，亦顧其分而已矣。夫知者不能齊其知之分，而受知者固不能齊其受之分也，如是，可以審所處矣。夫人有激於己之莫知，而因以病世之所謂知；非徒病世之知，又將重悲夫世之所謂受知者。傷其臭味之私而賤其綢繆之迹，蓋將以草木之至凡者處之而置之不足數。嗟乎，人果能爲松柏者乎？夫松柏之知，其所由定於世，豈偶然哉？松柏之知，其所由成於己，豈偶然哉？物之見榮也以時，而歲寒者，處乎時之後者也，人謂物終而歲適至，則寒本不與物相速，而物自不能待，美先盡故也，此有以知松柏者一矣；物之致養也以氣，而歲寒者，積其氣之戰者也，人謂寒降而物見殺，則寒本不與物相狃，而物自不能戒，積漸薄故也，此有以知松柏者一矣。由是言之，知松柏者不以其後雕乎？知松柏後雕者不以歲寒乎？今之所謂松柏，一童子能知之，然語其獨抗之姿，則雖當衆人不知之時，而松柏未嘗以自明，則松柏先有以自淡於人世已若此矣；今所謂松柏後雕，一童子蚤知之，然語其至性所閱，則雖當衆人共知之時，而松柏原未嘗加異，則松柏本有以自深於人世已若此矣。嗟乎！人果能爲松柏者乎？當其莫知，而所以自定於千古之際者有矣，一時之人心不足争也；當其知，而所以自定於一心之際者有矣，浮動之意氣不足憑也。是以古之君子不垢俗以動其概，不疵物以激其清；雖窮居而所性莫之或損，雖亂世而意念莫之或加。噫，此聖賢之正也！

評：此題易作感慨語，故易之以深微，高韻遠情，超然埃壒之表。

欽定啓禎四書文卷四　論語下之上

德行　一節

金　聲

追論陳、蔡相從之人，其人才之盛有可觀者焉。甚矣，陳、蔡之圍也，區區數千師，而有德行、言語、政事、文學若而人俱坐困其中焉，豈獨一大聖人哉？嘗觀古今人才，唐虞而後，於周爲盛，越數百年而遂有孔氏之門。後先奔走，心悦誠服，則忠臣義士之效不必其在朝廷也；患難死生，與聚與共，則雲風龍虎之從不必其在得時也。陳、蔡之阨爲已事矣，而夫子迴思相從之士，忽忽其不樂。嗚呼，彼一時依依相從者，伊何人哉？迄今紀之，師師濟濟猶在目前。念我夫子，如之何其弗思也。尚德不倦，躬行不怠，所願望難見也，時則有若顔淵、閔子騫、冉伯牛、仲弓；出言有章，吐辭爲經，曠代逸才也，時則有若宰我、子貢。至若經世之略，爲富爲强，政事有寄也，而冉有、季路其人在焉；道德之華，弦歌博雅，文學千古也，而子游、子夏其人在焉。道大莫能容，所欲殺者夫子，而於諸賢無忌也，設諸賢非從夫子遊，挾其德行、言語、政事、文學，以博取人間富若貴與一切功名才望，固自易易，何困阨若斯也，而諸賢不願也；聖人無阨地，所自信者天命，而人心則不敢必也，設諸賢但以從夫子之故，奉其德行、言語、政事、文學，以投兇暴之一爐而師弟朋友無一存者，固事勢之常，亦無可如何也，而諸賢不懼也。不可以德感，不可以説動，不可以力格，不可以學化，平昔之能事，當此上下無交之日，亦何所施，而君子固窮，則淒涼之奇況，惟同心可以共嘗；修德不獲報，尚口乃致窮，果藝無長策，文采不庇身，特出之英華，當此病莫能興之日，於邑無色，而大節在三，則無位之依歸，其愚處正不可及。迄今日而或以夭，或以疾亡，或以難死，九原之下既不可作；其存者或以仕，或以故，遊於四方，歸其故里，杏壇之上無復陳、蔡一人。子獨何心，能不悲哉？嗟夫，患難之侶，安樂弗見，雖庸夫俗子尚難忘情，而況此奇傑之士與？

評：此文膾炙人口久矣。往者李厚庵嘗謂中二比義實浮淺，以擬諸賢非倫也。其後膚學增飾其詞，遂謂李氏深惡金、陳之文，以爲亂世之音，此篇則無一字是處。不知史記之文，顯悖於道者多矣，而嗚咽淋漓，至今不廢也。昔賢謂魯論乃曾子、有子門人所記，在二子胸中自無此等擬議，至其門人追記諸賢之在難而寄以感憤，亦無大悖。此文立義雖粗，然生氣鬱勃，可以滌俗士之鄙情，開初學之思路。故辨而存之，以警道聽塗説者。制科之文，至隆萬之季真氣索然矣，故金、陳諸家，聚經史之精英，窮事物之情變，而一於四書文發之。義皆心得，言必己出，乃八股中不可不開之洞壑也。邇年不學無識人，謬謂得化治規矩，極詆金、陳。蓋由貪常嗜瑣，自忖必不能造此，而漫爲狂言以掩飾其庸陋耳。夫程子易傳切中經義者無幾，張子正蒙與程朱之説即多不合，但以持之有故、言之成理，故並垂於世。金、陳之時文，豈有異於是乎？故於兩家之文指事類情、悲時憫俗、可以感發人心、扶植世教者，苟大意得則略其小疵，並著所以存之之故，使學者無迷於祈嚮焉。

季路問事鬼神 一節

金　聲

觀聖人兩答賢者之問，而識學者所當致力也。夫事人、知生之未能，何以遽問鬼神與死乎，而非事鬼、知死之不必問也。且人倫之事、日用飲食之常，聖人所以教天下萬世也。聖人之學，至於知命，可以無所不通，學者守其可能可知者而已。夫宇宙間人鬼並存，然吾業已負形爲人，則鬼神固不接之鄉也。共稟乾坤之靈氣，第爲軀形所局，遂與清虚無朕者相持而不相親，季路所以問事鬼神與？夫人所奉而事也，必耳聞其聲焉，必目見其形焉，然後心思有所著而精神有所通。今人與人，情相構則一膜之外胡越矣，機相御則覿面之間逆億矣。耳目之可見聞者尚如斯也，而何以索之杳杳也？曰「未能事人，焉能事鬼」，非鬼之不可事也，以事鬼之由於事人也，人亦務乎事人者，則鬼不必事，而所以事之者至矣。宇宙間死生相繼，然人尚炯然有生，則死固未歷之境也。業分性命於大造，一旦草木同腐，遂使生平負氣焰者明見而不能自主，季路所以問死與？夫人之所能知也，必行之而以著焉，必習之而以察焉，然後靈睿有所寄而聰明有所施。今人有生，氣血之衰壯而莫定其平矣，神志之出入而莫測其鄉矣。著察之於行習者尚如此也，而何以窮之身盡也？曰「未知生，焉知死」，非死之不可知也，以知死之由於知生也，人亦求其知生者，則死可不知，而所以知之者至矣。由也勉之！

原評：中無所見，不得不爲詰屈之奇，所以自文也。真實有得之人，探喉而出耳。

評：於「未能」「焉能」、「未知」「焉知」道理，一一中的。與唐荊川作，並爲造極之文。

有民人焉 一節

李愫

即仕之所有，以委學優者可矣。夫學固不盡於書，然人民社稷，豈人人可輕試乎？今夫以獨智先群物者，人之所甚惑也，必其中有所本而不以疑事嘗民，使天下得以信其積累焉而後善耳。是則學之所重，蓋有在矣。子路飾其意而言，以爲經制之隆，未有不形於性術者也；典常之失，未有不拘於載紀者也。昔之得道以安，至今而不可危者，吾知其爲民人；得道以存，至今而不可亡者，吾以其爲社稷。然而一介之夫，族黨而外，莫能齒其生數者有之，非其識窮於周知，身之所繫者微也。問民人之隸我者幾何家，而境俗之通隔、性智之優薄，其所爲義類宏矣。古者天子兆民，諸侯萬民，豈徒綴屬之已哉？殊情詭俗，出於覩記之所不常，均足以參其政教，而後知王公牧長，責分於大小，學亦從可驗也。士庶之家，高、曾而上，莫能名其稱謂者有之，非其分絶於追遠，義之所率者近也。問社稷之攸存者幾何事，而功德之著微、姓氏之幽顯，其收爲通識易耳。古者舉盈昭惠，伐鼓示威，豈徒以愚民已哉？體虔意謹，行於衆庶之所共安，實足以悟其典禮，雖極而薦功告類，理務於高深，學必有其據也。善學者，精以著其理，大以規其制，載明潔之衷而行所無事焉，凡治亂幽明持之有其具者，通異世之精神而用之，若乃今之所謂典謨訓誥者，在昔君臣之際，互相詔語而已矣；不善學者，惑則失之精微，辟則隨時揚抑，去自然之性而動稱師古焉，凡民物鬼神罔或知其故者，昧人道之陰陽而反之，不知昔所列爲吉凶悔吝者，在今人心之内，倏生占玩而已矣。然則書者，本貞純誠一之見以達其光明俊偉之材，故三代以前，上自帝王，下及庶民，每寓其言於後世；而讀書者，假囁嚅呫嗶之習以飾其顓愚鄙樸之心，故口耳徒勤，上焉祀典，下而版圖，遂廢其説於師儒也。

原評：不能持論，即無異兒童之見，豈復成爲「倿」？此篇乃實有一段精理。

評：細膩熨貼，語語皆有含咀。氣體雖不甚高，却非胸無書籍人可以猝辦。

子貢問政　一章

金　聲

聖賢論政有三，而復商不得已之去也。夫政之經，則兵、食、信並舉，不得已而去兵去食，信必長存，此可以觀聖賢之作用矣。今夫仁義之説、休養之名，此太平無事之所處堂而談也，愚學之士以張僞幟而非必建真效；而疆埸之役、取盈之術，此時窮勢急之所苟且而圖也，市儈之才以徼近功而不復顧國脉。夫當其常，有必周之擘畫，不忘其危；當其變，有自然之機宜，不失其正。此真天下才，可奉以爲政矣，説在夫子之語子貢也。其論政，始曰足食，繼曰足兵，終曰民信。國家之兵籍廩藏，不告虚於邊靖費約之歲，而皇皇乎憂貧似迂圖，旅旅乎備武似多事，不知政之長計在「足」也；民情之疑釁誠服，兩無見於朝野相安之日，亦可詡詡焉稱得民之術，嘐嘐焉負撫御之才，不知政之實驗必在「民信」也。蓋三者在得爲之會，不惟不相礙，兼可以相濟，自當蚤計徧籌焉。而至設爲不得已之計，兵妨食、食妨兵，兵食妨信，雖智者不能備其三，則權計者或以兵爲扼要之事，以亂國用威，外可以因糧於敵，内可以令行禁止耳，而聖人反曰「去兵」矣；再設爲不得已之計，食能爽信，信則無食，雖善謀不能兩其全，則權計者疾信如仇，鶩食如寶，理財之計臣持大籌，守正之迂士斥遠地耳，而聖人反曰「去食」矣。夫「去兵」之説，以烏合之不如無靡餉之反毒民也，即不然，其强弱安危之形未甚逼人也。食則生死之關，無待再計，而聖人「去之」之説，曰「自古皆有死，民無信不立」。豈責人以難堪之死，而償以無形之「立」，爲此不近情之策哉？危急存亡之秋，此畏死倖生之心，最足誤國家之大事，即苟延旦夕之命而國維已破，無端之毒害旋即見於事後；惟生死呼吸之際，以挺特不易之節，坐繫萬民之苞桑，雖城破身亡之餘而民心未去，君父之義憤可倏轉於崇朝。君子之不以流離顛沛失其正、以寡廉鮮恥辱其國，大類如此。而要其居平綢繆至矣，防維周矣，不敢以美談欺人，不敢以漫緩持事，豈待不得已日始倉皇爲不得已計哉？不於不得已，不見聖賢之奇耳。

原評：自古豈有足食、足兵、民信之朝，而至於不得已而去兵、去食者哉？子貢言其變，而夫子終不以末世苟且之法窮兵、食以去信，亦言其理而已。此文前半正説，後半權説，皆得體要，典貴堅厚又不必言。

評：精神理實，融結一氣。舒放中極其嚴整，不可增減一字。此等文當求其根柢濟用與性質光明處，乃立言不朽之根源也。

子貢問政　一章

楊以任

係政於民，而不得已之時乃可爲也。蓋使兵食足而民信之，又何求焉？然不極之不得已，安得得已之時而爲之？夫子斷其辭於「無信不立」也，旨深哉！且爲政者，要在察時勢之緩急，而謹執其可復之意。是故民不知信，不可與同處於安；民不知信，不可與同處於危。子貢問政，子曰：王者之政，始於民之相足，而成於民之相愛；王政之及民，其粗在於兵農，而其精乃在孝弟廉恥之際。是故上與下相足也，上與下相信也，上與下可相爲死也。足食足兵，民信之矣，豈不休哉？顧此民也，足非旦夕之可足，而信亦非旦夕之可信也。造物蓄息數十年，而我之經綸與之會耳，不然，生我喪亂之餘，寧以「不得已」聽民乎？古者天不畀純，猶偕百姓爲存亡者，豈無道而處此？祖宗休養數十年，而我之經綸可一新耳，不然，置我否閉之所，寧以「不得已」之民歸君乎？古者倉卒受命，遂許吾君以馳驅者，豈無道而處此？蓋有餘、不足，非天下之公患也，患在爲之不以漸而治之亡其本。所謂治之有本者何也？天下無生財之道，去其害財者而已矣，天下無盡民之道，去其害民者而已矣，危急之際，猶有禮焉。所謂爲之以漸者何也？不汲汲於足兵，而兵乃可議也，不汲汲於足食，而食乃可議也，堅忍之餘，猶有權焉。是故數戰則民疲，備分則國疲，凡此皆「去兵」之説也，權於三者，而曰「去兵」，所以全其力，力全則天下所不得而弱也；是故士大夫衆則國貧，工商衆則國貧，凡此皆「去食」之説也，權於二者，而曰「去食」，所以凝其志，志凝則天下所不得而削也。政猶可及爲歟？所以聖賢舉事，雖萬難措手，而必不以無可奈何之説輕於一擲；雖小信不用，而亦斷不以衰世苟且之法與之漫嘗。凡以爲民云耳，然而智計之士，談及「去兵」「去食」而色變者何也？生死之説亂其中也。夫子斷其辭曰：「自古皆有死，民無信不立。」明乎此，夫然後可以足兵，可以去兵，可以足食，可以去食，而政無不可爲矣。是所爲察時勢之緩急而謹執其可復之意者歟？

評：著意全在「民信」與後二節。自記云：「從來知足食、足兵爲經濟，不知去兵、去食爲經濟。」通首結撰，皆本於此，而紀律不及金作之完密。

足食足兵民信之矣

楊以任

聖人論政，備王者之所以與民焉。蓋政以爲民而已，兵食足矣，上下信矣，王者之政不備歟？夫子以告子貢曰：民者，政之所自生，善爲政者，使其民可與静，可與動，而不可與疑。故從來有事典焉，有政典焉，有教典焉，於政見分者，皆先王於民見其合者也。蓋先王無自私之意，重家國者以厚蒼生，夫非一念之故矣，而豈虚持乎仁義以美其名；凡民各有自安之情，大道爲公者貨力不私，夫又非一旦之故矣，而豈苟且於兵農以弱其實。則食不可不議足也，兵不可不議足也。民窮易於爲非，而國貧亦無以待倉卒之變，鰓鰓然計所以足之，底慎於上，九式節歟，開導於下，九職任歟，以富邦國，以生萬民，政在斯耳；兵觀則人不静，兵無震則戎心又因之以生，鰓鰓然計所以足之，出車於牧，吾卿大夫其可歟，建旄設旐，吾農其可歟，以平邦國，以均萬民，政在此耳。夫天下不可使求爲利也，使不信之民皆惡其貧賤而思去之，天下之亂乃起矣，烏在議食而遂已哉？顧王者之世，凡所爲教以祀禮而民不苟、教以陰禮而民不怨者，原並行於貴粟重農之時，特禮義之生不於富足或不見耳；夫武事不可以明民也，使不信之民皆負其血氣而思逞焉，天下又以多事矣，烏在議兵而遂已哉？顧王者之世，凡所爲教中而民不虣、教恤而民不怠者，原不後於搜苗獮狩之事，特信義之習因盛强而彌彰耳。惟王之政，顯於民之相足而藏於民之相愛；惟王政之及民，其粗在兵農之間而其精乃在於孝弟廉恥之際。然則民不可以不議信也，而起而視之，足食足兵，民信之矣，政不備於斯歟？每尋思夫曾孫之茨梁、征夫之日月，將關雎、麟趾之心一一成其象矣，周官而載以精意，恍然見文武之政焉；每追念夫履畝之稅、丘甲之作，雖號爲禮教信義之國亦無以自振也，君相而欺其庶民，愀然於周公之衰焉。吾何以語子爲政哉？

原評： 以此「民信之矣」急承上句，不得中間更有「教化」在。此文最爲分明。

評： 融會經籍，施之各當其宜，如此方謂之騁能而化。

君子質而已矣 二句

陳際泰

大夫欲維「質」，而激爲過甚之言焉。夫「文」盡去而「質」獨留，真足以矯末流之弊矣，然得毋已甚乎？子成意謂：世之所以不能返於大道之行者，文爲之耳。文盛而天地之力不支，故天下争也；文浮而性情之節不固，故天下僞也。夫恃貌而論情者，其情惡也；須飾而論質者，其質衰也。事通人之樸心，而資人以相責之分，毋亦太多事乎？故吾謂君子者，欲世皆游羲、黄之初，莫若獨存質；欲人皆懷忠信之行，莫若盡去文。夫有文而後萬物得其理，此言誠然，然舟車什百而陳之，不如其已。蓋吾不與之争是非，而但與之争治亂。試平心而計之，太古治乎？今日治乎？必曰太古也。則文不如質，一也。夫有文而後一心有其象，此言亦然，然好言繁辭而信之，不如其已。蓋吾不與之論曲直，而但與之論真僞。試反己而思之，汙樽抔飲者真乎？一日百拜者真乎？必曰汙樽抔飲也。則文不如質，二也。筋力之治不欲其太勞，日用給足之事，民已竭蹷而營之矣。不能已者無可奈何，而得已者何爲益之？是故衣食不可捐，而禮樂可捐也，達者當有原本之論。聰明之用不欲其過淫，倫物致飾之爲，民已矯性而安之矣。先已制者尚有其説，而未制者何爲煩之？是故上古之禮樂即不可捐，而中古之禮樂可捐也，志士常有江河之憂。由此言之，先代之文何爲乎，即今日之文何爲乎？作而致其情，與不竭情而返之質，則有問矣。夫君子質而已矣，文何爲焉？

原評：釋氏言之精者，皆竊取之莊、列。此又暗用異端宗旨，作墨守也。但問治亂、真僞，都不論是非、曲直，其口險巧可畏。

哀公問於有若曰 一章

張　采

賢者以王道經國，亦論其常足之理而已。夫徹也者，王者常足之道也，況於年饑乎？則公無徒取二爲矣。且夫苟且之説，聖賢之所不事也。何也？聖賢之治世也，合諸天道，察諸人情，使家國常享焉。即或有小變，而上下不惑，則所守於先王之教爲有本耳。至若周家以農事發祥，於其歲出、歲入之數，已周知其纖悉；且周公以荒政防患，其於益上、益下之序，已豫立其經權。斷未有以不足之道貽其後人者。魯則元公之後也，傳至哀公而亟，年饑乃憂用不足，夫公當思國之不足不自今日始，其端蓋本乎宣之世矣。昔先王非不知履畝可税，而逆知後之足以病民，故酌之十一以爲中；非不知丘甲可作，而逆計後之足以病國，故監之井田以爲法。此所謂徹也。徹行而耕三餘一，耕九餘三，則下不空乏；兼之匪頒有式，喪祭有經，則上以和寧。有若之爲公策者，豈不識今之二猶不足而爲是緩圖哉？蓋天變於上，而謀一鄉一邑之利者，有司之業也，聖賢處此，則惟有憂勤惕厲，圖其緩急相濟之術，而不徒恃禳救；人困於下，而商一身一家之業者，匹夫之志也，聖賢處此，則惟有窮變通久，推其祖宗相養之意，而不敢云權術。是蓋足則交足，不足則交不足，君與百姓之勢原如此。而非强久弊之國，使之卿士大夫各蠲其祿餼以康兆民；亦非引中材之主，使之吉凶軍賓各從其儉省以答災患。則知先聖人之立政，無時不藉其經紀；而士君子之告君，無事不從其正大也。

評：憂國用，而反告以行徹，有若意中本有君民一體一段實理也。融會上下，有典有則，雖氣息不甚高古，而體裁極爲閎整。

百姓足君孰與不足

吴　堂

人君當知足民之效乃以自與也。夫必君不足以足民，亦無以爲國矣，抑知民足之效之必至於君也乎？且昔先王體國經野而制之徹，徹者均也，各足之謂均；徹者通也，相足之謂通。夫然，則君亦何憂於不足也，豈以徹之行也爲使百姓足而已哉？足百姓者，所以厚下也，而安上者存焉，此固其相承之理；足百姓者，所以下濟也，而上行者因焉，此又其相報之誼。然則君亦期百姓之足焉而已矣。自閭閻之一身一家而至於君，其級愈升，則其用愈廣，要之不過此在籍之數爲之差等耳，百姓各得其私田而足，君合一國之公田而安得不足，此「均」之義不可不思也；即國家之一出一入推而迨於民，有時舉盈，亦有時舉詘，要之亦不過此耕餘之數爲之補移耳，君能施其公之積者令百姓之足，民安能匿其私之積者令君之不足，此「通」之義不可不思也。且夫徹之行，非遂能行也，必其君臣上下之間，内克約而外從制，然後宿弊乃可得而去，良法乃可得而復，此其悲憫斯民之深念豫勤於事先，百姓已陰諒其所以足之之誠矣；而徹之行，又非僅行徹已也，彼其君臣上下之間，制度數而議德行，將見生養由是而可盛，教化由是而可興，此其恩利斯民之大效明著於事後，百姓亦永思其所以足之之功矣。則夫行徹而君即無不足也，此固理有必然，情有必至。況夫權擧於君，澤降於民，而計不私立，即旁竊之患可以無虞；民受其賜，君享其奉，而惠不中分，即極重之勢可以有反。於此不斷，吾見君求足愈不足，勢必有專其足者，憂將不止於是也。

評：「百姓足」切定行徹，則「孰與不足」自不涉權變挪移術數。中二比將「足」之根原説得深廣周密，「孰與不足」道理愈見得正大光明。

子張問士 一章

金　聲

聖人與賢者論「達」，爲别其幾於「聞」焉。夫以必聞之心問達，雖與之言「達」，直作「聞」見也，此不可以無兩辨焉者也。今士之學各有所指歸，指歸之所存而精神遂以異路，精神之所圖而學術即以終身。此其說初非甚相遠也，其行於天下亦無以異也，而豈知其中有大謬不然者。有如子張之問達，張固堂堂乎難與爲仁者也而問達。問達之心，夫子見之矣；如何斯可謂達，夫子亦即可以正告之矣。夫子以爲是未可與遽言達也，將與言達士之所施，而胞與之象未必廣其中也，或以佐其浮；將與言達士之所主，而堅確之意未必資其守也，或以證其僻。蓋其夙昔所見，未免存於胸中；而聞渾全之論，必將獵其近似。試一詰焉，而其所謂達者，果以「在邦必聞，在家必聞」對也。「聞」豈必不「達」，「達」豈絶無「聞」耶？而所以然之故，則聞必非達，達自不是聞也，張誤矣。所謂達也者，固質直而好義、察言而觀色、慮以下人者也；而所謂聞，則色取仁而行違、居之不疑者也。無不任其真，而隤然有所獨往，若是乎其方正也，豈不知仁道之大哉，本無終食之違，斯亦不必取數於外也，而徇物者反是矣；無不求其是，而淵然有以自反，若是乎其詳密也，豈不知居業之道哉，原非藉以藏身，則亦不必護其疑端也，而競物者又反是矣。其究經世逢世，各有所挾以行；而彼相感相蒙，亦遂因類以應。邦家之際必聞、必達，學士眩焉，又烏識其所以然哉？乃知此際亦微矣。未嘗求於天下也，而即以通天下之志，達士之所嚮，處處皆實，無内外而皆實；本無可以自信也，而徒以堅自是之習，聞人之所營，念念皆虛，無動靜而皆虛。此際對勘而分見焉，即僅以「達」之說相示，又安知聽者不誤以「直義」長「不疑」之情，而「觀察」爲「取仁」之徑耶？所以學各有指歸也。

評：導窾在「何哉」一問，遂舉「質直」兩節許多積疊，隨手運掉，無不入化矣。以無厚入有間，乃作者爲文得手處。

夫聞也者 一節

金　聲

「聞」亦有學，可以取必於世焉。夫道莫大於仁，能取能違而能不疑，以此求聞，亦聞之矣。嘗論世俗之中，未有真能見人而信之者也，故尚聞焉。君子亦知夫特見者之不可以幾也，而終不忍誤天下以隨聲附和之事，故兩有所不任，而獨期於自達。下之，則無是心矣。其心以爲，吾言行才氣，但得一二人有力之口，即可以漸騰千萬人無心之耳，而莫吾非也。士患學問之際，所以急人傳誦者，無術耳，何大自苦哉？其出於人口而入於人耳者，固聲之屬也；其必有自見以動此一二人而傳千萬人者，則色之爲也。色不貴其難犯，而樂其可親，故莊焉者弗爲也；亦無俟於深造，而責成於旦夕，故生焉者弗爲也。由是而聖賢之門、名教之地，殆詡詡焉有一取仁之術，不重不遠而捷得之指視；由是而一歛其和、一炙其光，亦既藉藉焉有一仁人之稱，相告相問而取效於齒牙。而要聞人之才與聞人之力，固不盡此也，且第如是焉，尚未可必也。道德之真，足以縛人，而不念精神之有限，既飭其外，復顧其内，則行之必求其合，此兩失之事矣；出入之途，無以安身，而不知手足之易亂，若以爲是，若以爲非，則疑焉而不敢居，此自敗之道矣。夫一念而欲欺盡邦家之人，非忍而爲之，其將何以爲心？且一念而必欺盡邦家之人，非求益者也，又何惑乎此行？而於此益覘聞人之深。行必違，而後其胸中竟無一行仁之意，足以奪其所取；居不疑，而後此舉止實爲中心安仁之人，無或至於失色。覿面相對，固已欽其長而莫見其短；游揚之餘，又孰即其聲以深求其實。至若聖神操鑒，或懷「衆好必察」之心，用「人焉廋哉」之術，而以斯人遇之，固懼不免也。然如此者亦希矣，雖欲不聞，其又烏可得哉？噫，一念求聞，則必至此已；稍弗如此，又將難聞已。如此得聞，方之達士，當何從耶？

評：循題順詁，逐層逐字鏤刻出精義。相傳同時某人有講「色取行違」之術以欺世而得重名者，故言其情狀，語皆刺骨。蓋痛憤所寄，不得已而有言也。

言不順 二句

金　聲

事不可以逆成，而正名之義切矣。夫言以行事，不得於言而求諸事，不亦左乎？若曰：子迂吾説，將謂拘於理而不達於事也，而不知吾説誠計事之深者也。以爲吾欲爲政，則必以興事爲期，有如爲之而無成，此其君無樂乎有國，而其相亦無貴乎當國；且吾業爲政，則無自操事之體，亦惟是申命以行之，豈徒惟其言而莫予面違，亦必服其言而莫予心非。今者名不正而言已不順矣，順逆之故，初不必驗於言後；而成敗之機，吾早已見於事前。將有事於國中，則明詔大號，百姓於是乎望德音焉。君臣上下，義有所錯，要必始於父子，而今大義先蔑如矣，則而象之，其又何誅乎？雖令之不聽，雖呼之不應，吾見其廢焉而反耳。將有事於境外，則尺簡寸牘，四方於是乎觀辭命焉。朝聘會盟，繼好息民，則又必稱「我先君」，而今紊然於所自承矣，文而告之，其又何稱乎？或詰我而無辭，即欲蓋而彌彰，吾見其動輒得咎耳。蓋勳業之在天壤，未有可獨立而就，天與人歸，即帝王尚煩其擬議，故謨必訏而後定命，猶必遠而後辰告，豈其抗衡中外而可以遂其僥倖之圖；天理之在人心，不可以一日而欺，理短辭窘，雖英雄無所用其智力，彼作誓而尚有叛，作誥而尚有疑，況乎決裂典則而漫以行其矯誣之意。由斯以觀，不順於言而求成於事，必不得之數矣，而其弊皆自名始。子謂爲政而不期成事則可，不然，安得迂吾言乎？

評：「不成」處處粘住「不順」，又不脱「不正」根源。義藴閎深，詞語簡净。

事不成 二句

陳際泰

治道重禮樂，則知事不成之爲累也。夫禮樂，制治之原，而不能自興，則夫事之不成，其累猶小乎？且夫禮與樂居天下之大端矣，先王治人之大，以禮樂爲尊；而先王制作之原，即人心爲始。是故人謂三綱者政事之本，而不知三綱者亦禮樂之本，然則禮樂之興，必求端於名之正也。今既名不正至於事不成矣，則禮樂其能興乎？蓋事成而禮樂不興，此理之所容有者也，故謙讓未遑者，君子以爲知節；事不成而禮樂能興，此理之所必無者也，故粉飾太平者，君子以爲無本。探禮樂之所由來，見端於家庭愛敬之際，聖人因而裁之以飭其群，秩然有序，藹然有和，無體無聲之所默寓，故曰禮履其所自始，樂樂其所自生，謂此志也，事不成而父子兄弟之間，慚德多矣，安望此乎？觀禮樂之所能作，致治於重熙累洽之餘，王者文而説之以昭其盛，沐浴膏澤，歌詠勤苦，同節同風之所由隆，故曰五行不相沴則王者可以制禮，四靈以爲畜則王者可以作樂，以有此具也，事不成而亂淆慘刻之象，禍變亟矣，暇及此乎？是故識治體者以爲禮樂不興，則於政事雖有所爲，皆苟焉而已，終無以紹帝王之統而大於其歸；識治本者以爲倫常不正，則於禮樂雖有所爲，亦非盛德之事矣，終有愧於神明之容而無益於理。故君子於禮樂，亦求其本而已矣。

評：光明茂密，一望皆經術之氣。

禮樂不興 二句

陳際泰

禮樂者刑罰之端，故不可不興也。夫禮樂不興，不自禮樂止也，觀不中之由，而能無懼乎？且人亦有言，禮樂積而民氣樂，刑罰積而風氣衰。此猶分言之也，夫禮樂者，刑罰之精華也，名不正，既已浸淫至於禮樂之不興矣，而豈但已耶？王下而入霸，霸下而入狄，已無制治之原；酷吏而周召，法律而詩書，遂多傷肌膚之效。何也？禮樂與刑罰相爲表裏者也，道治之不足而法佐之，故先王有並建焉，禮樂不興，則其爲無制之朝可知矣，釋法而任意，安所不倒置乎？禮樂與刑罰相爲損益者也，道治之有餘而法後之，故先王有獨重焉，禮樂不興，則其爲無本之朝可知矣，釋道而任刑，安所不濫恣乎？蓋天下所爲陶淑斯民者，獨此禮樂耳，儒術不進而俗流失，則犯法之民必多；天下所爲涵養君德者，亦此禮樂耳，王道缺微而君氣驕，則用法之情必逞。然則禮樂不興，何但止於禮樂不興也哉！內行不修，故亂罰無辜以威衆論；而教化無恃，故嚴用重典以制末流。三辟之興，蓋皆叔世也，夫亦可以得刑罰不中之由矣。

原評：直鑿本原，兼窮流弊，舉要爲言，何須廣引。

評：該括古今治術源流，文之精純簡當，作者亦不多有。

既庶矣 二節

金聲

聖賢策所以加衛，皆以保此民也。夫庶後有富，富後有教，遞加焉而未有已也，而欲坐享此庶也哉？且國家總無可囂然自足之時，不獨凋苦之民足動聖明之慮也。正患小小殷富，常有一無可加之象，怠緩人心而不知，仁人君子已相與咨嗟躊躇於局外。是故衛以蕞爾之國而擁斯庶，聖人未始不爲衛幸也。庶，亦國家休養生息之功，使聖天子徵版籍而問户口之登耗，巡邦國而目郊城之殘盛，則衛在慶優之列矣，又何加焉？而聖人曰：國有庶民固盛國，而國有庶象未必是裕國也。其國土足以載其民，其民之田足以縱其力之所及而寬然有餘地，其國並不庶。如衛者，直可命之「人滿」也，不可不思富之也。我疆我理，豈能爲闢土計，但制産征歛之間，善所以區東南之畝，蘇鴻雁之勞，而天和地德，不人人食其厚賜乎？使衛真能以殷蕃之後區畫使富，聖人必尤爲衛幸也。富，實國家根本不拔之計，苟男畝婦桑之樂，人守故土，而三年九年之蓄，足備凶荒，則衛之子孫可無虞矣，又何加焉？而聖人曰：國有富民誠裕國，而國有富民未必是治國也。使愚民不得以餘財生淫侈，使智民不得以厚積行奸俠，其民並不富。而不然者，直可謂之「亂資」也，不可不思教之也。菽粟水火，豈必更爲裁制，但使出入友助之間，各敦其五常，文修其六行，而黨庠朝野，倫類不㥯然其流通乎？嗟夫，上不念富民，少壯得食力，亦未必遽填溝壑，獨以父母操飼哺之權，而使謀生之計，群蒼百出，此其氣象亦不堪見矣；上不思教民，鄉黨多自好，亦未必盡爲禽獸，獨以作君兼作師之任，而使道學之幟張諸草野，此其世變愈不可知矣。冉求與夫子共深憂而於斯發之與？

評：「富」「教」緊從「庶」「富」勘出，更無一「教養」通套語。文境蒼老，通身俱是筋節。

定公問一言而可以興邦 一章

陳際泰

興、喪決於一言，故人主不可不慎也。夫一言者，一念之所爲也，興喪係焉，可謂其微乎？且天下之大，攝於人主之一心，人主實坐其難安之勢，而常臨乎易逞之機。興喪之分，總以心之敬肆爲之也，智者知之，愚者樂焉。夫靡常本於天命，克艱先於臣鄰；九州之存是不一姓，社稷之子或在畎畝。以此思難，難可知也；以此圖難，興可俟已。蓋明聖之主猶有求助於諸侯之辭，而重熙之餘不忘乞言於齒師之日；故士庶皆得至於其前，而孤寡未嘗離於其念。此爲君誠無所樂也，而天下固已樂矣，故曰「爲君難」一言可以興邦也。而奈何有「樂莫予違」者乎？不幾一言而喪邦乎？夫人主之言，不必盡善；而人主之意，不可使窺。誘之使言，尚不言也，而况乎止之？風之使諛，無不諛也，而又何禁焉？自古亡國不一端，然而「樂莫予違」者無不亡也。即所以喪邦，則所以興邦者不愈可知也哉？夫亡國之君，亦自有才；而永命之主，獨知所懼。定公念此，思過半矣。

原評：講機法者不能如其巧密，矜才氣者不能及其横恣。制藝到此，可謂獨開生面矣。

如知爲君之難也　一節

陳際泰

人主有知難之心，則亦無憂於邦之不興也。蓋邦之興也，造於人主一心而有餘，是故獨患不知難耳。且人主大患，患在順指，惟吾所使，以爲天下之至易，而不知此乃天下之至難，特未嘗一提醒之也。平日不早自知，而逮其知也，則已無及矣。古今往往坐此，故爲君之實，統於一難；而興邦之要，在乎一知。如有知爲君之難乎？而何虞邦之不興也乎？知難，則兢業將無不到之處，而知之所入，必有惕於心者；知難，則維持亦將無不到之處，而知之所出，必有麗於事者。以人主之權，何所不可舉，而要卒自惰者，初不知事固如此其多也，以爲少，則易以爲多，則臣虜不烈，監門不轂，而爲君難，知其勝之之難，則求一息宴安之時而不可得，而一國之精神生矣；以人主之心，何所不可回，而要卒自安者，初不知機固如此其危也，以爲安，則易以爲危，則福不盈眥，禍將溢世，而爲君難，知其保之之難，則求一刻縱恣之念而不可得，而一國之根本固矣。故敵國之相窺者，其主材武聰明皆非所憚，而苟告之曰「其人固憂勤惕厲者也」，則已廢然而退，以伐敵謀，何者，向特謂其不知難耳，今何冀乎？老成之計國者，其事紛紜叢脞皆非所虞，而苟語之曰「吾君固迪知忱恂者也」，則將庶幾其然，以爲國福，何者，向特患其不知難耳，餘何憂乎？由此言之，知爲君之難，信乎興邦之無難也已。故人主務於一言也。

原評：「知」與「興」交關處，道得親切有味、危悚有神。領取「如」字、「也」字、「不幾乎」虛神，又極含蓄醞藉，洵稱合作。

評：後二股襯發處，議論悉本左氏內、外傳。文之靈警濬發，要不能憑虛而造也。

君子哉若人 二句

劉曙

聖人伸德力之報，嘉其人以寄意焉。夫尚德之不伸於天下久矣，知若人之爲君子有德者，不可以興乎？若曰：人必先置其身於賢聖之列，而後議論所及，令天下即其言以想見其人。此尚論古人之説，視乎其人之識也，而即深觀其學；感慨當世之談，關乎其人之品也，而即如見其心。況至於今日，而羿、奡、禹、稷之論，孰有比擬明切如若人者乎？夫人也，高其見於虞、夏、商、周之上，雖以造物無主，何敢不奮身修行，慷慨而側聖賢之林；定其理於興亡榮辱之先，即至顛倒任時，決不以陰騭無權，偃蹇而喪好修之性。天下有高論絶俗、不牽於舉世吉凶之説、而譽不勸而非不沮如若人也哉？意者潛修有素，所孜孜而敦勉者，日奉厥德爲允迪，故雖奸雄横絶之時，力或可以相駕，而英雄有心、不以成敗論天下士者，今日一人而已；天下有曠志出群、絶去其目前已定之案、而順不喜而逆不驚如若人也哉？意者中懷雅尚，一時所勉勉自策者，乃德爲慎修，故雖正士弱喪之秋，德或難以自勝，而道德有權、不以寂寞嗟吾道窮者，古今數人而已。福善禍淫之理，今日已不敢道其常，然尚德於食報之世猶易，而今已不可問矣，修身自好之士，類無不嘘唏憑弔搔首而問彼蒼之夢夢焉，有一君子出，而悲歌之氣證以古人之事而皆平，憤世之情又諷通人之論而有進；惠迪從逆之機，在我一不敢倒其局，然尚德於有道之世猶易，而今尚莫之定也，守己不屈之士，尚思以明德馨聞勝天而睹讎報之彰彰焉，有此君子出，而顯忠遂良之典猶不絶於風塵，鋤奸刑暴之權亦不空寄之筆削。君子哉若人！尚德哉若人！忼慨可以當歌，賴有此好古有識之言，質聖賢於一室；興懷别有所寄，亟標此高識不磨之論，公好惡於千秋。吾不能不傾心於若人矣。

評：「君子」與「尚德」不分疏，深得當日嗟歎語氣。文詞高朗，使人心目開爽。中四比，若更能義意截然，則更進一格矣。

孟公綽 一節

陳子龍

論魯大夫之才，而知春秋家國之事矣。夫春秋之時，政將在家，而小國方困，即夫子之論公綽可睹也。且天下多故，事變日生，列國之臣非才無以自見。以爲盛德寡營之士，無地可以置之，而不知其非也。公室患其才少，私門患其才多，此當今之大患矣，而人與地往往相違，故得其宜者寡耳。吾觀魯大夫孟公綽之爲人也，寬平而有守，恬淡而不欲，其在魯之事，我不暇論。或以爲名高鮮實，使之守職足以墮事；或以爲德隆譽盛，登之朝右可以顯君。我以二者皆非也，彼固有所優，而亦有所劣也。其所優，則爲趙魏老矣。夫家臣之長也而曰「老」者何？無所爲之名也，謹持筦鑰而已；無所事之意也，以德輔導而已。此家不干政、陪臣不執國之義也。夫晉伯衰矣，而政將在趙魏，位名爲世卿，而權實爲盟主，則才略輻輳之人進矣；入謀於私室，而出行於諸侯，則智術傾危之士來矣。然而其始也借權以削其國，而既也乘間以圖其家。如是者往往而有，故巨室大家每樂其才而畏其害也。誠以公綽爲之，雅量足以坐鎮，競端可以潛奪，豈不家國俱榮哉？若夫滕薛之爲國也微矣，勢不如大國之卿，而名爲列國；地不餘一邑之廣，而交於四鄰，此其勢必無可以自存者。庶幾有一二人焉，具應變之才，懷無方之智；振紀綱以内治其臣民，挾禮義以馳辯於盟主，然後可以强自支厲、遷延歲月耳。若云以静守之、以德化之，此事之不然者，而公綽所長者在此，是以知其不可爲滕薛大夫也。嗟乎！當此之時，化家爲國之兆成矣，故才智之士不以仕於私朝爲恥，而分裂篡竊之事將作，誠得清静之人不助其成謀，則大國可以不滅；當此之時，並弱兼小之勢見矣，故衰微之國常以降爲皂隸爲憂，而盟會討伐之風將息，苟非敏略之臣力扶其衰緒，則小國何以救亡？夫大國未篡而小國未亡，則霸者之風可以復見，而惜乎不能也，此春秋將爲戰國之勢也。夫子固知之而寄慨於公綽耶？

評：從春秋大勢立義，雖似别生枝節，然聖人之言無不包藴。凡有關世道之論，因題以發之，皆可以開拓後學之心胸也。

見利思義 二句

金　聲

論成人於今，且無以利害自喪也。夫天下並無思義、授命之人，則思義、授命者貴矣，亦可慨哉。今夫學問之際，有不必深求者焉，非衆材之無用而禮樂之可去也。其欲成人也，尚未必如其走利，其惡不成人也，尚未必如其免患也。而又奚暇深求也哉？利害感而情僞生，則吉相先、凶相後，其巧足以勝，豈復存人心也，君子且惻然念忠厚之遺也；趨避巧而習氣熟，則得宜苟、生宜倖，其文可不慚，豈復念人道也，君子且循循然急廉恥之防也。萬物之所謀也，而有一人焉見之而弗以身殉也，就而視之，淵淵乎其若有所思焉。不學俱欲之物非必遠於人情，而生人有大義焉。能斟酌萬物之利數而使人不敢多取，操縱萬物之利權而使人不能自如，則見利之日，有情所不願思也，而若人者，尚能抑其心以相從。萬物之所畏也，而有一人焉見之而弗以身辱也，就而視之，斷斷乎其已有所授焉。全受全歸之體非必輕於蹈險，而生人有大命焉。安則立其所可俟於己而夭壽莫之或貳，危則奉其不可知於天而生死不敢自圖，則見危之日，有生所不能授也，而若人者，尚肯强其志以相擲。天之所以與人者備矣哉，豈盡於區區之氣節而莫之加也，然以方今世之君子，其所號多材多望、不一而足者，反或以蓋其貪偷之性而佐其網利全生之具，則鈍直之所留不少；人之所以還天者厚矣哉，豈安於區區之氣節而以自高也，然以方今世之學問，其所稱履中蹈和、不矜於名者，反或挾其圓妙之理以亂其寧静剛强之性，則愚魯之所全已大。若而人也，不亦卓哉！

原評：著眼在上「何必然」，下「亦可以」。一語落紙，將翔將躍，若跧若動，用筆乃爾，縱横如意。

評：其慘澹經營處，在通篇體勢懸空不斷。恰好上承下接，而絲毫不連不侵。此運先正之規矩準繩而神巧過之者也。

晉文公譎而不正 一節

陳際泰

聖人評二霸，以文尚不如桓也。夫晉文公之霸之功，非不烈也，然視齊桓，豈可同時語乎？正、譎之辨，蓋可睹矣。且桓、文之霸，世並稱之，而不知文非桓匹也；即其臣衰、偃諸人，尤非夷吾、隰朋匹也。晉文之爲人也，困而在外，故更事多而知深，深則不能不生變；老而舉事，故慮日暮而計捷，捷則不得不用謀。故國可取也，不必有需時待事之漸；人可欺也，不必有敦信明義之名。閱歷雖多，而理義未熟；折挫已久，而紛擾猶存。故有君子之資，後愧於其孫；而有王事之近，前愧於首霸之桓也。何者？非其功之不如桓，正而不譎之不如桓也。桓之舉也，蓋其始已正矣。始卜之於人，終衆著於同。物待其服而後與之，人未服不遽取也，故天下習其教而安其事；事御於名而後行之，名不順不敢動也，故天下信其信而仁其仁。蓋觀桓公之略與觀桓公之行，其道主柔，故多留而不遂之事；其時近古，故多畏而不敢之心。而文則已悍然矣，既不守之以禮，又復益之以術，此君子所以惡文，使不與桓匹也。夫楚之强，桓公之所不敢戰者，文公勝之；叔帶之亂，桓公之所不敢殺者，文公誅之；曹衛諸侯，桓公之所不敢執者，文公執之。此其剛厲果決之氣，若勝優游和易之爲。然而君子終不進文於桓者，固謂其功多於桓，罪亦多於桓乎？桓之不敢爲、不忍爲、不肯爲者，而文獨悍然爲之，又益之以術，夫孰從而堪之？夫子曰「晉文公譎而不正，齊桓公正而不譎」，明文之不如桓也。吁，此春秋二霸輕重之權衡也。

評：會萃元人春秋説以爲判斷。筆力峻快雄健，頗類老蘇。

管仲非仁者與 一章

黄淳耀

救時之才，非一節之士也。夫仲之才與仲之時，適相值者也。相則不死，死則不相，又何疑焉？且天生俊傑之才，不數；生俊傑之才而適當須才之世，亦不數。若夫有其才又值其世，能事見於天下矣，而其人又有遺行，則君子略焉。非遺行之不足累乎其人，而遺行之不足累乎其功也。子貢嘗非管仲矣，以爲仲也奉糾而不終，於義不當相桓也，君子以爲不然。蓋仲之身，是爲時而生者也；仲之才，是及時而用者也。前此百餘年，爲宣王之時，其臣則有方叔、召虎；又前此數百年爲文武之時，其臣則有呂牙、姬旦。設也仲生其間，不過一良有司耳，有仲何益，無仲何損？今者荆爔於南，狄横於北，戎又介居河山之間，諸侯拱手環視，虚無人焉，此真管仲之時也。仲也挾一中主，攝尺寸之柄而圖之。聲罪召陵，則荆帖矣；陳旅聶北，則狄退矣；獻捷過魯，則戎弭矣。王禁明而王臣不下聘者六十年，侯度戢而諸侯無私争者三十載。可不謂天下之駿功偉烈哉！向微管仲，則鮑叔牙能爲之乎？曰不能也；隰朋、賓胥無能爲之乎？曰不能也。能不能，何足深論，獨惜荆不帖、狄不退、戎不弭，則主中國者，將非中國也。然則仲之身不可死，而仲之時不可失也。且夫君子之臨難有二，曰生，曰死；君子之立身有二，曰節義，曰功名。爲節義於舉世不爲之時，則生不如死，死而後三綱明焉，九法正焉，是即死者之功也、名也；立功名於舉世不立之日，則死不如生，生而後朝廷尊焉，中夏安焉，是即生者之節也、義也。使仲舍格天之大業，就匹夫之小諒，陷胸決脰，死不旋踵，即又烏睹所謂節義者哉？是故君子録仲之功，許仲之不死。學者聞之，自度其身有可死之責而無不可死之才者，將斷斷然必出於死，藉令無死，而吾亦有以責之矣。是夫子之重功名，固甚於子貢；而子貢之重節義，亦終不如夫子也與？

評：此章之義，先儒訖無定論。獨提一「時」字，上下古今，雄情卓識，自可不磨。

仲叔圉治賓客 三句

陳際泰

衛猶有人，未可量也。夫三臣任事，君雖無道，猶足自存，故人之爲國重，甚矣。且善覘國者，先覘人。其君似明而非明也，其臣似賢而非賢也，上自恃而不任人，下自高而不任事，此天下所以樂攻無難也。衛殆未可窺已，衛之爲衛，淫人與貞人所並集之地；靈之爲靈，小人與君子所兩涉之身。故靈之昏闇，無所不至，而獨明於付託，猶足以遂其抗伯主、溺床笫之私；靈於君子，無所復收，而能委其才能，猶足以蓋其棄伯玉、拒史魚之失。當時若仲叔圉，若祝鮀，若王孫賈，雖非一時之英，然亦智能之士也，或以當官顯，或以勇略任。交鄰、要神、經武，神人共舉其事，文武各展其能，而國不猶有人乎？夫用審其道，則殊途同會；才爽其分，則一毫以乖。惟三子能以才技奮也，故能互用其長，以通萬方之略；惟靈公不以幹局拘也，故能隆崇其遇，以取一時之務。天下不服三子，而服靈公以能盡時人器使之用也。夫仲叔猶可言也，至鮀、賈一爲佞，一爲擅，猶能任爪牙之寄；三子猶可言也，至靈公，内不能制其妻，下不能制其子，猶能操駕馭之奇。吁，衛之不喪，豈非國有人之明效哉？

評：恰是三人分量，恰是靈公用三人而僅免於喪分量。文境灑脱，抑揚盡致。

其言之不怍 一節

陳際泰

易於由言，君子知其終病也。夫大爲言者，非獨不爲之時而徵其難也，即啓口早已知矣。且君子言不過物，抑何也？其言之所許，直將效之，計言則少，計行則多矣。顧不謂天下乃有言之不怍者焉。人之言本無所不至，而惟此羞惡之念，獨可制其閑；即彼之言已無所不至，而恃此愧赧之端，猶可冀其後。乃言之不怍如此，是以君子知其終病也。人之精神，宜止於量內，言之不怍，必有過取於世者矣，非特退而不爲也，所期既大，即以聖賢之志無所復施，是故一言之後，使如其口而責之以必償，不廢然乎？人之精神，宜入於事中，言之不怍，必有略不經心者矣，非特爲而不效也，所主既亡，即以一二之酬無所復見，是故當言之時，使如其口而問之以何在，不茫然乎？且不獨此也，事之成不成，關於士人廉恥之際，父母朋友不以是棄予，而獨此中有不能自已者耳，彼不怍者，非徒言之咎也，恥心既喪而言傳之，是豈可待以君子之常也哉？且又不獨此也，功之建不建，係乎氣格重輕之間，辭氣容貌不足以動人，而顧此中有足爲衆之所恃者耳，彼不怍者，非徒言之爲也，浮佻在心而言表之，是豈可倚以集天下之業也哉？故成事有本，而觀物有要。待彼其既爲而後知之，此亦名爲相士者之過也。

原評：注云「則無必爲之志」，是在言時便決其難，不待不爲後也。此文爲得之。通篇更於警切中具一種深秀之致。

子路問事君 一節

袁彭年

求事君之道，亦求事君之心而已矣。夫勇於事君，而强以所不知爲事，此之謂犯而欺也，故夫子爲由也言之與？且古大臣道足於己，則正色而立於朝，而人主格其非心矣，豈藉諫説哉？故事君而有犯，非其至者也。然其次固莫如能犯，有犯而無隱者，是亦忠臣之道也與？雖然，未易犯也；非犯之難，勿欺之難也。臣善莫如犯，臣罪莫如欺，犯非欺者之所能也，欺非犯者之所有也。而欺與犯常相因者，何也？蓋吾所謂犯之欺，豈爲夫不忠不信以沽直聲者哉，豈謂夫不果不强以窺上旨者哉？天下固有忠信之人，恃其志節之美，而不必察於理之致，而蔽於所見而冒焉以其言進；天下固有强果之士，挾其幹理之長，而不必審於事之中，而勇於所好而悍然恥其言之有不行。以未察之理，而必欲正其君之心，更以未審之事，而必欲正其君之政，彼之所謂犯，我之所謂欺也。夫犯之善未著，而欺之罪已深，則是忠信强果之失恒在欺也。故能犯當自勿欺始。本乎忠信之質而致其智，因夫强果之材而生其文。其未事是君也，而先立其勿欺之學，於天下之理，正是正非，無敢强所未明以爲明，而内無欺理；其已事是君也，而遂達其勿欺之道，於天下之事，孰先孰後，無敢急所未行以爲行，而外無欺事。蓋必使其心大信於道，而後以道自信於心；必使其言大信於心，而後以言求信於君。如是而事君，則亦可以有事無犯也已矣；如是而犯君，則亦可以有犯無隱也已矣。勿欺之犯，是謂以道加尊，以是格非，以賢正不肖，以義繩暴人。故夫犯君而君自格其非，事君而臣並受其福，豈其以忠信獲罪而以强果蒙凶也哉？由斯道也，抑亦可爲大臣也已。

評：説「欺」與「犯」，皆切中仲氏隱微深痼之病，不可移置他處。文氣樸勁，一往無前。

啓禎文自金、陳數家而外，得此甚難。

君子道者三　一節

章世純　墨

道所以難能者，其累心者盡也。夫憂、惑、懼之累人深矣，而以道而忘，此豈易能者哉？且夫人得力之地，皆有外境以相驗。蓋心每得於物之所不侵，而情恒消於理之所至足也。乃其中難易之故，亦可自按矣。吾是以有羨於君子，彼其涉乎事物之會，而皆有本體之足恃，一物之交，亦全體之心應之耳，物也而何能感我也；在於倉卒之際，而皆有積素之可憑，一旦之感，亦平生之心應之耳，變也而何能易常也。是其事歸諸道，而道不可以意擬；道有其三，而三不可以偏附。反身自度，有不可易及者。夫豈不與我共乘世之遇哉，然而獨自得也，則憂、惑、懼之並消也；夫豈不與我並受人之情哉，而何以却感害也，則仁、智、勇之兼存也。有仁、智、勇以爲之宰，則其心嘗恬恬，而我之受物者順矣，往而交於物者，有未嘗相拒者也，以我之所不逆，成物之所不攖，而常變之分均矣，此化境之道也；有仁、智、勇以爲之宰，則其心又嘗安安，而物之感我者必淺矣，來而交於我者，實亦有未嘗相撓者也，以外物之無權，顯吾心之有主，而性命之理順矣，此獨往之道也。今且欲去其憂、惑、懼之累，而累不從境祛也，情以性定矣，而其性未可契也，則其情亦未可襲也；今且欲得其爲仁、智、勇者，而道不可以名假也，理緣義著矣，而其境未易平也，則以理未易洽也。而尚可謂易能哉？要之，憂、惑、懼之並忘，則向後之主持於天下者必大，學力功行，莫非無累者之所勝；且仁、智、勇之先定，則達德之行於達道者已全，將衆理可包，亦非一無累者而遂盡。然三者之事，果難言矣。

原評：本體外境、物交性定之理，圓映極矣。躲閃處，將「憂」「惑」「懼」不分疏圓映在此，題面未梳櫛亦在此。

評：觀前輩應試之文，不異於平素，可知其心術之正。而避難就易，亦由當時風氣，不復恪守先正矩度也。

直哉史魚

一章　陳際泰

衛有賢臣而皆不展其用，可惜也。夫史魚以不用死，伯玉以不用去，徒使直臣、君子之名見稱於聖人，亦何益乎？夫子意謂：甚矣，衛之多君子也。然其最著者，吾得兩人焉，其一爲史魚，其一爲吾友蘧伯玉。史魚之直聲，古今所無；而伯玉之君子，吾黨所少也。夫史魚於執簡記奉諱，惡足盡職業優劣之理；即史魚於彌子瑕、蘧伯玉，非有生平恩仇之分：而乃奸不去，賢不庸，目將不瞑；君不聽，責不塞，死猶自罰。故曰史魚之直聲，古今所無也。乃伯玉之道，無可拘方，而彼獨以推移行之；即伯玉之事，無可形據，而吾能以情意況之。故使邦有道也，史魚曰「時幸聖明，不可不如矢也」，而伯玉亦曰「吾將仕矣」，固異局而同其符；使邦無道焉，史魚曰「世當昏墊，尤不可不如矢也」，而伯玉則曰「吾將隱矣」，將兩地而行其志。夫伯玉去就綽綽，誠無所需於史魚存没之薦；而史魚中心養養，誠有窺於伯玉出處之賢。甚哉，道相高，兩人又以心相許也。史魚生，而伯玉庶幾可仕；史魚死，而伯玉不得不卷矣。策後人不能故也，而長逝者恨有終窮乎？君子曰：尸諫，忠有餘也，史魚之死也賢其生也；辟難，權不足也，伯玉之去也賢其處也。然而衛以不競矣！

評：忽分忽合，仿史遷合傳錯綜之法，而並得其神骨。

欽定啓禎四書文卷五　論語下之下

群居終日　一節

陳際泰

聖人難群居者，以其所習非也。夫習不可不慎也，群居終日，而所言、所好如此，能無及乎？且夫人最患在以小人之實而託君子之名，游談自肆，徒黨相師而風俗壞，禍端從矣。吾於世之群居終日者，竊有以畏其不終也。夫人各思立事，要當自惜分陰，安得廢而爲閒曠之游；夫人即有聚首，亦當共乘時隙，安得縱而爲高廣之論。而彼固不然也，收召好名之徒，而士之有實者不至；共爲標榜之目，而道之大體者不知。終日所言，非有及於義也，幽僻之説，僅爲小慧之所流，而彼且津津矣；終日所行，非有及於義也，嵬瑣之行，僅爲小慧之所形，而彼且沾沾矣。夫衰亂之世，瑕釁易生，修謹言行，猶慮有他也，而彼顧爾耶；盛明之朝，是非尤辨，綜核名實，誠難自詭也，而彼顧爾耶？即萬一免也，固已道薄於當年，風頹於百代矣。是以虛名方盛，知幾之士已絶而不交；禍變相尋，先論之言至是而乃驗。然則群居終日者，安可不慎也！

評：晉人清談，互相標榜，廢棄禮法。小者災及其身，大則禍延於世。聖言深遠，數百載以後學者流弊包括無遺。作者胸中具有後世事蹟，用以闡發題蘊，言簡義閎。蒼然之色，淵然之光，不可逼視。

君子疾没世而名不稱焉

陳子龍

無後世之名，聖人之所憂也。夫一時之名不必有也，後世之名不可無也，故君子不求名，而又不得不疾乎此。夫子若曰：好名者，人之恒情也，故下士求名，人亦不得以爲躁，但我恨其急一時之名而非千秋萬世之名耳。若君子則知所以審處於此矣。以爲一時之名，自我爲之，而其權在人，苟我之聰明才力注乎名，則有名，而皆倚人以爲重，盛與衰我不得而知之，此名而名者也；千秋萬世之名，自人爲之，而其權在我，苟我之聰明才力注乎名，未必有名，而常修己以自立，高與下我將得而定之，此名而實者也。名而名者無之，在於未没世之前，君子豈可以徒疾乎？名而實者無之，在於既没世之後，君子豈得而不疾乎？人之生也，有愛有憎，故有幸而有名者，有不幸而無名者，至於身没之後，與其人不相接，則不可曰愛憎之所爲也，而寂寂者竟如斯，則將何以自異於里巷之子耶？人之生也，有失勢有得勢，故有幸而無名者，又有不幸而有名者，至於身没之後，與其時不相及，則又有非得勢失勢之可論矣，而泯泯者遂如斯，則又何以自别於草木之儔耶？人之貴乎榮名者，貴其有益生之樂也；君子之貴榮名者，貴其有不死之業也。死而無聞，則其死可悲矣；死而可悲，則其生更可悲矣。是以君子抗節礪行，惟恐不及耳。人之以爲没世之名者，是我身後之計也；君子以爲没世之名者，是我大生之事也。死而無聞，則其死不及憂矣；死不及憂，則其生大可憂矣。是以君子趨事赴功，惟日不足耳。人但見君子之爲人也，譽之而不喜，毁之而不懼，以爲君子之忘名也如此，而不知有所其不忘也；不大言以欺人，不奇行以駭俗，以爲君子之遠名也如此，而不知有所甚不遠也。蓋有大於此者而已，有久於此者而已。若夫營營於旦夕之間，是求速盡者也，好名者豈如是乎？

評：聖人不是教人求名，起手提出「在人」「在我」，已透「疾」字根源。讀至「死而無聞」數語，鞭辟痛快，作者庶幾不負斯言。

吾猶及史之闕文也 一節

陳子龍

即二事而有今昔之殊，此春秋之衰也。夫史之闕文，良史也；有馬借人，賢士大夫之事也。春秋既衰，而此風邈矣。若曰：風俗之變，因乎時勢，歲月之間，先後異觀者亦已多矣。若夫記言之臣，後世之所考也；當塗之子，天下之所望也。而不能參鏡列國之書，廣揚諸侯之譽，此二大事也，而變可勝言哉？吾聞周之盛時，司典之官，彙於王府，君子之馬，以徠賓士，此王者之風也，而吾不及見矣；至於齊、晉主盟，赴告之策，交於友邦，車馬之富，以惠失國，此伯者之盛也，而吾亦不及見矣。若夫吾生之初，伯國之業衰矣，然同盟之邦，不廢聘問，執簡之士，因得以詳稽其事焉，而未詳者，則闕而不書，若所稱老聃、南史、倚相之流，文章簡直，尚可風也；執政亦少鄙矣，然境外之交，固多賢者，文辭之會，或得以私致其情焉，而有馬者，則借人乘之，若所見晏嬰、子產、叔向之徒，言論綢繆，亦可懷也。當是之時，史官有徵信之書，而善惡易知；士大夫有忼慨之情，而交游及遠。數十年以來，而天下之事漸異矣。至於今者，盟會之事既稀，而諸侯之使不以情相告，國安得有信史乎，於是作史之人，恣其胸臆以示博綜而失於誣矣，豈如向者之史，後世得以考其得失哉？弱小之國益貧，而世卿之貴大率以賄聞，士安從所取資乎，彼其鈞駟之家，厚自封殖以相侈大而不假借矣，豈如向者之馬，儕輩得以通其有無哉？嗟夫，此固吾之所及見也，而竟不可復得耶？且夫國史之重也，惟其慎，而邪說之是非不得搖之；士大夫之尊也，惟其有德於人，而匹夫之權勢不得奪之。今國史既不足信，則放言橫議之流，皆思著書立說以自見，堯舜爲虐，桀紂爲仁，而天下之禍在於文章矣；士大夫既不好施，則袤奇詭俠之士，皆能輕財廣交以自立，小者却贈，大者借軀，而天下之權將在布衣矣。嗚呼，此春秋將變之勢也！

評：感歎今昔，原其從來，極其流弊。以二者爲大事，雖非的義，而風骨超邁，紆餘卓犖，自非襟抱過人、沈酣古籍者不能作。

衆惡之 一節

徐方廣

聖人論好惡，而戒徇衆者焉。蓋察者，所以用其好惡也，奈何以衆而可廢乎？且天下無不可以同人，而惟好惡則必由己。蓋情發於中，非真見而誠出之，不可也。今之好惡者，多不免於因人，而尤易於附衆。不知衆人有衆人之好惡焉，而我亦自有我之好惡焉。使苟而同於衆，是我遂無好惡也；惟舉而試爲察，則我故自有好惡也。察者不因衆而起信，豈因衆而起疑，獨彼所爲瑕瑜失得之端，亦必嘗親見之，而後愛憎之意得緣而有所出，不然，則未知夫所曹好曹惡之爲何事也；既無意於徇衆，豈有意於矯衆，獨彼所爲積毀積譽之實，亦必嘗微得之，而後妍媸之意始因而有所生，不然，則未知夫所受好受惡之爲何本也。故即衆人之惡自真吾惡，衆人之惡自妄，察則彼此皆真矣；即衆人之好自確吾好，衆人之好自浮，察則人我皆確矣。在君子每虚中而無我，而依聲傳響，無關自有之情，不得不少參稽焉，所以千萬人之中，而一人之好惡自在也；君子亦與斯民而同直，而悠悠藉藉，無與本心之用，不得不更考核焉，使誠人人能察，而千萬人之好惡斯公也。彼有漫相附和而了然無當於心者，其亦自失其好惡而不知也與？

原評：如此講「必察」，方是虚中無我，且見聖賢微細用心處。行文苦思鑱刻，而詞氣渾雅，尤不可及。

辭達而已矣

張家玉

原辭所由立，爲其不可廢者而已。夫意之所至，辭亦至焉，達之所以足尚也，又多乎哉？今夫世變升降之故，文章爲之也。古人之文，可以爲質而不可以爲拙；今人之文，可以爲多而不可以爲是。著論愈工而淳氣愈不可留，撫兹繁薄，不識立言者之何從始，且不識尚口者之何所止也。夫辭，則何爲者乎？有先乎辭者，而後辭處於不得已之勢，夫辭也，人望而尊之，無如人見而喻之之爲勝也；有存乎辭者，而後辭立於不能損之地，夫辭也，人誦而多之，無如人惜而少之之爲當也。故辭之貴，貴乎達而已矣。辭之在心幾何耳，及喉舌而數倍，及篇章而又數倍，然則增加之則何所治乎？典訓之篇，簡而嚴矣，以爲是風之隆，而不獨風之隆也，理明則知易，知易則要得，其不辨也，有所以爲辨也，是亦可以無辨矣；辭之全體具在耳，善讀者得其數篇，又善讀者得其數語，然則觀摩之益何所賴乎？爾雅之章，約而盡矣，以爲是情之塞，而不獨情之塞也，道立則氣盡，氣盡則指全，其不析也，有所以爲析也，即以是爲至析矣。然則謂辭之略餘於意，而辭之詳餘於才乎？夫一言而盡所欲言，與數言而不克明所必言，其才之優與絀大可識矣，好盡者之不欲爲簡，抑亦好盡者之不能爲簡也。我觀椎魯之士，意識勿矜，發言蒼涼，而人多信之，昔之辭人，亦若是則已耳。然則謂辭之捷全於質，而辭之繁全於文乎？夫紛然言之而引義不倫，與洞然言之而罕譬而喻，其辭之文不文大可見矣，已甚者之求爲可觀，抑亦已甚者之將爲可厭也。我觀博贍之士，菁華既竭，漸就刊落，而人必珍之，古之辭人，亦若是則已耳。全吉士之養，謹仁人之衷，存天地之理，見聖賢之心，辭達而已，又多乎哉？

評：清微敏妙，頗與陳、章爲近。後二股精警明辨，實能發人之所未發。

丘也聞有國有家者 一節

錢禧

國家有無患之道，以憂爲辭者非也。夫均、安則國家長治矣，傾且無有，奚貧、寡之足患哉？夫子疾冉有以「子孫憂」爲辭，故責之。曰：謀人之事，誠不可忘所患也。患生於有欲，則鄙瑣難以告人，而計利者其害必鉅；患生於無欲，則訏謨可以垂訓，而遠禍者其福必長。求果爲後世憂也，即奈何不如丘所聞也。昔者先王以天下之人民命有德，以天下之土田賚有功。樹君公於國，置大夫於家，名位截然，罔敢逾越，至均也；國下逮於家，家上承於國，恩義相接，驩若一體，至安也。誰見爲寡而患之？見有寡即不均也，不均，患有甚於寡者；誰見爲貧而患之？見有貧即不安也，不安，患有甚於貧者。不患寡而患不均，不患貧而患不安，丘所聞於有國有家者如此。蓋嘗熟計而身處之：王者善建不拔，莫嚴乎定君臣之分，使爲之臣者覬覦絶而忠愛生；聖人制治保邦，莫大乎一上下之情，使居其下者君父先而子孫後。是故均則無貧而和矣，和則無寡而安矣，安則不獨無貧、寡，而直無傾矣。國家之榮懷，以和爲極，而均固所以開其始；國家之歷年，以無傾爲極，而安固所以厚其終。是以我所聞患在此不在彼也。由此言之，先王封建之權，出之至公，故垂之永久，人臣以道事君，當詳明祖宗大法，不可以僭逾之妄舉，壞我典章；古人持盈之道，可以養心，亦可以保世，君子學古入官，當敷求前哲格言，不得以富强之私圖，託爲善後。求也，患其所不當患，不患其所當患，何不聞丘之所聞焉？

評：不煩經營，而準平繩直。從容安頓，舉止大方。

蓋均無貧　三句

金　聲

明憂所自無，而當患者可審矣。夫國家苟無所憂，其亦可以止矣，而必於均、和、安得之，是以所患在此不在彼也。今夫有國家者，好生事而求多於人，此意不過欲富，非盡有傾覆之慮也，乃或以傾爲辭。若余所聞「不患寡而患不均，不患貧而患不安」之説，皆得而解之。蓋將爲子孫計，乃不各均是念，非直厭處寡也，亦以爲一寡之後，其貧匱之意即不可以終日，而不知患寡之時，並多寡之象亦盡生於人心；且既爲子孫計，曾不各均是念，豈誠不顧其安哉，亦以爲患寡之時，其計不過不均，其勢何遽不安，而不知不均之後，其中即有不和之意，其既乃亦真有相傾之事。有如國家各如其國家，不以僭擬兼吞之欲生於君公卿長之地；由是而國家各供其國家，所謂靡然煩費之舉亦不出於截然至足之中。蓋天下事有定數則見其然者，有定情則實不然者。以國俯家，以家仰國，比量焉而均焉者，未必無寡也，此定數之見其然者也；而以國用國，以家用家，斟酌焉而均焉者之，尚有貧也，此定情之必不然者也。且是均焉者，亦初無寡也；彼其均焉，則已和也。物以兩忌，而各域於所處，君子之上下内外至相爲用，且合焉而見多；情以相傷，而自少其所植，君子之失得出入既無可争，亦暢焉而無歉。蓋至是而有餘不足，不必相取，非其戛戛焉制於不得已而命於無可如何也，其心安焉；苟至是而强弱遠近，有迹無心，可以相爲終身亦復可以相爲世世也，庶乎其或免於傾矣。夫古今來國家亦有傾者，傾非必其盡貧，貧非必其盡寡也，而若之何鰓鰓焉日求免寡免貧以爲免傾計也；且夫國家亦既安矣，雖且寡、寡亦不貧，雖且貧、貧亦不傾也，而況乎其盈盈焉又已無貧無寡以至於兹也。今而後真不患貧矣，反患其不安以至於傾耳；亦不患寡矣，惟患其不均以致不和耳。奈何實以厭貧之心，而發爲益寡之説；乃假保傾之名，以遂其不和之事。貧、寡，則吾不知之，彼所舉，且日就傾敗之道也。豈不悖哉？

原評：曲折變化，無迹可尋，如雲隨風，自然舒卷。細玩其理脈之清、引線之密，又無一不極其至，真化工之筆。

蓋均無貧 三句

陳際泰

觀均、安之效，而知不患貧、寡之由也。夫不患貧寡，豈忘貧寡也哉，亦以一均安，自有以正其本而已矣。且有國家者，日有憂貧寡之心，而終無却貧寡之術，已不可以辭其所患矣；而乃犯其不均、不安之事以要之，非徒不免目前貧寡之患，又將旋生意外傾亡之禍焉。雖欲長守今日，其可得乎？故吾重思之，而知均安之道大也。夫不均不安有其源，生於患貧患寡之心，日相侵削以爲不堪之事，勢必至於不和；貧寡亦有其源，生於不均不安之心，日相嫌忌以尋不振之轍，勢必至於自傾。乃均則無貧矣，不止於分，雖富，貧也，而心有餘貪；自止於分，雖貧，富也，而心有餘適。乃和則無寡矣，不均則不和，雖衆猶有憂也，而病於自散；能均則能和，雖寡無憂也，而足於無爭。乃安則無傾矣，君臣之間不安，則雖富强也而枝全本撥，識者常有旦夕之虞；

君臣之間既安，則雖瘠弱也而隙杜神王，敵國自銷窺伺之意。然則貧寡不患而均安是患，計非迂也。君子上觀千世，下觀千世，閲其成敗之釁，知其推致之由。昔之爲是言也，非徒理道之言而無經寔之美，睹其所以然，而知其必然，故其説通達治體，循之而有其方；吾之尊所聞也，非徒浮游之慕而無綜核之思，推其言之意，參以心之宜，即其説檃括大端，詳之而有其故。夫人臣之義，憂當先其大者，國既傾亡，不利不獨在君；人臣之計，憂當先其本者，勢既均安，所利不獨在無貧寡。由此言之，不患貧寡而患不均安，非其無意於是也。不均不安，以爲有大於貧寡者矣；能均能安，以爲有過於不貧不寡者矣。季氏可無知乎？

原評： 作此題者，於「均」「安」「和」字而尚費打疊，何暇涵詠「蓋」字，又何能通篇涵詠「蓋」字。於此見大士才力之雄。

天下有道 一章

侯峒曾

聖人慨世變而深致意於有道焉。蓋道之行也，自天子以至於庶人，而又何所不晝然也哉？孔子時，不惟無明天子，抑亦無專諸侯，獨有大夫者，日與其臣竊國而因以相竊耳。故不得已因魯史定褒譏，以自附於庶人之議。然而其事變，其心悲，喟然歎曰：吾安得有道之天下而一觀王化哉？蓋天下大柄，禮樂與征伐二者，而總恃有道以維持其間。道非他，天子出之，諸侯以至庶人畫而守之者是已。權不替，故可大；勢不分，故可久。持此長世，雖萬世無敝可也，而不虞無道者之轉相出也。去天子最近者諸侯，而其大夫能以冒上亡等之説逢君而首亂，則遞而擬之，何不至焉？去天子最遠者陪臣，而其大夫能以鬻權竊柄之術率屬而作俑，則尤而效之，又何誅焉？既自諸侯而大夫而陪臣，則亦自十世而五世而三世。轉降轉逆，亦俛得俛失，有斷斷不爽者，而大抵皆大夫之故也，則皆無道之故也。於斯時也，庶民興、清議出矣。庶民誠非有訴誶之心，而大勢已移，則真是真非，亦欲以空談維國是；庶民誠不司議論之責，而大權既散，則匹夫匹婦，若思以公道救人心。向使天下而有道乎？則禮樂征伐固自天子出矣，政必不在大夫矣。彼庶人者，豈不能與結繩畫象之理、靜守於無言，而敢爲議哉？今乃知去勢家之操柄，而即可還共主之威靈；然欲扶廟廊之紀綱，亦還藉於草茅之筆舌。夫庶人者，能折大夫之奸以歸柄於天子，使天下而不終出於無道，則其議焉可已；使天下而終出於無道，則其議尤不可以已也。春秋之作，真不得已也。

原評：提出「大夫」，爲通章樞紐，前後運旋，都成一片。却全是理勢之自然，非串插家舞文伎倆。故勢峻而節和，雍雍然猶具先民氣體。

評：酌當年之世變，爲一篇之要領。批郤導窾，縱橫如志。

祿之去公室 一節

徐孚遠

聖人深論魯事，而知專國者之不終也。夫公室久衰，大夫久强，此三桓之盛也。而夫子曰其後必微，是蓋有理耶？抑勢耶？且我觀三家之專魯，魯君弗堪，亦嘗深計以圖之，而識者曰「舍民數世，不可以動」，至於昭、哀之事，而知果不可以動也。果不可以動，則其事將成也。然事固有難料者，更數世而公室依然，向之專政者竟不知所往。此後人之所深論，而聖人固已前知之矣。嘗試計之，自襄公之時而魯作三軍，祿去公室自此也，而君子推其本，則必曰宣公自此以下爲五世；自季友來歸而三家繼興，政逮大夫自此也，而君子論其志，則必曰武子自此以下爲四世。公室之世進而益一，示懲也，君子以此戒其君，若謂國柄不可假人，大夫雖賢，專制在下，猶夫失之耳；私家之世退而減一，示勸也，君子以此勵其臣，若謂事君在乎盡節，文子以後，惟私是圖，可正名爲竊耳。夫以私逼公，不可下之勢也；枝大披根，不可久之計也。然則三桓之子孫，將無與魯代興哉？而孔子曰其後浸微矣，則何也？蓋嘗論其勢而知之。以魯之褊小也，裂而爲三，則不可以立國，此與晉三卿之事異矣，故三卿終分晉，而三家不能也；以三家之參耦也，併而爲一，則又莫敢先動，此與齊田常之事異矣，故田常能取齊，而三家不能也。然則其在定、哀之時能自立，而其後微者，何也？定、哀之時，齊、晉之卿皆未成爲諸侯，未成爲諸侯，故奬其同惡而保持之，魯之君無如之何也；定、哀以後，齊、晉之卿皆已成爲諸侯，已成爲諸侯，故惡其無等而夷滅之，三家亦無如之何也。我觀諸史策，自悼公之末，而三家之事無聞焉，未知其歸政於公耶？委而出亡耶？絶而無後耶？蓋不勞力而去之，故曰微也。此蓋斷以人事，而或且曰聖人之智，過於蓍龜也。

評：知人論世，鑿然有據，蓋自史記魯世家得之。故有正嘉啓禎名手推闡經傳之文，則天下不敢目時文爲末技矣。

通篇斷制，不入口氣，固非體，而精論自屬不磨。

侍於君子有三愆　一節

金聲

從侍得愆，兼得時言之妙於君子矣。夫言、不言，俱有愆以中其間，爲之侍者亦難矣。雖然，以此得愆，何幸也。嘗謂學者莫患乎無愆也，今與宵小常人處，則終日無愆矣。是故事賢友仁，不惟是儀刑懾心、眚誤相規也。當其前，即啓口耳，正使無窮之伏愆立見，能開我以檢察之門。夫愆莫愆於應静而躁、應露而隱、應明察而瞽，中之肺腑之微，不暇檢之語默之際者，脱不遇君子，何由得此三者哉？其人業不如己矣，吾議論遙起，不顧其時，反令驚吾氣壯；寂默無語，莫測其藴，反令欽我神遠；惟吾口舌之啓閉，不復問彼顔色之順逆，反令改顔動色，逡巡而就吾幅。而不可得於君子之前也，於是侍而愆隨之矣，愆而三叢之矣。侍者不知也，逼君子而立陳；君子不言也，試自反而畢見。啓助可以相長，侍則有言，必君子言及之，可言也，否則躁，或者鑒是爲吉人之寡，而不言爲慎也，夫以言愆，乃更有以不言愆者也；虛心可以相質，侍果不能無言，一君子言及之，隨言也，否則隱，或者乘緒論之遞及，而直言無隱也，乃顔色未見，免愆於躁，未免愆於瞽也。忽應言，忽不應言，言不言，惟君子之操縱闔闢而不敢自主持也，謂惟此乃有主持耳，吾惟伺君子之論次意向，以爲吾語默之準而語默悉當，不然，舍君子而何往不自由也，徒侍以取愆也哉？倏及倏不及，倏言及而色不及，躁、隱、瞽，亦若君子之顛倒鼓弄而不關自造也，謂惟此可自省耳，吾惟借言語之先後動静，以消我鄙吝之根而陶鑄已多，不然，侍君子而所望何極，徒一言之約束也哉？

原評： 從「侍於君子」四字，翻轉出一番新意，正復題中所應有也。此種最足益人神智。

隱居以求其志　二句

楊以任

至善之學，聖人追味其所以出、處焉。蓋以其善善天下者，吾志也，隱居求之、行義達之，是何學歟？今夫人各有志，無所慕而爲善，無所畏而不爲不善，斯亦足以獨行矣。然而天下之善不善無終窮也，則吾身之善寧有底也？吾又追味夫隱居、行義之中有人焉，蓋以求其志而達其道云。當其隱居也，爲善去惡之身，有所求之矣。是故所周旋者淡然家人之事，正此淡漠相接也，親親、長長之天下宛入吾懷，愛我者獎我以富貴也，烏知丈夫之志哉，體萬物於入孝出弟，蓋明發有懷以始之矣；所酬錯者熙然小人之事，正此熙攘與對也，歌有成、樂無知之古今愀然在目，彼知我者娛我以貴不如賤、富不如貧也，烏盡丈夫之志之求哉，推一介於千駟萬鐘，蓋天地神鬼以凜之矣。由是天下有道，可以行義於天下矣，天下之善吾得而進之，天下之不善吾得而退之，其事爲明良之符；即天下無道，亦必思行義於天下矣，吾豈若使吾君爲至善之君哉，吾豈若使吾民爲至善之民哉，其事爲否泰之轉。然而天下之行者，未必義也；所以達者，未必其道也。三代以上，義與天道相權；三代而下，義與人倫相守。有必行之義矣，完必行之義，即完可達之道，聖賢第以無憾於其志；有必不可行之義矣，守不可行之義，無傷可達之道，聖賢要亦藏用於所求。吾由善善惡惡者，進而追味焉。有是哉！隱居以求其志，行義以達其道也，夫非至善之學歟？

評：扼要在「求志」二股。平淡中精深廣大，「道」字體用畢該，故後來只須「達之」而足也。「行義」兼窮、達兩層，義乃完備。作者得肩隨陳、章，賴有此等合作。

邦君之妻 一節

陳際泰

統觀邦君之妻，而抑揚之義備矣。夫一邦君之妻也，自尊，則與天下共尊矣；自卑，則與天下共卑矣。此固教之所存乎？且名者，聖人之所以貞物也，而尤莫嚴於君夫人，蓋匹庶之配微，而王后之分尊，則邦君之妻，固聖人之所致謹已焉。夫邦君之妻，所係非細故也。輕之，則匹后配嫡亦可虞也；恣之，則女德婦怨致足懼也。是故君子慎於二者之難也。夫名足以指實也久矣，予之以「夫人」之名，則借資於扶，鈞體於夫，使邦君於妻有假家之慶焉而不敢輕；予之以「小童」之名，則謙居於幼，勉託於純，使邦君之妻有攸遂之戒焉而不敢恣。此一稱也，諸福之原、王化之本皆基之；抑此一稱也，遠近之志、詳略之文皆應之矣。何也？君以爲夫人，則由內及外，莫敢或以爲非夫人也，一曰君夫人，二曰君夫人，義係之乎君也，與天下同之者也；夫人自以爲小，則由同而異，莫敢自以爲非小也，一則曰小，再則曰小，義不敢全之乎君也，與天下共之者也。夫妻者，求助之本也；而邦君之妻者，尤求助之本之大者也。有所不敢輕，而匹耦可杜也，卑其身則失位，賤其父則無本，吾知免矣；有所不敢恣，而淫褻可閒也，情欲之感介之於儀容，宴安之私形之於動靜，吾知免矣。甚矣，邦君之妻之不可以苟也。

評：守溪作逐句實疏，周萊峰變調爲之，氣息疏暢。此又於所以稱名之義發出精蘊，章法變而整，筆力堅以銳，可謂自開新境。

好信不好學 二句

陳際泰

信而不至於賊者，好學之由也。夫信非以爲賊也，而不學則必至乎此矣，學固可無好與？且夫信者，千乘不以易一言，豈不亦天下之至貴哉？然君子不恃信而恃學，以爲好信猶未盡天下之美也。蓋好信之人，指事命物，期於成其言，惟學所以導當；抑好信之人，膠本折末，硜以固其意，惟學所以和理。不然，吾懼其爲蔽也，則賊矣。小信者大詐之端，譎者將托圓融以相勝；小信者大信之賊，不譎者已坐不肖以爲名。信有所必伸，而所伸者涉於名義之途，夫物之輕者誠不足以格吾信，使分屬君親，亦謂吾有成言必欲自復乎，古今以大義徇信、予之惡名而不辭者往往有，然彼信則成矣，而人賊矣，君子所以益重乎經術之士也；信有所必履，而所履者關乎身命之事，夫信之重者誠不敢復顧其私，使要在尋常，亦謂士重然諾不能自移乎，古今以小信隕身、至其顛越而不悔者往往有，然信則踐矣，而已則賊矣，君子所以深貴乎明理之儒也。是故世有懷利之人，自詭於信以犯其險危，即一瞑而萬世不視，然不學者或以爲烈而弔之，學者或以爲賊而輕之，何者，害義傷教，誠當禁絶其源而不可開；世有硜硜之士，自恃於信以要其不食，令後世而吾心可知，然不學者或憫其志而哀之，學者或目爲賊而貶之，何者，虧國損身，誠當斥遠其名而使爲戒。然則好信固未盡天下之美也，詩書以明之，朋友以極之，則信非所信而不知變，斯庶幾可免也夫。

原評： 中、後四股，暗用四事立論，是一篇春秋，定天下之邪正解。

評： 熟於古今事故，故隨其所見，迅筆而出，皆足以肖題之情。他人窮探力索，恒患意不稱物，實由讀書未貫串也。

好直不好學 二句

陳際泰

好直有其蔽者，非好直之過也。夫好直有蔽，則將禁天下使不直乎？惟不好學以通之，絞乃不免耳。且直者，生人之理而三代之所行，人得之而是非不能自枉，好直者所以不絕耳。然學者爲之，未嘗不直，而常有有餘之地，使物得而託焉；不學者爲之，第行其直，而常有過激之持，使物莫得而安焉。故直誠可取，而絞不可居也；直誠自全，而學不可已也。直非可一概而施也，酌於分與理之間，有宜徑情而遂者焉，有宜隱忍而全者焉，此其權衡之審，惟學有以酌其宜，故天性卞急者戒於忽理，而世有父子相證、骨肉之地絕無回護之方，君子以是操之爲已蹙矣；直非可一往而發也，規於説與從之際，有言之而人可爲受者焉，有言之而已可爲功者焉，此其和厚之風，惟學有以美其養，故天資孤峭者矯以優容，而世有引繩批根者，攻擿之時絶無婉徐之意，君子以是持之爲太迫矣。蓋直者不能容人者也，人不幸而有過，方思改圖，而此已迸急相繩，使人束縛不能以自解，既學之後，而乃笑其前事之已非耳；直者並不能容己者也，人不幸而相遭，方求少緩，而彼已輾轉不得，使毫髮而不能以自寬，既學之餘，而乃愧其用心之過窄耳。世人苟以此直相師，天下已無和平之福；世人苟以此直爲戒，天下又無忠梗之風。夫惟知直本無弊，不學者之自弊也，則好學固所謂兼懷而兩有之道也夫。

評：文足以達難顯之情，「絞」字分明如畫。

惡紫之奪朱也　二句

金　聲

聲色之害正也，聖人有惡焉。夫色之有紫，聲之有鄭，不能不行於天地之間，而其悦人則朱與雅弗能勝也，烏能以勿惡哉？嘗論賁之白也，聲之希也，此上古之人心也。有垂裳解愠之聖人起焉，而以洗乾坤之陋則有章采，通萬物之和則有鼓吹也，而天下亦自此嘖嘖多故矣。色有朱也，而紫亦並用；樂惟雅也，而鄭亦有聲。君子通神明之德以類萬物之變，則奇正新故之相生，亦可以一視於太虛而不必低昂，而無如其相克也；順天地之撰而存陰陽之理，則純雜清濁之分致，或可以並行不悖而不必深苛，而又無如其倒置也。色有方，而離明之奪目者甚矣，乃見紫而朱無色也，非朱習而紫乍，非朱常而紫異，淡不勝濃，若性生焉，此一紫也，奪之始，冠裳之飾莫之厭也，浸假而奪之搢紳組綬矣，浸假而奪之冕藻黼黻矣，服奇志淫，而天地正大之章反莫能爭也，豈非不平之事哉？音有節，而和平之感人者深矣，乃見鄭聲而雅倦聽也，非鄭今而雅古，非鄭細而雅巨，莊不勝淫，若難强焉，此一聲也，亂之始，里巷之人不能辨也，浸假而亂之宮闈燕室矣，浸假而亂之清廟明堂矣，靡音忘倦，而天地正大之聲反未有以加也，豈非傷心之故哉？五德之運，當王者貴，則我周所尚，雖夏玄商白，僅能乞一線於杞、宋，而不謂無方之絢爛，乃能操其勝於本朝服色之上；一代之樂，功德所存，則善美之故，雖帝升王降亦終無以剖其優劣，而不謂小國之澆風，乃大鳴其豫於王迹板蕩之餘。視聽之官不思，孰肯反而尋其所自始，目眩耳聾，而恬厭定情於其間，鄭、紫所以錮聰明之用也；音容之理無常，孰肯細而念其所當正，破度敗律，而貞邪易位於其中，鄭、紫所以壞禮樂之器也。可勿惡哉？

評：「奪」字、「亂」字逐層披剥，自微而鉅，自下而上，至於世道移、人心壞而「惡」字踴躍於行間矣。高談闊議，磊落激昂，題中更無可闢之境。

女安則爲之 一節

徐方廣

無君子之心，則短喪可爲矣。蓋短喪，非人所不爲者也，人所不安者也。安之，而又孰禁其爲乎？嘗觀先王非能以天下必仁人、必孝子也，而斷然必以三年喪而不顧者，蓋大有所恃也。恃夫天下之人，將有惴惴然無以自立之憂，進而求其説於先王，而先王與之以三年喪也。予乎，食稻、衣錦而女安之矣！女而爲之，吾猶望女以不爲也；女而安之，吾無望女以不爲也。今吾即使女必以三年，何益於女死者，何益於天下萬世之爲三年喪者；女即必不以三年，何與於女死者，何與於天下萬世之不爲期年喪者？女善爲之而已。女豈徒以是爲先王之制，故不可卒變也。使其如此，當亦不待今日而廢爲期年。試觀居喪者，何以食不甘、樂不樂、居處不安也；問之君子，君子不知。意先王之所恃以爲三年喪者，其在斯乎？縱令更數十百年之後，吾知予之説於天下已矣。予而不爲無當爲者，予曰「可爲」，即亦無不可爲」者。安得儼然憂伏之日，絶無遺憾如是；安得霜露慘淒之日，極意好美如是。爲期之喪，洵矣非人之所能爲也。噫，吾由是而知縱有大無道之事，不能勝天下之安之者矣。

評：思徑清澈，字字入人心脾，可以覺愚砭頑。其筆峭削秀異，於金、陳、章、羅而外，又開出一境，亦可謂能自樹立者。

微子去之 一章

夏允彝

聖人有感於殷臣，而發其「不忍」之微焉。夫微、箕、比干，何益於殷哉？而子以爲仁，蓋感於不忍之極思也。且天爲斯世而生聖賢，則用世其本懷也。而或處無用之世，於是一往深情，既屈折而難伸，又徘徊而不已，遂至計彌迂、事彌慘，而衷亦彌曲，顧亦非聖賢不足以知之矣。在昔殷之末，有三人焉，曰微子、箕子、比干，而一去、一奴、一死。夫茫茫殷土，去將何之？假爲宗祀地也，不有武庚之嫡系存乎？而且曰以奴諫耳，父師不畏，況乃囚伍；端言不入，況乃佯狂？至於繼以死諫，是又徒斃其身而重君過也。然則此三人者，乃世所謂大愚矣。孔子曰：嗟乎，乃其所以爲仁乎？惟宗臣之苦衷難已，故雖事不如意，猶甘心而爲無益之謀；惟志士之直節難回，故當計無復之，遂激憤而成痛心之事。即如處殷之時，而非有大不忍者乎？則濁世自可以浮沈，驕君亦易於將順。即不然，而南海、北海俱得以肆志焉，而三人固非其情也。情至則憂，憂至則憤，拯溺之志既殷，呼天之路又絶；宗社之痛固無可解，精忠之氣更不可遏。此際此情，真有耳不忍聞、目不忍覩而身不忍與之周旋者。坐視不忍，幾欲逃於宇宙之外；共事不忍，遂自匿於奴隸之流；生存不忍，因下避於重泉之隔。彼其一去、一奴、一死，豈不知於殷無濟哉？惟知其無濟而不忍不去、不忍不奴、不忍不死，乃所以爲仁耳。故曰「殷有三仁焉」。噫！

此不止爲三仁論定也。滔滔皆是而棲棲不已，孔子之所感微也，故記者於微子之篇，而歷叙轍環之事。

原評：言「三仁」而言悟主、言圖存，皆迂儒也。此「仁」字當與「求仁得仁」同看，總之「全其心之不忍」而已。彝仲此作，先輩亦未見及此。

評：幾社之文，多務怪奇、矜藻思，用此爲西江所詆排。惟陳、夏二稿，時有清古雄直、永不刊滅之作，良由至性所鬱，精光不能自掩。

直道而事人　四句

徐方廣

推世道之同然，古人所以無可去也。夫皆醜直，皆好枉，古人必以其道矣，行將焉入乎？且凡人效職一官，而不能使其身一日安於其位，固不在乎去就之際，而在乎順逆之幾。苟自諒其幾之無可轉，則雖困阨甘之，而無徒不遑寧處爲矣。何者？天下滔滔，皆是耳。昔予之爲士師也，懼骫法狥情而無當於官也，乃盡瘁事國而又無當於君大夫也。夫是以三黜而未已，豈非以能直道而不能枉之故乎？今使予一旦去父母之邦，而予猶是予乎，人猶是人也，予猶不免於事人也，將爲直道乎？爲枉道乎？有如曰守吾之故而無變，則人之所嚮而不能阿意以從之，吾之所執而不能規便以逢之，欲其宛轉而無牾，世未必有此容之之地也；國有官守而必得於其官，國有言責而必得於其言，欲其委任而無掣，世未必有此獨治之邦也。技之拙也，能已見於魯矣，無可合之具而爲作合之謀，則予也於是乎愚；遇之疏也，兆已見於前矣，知不合之端而復多其不合之投，則予也於是乎憊。非去而事人也，殆往而三黜耳。不然，不直道而枉道也，予雖未嘗身試之，亦能懸揣之。既以忤見斥，必以詭相收，即此邦之人其可也，而忍言去也？予所爲，寧以三黜之士師終焉耳。吁！惠之道，未能通乎魯國之外，而逆知其無可事，此所以爲輕世而肆志也；魯之人，日在惠調娛之中，而不使之不我黜，此所以爲降辱而中慮也。正而婉，遜而不阿，其真柳下惠之風乎？

評：以幽雋之筆，寫和易之致。聲音色貌，無不曲肖題。雖「直道」「枉道」並列，實則道可直不可枉，只答或人以「不必去」耳。前二句重發，後二句輕還，尤爲斟酌得宜。

直道而事人 四句

凌義渠

古人婉商去就，而以直自信焉。夫道可直，不可枉也；身可黜，亦可三也。誰爲愛吾直者乎？古人慮之審矣。想其謝或人者，曰：遇合之難也，夫人而計之矣，獨歷我以炎寂之味而覺其便，有不覺其迂者，似難以去就論也。子之愛吾至矣，夫我亦何樂受此落落之名。但人情之所共託者，不欲多爲婉轉，而人遂以直當之也；抑意中之所未安者，不免過求其是，而人適以枉遇之也。直則直耳，而逢時若此，亦自諒其事人之未工矣，夫徒守此樸拙之面目以供酬對，不肖也，即强樸拙者而綴以風華，愈不肖也，我未嘗暫改其初服，人何從頓易其是非，世於我其謂之何？枉則枉耳，而揣合至此，亦既謂事人之有道矣，夫將飾一不情之面目以快獨對，未善也，抑工此不情者而轉以共對，當無不善也，我既忍盡揉其本來，人安得復執其既往，世於我又謂之何？其黜也，不以課吏治而以責世情，嘗思夫手足不能自運，胸臆不得自展，此際之作合亦甚難，夫既知其難，而進退之意味可歷歷想也，世固有懸車而待者乎，我殆將往矣；其去也，不以志悁懟而以規進取，嘗思夫風性以漸而柔，世故有時而熟，此際之揣摩原自易，夫肯爲其易，而閒官之浮議可稍稍息也，魯固有轉而拂拭者乎，我殆將仕矣。蓋爲直爲枉，似各有道焉而不相爲用，人安得概而徇之；他邦與故國，實惟此一道焉而不謀共同，吾固將習而安之已矣。亦終守此父母之邦，藉以優游而已。

原評：風神婉妙，似正似諧，「和」處亦見，「介」處亦見。

評：詩人之優柔，騷人之清深，兼而有之。合之歸、徐二作，可稱三絶。

且而與其從辟人之士也　而誰與

譚元春

以聖人爲辟人，而辟人非聖人矣。夫聖人何嘗辟人，惟有與人耳；即引人以相從者，又可稱辟乎哉？且聖人之挽隱士，必挽之以共相與；隱士之譏聖人，多譏之以不肯辟。而桀溺之言尤有異焉，自以爲絶人而逃世，離群而索居，一丘一壑之外，非吾與矣。而因見夫車殆馬煩者之似有擇也，遂以辟人目之；而因見夫風塵追逐者之似將倦也，則以從己導之。耰而不輟，明示以辟世者如此光景耳。夫所耦耕之士，非世乎？所問津之處，非世乎？此固不必言，而試問其終日所與者。長沮也，是亦一人也；萬一子路忻然而從焉，則所與者子路也，是又一也。心不能忘情於世人，而勢必至亂群於鳥獸。鳥可群耶，獸可群耶？非斯人之徒與，而誰與耶？一往一來，一出一入，隨所在而輒逢，隨所逢而輒對。即如今日者車中有由，途中有沮溺，人問之、人答之，人述之、人聽之。不知者以爲無情之丘壑，深知者即以爲有情之宇宙，而誰辟？而辟誰哉？夫以子所最愛之人，而謂其辟；子所相與愛人之子路，而謂其從辟人。師弟之不見信於隱者，隱者之不通曉乎人情，莫此爲甚矣；故所遇之隱者不一，譏者不一，而竟未有發其憮然如今日者也。若夫痛癢之相關，欲辟終不忍辟；人我之無分，辟人只以自辟。則沮溺之淺人，又何足以知之？

評：作者論詩，惟取靈雋，雖異俗徑，而家數則小，其所爲文亦然。原評謂其不能持論，雖窮工極巧，往往入於僻陋，不由康莊，必入鼠穴，學之者不可不慎。其説最爲知要。

長幼之節　四句　陳子龍

隱士有不廢之「節」，賢者明難廢之「義」。夫君子之告人也，乘其所明而入。君臣之義可廢乎？抑何其躬行於家也。且聖人之明義也，因乎人之所不安，而成乎人之所甚安；始乎至近，而卒乎至遠。惟其不安於近也，乃其能甚安於遠也，而人始不敢曰「舉其一而外者，我有所不知也」。夫不仕無義，安歸乎？歸於不可廢也。丈人未嘗登君之朝，我則嘗入丈人之室矣。入其家，胡然秩秩爾，以此知非無意經世者也，務爲馴謹之行，草野而有儒者之風，夫亦知所本矣；觀其儀容，胡然雍雍爾，以此知非自外名教者也，立身中庸之間，子弟而敦長老之習，夫亦知所學矣。豈非以長幼之節不可廢哉？雖然，嚴而不可逾者節也，廣而莫可逃者義也，節歸長幼，義則君臣。夫君臣亦大矣，世有求之，聖人不以爲諂，而獨不許其廢，以爲吾有以推之也，今有人未嘗不明其類而或異焉，我求其故而不得矣；君臣之義亦廣矣，世有怨之，聖人不以爲罪，而獨不許其廢，以爲吾有所素由也，今有人已力行見其效而獨去焉，我思其心而不測矣。苟出而圖吾君也，即家庭之所爲而有餘，與其爲善於家也，夫寧爲善於國，若斯人之不出，其謂之何？能起而懷此都也，則父兄之所教爲有素，其爲長幼也父，則亦將爲君也臣，若斯人之偏舉，不可解矣。夫節也，義也，不敢與不忍之心，一而已。禮逾於難犯，而儀謹於易侵；行遺於當世，而情深於一家，未之有也，其何以長有此長幼哉？假令丈人之家，少凌長、小加大，則丈人猶將惡之；使推而至於君臣之間，即當世之賢人君子皆以爲弗及也。

評：意無殊絶，頓宕雍容，前後回抱，數虚字神情俱出。

故舊無大故 二句

陳際泰

輕棄故舊，於義儉矣。夫故舊之來也，非一日矣，小故而輒棄之，豈不人人自危乎？且一介之士，必有密友，故親親、大臣之外，又有故舊焉。故舊與新進，相爲重輕者也，籲俊日益用事，則故舊爲無權；而故舊與國家，相爲終始者也，社稷所共存亡，則故舊爲可恃。由此言之，故舊而可棄乎？故舊非有大故而可棄乎？故舊而遠言之，是祖宗披墾草萊所共勞苦者也。帶礪之盟，天府藏之矣，亦望其子孫世有之，奈何所坐微淺輒相翦除乎？社稷之子，或在畎畝，誠有所不可知，顧保而全之，有以崇德象賢，終在爲其上者耳。故舊而近言之，是微時徵逐里巷所共憂虞者也。天日之誓，神明鑒之矣，亦望其腹心久託之，奈何一犯睚眥遂至中乖乎？慕用之誠，卒相暴棄，誠有所難期，顧曲而宥之，毋使凶終隙末，終望有其權者耳。蓋故舊之人，日益其風氣之古，其脂韋逢合，誠有不若後進之工，而運移勢謝，地既奪之；且故舊之人，自恃其夙昔之恩，其脫略禁防，誠有以來指摘之口，而隙開事會，讒亦勝之。所賴上之人之保持之者，夫豈微哉？大故而曲貰之，固傷國威；小故而剪棄之，亦傷國體。故孺子於故舊之誼不宜偷也。

原評：説來曲折，尋之意味深長。元子啓宇，豈即有祖宗披壄草萊之人；即徽逐里巷，亦非當日情事。然其波瀾自佳。

君子信而後勞其民

金　聲

上不敢輕勞其民，所以善勞其民也。夫信其民，而後可以惟吾之勞而莫吾疑也，君子之爲其民也，豈必急急以勞爲事乎？嘗謂民亦勞止，上之人康之、息之而已，烏有勞其民而以爲治哉！勞之者，必有不獲已於此也，其勞之故、勞之之心，凡皆以爲民也，惟其然而天下後世之勞其民者因以輕矣。調和之道、周旋之術，在拂民自便者，反百方開釋以自蓋其毒；而大功不謀衆，大德不和俗，此真心爲民者，反毅然直行而不顧其安。君子曰：民不自知勞，上代驅之使勞，此其事本非上一人任矣，與人共其事則必與其人共商之，未有代謀而可以獨斷者也，利害明而後人心不貳，此非信無由也；上即驅民勞，亦必民躬自勞，此其間已非上之力所能及矣，使人爲其事則必使其人樂就之，未有交淺而强相勸以不堪者也，情志通而後甘苦同命，此非信莫先也。國家之權，其可以不必勞其民有益其民者，下所嗷嗷以待，即上所皇皇未竟也，豈遂無可致力哉，君子正未始一日有勞民之心也，惟其寬民力、惜民財，勤懇無已之情相感於平昔，而一旦有故，百姓雖不便，皆曉然有以諒其心之無他；牧民之道，其所以佚民必迂出於勞民者，效猶待於異日，苦已著於目前也，豈遂可以喻此愚民哉，君子初不必解説於民而責以遠見也，但使饑民饑、寒民寒、輾轉軫念之處入人於肺腸，而偶有騷動，愚民即無識，已確然有以知其君之爲我。是故當其信民之日，循循乎其若有所畏也，醇醇乎其無以加於民也，甚不若速近功者之朝至而夕命，破此可守成不可樂始之民，以獨行其志也；及其勞民之日，翩翩然其不介以孚也，熙熙然其呼之而立應也，又何必如速近功者之朝至而夕令，或借令必行、禁必止之勢，以自助其所不及也。而後服君子之重，而後見君子之用。若爲人而使謂厲己，殆矣；爲民之心而反受一厲民之名，拙矣。

原評：步步從「勞」字逆追出「信」字，理勢曲盡，情亦感人。

評：「而後」二字，順寫則易平易直，逆追則愈曲愈深。健筆盤空，尤當玩其細意熨貼處。

上失其道 四句

陳際泰

大賢蹙於失道之民，故戒有得情之喜焉。夫失道，民散犯法所自來矣，得情而喜，豈仁人之心哉！曾子告陽膚曰：子爲士師，吾不過責子以難爲之事也。移而易之，此教化之由，而非傷肌膚之效。自傷卑賤，不得致此，顧吾心所得盡者，願有以易乎俗吏之爲之也。何也？民之犯法也，求之必有其情；民情之來也，漸之亦有其端。蓋自先王之治民也，有耕牧以厚之，使生其贍足之樂而蓄其敦龐之原；有教化以柔之，使養其廉恥之心而長其恩愛之義。故其時風俗醇美，獄訟衰息，乃今無復是矣。明王不作，耕戰迭興。一切致民之具蕩然無餘，而諸所謂相繫之風囂然盡喪，蓋非一朝一夕之故矣。然則俗之習非日久，而民之扞罔時聞，亦何怪其然也哉？此亦在上者之過也。夫迫於不得已，此犯法一情也，其可哀矜者猶小；陷於不自知，此犯法又一情也，其可哀矜者獨深。何者？彼民不幸不生成康之世，而愚昧既愆；故民不幸不游樂利之休，而桁楊相望。爲士師者索而得其情，因索而得其致情之情，即不得虧主之法而曲宥之，亦何心蔽民之罪而自功之也哉？蓋士師之所得爲者，上不能興道致治，導迎善氣以洗餘風；下不能枉法徇情，捐棄科條以蘇元元。獨此求生不得、致死不忍之心，蹙然惻然，以明仁人君子之用情而已矣。夫求己之安，而至利人之死，君子既有所不爲；致之者非民之罪，而陷之者非今之君，君子又無所歸咎。然則哀矜勿喜，士師之所得爲，如是而已。嗟夫！人命至重，鬼神難欺，清議莫逃，冥謫尤重。爲士師者以獄爲寄者也，可不戒哉？可不懼哉？

原評：此題來脈甚大，而結束甚小。作者一下筆，便已覷破。篇中層喚士師，更無一「尚德」「緩刑」套語。

不知命 一節

章世純

有所以爲君子者，而達天要矣。夫所貴君子者，其自守定矣。然非知命之後，何以幾此乎？且君子之學，盡其人之所可爲而已，彼天之所爲，吾何與焉？然必知其在天者，而後可斷於人事之途。吾觀古之君子，以己之所爲與天道相爲推移，此知命之固然、後而奉之之道也；亦以己之所爲與天道相爲損益，此知命所由然、先而不違之道也。惟不知命者，或視人事太重，則數之所定，皆謂人力所得爲；或視人事太輕，則道不自盡，而於己無復可恃。如是而俟命之學不可以責焉矣，可以得而將捷收之，不可以得而且逆奪之，爭造物之所不與，必忍人世之所難甘，行險徼倖，必是人矣；造命之學尤不可以望焉矣，應得之福而反或左之，非分之禍而適或逢之，造天下之奇趨，必獲天下之奇窮，從逆以凶，必是人矣。蓋天下惟是非之所在，利害之說常往争之，何知是義，害則去耳，何知非義，利則從耳，此由不知天之有命與人道分者也，然則雖有聖賢之術，不足以實其見矣；天下惟是非之所在，利害之事亦往附之，見可利，則詭以遇焉，見可害，則詭以脱焉，此由不知天之有命與人道合者也，然則雖有强力之操，不足以鎮其卒矣。如是而欲爲君子，其道何由哉？是以守己之士，洞觀造物之消息，而嘗以其事往而從天，蓋知命而天之事始勝矣；既知造化之消息，因以己之事反而還己，蓋知命而人之事亦復勝矣。夫知命之關於人，固不重哉？後之人亦有爲知命之説者矣，而遂廢其人事而任之。夫任之，而人道安在乎？棄命者無主，恃命太重者無志。此兩者，亦皆譏耳。

評：義廣而深，詞約而盡。粗穢悉除，但存精氣。

不知命　一節

陳子龍

知命之不可强，所以堅君子之心也。夫人欲爲君子而不知命，則疑畏兼至矣，是以貴於達天之學耳。且夫人所遇之境，不能遁於天之外，而今人勢去則以爲己之拙，時乘則以爲己之巧，此其大惑者一也；人所行之事，天無所與其間，而今人謂直遂多以遇禍，規避每以蒙福，此其大惑者二也。如是，則何恃而泰然爲君子哉？蓋是非者，君子與小人分焉者也；而禍福者，君子與小人共焉者也。自世之人不察，或狃於迪吉之説，以爲修德者必有崇高之位，澤厚者必流子孫之祥，如是，雖當爲善之時，方忻忻然重有所望，君子豈若是哉，而況乎其不可問也；或狃於道消之會，以爲嚴氣正性多亢節之虞，植節顯名有淪濡之患，如是，雖當爲善之時，方惴惴然大有所憂，君子豈若是哉，而況乎其未可知也？凡此皆不知命之故耳。蓋天下之患不勝防，故聖人履順違逆之旨，與小人趨利避害之心，相似而實有相反；名教之寄不可屈，故天道報施靡常之事，與賢人見義必赴之道，相背而適以相成。且夫論命之所由然，則有莫能易者存焉，而聰明之士遂有爲先覺之説者，大固有一定而細亦有一定，則人無可自勉矣，夫彼既莫能易，我何用詳其莫易乎，但通其大略而知其不必憂也，我自爲君子而已；論命之所以然，則有至不通者存焉，而放達之流遂有爲任運之説者，惡固不可爲而善亦不必爲，則人無所用心矣，夫彼雖至不通，我安可同其不通乎，但識其無據而知其不足論也，我自爲君子而已。苟非知命，幾何而可以自決哉？夫命者，英人志士之所厭而不道者也，然惟知之而後可以棄而事我之所爲耳。天方富淫，而善人無禄，究爲有激之論，而造化卒本於無心；既有令名，而復求壽考，豈非難兼之期，而死生當置之度外。此所以爲君子也。

評：雲間、江右，徑塗各别。而此篇明快刻著，頗類陳大士筆意。蓋理本無二，而浸潤於古籍亦同，故轍迹有時而合也。「命」字專指死生禍福，不夾入造命，較章作更有把握。

欽定啓禎四書文卷六　中庸

天命之謂性　一節

楊廷麟

中庸明性、道、教之原，以正天下之爲學也。蓋學必正其所自，後可以不惑。以性歸天，以道歸性，以教歸道，中庸之統，可與萬世共守之矣。子思繼孔子之傳而作中庸以垂世立教，其大義在於明道，而大原本於知性以知天，乃於首章發其旨。曰：學術之淆亂折於中，百家之異同息於一。使人見性，則邪説不敢行也；使人體道，則僞學不敢混也；使人尊教，則異端不敢侵也。今夫性之説始於「降衷」，自人以氣質言性，善惡雜糅，而性幾爲天下晦。夫萬物之原出於天，天在人之先，性在氣之先。生物者陰陽之氣，命物者太極之理，苟知其一本於天命，則知性者神明之初體。天命善不命惡，命聖不命愚，而性於是得其正。道之傳始於「允執」，自人以虚無言道，是非殊方，而道幾爲天下裂。夫三才之中人爲尊，天未生人道在命始，天既生人道在性初。性具於心而兼動静之理，道統乎事而備剛柔之義，苟知其一本於率性，則知道者人性之自然。性本健而率之以易，性本順而率之以簡，而道於是得其正。教之統原於「物則」，自家異尚、人異學，各立一教，道術分岐，而教始爲天下病。夫萬民之覺開於聖，代天則欲繼天之功，盡性則欲極性之量。憂一時之不悟立政以教一時，憂萬世之不明著書以教萬世，苟知其一歸於修道，則知教者大中不易之矩。一人明道則教化興，天下尊道則風俗一，而教於是得其正。知性之所謂，人當思所以合天；知道之所謂，人當思所以復性；知教之所謂，人當思所以盡道。能體道則能見性，能見性則能達天，能達天則能至命。堯舜湯武以之爲君，文王周公以之爲臣，孔子以之爲師。吾亦願詳著其説以明教，使後世求道者有所折衷焉。

評：多讀儒先之書，而條貫出之。故詞無枝葉，豈有擇焉不精、語焉不詳之憾。

天地之大也 二句

艾南英

以道觀天地，而有所不盡者焉。蓋天地大矣，而不能釋人之憾，則謂之盡道可乎？且斯道之初，渾渾淪淪，馮翼昭明之故，靡可得而原也。兩儀分而天地位，功化於是大矣。則聖人之所不能盡者，宜莫如天地，天地之大也，宜若無可憾者。然而天地道所生也，一受其形而成虧起，二五於是乎雜糅而不齊也，人從其中迎而受焉；一動於機而震盪生，運化於是乎愆伏而多疵也，人從其中被而食焉。是何也？神化本無方，而形氣則有礙也，天地所以不免於憾也；然是陰陽之偶錯，非太極之有虧也，道所以不與天地同歸於憾也。蓋自分清分濁以後，而理具而有氣，氣而後有質，質之定也，雖以聖人修道之教，不能强顓蒙以必喻，而道之立於繼善初者，固無智愚一也，夫天地予其質者也，人猶有幾微之缺望矣；自生二生三以來，而物生而有象，象而後有數，數之定也，雖以聖人正己之身，不能逃素位之自然，而道之置於命運先者，固無通塞一也，夫天地予其數者也，人猶有幾微之抱歉矣。政治之乖也，而咎徵之恒亦與之俱應矣，茫茫宇宙，既虐之以人事，復苦之以天行，天地何無主而聽人之轉移乎？蓋道既形而爲天地，則天地亦與人同其郛郭，而不能禁其志氣之交動也；禍變之興也，而妖孽之象或爲之先兆矣，哀哀下民，不與以長治之休，更巧成其塗炭之會，天地何有主而顧成其厄運乎？蓋道既散而爲天地，則天地亦與人同其平陂，而不禁其治亂之循環也。總之，天地無心而成化，無心則其功疏，故盛德大業之施，鼓萬物而不與聖人同憂；聖人有心而無爲，有心則其功密，故中和位育之極，參三才而能與天地同用。然則天地僅與聖人分道之一察而尸道之一事，道真大矣哉！

評：江西五家，每遇一題，必思其所以然之理。胸中實有所見，然後以文達之，故有醇有駁，而必有以異於衆人。觀此等文，尤顯然可得其思路所入。

射有似乎君子　一節

黄淳耀

申言君子之正己，於射得其似焉。夫君子之反求，終身焉而已。以夫子之論射觀之，即以爲論君子可。中庸論道之費而約之於身，以爲知命者聖人也，俟命者君子也。聖人之於身，無所不盡，故優游泮涣之意多；君子之於身，無所不求，故戰兢惕厲之心密。苟以爲推理直前，而其不可爲者聽之而已，猶非君子所以自得之本也。夫萬物之動，吉一而凶、悔、吝三，則雖君子所處，亦無盡如吾意之時，而其可以自必者，事前之懷不喪於事後而已；且人之遇，富貴少而貧賤、夷狄、患難多，則雖天命所予，亦無獨豐聖賢之理，而其可以自信者，寡過之身常視之如多過而已。昔者夫子觀射而歎其旨深遠也，曰「射有似乎君子，失諸正鵠，反求諸其身」。斯言也，論射非論君子也，而吾即射之似君子者思焉。正之設也，賓射有之也，俎豆在前，長幼在列，德之善否於是乎觀，故天下有不善射之人，無不欲中之人，誠欲中也，其求諸志正體直者久矣，如是而失焉，吾亦可以免矣，而必熟復焉，思所以矯乎其前；鵠之設也，大射有之也，天子備官，諸侯時會，祭祀之與否於是乎擇，故天下有不矜得之人，無不慮失之人，誠慮失也，其求諸心平體直者早矣，如是而失焉，吾亦可以止矣，而必究圖焉，思所以慮乎其後。何怨耶，何尤耶？則甚矣射之似君子也！而君子之似射從可識矣。夫忠臣孝子，遭時不幸而無幾微慚負於心，其視射者之扞格於心手，失同而所以失不同也，然君子終不敢歸過於尊親，如大易之所繫「文明正志」，皆責躬而他無所憾耳；志士仁人，處世齟齬而無一事罪累於己，其視射者之不勝而揚觶，失同而所爲失不同也，然君子亦不敢厚誣乎天下，如詩人之所詠「儀一心結」，皆世亂而不改其度耳。是則貧賤而無隕獲之患者，富貴而亦無充詘之心；患難而不失其常者，夷狄而亦勿之有苟矣。嗚呼！君子之身，其子臣弟友之道之所凝而日進於高遠者歟？

評：射者之反求，失在己者也；君子之反求，不必己之有失。惟行有不得，皆反求諸己，此正己不求不怨不尤之實功也。文於射者、君子用心致力處見得分明，故語皆諦當，末幅尤寫得聖賢心事出。

鬼神之爲德　一章

黄淳耀

中庸合顯、微以明道，而本其説於誠焉。夫鬼神者，先王所以設教而微、顯合焉者也。鬼神無往而不寓，則天下無往而非誠與？今夫道之妙，費、隱盡之矣；費、隱之説，顯、微盡之矣。微之根極於喜怒哀樂之原，顯之條貫於三重九經之大。其爲精氣通行而義理昭著也，豈顧問哉？雖然，此析顯、微而言之也，合顯、微而言之，則莫如鬼神。昔者夫子嘗繫易明神道矣，嘗定禮詳祭義矣。一旦覽天地之精微，究百王之制作，喟然歎焉，以鬼神爲盛云爾；以鬼神爲盛，盛於其德云爾。夫君子之庸德不勝舉也，而求之於所不見、所不聞，則已躐；鬼神之德至不可知也，而欲視所不見、聽所不聞，不已過與？然而鬼神非他，即此能視能聽之物是已。太虛不能無氣，氣至而物生，神體之也；氣不能不散爲太虛，氣散而物藏，鬼體之也。古者聖人饗帝，孝子饗親，率天下以駿奔於壇壝郊廟之間，意亦有權道與？而不知天下之人，久矣陰驅潛率於鬼神而莫之知也。盡物盡志，愛慤之思也；報氣報魄，陰幽之義也。亭毒寥邈，知此者智也；恍惚呈露，事此者仁也。向使無鬼神，則無禮樂；無禮樂，則無王道；無王道，則亦無天下之人也。抑之詩可繹已，彼自威儀政令之間，以及話言臧否之際，其所企者，聖人之庸言庸行，而非馳思乎高遠之境者也，忽而曰「神之假思，不可度思，矧可射思」，豈非窮理盡性、妙達氣機之言耶？微矣哉鬼神！顯矣哉鬼神之不可掩乎！觀天察地，而鬼神在焉，世莫敢以天地爲無有，則安得以鬼神爲無有乎？尊祖敬宗，而鬼神在焉，世莫敢以祖宗爲無有，則安得以鬼神爲無有乎？其實有者，誠也；其真見鬼神之誠者，是我之誠也。以我之誠感鬼神之誠，則天神降、地祇出，山川百神莫不歆饗，而王道四達於天下。此虞、周聖人之所以事天事親，而百世聖人之所以盡人達天也。

自記：中庸首章是總冒，末章是總結，此章是前後筋脈結聚處。拈出「鬼神」，爲虞、周制祭祀張本，拈出「誠」字爲下半部張本。

評：直捷了當，步步還他平實。而游行自如，若未嘗極意營構者，由於理境極熟也。

體物而不可遺

陳際泰

即物以求鬼神，合一故不測也。蓋物必有其迹，而中有不見不聞之鬼神以體之，則固與物爲一矣，又孰能測之乎？且人之所以不測夫鬼神者，以其之幽之故也，然政惟其之幽之故，故潛而入之，流形於物而不自知。甚矣，鬼神之德，蓋即物而存也夫？物不自爲體，有體之者，使物無鬼神，則無物矣；鬼神何所體，即物爲體，使鬼神離物，則無鬼神矣。是故鬼神者，吾誠不得見且聞之也，而亦未嘗不既視且聽之也。夫孰有物之可遺耶？百物之精爲鬼神，此説是也，何者？凡此固飛潛動植之精神也，藏於胸中謂之智，流於天地之間謂之昭明，本一貫也，夫萬物無知，縱有百骸，將安用之，則孰能遺百物之精者乎？二氣之良能爲鬼神，此説亦是也，何也？凡此固日星河嶽之精神也，著於有形謂之生，行於虛空之中謂之陰陽，同一實也，夫萬物無生，縱有神理，將安附之，則孰謂能遺二氣之良能者乎？蓋人物乘二氣之聚以有靈，遂爲百物之知覺；人物去百物之身以終盡，因復爲二氣之往來。吾乃知鬼神者，著於無形而體空，故太空不可遺，達者知之，以爲上下前後皆鬼神，所爲君子致嚴於顧諟者耳；著於有形而體萬物，故萬物不可遺，達者知之，以爲耳目心思皆鬼神，所爲君子致力於慎獨者耳。即其體物不遺如是，是不可以知鬼神之德之盛也夫！

評：根柢周秦諸子及宋儒語，質奥精堅，制義中若有此等文數十篇，便可以當著書。破承提比，行遠集選本所增改，較原文爲完善，從之。

舜其大孝也與 一章

金聲

以大孝觀天人，可反覆而明其故矣。夫舜非以福事其親，而大孝格天，則遠邇高卑之一致，亦有昭然者矣。蓋聞道莫大於順父母，而誠莫彰於動鬼神，斯亦宇宙之至庸至奇也。天人上下之際，大聖之陟降而酬對者，世俗人弗能見也。故德行之本，反以爲無足述；而有赫之常，遂以爲不可知。粤稽上古，有大聖人焉，徼天之福，無所不備，如虞舜也者，斯亦奇矣，子嘗稱之矣。姑以是爲舜之大孝云爾，以是數者與其自有之德並數焉，共成其大孝云爾。以舜之德未足以孝也，必天子四海、子孫宗廟而始備焉，無以處夫聖人而不爲天子者也，抑何其視德太少也？以舜之德既足以孝矣，何取必於尊富饗保、旦暮不可致者，爲亦有以解夫天子而不爲聖人者也，然何其視天太遠也？蓋嘗縱觀天下之故，有不可必，不可必不必在天也，一身之彝倫日用而有莫能自存者，即舜不亦抱終身憂乎？有可必，可必則豈獨在人也，皇天之禄位名壽而有取之若寄者，即舜豈不若固有之乎？物之得天，天實能生；天之篤物，物實可因。天之生民人也，與其生君子無異也，而宜之者異矣；即其嘉樂而憲憲也，其於人情非遠人也，而受於天者亦遂不遠矣。有虞以來，於周爲盛。周之盛也，世德作求，以孝興也；卜世卜年，天所命也。嘉樂之歌，以四海而奉一天子，以子孫而世守其宗廟。大德受命，蓋若是其大、彰明較著者也，而論者或猶以是爲適然，豈不惑哉？君子是以知達天之學也。玄德升聞，於昭在上，與夫下學上達、知我其天者，其於天也，莫不皆父母事而呼吸通也，何間焉？栽培傾覆，物能以其氣候與天接；而遠近高卑，人反不能以其性情與天應。何耶？

原評：離合斷續，若有若無，極行文之變。

評：胸有杼軸，横騖别驅，汪洋恣肆。而於題之反覆次第，無不相副。膚學繩趨尺步，不敢離題，而於題之神理實隔。於此等處切究而心知其意，乃可與言文。

追王太王　王季

章世純

追王之典，仁之至而亦義之盡也。夫君子念始之者也，子孫王矣，而父與祖無加禮焉，於心能安乎？且聖人之治天下，必自尊親始矣。上治祖考，尊尊之大者也，尊尊有其大，而教始可立於天下，此周公之所以有追王也。追王者，身本非王而自後人加之也。深觀禮意，臣子無爵君父之文，則子而爵其父，孫而爵其祖，皆嫌乎予己以權，而使其父與祖俱受予奪之法；深觀禮意，君父亦無以卑臨尊之義，故死者可稱天以謚之，則遠者亦可稱天以爵之，皆歸於以天道行事，而使其父與祖俱全於至尊之分。雖然，王季歷而並及太王，於義不爲已侈乎？夫親親者，以三爲五，由禰以親祖，此其最隆也；以五爲九，由祖以知曾高，此其漸殺也。周之王者自武王始，而其制禮作樂自成王始。如以成王爲義者，則由武以至文而致隆之道盡矣，自是而上，則以從「上殺」之説也；如以武王爲義，則由文以至季歷而致隆之道盡矣，自是而上，則以從「上殺」之説也。周公以文王雖未身王而身已備於王事，「王公伊濯，維豐之垣」，此有聲之所爲頌也，然則今之始王者實文王也，而其追王者則固文之祖與禰也；況太王雖已遠而身已肇乎王迹，「居岐之陽，實始剪商」，此閟宮之所以爲頌也，然則追王之者雖子孫也，而其宜王者則固自在太王、王季也。不以爲己之義而以爲文王、武王之義，則其義必如是而後盡耳；不獨以情而議，而又兼功與德而議，則其義亦必如是而後盡耳。故追王太王、王季者，聖人仁之至，而要之於義，則亦未嘗無説以處此也。

評：理體正大，有典有則，可與韋、劉以後郊祀宗廟諸議相上下。

父爲大夫 八句

徐方廣

周制士、大夫之禮，皆有以自伸焉。夫葬、祭所從異，而士、大夫之情有不以禮而伸者乎？蓋周自先公而下，皆不克以王禮葬，而惟號祀爲兢兢，達乎臣子，所徼惠可知已。試以士大夫觀之，彼其積薄者流卑，寧望及遠乎？得施其考焉足矣；細行受細名，寧望稱號乎？得無匱祀焉足矣。故有父大夫而子士者，有父士而子大夫者。生也大夫而死則士之，削也，禮無以人之親削者，葬以大夫固也。而至於祭，苟法曰如其葬，彼愧己之不爲大夫，將踧踖焉，而禮不然也。人子所以榮其親，原不盡係此區區者，倘一惟大夫之爲視，是幾不知有士之子也，且又無以爲父士地也。惟祭以士，而後知苟不降在輿隸，則猶象賢也，可使其親不獲享一命之蘋藻乎？而士無憾矣。生也士而死則大夫之，僭也，禮無以人之親僭者，葬以士固也。而至於祭，苟法曰如其葬，彼念親之不爲大夫，將悼愴焉，而禮亦不然也。人子所以榮其親，未嘗不藉此區區者，倘亦惟士之爲視，是幾不知有大夫之子也，且又無以爲父庶人地也。惟祭以大夫，而後知幸而起家濬明，亦云舊德也，可使其親不獲臨絺冕之對越乎？而大夫無憾矣。是故列祖之在天，與士大夫之父同安；而二后之遐思，亦止與大夫士之子同報。豈曰君臣不相襲禮也哉？吁！此公之制所以爲達也。

原評：蒙引云，「斯禮」即上祀先公之禮，達乎諸侯、大夫，主祭禮。言「父爲士」數句，亦重在祭上，言皆得用生者之禄。葬禮只與祭禮相形言之。篇中跟「上祀」來，側在「祭」邊發論，翻盡從前葬、祭並重舊作，書旨一明。

評：探脈極真，取義極切，輕重適宜，隆殺曲稱，實有輔於經傳之文。

宗廟之禮 二句

夏允彝

宗廟之所首序，將率祖以行孝也。夫昭穆不紊，則親親隆而祖宗悦，宗廟之禮首此，有以哉！且人本乎祖，雖支屬蕃昌，極於千億，而原其初則一人也。故王者每樂於祖宗之前，聚族姓之衆，要使其彬彬有秩，則在天之所悦懌矣。吾觀於宗廟，而知武、周之制禮重也。太祖居正東以受生氣，而南嚮以求陽者爲昭，北嚮以求陰者爲穆，一望厥宇而開承之德可考也，由是以上序祖宗，下治子孫，殆不煩而可久矣。帝嚳稱始祖以明無偶，而厥猷翼翼者爲穆主，會朝清明者爲昭考，一稱厥號而作述之次可知也，由是而明彰既往者，式序將來，殆永遵而無惑矣。然則禮在宗廟，斯序在昭穆。推厥所以，不已重與？一祧一祔，無恒矣，而來者總虔列於太祖之旁，故廟不逾七而可以百世。祖宗且然，而後有干之者乎？觀夫昭穆代襲，有祖孫而無父子。蓋祖孫世隔，隔則欲其有親；父子世親，親則欲其有別。序之，所以嚴也。或左或右，有列矣，而久之必不亂於祫食之後，故子雖齊聖而不先厥考。祖宗如是，而後有越之者乎？觀夫昭穆班分，論世次而不論長幼。蓋年者所自受於天，下之不敢上抗；世者所同受於祖，承之不敢下夷。序之，所以定也。故王者或當耄老之時，則下有幼子童孫，而上猶有伯兄伯父，其人且難於辨貌，而一入廟中，則左昭右穆，秩如也，乃知尊祖之昭其名分爲最隆；宗支當繁衍之餘，則或同姓別爲異氏，同氏別爲異族，其人且窮於紀名，而一與廟祭，則群昭群穆，畫如也，乃知報本之庇其枝葉爲最厚。上以觀德，而私不掩公；下以明倫，而遠不忘孝。斯禮也，抑何其弘以遠也！

評：引證疏通，自能發明禮意，所以詳核而不病於填實也。

文武之政 二句

羅萬藻

聖人對魯君問政，動以法祖之思焉。夫政莫有善於文武者也，方策在焉，而謂無可守乎？且王道興衰之故大矣，一王之政、一代之治，今昔之際有不勝言者焉。學人道古以諷，意常主乎發先王之德，所以明治也。君而問政乎？夫文武之政，其大端光明俊偉、敦朴仁厚，以承乎二代之遺；其及於人也，至於田夫野老、薄海内外，無不歌詠二王之澤。而君乃無意乎哉？文當如燬之世，其爲政存乎安民救時以厚周家之德，昔周之先也，夫豈無哲王，然而播越之餘也，自后稷始基靖民，文始平之，故周人祖文王而丕顯之謨著焉，蓋大其天命之所以受也，乃其政則居然方策之際矣。武當革命之後，其爲政及於制禮作樂以開太平之基，昔文之盛也，夫豈有遺德，然而侯服之舊也，惟九年大統未集，武實纘之，故周人宗武王而丕承之烈光焉，蓋知其卜世之所以長也，乃其政亦居然方策之際矣。積功累仁之爲，固其精神意氣之所不能遽散，故厲、宣之禍、幽平之難，而一王之紀綱法度未殫焉；開天明道之事，亦其學士大夫之所能共留，故國乘可稽、野説可采，而一代之人心風俗共睹焉。乃君得無意乎哉？周德雖衰，天命未改，德澤之所縮結，教化之所維持，未可誣也；文武雖往，道猶未墜，下泉之所以寤歎，「西方」之所以興思，弗可斁也。君而問政乎？反衰世之凌夷，繼周氏之絕業，將於是乎在。無變不正，無危不扶，惻怛斯世而欲已其亂焉，文武之心也夫？

評：淳潔之氣，盎溢言外，惟其沈酣古籍而心知其意也。

文武之政 二句

陳際泰

動人主由舊之思者，與言政之大備者焉。夫方策猶在，則文武之政固可考而知也，豈必遠求乎?且天下之事,理有其至,物有其統。立其至者,聖人之述作也;宗其統者,賢達之源流也。公問政乎,是殆無先於文武者乎?蓋一代之治,必有一代之政,視世之所宜尚,因而制之。顧上古之事無傳人焉,非無傳人,殆亦久而息也;夏商之間無傳政焉,雖有傳政,不若周之察也。故政莫熾於文武,而非先世之所能易;又政莫著於文武,而非後世之所不可稽。是故文武之政,非自成周昉也,堯舜以來,因時起事,各有所制,至昭代而獨詳,故説者謂觀大道於唐虞,觀大備於成周,蓋所爲履端於始、舉正於中、歸餘於終,固其自然之理,今其事可覆籍而知,而兩聖之精神已周遍矣;文武之政,又不自文武昉也,后稷以來,積功累仁,世有其勤,至受命而遂大,故説者謂十五王而文始平之,十六王而武始居之,蓋所爲經緯禮俗、節理人情、勤恤民事,固其利導之勢,今其事即太府而藏,而一時之規模已弘遠矣。一代之治,其君臣所爲措置者,必非偶然,而紀載失明,使後人無從而考其經營之迹,文武之政不然,周官立政,史臣既身宿其官,而周禮儀禮,周公復手定其事,一時尚文之習有以使之,故當開國更始之初,而淵源遂廣;一代之治,其建立可爲傳述者,或亦燦然,而亂離既久,使後人無由而得之灰燼之餘,文武之政不然,學士大夫,固已共守其遺,而農夫小民,亦或能言其故,上人教化之端有以留之,故經幽厲板蕩之後,而詳略可聞。公有意爲政乎?則文武之政不足君所乎?遵古無過,大明也;法祖無邪,大順也。繼周氏之絶業,反衰世之陵夷,是在公而已矣。

評：高識偉論，發爲洪音。與漁獵陳言、雕文錯采者有薰蕕之别。

五者天下之達道也

陳際泰

指言達道，天下所以有五者之責也。夫非是五者，則道幾無所托矣，而豈非達之天下者哉？且天下有可與民變易者，有不可與民變易者。先王政之既弊，掃除其迹而更張之，若是者可與民變易者也。建正之事，以三而窮；文質之運，以再而復。凡以云救而已，若是者又可與民變易者也。至若五倫之道，其然乎，其將不然乎？君子之論也，天不變，道亦不變，夫非有所幸，而持者已精；帝王之治也，有改制之名，無易道之實，夫非有所循，而持者已大。故夫盛世之民，朝廷有教化，而天下有風俗，莫不秉禮思義，畢致力於倫理，迨其衰也，磨厲於隘狹酷烈之餘，然於是五者猶躊躇徘徊，相與攜持而不忍去，則其道亦可睹矣。何者？此性也，情也，固生人所以立命也。即盛世之君，人皆習乎學問，而心各返於性命，莫不扶世翼教，共昭揭於彝常，迨其季也，遞轉於道德功力之降，然於是五者猶表裏申明，亦相與維持而不敢壞，則其道蓋可知矣。何者？此統也，紀也，固人主所以藏身也。蓋嘗推而論之，自混沌初判，狉榛相仍，有聖人者起，慮其有混淆之禍而思有以利之，於是開天明道，婉而成章，以治物性之行，既而其説果可以安乎天下之生，夫人各愛其生，故其道易行而可久；自天地易象，鳥獸起端，有聖人者出，知其有可以如此之勢而思有以導之，於是立中制節，因而飾群，以通人心之有，既而其説果無戾於天下之性，夫人各樂其性，故其道至今而無弊。夫孰非五者爲之哉？謂之達道，信乎天下之達道也已。

評：董子謂周道衰於幽厲，非道亡也，幽厲不由也。此更見得雖衰亂之世，亦必有不忍去、不敢壞者。識解獨到，文氣醇茂，彬彬乎有兩漢之風矣。

修身也 三句

金　聲

聖人列九經而首有三重焉。夫修身以正其本，而尊賢、親親以居乎其要，此則九經之所先也。昔者明王之治天下也，有天下國家之大而不敢肆也，居天下國家之上而不敢亢也，享天下國家之奉而不敢私也。夫是以奕世而後，子孫尚繩其祖武，君子不忘於前王，蓋萬世之常經，非一代之章程，正不必從方策求也。經之所以周布大造於天下者，無所不至也，而其先務則有三焉，則臣向所與君言者已。將舉天下國家之大，而操之若一體、運之若臂指焉，而庸知出而加、發而見者之猶不能自爲政也，一身之中，其或梗或率也有不可知矣，其爲律令也多矣，英辟之威福賞罰，不自貸於沕穆，所爲置其身於天下國家之中而致其法也；將君師而籠蓋萬物，而天下國家獨聖明焉，而庸知夫什己百己千己者之比比而未有以收也，國家賓師之儀，其勤渠居萬幾之半矣，其爲法度也密矣，王者之雄才大略，不覺降於匹夫，所爲爲天下國家奉一人而不見其屈也；將宗子而父母天地，而天下國家莫不屬焉，而庸知夫公子公姓公族者之一體而未有以處也，王人展親之典，其綢繆在萬姓之先矣，其爲制畫也周矣，國家之豐仁厚澤，無蚤壅於城翰，所爲以天下國家厚一家而不見其濫也。是故即身不同，而或性或反，要未有不致其修者，千古此貌言視聽，必非若百物百度可以時增而時減也；即賢不等，而或大或小，要未有不致其尊者，天下止有此道德仁義，必非若尚質尚文之可以世低而世昂也；即親必殺，而惟近惟遠，要未有不致其親者，治天下惟仁人孝子，亦必非若官方器數之可以倏因而倏革也。夫是之謂經，君何必更尋方策？

評：處處帶定「天下國家」，才是「九經」之修身、尊賢、親親。掃盡一切籠統語，實理真氣，盎然充塞。不必遵歸、唐軌迹，而固與之並。

修身則道立

章世純

建極之君，其身無缺也。夫君身不自爲身也，民之視效在焉，如之何可不修乎？且聖人之治天下，不必盡以我治之也，蓋亦有我無爲而民自取治者，無以使之而有以示之也。吾於是知修身之爲要矣。夫帝王之主，未嘗不以軌物範民，則善世固王治之隆；然帝王之主，亦未能遽以軌物納民，則善則乃綏猷之本。苟其身之不修，天下亦孰知道之爲道者，而道不以之仆乎？苟其身之既修，天下又孰不知道之爲道者，而道不以之立乎？道之妙，形迹之所不居，是以天下莫得其處，而我以道著身，則即以身著道，著於喜怒哀樂而道有情，著於父子君臣而道有事，於穆不顯之精，皆可從我身而按其象也；道之名，衆術之所共假，是以天下遠於所之，而我以道定身，則即以身定道，定於正而隱怪不能易其方，定於真而疑似不能亂其從，紛紜錯雜之趨，皆可從我身而認其極也。彼民也，亦惟君之知耳，匹夫詔之，不可使民明，而自君揭之，偏可使民明，彼蓋緣君以通道也，權之所聚而復爲道之所總，將如植之標焉，而期而至者固衆耳；夫民也，亦惟君身之知耳，督之師儒，不必使民喻，而修之一身，偏能使民喻，彼又緣身以通道也，身致其實而衆慕其名，將如表之樹焉，而望而赴者固多矣。夫立身於無過，而天下皆頌文武之君，名實之美固已如斯；範物於不遺，而天下有相觀之化，至治之體又復如斯。而身之當修也，不益見乎？

原評：看「立」字特精神，等閒語即成奇境，不在遠取也。

評：「立」字，注訓「道成於己而可爲民表」，此文於「身」字、「道」字交關處，説得親切。

「立」字精神意象俱躍躍紙上矣。可見四書名理，非能者不知疏浚。

尊賢則不惑

陳際泰

不惑之效，必於尊賢得之也。蓋惑患於莫爲之解也，尊賢而解之者得矣，夫何惑之有？且離理失術，亦人主之大患也，是故雖以天子諸侯之尊，必有賓師之士，讓而不臣，凡以期其解惑焉已矣。夫人主者，處易惑之地，又當不可少有所惑之權者也。中情既惑，則必有所麗於情之事者矣；一人既惑，則必有所附於人之衆者矣。此所謂當不可少有所惑之權者也。故人主所急去者無如惑，則人主所亟尊者無如賢。何也？人主所患者沈溺耳，人主乘富厚之實，便宴安之娱，心志何以無疑惑與，此所謂處易惑之地一也，夫惟奉有道之士而師保承之，必能啓翼上心，有涵養德性之助，蓋詩書不能效之於心者，而賢固以致之已；人主所患者群小耳，人主生於深宫之中，長於阿保之手，近習何以無蠱惑與，此所謂處易惑之地二也，夫惟隆耆德之英而神明嚴之，必能卻遠僉壬，有裨益聰明之實，蓋廷臣不能得之於君者，而賢固已收之已。天下有似虚而實者，賢人之事也，自公孤而下、百執事而上，各以其職自勤，賢者獨優游於清宴之間，非有所事者，然論道而不及政，而根本之地與職業之地，其效已懸；天下又有似實而虚者，尊賢之心也，自誦讀所得與規諫所警，各以其益自知，尊賢者獨祇承於杖履之間，非有所進者，然伸正而不伸邪，而嚴憚之心與清明之心，其理自合。然則賢之所居顧不重，而尊賢之爲益顧不大也哉？

評：「尊」與「敬」、「惑」與「眩」之異，粗解認題者亦能辨之。但非有學識人不能曉其深處，道來不著痛癢耳。

齊明盛服　三句

陳子龍

詳修身之事，而知人主無不敬也。夫非内外交嚴而動必以禮，則人主之身可動者多矣，所以貴敬與？且夫小人之事君也，我知之矣，曰人君不可使其有間，有間則省庶事，故狗馬聲色之具不絕於前，所以傷其身者無所不至矣；君子之事君也，我亦知之矣，曰人君不可使其有間，有間則生邪僻，故鬼神師保之論時戒於側，所以愛其身者無所不至矣。若夫子之告哀公以修身者，曰天生烝民而立之君，非將以樂之也，爲百神之主，統萬民之尊，其身蓋巍巍矣；君居五位而享其奉，非可以自便也，思祖宗之付托，念臣民之瞻依，其身蓋凜凜矣。如是安可以不務修身乎哉？而身何以修之也？我聞人主處深宫之中，偶有醉飽之志，而史臣已記、民間已傳，是以古之王者懔「上帝臨汝」之懷，而清静以守之，齋祓以將之，蓋齋明而無不一之心矣；人主當燕私之會，或有不衷之服，而上應元象、下成風俗，是以古之王者慎「下民侮予」之戒，而旒纊以飾之，珩璜以節之，蓋盛服而無不肅之度矣。雖然，翼翼昭事之忱，非在吉蠲之日也；穆穆淵默之容，非在尊嚴之表也。然而有賴於此者，蓋以人主之身不可少違於禮。而禮之於人也，束縛而易於厭苦。故簡易之流必至輕脱，輕脱之甚必至縱逸，而不動於非禮也難矣；繁重之久可以服習，服習之安至於自然，而動於非禮也亦難矣。於是諧律中度而身鮮非辟，宦官宫妾無所投隙，而當之者見英明不惑之風；金聲玉振而身履中和，藎臣拂士相與成就，而過此者皆純粹以精之事。非所以修身哉？昔我文武，撫有區夏，惟以祇畏爲懷，故幽而臨保，顯而靈承，一人有祈天永命之理；及我文公，保明孺子，亦以荒寧可誠，故口絶戲言，身無觀逸，大臣有詠歌告諭之文。自一人極欲，後世不知爲君難，而正心無聞，夷吾乃云「不害伯」，於是修身之事寡矣。

評：丰姿超駿，鎔冶經史而挹其菁英，與世俗所爲金華殿中語自隔霄壤。

時使薄斂 二句

王紹美

用民而存不忍之意，勸民之經也。蓋上果有不忍之意，雖用民焉，民猶諒之。時使薄斂，豈非勸百姓之經哉？且有民而立之君，民之無不愛君者，天定之也。然而民雖愛君，不如自愛其力與財，必不能以財力既盡之身奉吾君而不倦，故百姓甚可畏也。先王之於百姓，非曰畏之，蓋曰此吾子也，而謀所以勸之，則亦惟財與力加之意已矣。天下雖有罷民，不能使吾君之有公而無私，然或以公役民而民怨，或以私役民而民不怨者，則遲速之數異也，而烏知遲之之乃爲速乎？天下雖有頑民，不能使朝廷之有緩而無急，然或急於求民而民不應，或緩以聽民而民莫不應者，則多少之額殊也，而烏知少之之反爲多乎？求所以勸百姓，則「時使」其一，「薄斂」又其一矣。凡「使」與「斂」皆係乎分之當然，但此見爲當然之意，出乎民則甚順，出乎上則又甚殘矣，是故權其勞逸，制其重輕，若以爲爾小民之所必不堪而重以相累也者，則誠百姓之所鼓舞勿懈者爾；凡「使」與「斂」亦緣乎勢之不得已，但此見爲不得已之意，存乎民則爲勉强，存乎上則又爲忠厚矣，是故勿亟期而病農，寧損上以益下，若以爲予一人之所甚不安而無由相助也者，則誠百姓之所竭蹷不皇者爾。蓋陰驅民力而故辭之，實朘民膏而故寬之，其勸百姓以術，術則多敗，夫此鼙鼓勿勝之氣，擔負恐後之誼，自仁人君子視之，亦其所惻怛者也，苟可以因循，何必龍火之爲期，苟可以節省，何必什一之爲準，吾有子而拊循之，而安得隱用其術哉？抑寬歲月以責終事，去浮冒以收實課，其勸百姓也以法，法亦易衰，夫此主伯亞旅群而瘁於公，錙銖累積集而獻諸府，使上人易地而處之，亦甚有艱難者也，雖不傷田功，猶恐民業之易荒，雖不議加賦，尚虞民財之多竭，吾有子而護惜之，而安俟嚴明其法哉？子民之經，所謂百世不可易者也。

評：此等題，易於搬運古籍。故能者即陳言而新之，遂覺姿韻出群。

日省月試 三句

陳子龍

詳於考工，知古者藝事之精也。夫百工之事，古者以詳密爲務，豈可以徒致哉？且制器尚象，聖人以前民用，而度材考工，先王以盡民力，似乎末業猶加詳焉。器用日繁，民以益巧，故唐虞有共工之官，而周制備六官之一，其事實重也。夫技巧之事，賤者執之，此其業隔於上矣，知者不可治，治者不能知，何緣而辨之哉？王者審能而任官，故準繩藏於府，制度領乎吏，先以齊天下之物而不亂；造作之能，巧者趣之，此其人異於農矣，自食者日勞，食於人者日逸，何由而制之哉？王者準本而償末，故上者進於官，下者同於民，期以平天下之財而不偏。於是乎有日省月試之法焉。器不成於一朝而功難廢於一日，不之省焉，則勤惰不一而工奸其力矣；物或精於一時而人難勤於終月，不之試焉，則規矩不齊而工滋其僞矣。若夫量功給食，事又何可略也？有通名於吏人，論道藝諫，能制作以資用，是養於王國，所當資以厚稍也；有比能於廝養，胥靡版築，僅力作以餬口，是食於民間，所當令其代耕者也。如此則人獻其能，工拙相安，百工豈不勸哉？乃知王者以疏闊治其大，而以周密治其小，吾觀後世百工之事，有聽之民者矣，其始似乎簡便，然所作者必緩急無紀，貴賤無制，或積而不用，或求而不給，至於工民相怨而輕重之勢不均，國遂以病，惟王者總群方而計之，則百工服而天下無所偏困矣；又必爲久遠之思，而不屑於一時之利，吾觀後世百工之事，有掌之官者矣，其意存乎裕己，故所作者多寬其時日，厚其資糧，匠人作奇器，女工滋人蠹，至於上下相欺而淫巧之技日進，俗由以壞，惟王者量大利而衡之，則百工安而上下無所爭勝矣。故古之聖王，取隨取坎，極制作之奇而不爲無用，使述之者不虛其歲月而已；周之哲相，多藝多才，盡文章之美而不以技名，使守官者不失其姓氏而已。嗟乎！一百工耳，或以生財，或以傷財，王者於勸之中又致慎焉。

評：事列「九經」之一，應須此崇論閎議，亦何嘗闊略題面以爲博也。

行前定則不疚

章世純

「行」所以得者，「豫」道存也。夫不疚而行成矣，顧所以得此者，非以前定之故乎？且豫者百事之制也，一時之言、一時之事，猶不可不先成於心而制其數，況行之制於終身者乎？言、事者所以與物交也，行則成而存乎己者也；跲與困所以無外寧也，行敗而疚則反而自苦其心者也。此其措之也愈難，而其待於豫者愈甚。如其失檢也，其敗也必也；若其早操也，其成也亦必也。夫不先多求於古人之迹，則不能知乎得失之所存，卒然而用之，有不知所以自置者矣，何也？斟酌之審，非一時事也，唯未至乎事之境而先論之，則其爲時寬矣，而功亦得詳焉，得已然之迹而卒之者，所以無憾於聖賢也，此理也，勢也；不先習其性情之所之，則不能强其一旦之必合，卒然而御之，有身心相與梗者矣，何也？習慣之安，亦非一時之事也，惟未至乎動之地而先操之，則其力漸矣，而功亦得深焉，得平時之力而藉之者，所以無惡於己志也，此亦理也，勢也。蓋夫人爲行在旦晝之間，不覺清夜而後悔之，前定之爲道也，物未接而神明清，可以當清夜之觀矣，而揭之於先焉，事後之悔所以寡乎？夫人爲行在己，亦不即覺旁觀而常恥之，前定之爲道也，識未起而觀物暇，可以代旁觀之明矣，而揭之於先焉，事後之恥所以寡乎？夫行之起也於心出之，其成也於心復之。不疚者，復之心而心無怍也；前定者，出之心而心先可無怍也。故曰豫者百事之制也。

原評：理得辭順，自然出拔。好作奇語，致氣象衰薾，自是文章大病，當以此爲正風也。

評：以聖賢語自驗於身心而得之，乃能如此俊拔明粹。

獲乎上有道　三句

陳際泰

借言君友之人，明豫道也。夫信友以獲上，此豫道也，豈不信而能致是哉？嘗謂士之學至矣，名譽不聞，友之罪也；名譽聞矣，君不之用，君之罪也。由此言之，友之權不亦重乎？故欲獲上，非此無由焉。蓋上之隔於下，猶下之隔於上也。君無懸知於士之理，而士無自薦於君之權；君有自信於其人之端，而士有通信於其友之素。故上未易獲也，能見信於友，則上獲矣；不能見信於友，則上終弗獲矣。何也？先王鄉舉里選之事，即授於平日相與爲競之人，則友者乃其民也，幼有以相習，長有以相知，命端於此而後耳目真，故古者比閭族黨之勢重；先王籲俊論秀之法，或關於其鄉所嘗在朝之士，則友者乃其臣也，得舉則功隨，失舉則譴及，責能於此而後保任精，故古者公卿大夫之權尊。由是士能勉於自愛，則友雖仇也，有其舉之而莫之敢廢，何者？信之耳，是故匹夫有善，可得而舉，以有此具也；由是士或甘於自暴，則友雖昵也，有其廢之而莫之敢舉，何者？不信之也，是故匹夫有不善，可得而棄，以有此具也。故上之獲士有道也，不憑於不相知之人，獨寄其權於友，故不勞而得真士；士之獲上有道也，不務於不必急之事，獨修其實於信，故不詭而結主。知夫信之誠當豫也，則悦親寧可緩乎？

原評：中二比，周官、周禮之意詳在其中。

評：博洽深通，故信手揮灑，皆無浮淺語。

誠之者人之道也

章世純

知人道之所在，而人可以自盡矣。夫有天而無人，則於分不全，故誠之之功亦君子所以求自盡也。且天與人相並而爲用，在天者特以立其極，而在人者則以致其功，斯二者之所爲所以相輔而相成也。是故誠者爲天道固矣，使天固誠之，我固置之，是謂棄天，人而棄其所受於天之分，則背本也甚矣；天所不足，人所不爲，是謂恃天，人而徒恃天之所以與我，則無志也甚矣。故有誠者，則有誠之者，而有爲之法起焉；有天道，則有人道，而自全之能生焉。天有大同之德，人各得以分其精，斯亦足矣，而又期於有以保之，此豈務爲擾也哉，人也者，天之繼也，彼務於物之所以生，而我務於物之所以成，道之所以相終者，有固然耳；天有參差之數，我不得以全其分，則亦已矣，而又期乎有以益之，此豈以争天權也哉，人也者，天之參也，彼容有偏至之氣，我實有復性之機，道之所爲相輔者，有固然耳。蓋雖中處覆載之内，然質已與之相離，則有自用之才，故能因質而用之，亦復騁能而化之，而未嘗俯而聽其所以處，此人道之所以次乎天；雖均列品庶之中，而智與之相絶，則有造事之哲，故能從天而奉之，亦能制天而用之，而未嘗帖然自棄於無所用，此人道之所以尊乎物。且夫人亦安所不至哉？違道而行，則悖天逆情，盡反天下之常，且亦其力之所能給也；順道而趨，則全性存真，分衡造化之功，豈顧非其智之所能爲也？夫人亦安所不至也！

評：思致鑱刻，恰探得題之真實處。「相終」「相輔」二義，通篇暗相承遞，章法尤爲嚴密。若理不足而求之詞，雖得子家之精，亦無取焉。　此文亦載陳大士稿中，細玩清削堅鋭之氣，與章一律，故正之。

博學之　四句

陳際泰

君子求知之方，不一而足也。夫求知之方不精，其所失者當不止於知也，故君子求進於知之道，不厭詳焉。且吾人所爲誤於行者，不於行昉也，不求精於所行之理，從行而索之，則已粗；不求豫其所爲行之之具，臨行而後求之，則已晚。君子於此，有求知之道焉；君子於知，有求詳之道焉，凡以擇其至善也。夫恃一心之知，知無幾也；即恃一代之知，知無幾也；雖恃在一人之知與恃在己之知，知亦無幾也。君子有以處此矣：可行之理具於古人之詩書者，不「學」無由知也。時積而事多，事積而理多，古人以智相餉遺，亦欲我之盡有之。而節取其少，他日所行，無嚮學者不必用，當其用之而又未嘗學也，君子之所深慮也。雖然，「博學」矣，其可知者我既知矣，其徒學者，我不能知，人必有知之者，但患挾己而自傲、與弱己而護前耳，是故學須「問」也。乃問非略也，約略而詢之，人必約略而酬之，非人有所靳而不盡，以爲我固已悉也。率而行之則事有半暗，悔而復之則問有重累，非所云也。蓋所學誠博，而君子又貴加之「審問」也。抑可行之理得於師友之啓告者，不「思」亦何由實知之也。太勞其精而神費，太索其理而真蕩，向人以美相詔示，亦欲我之謹持之。而過用其心，異日所行，甚庸思者不必中，求所以中者而又未始思也，君子之所甚危也。雖然，「慎思」矣，其知所得於人者又復得於己矣，其所思者，雖可合於人之所知，要未能信其真合於人之所知者，其可堅於自是以不言爲信、重於勞物以再質爲嫌乎，是故思須「辨」也。乃辨非苟也，理立於十而後止，我至於九而遂迄，非獨人有所意而未安，即在我亦未快也。萬有不得已者既無從知其然，即萬萬無不得者亦無因質其信，非所云也。蓋所思雖慎，而君子又貴加之「明辨」也。甚矣，君子之求知，若是其曲而盡也！甚矣，君子求詳於知之心，若是其繁以難也！蓋古人不恃其能行之力，而特自豫其所以可行之理。是故其於知，必再四而後已焉也。

評：詞必己出，既出又人人意中所有。名理只在眼前，淺學自不善爬梳耳。

能盡人之性 二句

陳子龍

物性雜而難盡，以人通之而已。夫物之性不可測矣，而聖人能盡之，然使人性之未盡，又何暇及此乎？且夫天下之人雖疏，其實一而已，而物之爲類無算也，要而論之，受人之命、給人之欲耳。是以古之聖人以人爲主，而萬類紛紜，可以綱紀而理之矣。夫至誠之盡性以及人也，寧有既乎？形在蠢動者，道之所哀矜也，聖王在上，雖匹夫孺子皆得各言其傷，而萬物獨無以自鳴，豈宜以異體而遺之？生於微末者，禮之所收録也，明盛之朝，惟麟游鳳舞始能先應其瑞，而他物皆無以自見，豈宜以賤質而棄之？然而至誠不別圖其事、更計其安也，能盡人之性，則物之性自盡矣。蓋物莫貴於適用，而當草昧之日，則人智未開，不能辨物之良否而制之，吾觀上古之聖人，使民知所以自養之具，既已樂得其欲矣，於是樹黍稷以爲食，羈牛馬以致遠，物始無失用之憂也，假令萬民之血氣未和，則與共强弱於宇宙之間矣，何由盡其性哉？物又貴於得時，而當衰亂之際，則人欲無等，不能因物之品令而取之，吾觀後世之聖人，使民知所以自節之旨，既已不過乎理矣，於是林木無當長之伐，牲魚無犯禁之取，物始免非時之賊也，假令百姓之禮制未明，則將分多寡於貧富之事矣，何由盡其性哉？間嘗讀禹貢而知聖人之奇也，夫銀鏤砮磬産於華陽之山，蠙珠暨魚生於淮泗之水，而鑿山沈淵以求之，似於違物之性者，然不曰大難之既夷乎，萬物莫不以見用於人爲悦，而世方升平，人民和樂，相與雕飾珍異，此王者有文章之觀也，而物不敢辭矣。又嘗讀周禮而知聖人之大也，夫蟲豸鼠豕不得已而有其形，梟鳥破鏡不自知而産其類，而設官迎神以除之，似於傷物之性者，然不曰驅凶以衛良乎，萬物莫不以有害於人爲罪，而群生茂育，嘉祥叠見，相與芟夷醜俗，此王者有刑罰之用也，而物不敢怨矣。是故物有欲則可制，聖人設飲食以盡人之情，而推之神明，乃可以馴龍蛇之性；物有聲則可通，聖人制律吕以和人之氣，而極其微妙，乃可以通鳥獸之音。事之至奇而寔至庸者也，顧不先盡人之性，豈能臻此乎？

原評：雜引而不病於複。中有浩氣行乎其間，故英詞奥理，皆爲我馭。

評：不獨浩氣足以行之，於聖人知明處當意，却無一處不貫串也。此種在昔人本非上乘，聊使空疏者知不可無學耳。若不求理之足、氣之充，而但競富有，未有不入於昏浮滯塞者。

至誠之道 二句

馬世奇

誠之明也，以其道決之而已。夫至誠非有意爲知，而道固可以前知也，所謂誠則明者也。

且天下開物成務之故，皆視所知以起，故凡聖人繼統，其智未有不處天下之上者。而吾以爲非其明至，乃其誠至耳。何也？至誠之道，天道也。言天，則不與情爲役，夫情之遇物常昧，天之遇物常覺，情有妄而天無妄也，無妄而其道已精矣；言天，則並不與識爲偶，夫識之所及在事中，天之所及在事先，識有心而天無心也，無心而其道彌大矣。羲皇以來，五德代移，則事之起於知也漸多，而要之，理以御數，果其根極於理，即所謂成功之退、將來之進，皆其理之自然而無俟推測者也，至誠所可知之於數以前也；唐虞以降，三統遞變，則知之歷於事也愈詳，而要之，幾以造形，果其通極於幾，即所謂前人之智、後人之師，皆其幾之相乘而不藉探索者也，至誠所可知之於形以前也。天下莫前於不睹不聞，而睹聞爲後，試想誠者未發之中，心無所繫，無所繫則常虚，虚故氣機畢貫，其知在千古猶在須臾也，總一誠之上通於天命而已；天下莫前於生天生地，而天地爲後，試想誠者盡性之後，心有所主，有所主則常實，實故微顯咸徹，其知之在三才猶在一念也，總一誠之默契於化育而已。是故人患知少，至誠則無所不備，彼其驗知於不爽者，皆順應而不勞者也，天下之賢智莫能幾及矣，道之可前知者不在外也；人患知多，至誠則操之至密，彼其涵知於坐照者，皆藏用而莫窺者也，天下之世運賴以匡維焉，道之可前知者大有爲也。此所謂天道也。

原評：「前知」講得深確，「誠」字先講得精研，是作家真實本領，一毫假借不得。

評：義理精深，氣體完渾，稿中第一篇文字。

必有禎祥

錢禧

興機之先見者，惟至誠知其然也。夫以禎祥卜興，此必待興而後指爲禎祥也，惟至誠必之於未見之先，故能前知其興耳。且夫有必昌之運，則有必昌之幾。既事而安之者，天下之人也；將事而示之者，鬼神之用也；未事而信之者，至誠之所以爲至誠也。如國家無禎祥不興，理則然矣，於其未有禎祥之際而信其必有禎祥之理，此豈人之所能與乎？天性聰明，見一人之不自棄而勉强力行者，則示之禎以正告之，若曰天下之大，未有爲其事而無其應者，亦視其力行何如耳；天心仁愛，見一人之能力行而初終不怠者，則示之祥以詳告之，若曰諸福之物，未有有其人而惜其報者，亦視其有終與否耳。國而既故矣，燕皇天而昌厥後，則命爲之一新也，覘其國上下憂勤，朝夕之不暇，民人愷樂，耕鑿之不驚，何所期於符瑞而侈言其事，然而景命方來，則志氣自動，王者無心於符瑞而符瑞之有焉，必也；家而既世矣，貽孫謀而燕翼子，則業爲之益大也，視其家子孫賢才，聰聽祖考之彝訓，世禄由禮，深知稼穡之艱難，何取徵於美應而詠歌其盛，然而大業漸隆則精神先見，君子無心於美應而美應之有焉，必也。此非獨其理也，實有其事也，鳥獸草木，各有性情，爲側身厲行之君臣而特發其秀，此非獨報也，實有其致之者也，山川社稷，豈知諂媚，當吉人精氣之鬱勃而不敢自愛其誠。帝王之興，皆由人事而不由天命，人事即天命也，鳳至圖出，皆耳目間事耳，詩書所記，皆頌其後而未覩其先，事後而幾先也，化家爲國、化國爲天下，皆在不聞不覩中耳。若待既興而知興，既有禎祥而知禎祥，此天下之人也，非至誠如神之學也。

原評：此方是「必有禎祥」，他作皆「禎祥考」耳。

評：於天人相應之理，實能洞燭本原。詞旨豐美，氣質光昌。

動乎四體

陳際泰

觀於所動，即身亦有不能自主矣。夫四體之動也，豈我動也乎哉？故觀所以動，而其符已著於此矣。且自識微之士，其於高卑疾徐間，逆占時事，歷歷不爽。此非苟而已也，彼且於天人之際深矣。蓋天下無故之舉止，皆有關乎有故之徵應；而天下有形之機緘，總協乎無形之際運。則四體之動也，固自動耶？而四體之動也，固有動之者耶？動而之吉，動而之凶，似乎造於人之使然，然而天地間無事無理數，彼其蠢然者胡然而惠迪也，胡然而從逆也，此其間有無名者鼓之以出，而催迫於運之固然，固然者又有使然者矣；儵動而此，儵動而彼，似乎適於我之偶然，然而身世中無刻無鬼神，彼其俄頃間胡然而亨嘉也，胡然而錯履也，此其間有大力者負之以趨，而流轉於命之偶然，偶然者又有常然者矣。蓋宇宙浮光之處，皆於穆之氣所棲，一切善敗之兆，其精神或見於山川，而身既處其中，既漸移漸滿，則四體之升降俯仰，必無以解乎造物之吹噓；吾人骨理之間，皆天地之神所結，一切好醜之機，其魄兆或萌於意氣，而身適當其後，既漸推漸著，則四體之進退周旋，必不能以免夫神明之策馭。當其動，問之動者，動者不知，而云爲之際制於天；當其動，即問之動之者，動之者亦不知，而天地之行制於氣。則觀四體之動，不可以占其禍福也哉？

評：古人立言，胸中必先多蓄天下之義理，觸處即發，故言皆有物。作者每遇一題，必有的義數端，爲衆人所未發。由其博極群書，一心兩眼，痛下功夫，而寔有心得，故取之左右逢源。學者若專於八股中求之，則高言何由止於衆人之心。

道並行而不相悖

譚元春

觀於並行者，而知有主乎行者也。夫並行者，相悖之端也，而道之在天地者不然，豈無所以主之乎？且夫仲尼以語默進退爲道，而天地以四時日月爲道，使節序不足憑而晦明不可知，彼蒼蒼者其誰得而問之？而道則錯行代明如斯矣。錯者雜出，並者同至；代者互更，並者齊曜。錯則不並，代則不並矣，而何以謂之並行且見其不悖哉？並者，以其一往而一來，非若往而不來者也，而久則易至於相忘，忘則悖；不悖者，即以其一往而一來，無礙於往而又來者也，而其妙正在於能並，並則行。我見夫春夏秋冬者，亦世人定之以爲春夏，定之以爲秋冬，而天地則寔有所爲四序者以就夫世之所謂春夏秋冬，而毫不見爽也，彼其冥幻甚矣，而令人得以履端於始、歸餘於終，此非冱寒不奪酷暑之職、成功不侵將來之權，而何以若是之不爽矣；我見夫晝夜者，亦世人以其明爲晝，以其晦爲夜，而天地則又有所謂兩曜者以畀夫世之所謂晝夜，而毫不見欺也，彼其高遠甚矣，而令人得以土圭測之、玉衡窺之，此非晦者不入朔者之限、過者不争不及者之度，而何以若是之無欺矣！故冬不如春生之美，月常減日照之半，而猶以爲並者，不得移之於彼，亦不得贏之於此也；有時暑未去而寒即交，有時日未入而月已生，而不以爲悖者，各有未竟之事，各有將宣之令也。若是者，吾以歸之大德、小德焉，而可以擬仲尼之大矣。

評：觀物察化，皆從心源浚瀹而出，非徒乞靈於故紙者。